商务馆对外汉语教学专题研究书系（第二辑）
总主编 赵金铭
审 订 世界汉语教学学会

基于认知视角的汉语第二语言习得研究

主编 王建勤

2020年·北京

总主编 赵金铭
主　编 王建勤
作　者（按音序排列）

陈令颖	陈　默	丁安琪	冯　浩
冯丽萍	干红梅	高　珊	郝美玲
郝瑜鑫	侯晓明	胡伟杰	贾　琳
江　新	姜文英	靳洪刚	孔令跃
李广利	李　虹	李　慧	厉　玲
刘　芳	吕　骏	梅　丽	阮氏芳
史静儿	孙　鹏	孙晓明	王建勤
王一一	王志军	吴芙芸	吴门吉
吴思娜	伍新春	肖　潇	徐彩华
张葛杨	张金桥	张林军	郑　航
周凤玲			

目 录

总　序 …………………………………………………………1
综　述 …………………………………………………………1

第一章　基于联结主义的汉语习得研究 ……………………1
第一节　汉语学习者汉字知识获得机制模拟研究 ………… 1
第二节　第二语言学习者汉语声调范畴浮现的模拟研究 …17

第二章　基于认知视角的汉语语音习得研究 ………………38
第一节　泰国学习者汉语塞擦音的知觉同化与区分 ………38
第二节　美国留学生汉语声调的音位和声学信息加工 ……60
第三节　视觉加工对英语母语者汉语声调感知的影响 ……73
第四节　第二语言学习者汉语声调习得的语言类型效应 …90
第五节　英语背景汉语学习者汉语语调产出策略研究 …107

第三章　基于认知视角的汉语词汇习得研究 ……………124
第一节　词的复现率和字的复现率对非汉字圈学生双字词
　　　　学习的影响 ………………………………………124
第二节　词汇加工深度对留学生产出性词汇的影响 ………139

第三节 母语环境下美国汉语学习者心理词汇发展的实证研究 ········ 148
第四节 语境对汉语阅读过程中词汇学习的影响 ············ 165
第五节 汉语二语学习者词汇网络的关联特征研究 ·········· 182
第六节 初级阶段留学生汉语复合词加工影响因素研究 ······· 198

第四章 基于认知视角的汉语句法习得研究 ············ 222
第一节 不同任务下汉语言语产出中词类信息的激活研究
 ································ 222
第二节 汉语关系从句与指量词的位序：二语产出视角 ···· 246

第五章 基于认知视角的汉语语块加工研究 ············ 266
第一节 高级汉语学习者汉语口语语块提取运用研究 ······· 266
第二节 语境中语块的加工及其影响因素 ·············· 281

第六章 汉字认知研究 ························ 311
第一节 汉字频率和构词数对非汉字圈学生汉字学习的影响
 ································ 311
第二节 留学生汉字形误识别能力发展的实验研究 ········ 328
第三节 印尼华裔留学生汉字正字法意识的形成与发展 ···· 344
第四节 日、韩留学生形声字声旁一致性意识的萌芽与发展
 ································ 356
第五节 汉语作为第二语言的越南大学生汉字部件意识的发展 ······························ 367

第七章　内隐学习与外显学习研究 386
第一节　词汇刻意学习与伴随性学习的比较研究 386
第二节　汉语作为第二语言实证研究纵观：显性与隐性学习、知识、教学 402

第八章　汉语第二语言学习者语言技能习得研究 445
第一节　词边界对第二语言学习者汉语阅读的影响 445
第二节　汉语作为第二语言自然口语产出的复杂度、准确度和流利度研究 462
第三节　韩国学生汉语口语韵律短语的表征研究 481
第四节　意大利学习者初级汉语口语词汇能力发展研究 489

总 序

赵 金 铭

对外汉语教学专题研究书系是商务印书馆出版的同名书系的延续。主要收录 2005—2016 年期间，有关学术期刊、集刊、高校学报等所发表的有关对外汉语教学研究的论文，涉及学科各分支研究领域。内容全面，质量上乘，搜罗宏富。对观点不同的文章，两方皆收。本书系是对近 10 年对外汉语教学研究成果的汇总与全面展示，希望能为学界提供近 10 年来本学科研究的总体全貌。

近 10 年的对外汉语教学与研究，呈现蓬勃发展的局面，与此同时，各研究分支也出现一些发展不平衡的现象。总体看来，孔子学院教学、汉语师资培训、文化与文化教学、专业硕士课程教学等方面，已经成为研究热门，研究成果数量颇丰，但论文质量尚有待提升。由于主管部门的导向，作为第二语言汉语教学的汉语本体研究与汉语教学研究，在一定程度上被淡化。语音、词汇及其教学研究成果较少，语法、汉字及其教学研究成果稍多，汉字教学研究讨论尤为热烈。新汉语水平考试研究还不够成熟，课程与标准和大纲研究略显薄弱。值得提及的是，教学方法研究与教学模式研究、汉语作为第二语言习得研究、现代教育技术研究及其在教学中的应用研究,发展迅速,方兴未艾,成果尤为突出。本书系就是对这10年研究状况的展示与总结。

近10年来,汉语国际教育大发展的主要标志是:开展汉语教学的国别更加广泛;学汉语的人数呈大规模增长;汉语教学类型和层次多样化;汉语教师、教材、教法研究日益深入,汉语教学本土化程度不断加深;汉语教学正被越来越多的国家纳入其国民教育体系。其中,世界范围内孔子学院的建立既是国际汉语教育事业大发展的重要标志,也是进一步促进国际汉语教学持续发展的一个重要平台,吸引了世界各地众多的汉语学习者。来华外国留学生汉语教学与海外汉语教学,共同打造出汉语教学蓬勃发展的局面。

大发展带来学科研究范围的扩大和研究领域的拓展。本书系共计24册,与此前的22册书系的卷目设计略有不同。

本书系不再设《对外汉语课堂教学技巧研究》,增设《汉语作为第二语言教学的教学方法研究》和《汉语作为第二语言教学的教学模式研究》两册。汉语作为第二语言教学,既与世界第二语言教学有共同点,也因汉语、汉字的特点,而具有不同于其他语言作为第二语言教学的特色。这就要求对外汉语教学要讲求符合汉语实际的教学方法。几十年以来,对外汉语教学在继承传统和不断吸取各种教学法长处的基础上,结合汉语、汉字特点,以结构和功能相结合为主的教学方法为业内广泛采用,被称为汉语综合教学法。博采众长,为我所用,不独法一家,是其突出特点。这既是对外汉语教学的传统,在教学实践中也证明是符合对外汉语教学实际的有效的教学方法。与此同时，近年来任务型教学模式风行一时，各种各样的教法也各展风采。后方法论被介绍进来后，已不再追求最佳教学法与最有效教学模式，教学法与教学模式研究呈现多样化与多元性发展态势。

进入新世纪后，对外汉语教学学科理论研究的一个重要进展是开拓了第二语言习得理论与实际问题的研究，从重视研究教师怎样教汉语，转向研究学习者如何学习汉语，这是一种研究理念的改变，这种研究近10年来呈现上升趋势。除了《汉语第二语言学习者语言系统研究》《汉语作为第二语言的学习者研究》，本书系基于研究领域的扩大，增设了《基于认知视角的汉语第二语言习得研究》和《多视角的汉语第二语言习得研究》，从多个角度开辟了汉语学习研究的新局面。

教育部在2012年取消原本科专业目录里的"对外汉语"，设"汉语国际教育"二级学科。此后，"汉语国际教育"作为在世界范围内开展汉语作为第二语言教学的名称被广泛使用，学科名称的变化，为对外汉语教学带来了无限的机遇与巨大的挑战。随着海外汉语学习者人数的与日俱增，大量汉语教师和汉语教学志愿教师被派往海外，新的矛盾暴露，新的问题随之产生。缺少适应海外汉语教学需求的合格的汉语教师，缺乏适合海外汉语学习者使用的汉语教材，原有的汉语教学方法又难以适应海外汉语教学实际，这三者成为制约提高对外汉语教学质量、提升对外汉语教学水平的瓶颈。

面对世界汉语教学呈现出来的这些现象，在进行深入研究、寻求解决办法的同时，也产生了一种急于求成的情绪，急于解决当前的问题。故而研究所谓"三教"问题，一时成为热门话题。围绕教师、教材和教法问题，结合实际情况，出现一大批对具体问题进行研究的论文。与此同时，在主管部门的导引下，轻视理论研究，淡化学科建设，舍本逐末，视基础理论研究为多余，成为一时倾向。由于没有在根本问题上做深入的理论探讨，将过多的精力用于技法的提升，以至于在社会上对汉语作为一个学科产生了不同认识，某种程度上干扰了学科建设。本书系《汉语作为第二语言教学的学科理论研究》和《汉语作为第二语言教学的教学理论研究》两册集中反映了学科建设与教学理论问题，显示学界对基本理论建设的重视。

2007年国务院学位办设立"汉语国际教育硕士专业学位"，目前已有200余所高等院校招收和培养汉语国际教育专业硕士。10多年来，数千名汉语教师和志愿者在世界各地教授汉语、传播中国文化，这支师资队伍正在共同为向世界推广汉语做出贡献。

一种倾向掩盖着另一种倾向。社会上看轻汉语作为第二语言教学的观点，依然存在。这就是将教授外国人汉语看成一种轻而易举的事，这是一种带有普遍性的错误认知。这种认知导致对汉语作为第二语言教学科学性认识不足。一些人单凭一股热情和使命感，进入了汉语国际教育的教师队伍。一些人在知识储备和教学技能方面并未做好充分的准备，便匆匆走向教坛。故而如何对来自不同专业、知识结构多层次、语言文化背景多有差别的学习者，进行汉语作为第二语言教学的专业培养和培训，如何安排课程内容，将其培养成一个合格的汉语教师，就成为当前迫切需要解决的问题。本书系增设的《汉语作为第二语言教学的教师发展研究》《汉语作为第二语言标准与大纲研究》以及《汉语作为第二语言教学的课程研究》,都专门探讨这些有关问题。

自 1985 年以来,实行近 20 年的汉语水平考试(HSK),已构成了一个水平由低到高的较为完整的系统,汉语水平考试(HSK)的实施大大促进了汉语教学的科学化和规范化。废除 HSK 后研发的"新 HSK",目前正在改进与完善之中。有关考试研究,最近 10 年来,虽然关于测试理论和技术等方面的研究仍然有一些成果出现,但和以往相比,研究成果的数量有所下降,理论和技术方面尚缺乏明显的突破。汉语测试的新进展主要表现在新测验的开发、新技术的应用和对重大理论问题的探讨等方面。《汉语作为第二语言测试研究》体现了汉语测试的研究现状与新进展。

十几年来,汉语作为第二语言教学史的研究越来越多,也越来越深入。既有宏观的综合性研究,又有微观的个案考察。宏观研究中,从学科建设的角度探讨汉语教学史的研究。重视对外汉语教学历史的发掘与研究,因为这是对外汉语教学学科建设中不可缺少的一部分。宏观研究还包括对某一历史阶段和某一国家或地区汉语教学历史的回顾与描述。微观研究则更关注具体国家和地区的汉语教学历史、现状与发展。为此本书系增设《汉语作为第二语言教学史研究》,以飨读者。

本书系在汉语本体及其教学研究、汉语技能教学研究、文化教学与跨文化交际研究、教育技术研究和教育资源研究等方面,也都将近 10 年的成果进行汇总,勾勒出研究的大致脉络与发展轨迹，也同时可见其研究的短板，可为今后的深入研究引领方向。

本书系由商务印书馆策划，从确定选题，到组织主编队伍，以及在筛选文章、整理分类的过程中，商务印书馆总编辑周洪波先生给予了精心指导，在此深表谢意。

本书系由多所大学本专业同人共同合作，大家同心协力，和衷共济，在各册主编初选的基础上，经过全体主编会的多次集体讨论，认真比较，权衡轻重，突出研究特色，注重研究创新，最终确定入选篇章。即便如此，也还可能因水平所及评述失当，容或有漏选或误选之处，对书中的疏漏和失误，敬请读者不吝指教，以便再版时予以修正。

综 述

自20世纪80年代后,第二语言习得研究由于受到不同理论的影响,形成了不同的研究领域。其中第二语言习得的认知研究成为一个重要的研究领域。同样,汉语习得研究领域的认知研究近十几年来也已成为一个研究数量比较多的领域。本书汇集的正是这些年基于认知视角的汉语习得研究成果。

基于认知视角的第二语言习得研究(cognitive approaches to SLA)[1],受当代认知科学的影响,形成两种主要的理论取向,即"信息加工取向"(information processing approach)和"联结主义取向"(connectionism approach)。[2]汉语习得研究在这些理论取向的影响下,形成了两个不同的研究领域,一是基于信息加工理论的汉语习得研究;二是基于联结主义的汉语习得研究。其中,基于信息加工理论的汉语习得研究占主导地位。后者,即基于联结主义的汉语习得研究则始于21世纪初。

近十几年间,基于信息加工理论的汉语习得研究,主要是汉语二语知识的习得研究,包括汉语各个层面。如基于认知视角的汉语语音习得研究、汉语词汇习得研究、汉语句法习得研究、汉

---

[1] Mitchell, R. & Myles, F. & Marsden, E. *Second Language Learning Theories* (3rd ed.). Routledge, Taylor & Francis Group, 2013.
[2] Best, J. B. 《认知心理学》,中国轻工业出版社2000年版。

字认知研究等。这些研究主要是行为实验研究，构成了汉语二语习得认知研究的主流。此外，在认知理论框架下的汉语习得研究还包括汉语二语学习者语言技能，即听说读写能力的习得研究。就研究方法而言，汉语二语技能习得研究，除了行为实验研究，一些新的实验手段逐渐得到应用，如采用眼动和脑电等手段进行的语言认知实验研究。

相对于信息加工理论，联结主义是一种新的认知理论取向。在这一框架下的汉语二语习得研究，由于理论引进较晚以及研究手段的限制，多限于理论介绍和探讨，模拟研究数量比较少。已有研究主要是采用人工神经网络的手段对汉语学习者语言认知过程和机制进行模拟，如汉语学习者声调范畴习得的模拟以及汉字字形认知的模拟研究等。

一 基于信息加工理论的汉语二语习得研究

按照结构主义语言学的观点，学习者的语言能力是由知识和技能构成的。在这一理论的影响下，汉语二语习得研究注重学习者语言知识的描写和分析，而技能的获得则是基于行为主义学习理论的技能操练。但按照信息加工理论的观点，学习者的语言能力包括陈述性知识和程序性知识。技能的获得是由陈述性知识向程序性知识转化的自动化加工过程。近些年来，信息加工理论引入，为汉语二语习得研究带来研究范式的"认知转向"。这一转向改变了行为主义学习理论框架下的言语行为习惯获得的研究范式。汉语习得研究关注的不再是汉语学习者外在言语行为的变化，而是学习者内在的认知加工机制，如汉语学习者二语技能习得的心理表征，以及汉语口语产出的加工机制等。

（一）汉语二语知识的习得研究

汉语学习者二语知识习得研究，近些年主要集中在汉语的语音、词汇和汉字认知的研究上。这些领域在早期的汉语习得研究中相对薄弱。此外，汉语句法习得研究较少，但语块习得研究成为一个关注较多的研究领域。

1. 汉语语音习得研究

由于汉语本身的特点以及汉语学习者的难点主要集中在汉语超音段层面，因此，在汉语语音习得研究中，汉语声调、语调感知和产出的认知实验研究是成果最多的研究领域。

对汉语学习者来说，汉语声调习得难，首先是声调感知问题。张林军通过声调辨别和词汇再认等实验任务，对母语为非声调语言的汉语学习者在汉语声调声学特征的感知以及音位层面的加工机制进行了考察。研究发现，英语为母语的汉语学习者在初级阶段就能够较好地辨别声调范畴，而难点在于对汉语声调调位的感知。这些学习者对汉语声调的感知并非完全不能辨别，随着语言学习经历的增加，也能很好地区分声调范畴。但建立独立的声调调位的表征则需要较长的时间。[①]

为了解决汉语学习者汉语声调感知难的问题，一线教师采取了很多教学方法帮助学习者建立汉语声调的表征。其中一个最常见的方法是"打手势"。研究表明，汉语学习者对汉语声调的音

---

① 见本书第二章第二节。

高特征比较敏感,对音高的变化即调型不敏感。因此,可以通过"打手势"将音高变化视觉化。贾琳、王建勤通过实验研究对汉语声调的视觉加工对汉语学习者声调的感知机制的影响进行了考察。研究发现,低水平汉语学习者通过视觉和听觉双通道感知汉语声调的效果要好于只通过听觉通道感知声调的效果。也就是说,汉语声调的视觉加工可以有效地促进学习者汉语声调的感知。原因在于,"打手势"有助于学习者建立声调与符号之间的映射关系,从而易化声调感知过程。①

相对于声调感知,汉语声调产出对学习者而言是更为困难的过程。一般而言,母语为非声调语言的学习者汉语声调的产出要比母语为声调语言的学习者更为困难,是受到了学习者母语类型的影响。为了证实语言类型效应,胡伟杰、王建勤的实验研究选择了母语为非声调语言（阿拉伯语）、曲拱调语言（泰语）和平调语言（约鲁巴语）的三种学习者。实验任务是让被试朗读汉语音节表。研究的结论是,三种母语类型的汉语学习者声调产出的确存在语言类型效应,但并非完全受语言类型的影响。尽管约鲁巴语是声调语言,但属于静态调,因而汉语声调的产出除阴平外与母语为非声调语言的汉语学习者非常相似。泰语为曲拱调语言,因此泰国学生汉语声调产出似乎并不困难。但事实是,虽然泰国学生对其他声调类型的习得优于非声调语言类型的汉语学习者,但汉语上声的习得并不具备多少优势。②

除了声调产出的语言类型效应研究,汉语声调和语调的关系

---

① 见本书第二章第三节。
② 见本书第二章第四节。

问题也是学者们一直关注的问题。有关这个问题的研讨，源于赵元任提出的"语调迁移"的理论假设。赵元任曾通过外国学生把"买不买"读成"卖不卖"的例子说明"语调把字调给盖掉"的语调迁移现象。① 但这一现象并没有引起国内学者们的注意。直到近十几年，第二语言习得与教学研究领域的学者才开始关注这一问题。② 王建勤、胡伟杰、张葛杨通过母语为英语的汉语学习者汉语语调产出的行为实验，对"语调迁移"现象进行了纵向考察。该研究以初级、中级汉语水平的学习者和汉语母语者为被试，通过汉语陈述句和疑问句句末单字调的产出实验发现，英语背景的汉语学习者汉语语调的习得经历了语调迁移、声调调型参照和语调调阶调节三个不同阶段。语调迁移主要发生在初级阶段。第二个阶段，汉语学习者基本摆脱了英语语调的影响，无论陈述句还是疑问句的句末单字调都按照阴、阳、上、去四声的本调调型发音。这个阶段显然不能用语调迁移来解释学习者的加工策略。第三个阶段是"调阶调节"阶段，即通过抬高或降低句末单字调的调阶来表达疑问和陈述语气。这与母语者的加工策略是相同的。这一结论表明，语调迁移的假设并不能完全解释学习者汉语语调和声调习得的全过程。③ 学习者汉语语调习得的阶段性特征对汉语声调教学策略的制定具有重要的参考价值。

---

① 赵元任《语言问题》，商务印书馆1999年版。
② 桂明超、杨吉春《美国英语语调对美国学生学习汉语普通话声调的干扰》，《世界汉语教学》2000年第1期；谯蓉《汉语单音节句语调比较研究》，北京语言大学2007年硕士学位论文；林茂灿《汉英语调的异同和对外汉语语调教学——避免"洋腔洋调"之我见》，《国际汉语教学研究》2015年第3期。
③ 见本书第二章第五节。

2. 汉语词汇习得研究

近十几年来，在认知理论的框架下，汉语学习者词汇习得研究取得了一定进展。研究的问题涉及学习者汉语词汇习得的频次效应、心理词典、词汇的通达与加工，以及影响学习者汉语词汇认识的因素等诸多方面。

在学习者汉语二语心理词典的研究方面，李广利、姜文英通过词汇联想测试发现，汉语二语学习者心理词汇表征主要以"语义关联"为主，其中，"语块"是词汇联想的重要表征单位。此外，汉语二语者词汇关联模式并不是静态的心理表征，而是词汇"组合"向词汇"聚合"变化的动态过程。这一过程反映了学习者词汇习得的不同阶段。[①] 王志军、郝瑜鑫的研究考察了美国汉语学习者心理词汇发展的过程。研究发现，汉语单音节形容词多义义项的习得受学习者母语词汇义项的影响，两种语言中共有义项的习得比较早，而汉语特有义项则习得比较晚。学习者汉语心理词典是从共有义项到特有义项逐步建立的。[②]

汉语学习者词汇习得涉及的另一个研究领域是词汇通达与加工。郝美玲、厉玲选择汉字圈（日、韩学生）和非汉字圈（泰国学生）三组被试，通过词汇判断的实验任务考察影响汉语复合词加工的因素。研究发现，学习者在汉语复合词加工中存在整词和语素加工两种通路。因此建议汉语词汇教学应加强整词和语素的复现率，以扩大学习者的词汇量。这一结论在某种程度上回答了汉语教学中"字本位"和"词本位"教学的关系，即汉语词汇教学不能片

[①] 见本书第三章第五节。
[②] 见本书第三章第三节。

面强调"字本位"或"词本位"。因为整词作为最基本的交际单位，其复现率是影响学习者词汇判断的重要因素。同时，语素是影响学习者构词能力的重要因素。因此，对不同母语背景的学习者，在不同的教学阶段，语素和整词教学应有所侧重。①

在词汇习得研究领域，眼动技术的引入对考察学习者汉语词汇习得加工机制带来便利。干红梅通过眼动技术考察了语境对汉语学习者词汇学习的影响。研究结果显示，汉语学习者通过语境来学习透明度低的词语，前语境和同义语境更有利于目标词的学习。语义明确的提示词比释义小句对词汇学习更有促进作用。②

上述研究的一个共同特点是，通过实验研究探讨汉语学习者词汇加工的内在机制，其研究结论更为客观，为汉语词汇教学提供的实验依据比较可靠。

3. 汉语句法和语块习得研究

在为数不多的二语学习者汉语句法习得研究中，一类研究是考察汉语词类信息激活对学习者语言产出的影响；另一类研究是考察二语学习者母语语序对汉语关系从句语序的影响。

冯浩、冯丽萍通过实验研究考察了汉语二语者句子产出中词类误用的现象。如将动词误用为名词，抑或相反。该研究通过汉语词语和短语产出两种实验任务的考察发现，汉语母语者无论在词语产出还是短语产出条件下都能够激活词语的词类信息，而高水平的二语者在两种产出任务中都无法激活词类信息。这是造成汉语二语者词类误用的主要原因。作者建议汉语教学应对词类教

---

① 见本书第三章第六节。
② 见本书第三章第四节。

学给予应有的关注。[①] 吴芙芸、吕骏的研究通过比较韩国学生在汉语指量词前置于主语关系从句、后置于宾语关系从句的离线和在线加工情况发现,在离线加工条件下,韩国汉语学习者能够正确地习得汉语指量词在关系从句中的不对称分布规律,但在在线加工条件下,却受到韩语指量词在关系从句中后置语序的影响。作者将这一现象归因于汉语主语关系从句的"可别度"提高,指量词的可及性减弱。而指量词在宾语关系从句的后置优势是因为母语迁移压制了指量词的高可及性。[②] 但作者忽略了离线和在线加工两种任务条件下的语言监控因素的影响。因此,其结论有待进一步的实验研究来验证。

除了汉语句法习得的认知研究,近些年汉语语块的习得研究成为学者们关注比较多的研究领域。已有的研究表明,语块是作为整体存储和加工的,因此语块的加工速度要快于低频的自由词组。但也有研究认为,构成语块的词干频率是影响语块加工的决定因素,即所谓"解析加工"的观点。但郑航等的研究发现,脱离语境讨论语块的所谓整体加工优势是值得商榷的。该研究通过无语境的词汇判断和将语块植入句子两种条件的比较发现,在无语境条件下,语块与非语块相比具有加工优势,但是在语境中,语块的加工优势就消失了。因此,作者认为,汉语词汇教学,无论是单词还是语块都应置于具体的语境中进行教学,才能取得最好的习得效果。[③]

---

① 见本书第四章第一节。
② 见本书第四章第二节。
③ 见本书第五章第二节。

4. 汉字认知研究

汉语二语学习者的汉字认知研究一直是汉语习得研究关注比较多的领域。原因是汉字书写系统与拼音文字系统的差别给母语为拼音文字系统的汉语学习者的汉字认知和书写带来比较大的困难。但是，近些年来，针对汉语二语者的汉字认知研究并未取得更多新进展。

汉字认知字频效应的研究，主要探讨汉字频率效应以及构词数对非汉字圈汉语学习者汉字认知的影响。研究发现汉语学习者汉字认知存在频次效应和笔画效应，但未发现构词数效应。可能的原因是，被试熟悉的汉字数量有限，以及汉字频率和与汉字构词的共现频率有关，因此难以显现构词数效应。[①]

关于汉语二语学习者汉字正字法意识的研究，主要关注学习者对汉字字形的认知。一种方式是采取真、假、非字判断的实验范式考察外国学生对汉字字形认知的能力。[②] 另一种方式是考察汉语学习者汉字字形错误识别能力的发展。[③] 这些研究发现，汉语学习者在低年级，即学习汉语半年左右就已经能够形成汉字正字法意识。这种意识首先体现在汉字结构意识的萌发，从左右结构到上下结构。此外，汉语学习者对字形错误的识别能力也能够反映学习者正字法意识的形成过程。母语者往往对笔画增减的识别容易出错，而汉语学习者对"部件替换"和"方向逆反"的识别能力较差。

除了汉字字形认知的研究之外，学者们还探讨了汉语学习者

---

① 见本书第六章第一节。
② 见本书第六章第三节。
③ 见本书第六章第二节。

汉字部件意识的发展和形声字声旁一致性意识的发展。阮氏芳等的研究发现，学了3个月汉语的越南学生就已经发展出汉字部件意识。此外，部件构字能力和汉字结构对书写具有重要影响。[①] 吴思娜的研究发现，虽然日、韩学生在汉字书写上并不会像欧美学生那样感到茫然无助，但形声字声旁一致性意识的形成仍然会经历一个发展过程。汉字水平高的学习者在一年级就已经开始萌发一致性意识，而汉字水平低的学习者则需要比较长的时间才能建立一致性意识。因此，作者主张应将口语词汇和书面语词汇分开教学，充分发挥声旁直接教学的作用。[②]

该研究的结论对汉字教学，特别是初级阶段的汉字教学具有一定的启示和促进作用。但是，强调声旁一致性意识应适度。毕竟声韵调都相同的形声字只占形声字的29%，如果超越这个范围，学习者到了中级阶段就会出现所谓"秀才识字识半边"的问题。

（二）汉语二语技能习得研究

在汉语听说读写四项技能习得研究中，学者们对汉语学习者口语技能习得和阅读技能习得关注得比较多。汉语口语技能习得研究主要包括学习者汉语口语整体表达流利性、汉语口语词汇表达流利性，以及口语韵律结构表征的实验研究。

陈默通过实验研究对美国中高级水平的汉语学习者自然口语产出的复杂性、准确性和流利性特征的发展过程进行了详细的考察。研究发现，学习者汉语口语表达流利性的三项特征发展是不平衡的。就流利性而言，无声停顿和充实停顿发展较慢，而其他

---

① 见本书第六章第五节。
② 见本书第六章第四节。

流利性特征发展较快；美国学生汉语口语表达的准确性在句法和声调层面发展比较慢，其他准确性特征均有明显的进步。在口语表达复杂性维度，相对于词语个数、小句个数、连词数量的发展，学习者的句法复杂度的发展比较晚。[①] 该研究是对汉语学习者口语表达整体流利性的研究。丁安琪、肖潇则对意大利汉语学习者的口语词汇表达能力进行了纵向调查。调查结果表明，虽然意大利汉语学习者经过一个学期的学习，其口语词汇表达的流利性、复杂性和准确性都得到显著提高，但是词汇的多样性却没有明显的变化。该研究也发现，学习者的汉语词汇表达的三个维度发展也是不平衡的，每个维度的发展都表现出阶段性特征。[②]

上述研究主要探讨的是汉语学习者口语"表达流利性"（performance fluency），而且是广义的流利性研究。但是有研究表明，仅仅探讨口语表达流利性是不够的。口语表达流利性的提高依赖于"认知流利性"（cognitive fluency）的质性变化，即从控制加工到自动化加工的转变。因此，未来研究应加强口语认知流利性的研究。

汉语学习者技能习得研究的另一个领域是关于学习者汉语阅读能力的研究。对于母语为拼音文字的汉语学习者来说，汉语文本没有明显的词边界标注，那么汉语文本阅读是否会影响其阅读理解？高珊、江新从文本长度、文本难度以及学习者汉语水平三个角度考察了汉语学习者在句子阅读和文章阅读两种条件下，有无词边界对其阅读理解的影响。研究结果表明，在句子阅读条件

---

① 见本书第八章第二节。
② 见本书第八章第四节。

下，词边界对中级汉语水平的学习者的阅读速度具有显著的促进作用，但在文章阅读条件下，词边界对长文章的阅读理解有促进作用，对短文章没有促进作用。这一结果说明，对于初中级汉语学习者而言，其阅读理解过程主要依赖自下而上的加工机制。学习者的阅读水平有限，因此词边界有助于长文章的阅读理解。[①]

二 基于联结主义的汉语习得研究

"联结主义"（connectionism）概念源于Rumelhart and McClelland提出的"平行分布加工"（PDP）模型[②]。这一模型既是一种阐释信息加工和知识学习的理论，同时也是基于计算机模拟的人工神经网络模型。作为20世纪80年代复兴的认知理论，联结主义认为，知识是由人脑神经元的联结构成的，信息是平行加工的，而不是序列加工的。知识的获得基于一种简单的学习机制，这种机制不是基于规则的而是"基于样例"（exemplar-based）的。在联结主义框架下，其研究范式主要是计算机模拟，即运用不同类型的人工神经网络，如PDP模型、自组织模型等。这些模型除了用于计算机工程领域外，也被应用到语言习得与认知研究领域。由于该理论引进得比较晚，以及研究范式的限制，国内基于联结主义的第二语言习得研究大多限于理论介绍和探讨，而基于人工

---

① 见本书第八章第一节。
② Rumelhart, D. E. & McClelland, J. L. *Parallel Distributed Processing: Explorations in the Microstructure of Cognition.* MIT Press, 1986.

神经网络的模拟研究比较少。

国内较早的人工神经网络模拟研究主要是汉语母语习得与认知研究。在这些研究中，主要是基于 PDP 模型的模拟研究，基于自组织模型的模拟研究则比较少。[①] 在第二语言习得研究领域，王建勤将标准的自组织模型和衰减模型结合在一起，模拟了外国学生汉字构形意识的发展，[②] 并在此基础之上探讨了汉语二语者汉字知识获得的机制。通过模拟研究可以看到，汉语二语学习者汉字构形知识的获得是基于频次的统计学习机制而浮现出来的；这种汉字"形态知识"是通过"特征提取—特征比较—共性特征聚类—收敛"这一知识生成过程实现的；此外，该研究还发现，新旧知识的衔接是通过共有知识来实现的。这种知识的"衔接机制"是汉字认知能力发展的重要因素。该研究的意义在于，基于人工神经网络的模拟研究，能够发现行为实验研究所难以发现的汉字认知和加工机制。这些发现对汉字教学具有一定的启示作用。

近些年，基于人工神经网络的模拟研究被运用到汉语二语者语音特别是声调的习得研究领域。陈默利用"生长型树形结构"的自组织网络模拟了第二语言学习者汉语声调范畴的浮现过程。模拟结果显示，阳平与上声声调范畴最难建立，原因是阳平与上声的调值和调型特征的相似性。此外，阴平与去声都属于高调，因而也容易混淆。[③] 这些模拟结果与行为实验的结果基本一致。

[①] 邢红兵、舒华、李平《小学儿童词汇获得的自组织模型》，《当代语言学》2007 年第 3 期；杨剑锋、舒华《汉字阅读的联结主义模型》，《心理学报》2008 年第 5 期。

[②] 王建勤《外国学生汉字构形意识发展模拟研究》，《世界汉语教学》2005 年第 4 期；见本书第一章第一节。

[③] 见本书第一章第二节。

鲁骥在上述研究的基础上，构建了一个汉泰双语模型，模拟了泰国学生习得汉语声调感知的补偿机制、同化机制和学习机制。[①]该研究证实了汉语声调不同特征的感知线索之间确实存在补偿机制。音高线索和振幅线索在声调感知过程中的权重不同。

基于人工神经网络的模拟研究相对于"深度学习"网络，属于浅层学习网络。但是，基于联结主义的模拟研究与机器学习在导向上有所不同。基于联结主义的人工神经网络是以人脑认知功能模拟为导向的，因而强调人工神经网络的生物有效性。这种模拟技术相对于行为实验能够对实验变量和条件进行有效控制，在一定程度上能够避免行为实验的一些局限和不足。

三 汉语二语习得认知研究的未来发展

近十几年来，汉语作为第二语言的习得研究的发展经历了由结构主义语言学向认知研究的转向。这意味着汉语二语习得研究不再局限于学习者语言结构的描写以及偏误的分析，汉语习得的认知研究将逐渐成为主流。虽然目前的汉语习得研究仍然是在信息加工理论框架下，但新的认知理论的涌现也将会为汉语二语习得的认知研究带来新的理论视野和新的研究领域，如联结主义、浮现主义理论，以及动态复杂理论。在这些新理论框架下的研究

---

① 鲁骥《浮现主义视角下泰国学习者汉语声调范畴化机制的模拟研究》，北京语言大学 2012 年博士学位论文。

已经出现。目前虽然国内汉语二语习得的认知研究相对滞后，但在全球化和信息化背景下，新理论的不断引进，汉语二语习得认知研究的步伐会逐渐加快。

　　为了实现这一目标，汉语二语习得的认知研究应该加快新理论特别是跨学科理论的引进，进一步扩大研究的理论视野，逐步改变重结构轻认识的研究传统，不断拓宽汉语二语习得研究领域。其次，汉语二语习得研究应加强研究方法的借鉴和探讨。工欲善其事，必先利其器。研究方法的改进必将大大提升汉语二语习得研究的质量，使汉语二语习得的认知研究逐步达到世界第二语言习得研究的先进水平。此外，汉语二语习得认识研究应该关注跨学科、跨领域的研究，如认知神经科学、神经语言学等领域的研究。跨领域研究不仅可以促进理论的借鉴，而且可以加强研究方法和研究手段的现代化。认知神经科学等研究领域的发展也必将为汉语二语习得的认知研究带来新的跨越和进展。

第一章

基于联结主义的汉语习得研究

第一节 汉语学习者汉字知识获得机制模拟研究[①]

本研究是基于联结主义人工神经网络,以外国学生汉字认知行为实验研究为参照的模拟研究。目的是通过外国学生汉字知识获得过程的模拟,探讨第二语言学习者汉字知识是如何获得的。

"联结主义",简要地说,是关于人脑神经系统以知识平行分布表征和加工为特征的认知理论。因此"联结主义"又被称作"平行分布加工模型"(parallel distribution processing),简称"PDP"。在工程和计算机领域,联结主义模型又被称作"人工神经网络"。联结主义理论目前在国外被认为是"风靡一时"的一种新的认知理论。[②] 特别是近几年来,在语言认知与语言习得研究领域,联结主义神经网络,尤其是"自组织模型",在语言习得研究领域的应用越来越多,模拟的范围涉及语言习得的语音、词汇、语法和语义等许多方面。本研究则是基于"自组织模型"的汉字字形认知的模拟研究。

---

① 本节作者:王建勤,原载《语言文字应用》2008 年第 1 期。
② 李平《语言习得的联结主义模式》,《当代语言学》2002 年第 3 期。

一 "汉字部件识别模型"的建构与汉字认知模拟

模型建构是模拟研究的基础。建一个什么样的模型，如何构建模型，与模拟研究的目的是密切相关的。本研究是以外国学生汉字字形习得为背景的模拟研究，因此我们构建了一个能够反映外国学生汉字字形习得特点的"汉字部件识别模型"（the Component Recognition model of Chinese Characters，简称"CRCC模型"）。

（一）"汉字部件识别模型"的结构与功能

本研究构建的"汉字部件识别模型"是由 Miikkulainen 开发的"DISLEX 模型"和 James & Miikkulainen 开发的"SARDNET模型"构成的。[①] "DISLEX 模型"是一个标准的自组织模型，"SARDNET 模型"是一个"序列激活的保持与衰减网络"，在本质上也属于自组织模型。由于我们模拟的是外国学生的汉字部件识别机制和过程，因此，这个模型必须具备两个功能，即自组织功能和汉字部件分解的功能。为了实现这两个功能，"汉字部件识别模型"由两部分组成：即"标准的自组织网图"与"序列加工网图"。模型的结构，见图 1-1：

---

① Miikkulainen, R. Subsymbolic Natural Language Processing: An Integrated Model of Scripts, Lexicon, and Memory. *Journal of Physics G-Nuclear and Particle Physics,* 1993(35); Miikkulainen, R. Dyslexic and Category-specific Aphasic Impairments in a Self-organizing Feature Map Model of the Lexicon. *Brain and Language,* 1997(59); James, D. L. & Miikkulainen, R. SARDNET: A Self-organizing Feature Map for Sequences.Tesauro, G. & Touretzky, D. S. & Leen, T. K. (eds.) *Advances in Neural Processing Systems.* MIT Press, 1995.

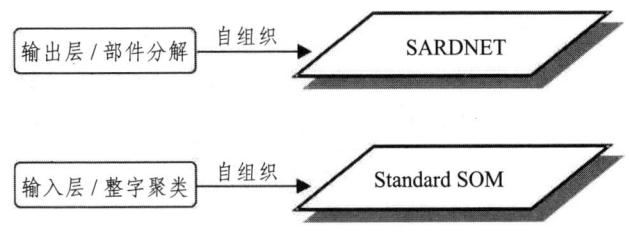

图 1-1 "汉字部件识别模型"结构示意图

图 1-1 的输入层是一个"标准的自组织网图",作为汉字的整字表征层,用于汉字的整字加工。它的功能是通过自组织对具有相似特征的汉字进行聚类。由于本研究模拟的是外国学生汉字字形的识别,因此,作为模拟数据的汉字表征主要是汉字字形属性的表征。网络的输入层根据汉字的字形属性,如汉字的结构类型、汉字的部件属性以及汉字的视觉特征等进行聚类。[①] 根据聚类结果,我们可以考察网络的部件识别效应。也就是说,网络通过自组织学习,可以识别具有相同部件以及相同结构类型的汉字。

本模型的第二层,即输出层,是一个部件序列加工网络。这个输出层的主要功能是将汉字分解为部件。如果网络进行了充分的训练,模型就能够完整、正确地将整字拆分为部件;如果网络的训练不充分,就会出现部件拆分错误,如形似部件混淆、部件结构类型错误和部件位置错误。我们利用模型的这一功能来模拟外国学生整字识别和部件识别的习得过程。

(二)模型的训练与汉字认知模拟

对于第二语言教学而言,核心问题是教什么、怎么教的问题。

---

① 汉字字形表征方案,可参见王建勤《外国学生汉字构形意识发展模拟研究》,北京语言大学 2005 年博士学位论文。

教什么、怎么教对学习者的习得效果会产生直接的影响。"汉字部件识别模型"也存在同样的问题。对模型训练什么、怎么训练将对模型汉字知识的获得能力产生直接的影响。母语模型和第二语言学习者模型的差别也主要表现在训练的内容和方法上。通过模型训练和汉字识别能力的检验，我们可以发现一些行为实验预想不到的问题。而这些问题恰好揭示了行为实验难以观察到的学习者汉字知识的获得机制。

1. 年级模型的建立与训练样本的构成

为了模拟不同汉语水平的外国学生汉字习得的过程，我们在"汉字部件识别模型"的基础上，分别建立了3个年级的子模型，即一年级模型、二年级模型和三年级模型。这3个子模型分别对应于学过《汉语教程》第一、二、三册内容的外国学生的识字水平。

为了客观反映外国学生汉字部件识别的习得特点，3个子模型模拟文本的选择和处理，充分考虑了语言材料的真实性和模拟文本知识结构的自然分布。由于模型容量的限制，我们从《汉语教程》中随机抽取3个年级模型的汉字训练样本。样本容量为原文本的10%。一年级模型的训练样本为229个字；二年级为253个字；三年级为328个字。其中二年级模型的训练样本包含小部分一年级模型已经学过的汉字；三年级模型包含小部分二年级模型已经学过的汉字。

2. 模型的训练和检验

3个子模型建立以后，我们利用训练样本，分别对3个子模型进行训练。为了对模型的部件识别能力做出客观的评价，我们对3个经过训练的子模型的汉字部件识别能力进行了检验。检验的方法是，分别从3个子模型的训练样本中抽取等量的训练字各 30 个，每种结构类型 10 个（即左右结构、上下结构、包围结构）。然后对 3 个子模型的汉字识别的结果进行差异显著性检验。

检验结果表明，3 个子模型经过训练后，二年级模型的部件识别率好于一年级模型；但出人预料的是，三年级模型的部件识别率低于二年级模型，仅相当于一年级模型的水平。这就是说，三年级模型的部件识别能力没有得到正常的发展。为了找到问题产生的根源，我们对 3 个模型训练样本的汉字频次进行了统计分析。

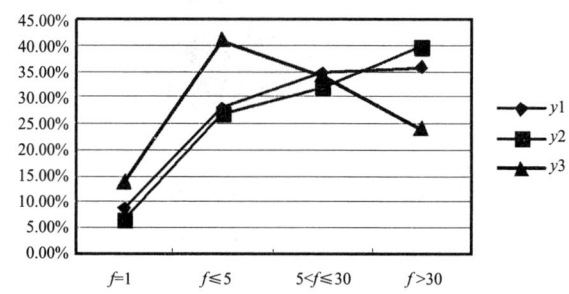

图 1-2　3 个子模型训练样本中汉字频次分布图

3 个子模型训练样本汉字频次分布中，一、二年级模型在各频段的汉字分布趋势是一致的；三年级模型 5 次以下的汉字（即低频字）高达 41%，比二年级模型高 14%。而 30 次以上的高频汉字呈下降趋势，为 24%，比二年级模型低 16%。也就是说，三年级模型的训练样本中高频次汉字偏少，低频字偏多。这说明，训练样本的汉字频次分布对模型的训练结果产生了直接的影响。但这只是造成三年级模型汉字部件识别能力低下的一个原因。为此，我们对 3 个子模型共有汉字的分布做了进一步的统计分析。

统计分析发现，二年级模型训练样本与一年级模型训练样本共有的汉字共 24 个，占二年级模型训练样本总量的 9.5%；三年级模型训练样本与二年级模型训练样本共有的汉字 21 个，占三年级模型训练样本总量的 6.4%。3 个子模型共有的汉字只有 4 个，占三年级模型汉字总量的 0.5%。见图 1-3。

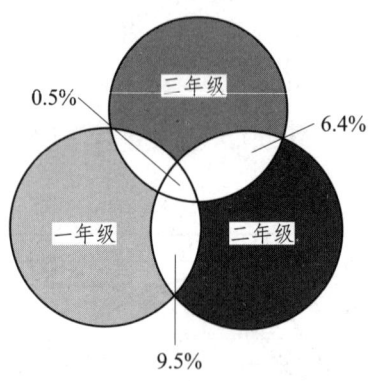

图 1-3 3 个子模型共有汉字的比例

由此可见，3 个子模型共有知识的比例很小。这可能是造成三年级模型部件识别能力低下的根本原因。另外，以往的研究表明，自组织模型有一个先天不足，那就是对学过的知识的遗忘。①这是因为自组织模型的拓扑保持特性，使它无法模拟知识的积累过程。如果模型学过 100 个汉字后，再用 100 个汉字来训练模型，后学的汉字将把先前学过的汉字全部覆盖，因而给模型汉字识别能力带来灾难性后果。

针对上述问题，我们从两个方面着手解决模型的知识积累问题。首先，我们从改变子模型之间新旧知识的衔接机制入手，来

---

① Li, P. & Farkas, I. & MacaWhinney, B. Early Lexical Development in a Self-organizing. *Neural Network*, 2004(8).

解决模型知识遗忘的问题。新的二年级子模型是由一年级子模型学过的汉字数加上原二年级子模型学过的 100 个汉字构成的;新的三年级子模型是由新的二年级子模型的汉字数加上原三年级子模型学过的 100 个汉字构成的。这样,3 个新子模型训练样本分别由 229 个汉字(一年级)、329 个汉字(二年级)、429 个汉字(三年级)构成。见图 1-4。

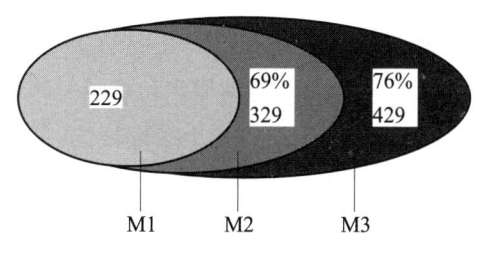

图 1-4　3 个新的子模型共有汉字比例

这样一来,新的一年级模型与二年级模型共有汉字比例为 69%,二年级模型与三年级模型共有汉字的比例为 76%。由于 3 个新子模型扩大了共有汉字的比例,建立了模型之间新旧知识的衔接机制,这样就避免了自组织模型的遗忘机制对模型带来的灾难性后果。由于新模型较好地体现了汉字习得新旧知识的连续性,因而解决了自组织模型先天不足的问题。

其次,我们通过对 3 个新子模型共有的汉字频次进行累加的方法来解决模型的知识积累机制。[①] 比如,一个汉字在一年级子模型配对文件中出现的频次为 10 次,在二年级模型配对文件中出现的频次也是 10 次,当这个汉字在二年级模型中重复出现时,模型便将这个相同汉字的频次进行累加,变为 20 次。当这个汉

---

① 本研究采用频次累加的方法对新模型进行训练的创意是由邢红兵博士提出的。在此表示谢意。

字在三年级模型中再次出现时，其频次继续累加。这种频次的累加，实际上就是模型汉字知识的积累过程。模型的知识积累机制正是通过频次累加建立起来的。

通过上述方法，3个子模型，特别是三年级子模型的知识结构得到改善，模型的汉字识别能力从而得到根本的改善。在此基础上，我们对3个新的子模型生字识别能力进行了测试。由于这些生字都是模型没有接触过的汉字，模型需要运用已经学过的汉字部件及其结构的知识进行识别。用于训练模型测试的生字在部件的结构类型上进行了匹配，每个年级选择30个生字，每种结构类型选择10个字，3个子模型共选择90个字。测试的结果见图1-5。

从图1-5显示的测试结果看，一年级模型处于汉字习得低级阶段，因而汉字识别率比较低，这是在情理之中的。在对一年级模型生字识别结果的分析中，我们发现，30个测试字，一年级模型正确识别的只有5个字。即使在这5个字中，仍然有部件相混、结构相混的错误。比如，测试字"进"，模型正确识别了部件"辶"，但将部件"井"与"韦"相混，属于形似部件错误；在测试字"香"中，模型将上下结构的部件"禾"与左右结构的部件"禾"相混，这属于结构类型错误。这两个例子说明，一年级模型尚未获得汉字部件及其结构类型的知识。按照 Chuanren Ke 的观点，一年级模型还处于"前成分加工阶段"；二年级模型的汉字识别率比较高，表明模型汉字识别能力发展比较快，因而获取新知识的能力也比较强；三年级模型的生字识别率略低于二年级模型，但比原模型已经有了根本的改善。①

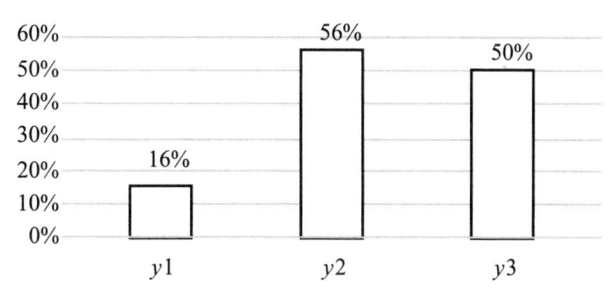

图 1-5　3 个子模型生字识别测试结果

需要说明的是，如果按照经过充分训练的模型汉字识别能力的标准，这 3 个子模型的汉字识别能力并没有得到充分发展。原因是，这 3 个子模型是按照外国学生汉字习得的实际水平，即实际的识字量进行训练和模拟的，因此，在某种程度上反映的是第二语言学习者实际的汉字识别能力的发展水平。

为了对 3 个子模型生字识别能力发展做出准确的评价，我们对模型的生字识别率进行了差异显著性检验。检验数据表明，一年级模型与二年级模型在生字识别能力上差异非常显著（$p=0.001$）；二年级模型与三年级模型识别能力差异不显著（$p=0.882$）。

3. 模型训练与检验的初步结论

3 个子模型的训练过程和汉字识别能力的检验，对我们深入探讨学习者汉字知识获得机制具有重要的启示。归结起来主要有以下几个方面：

---

① Ke, C.-R. Beginning Readers' Awareness of the Orthographic Structure of Semantic-phonetic Compounds: Lessons from a Study of Learners of Chinese as a Foreign Language. McBride-Chang, C. & Chen, H.-C. (eds.) *Reading Development in Chinese Children*. Praeger Publishers, 2003.

第一，经过训练的3个子模型具备了一定的汉字识别能力。随着年级水平的提高，模型汉字识别的能力也不断提高。这表明，3个子模型不仅能够获得新知识，如汉字部件知识、汉字结构类型的知识，而且能够举一反三，识别尚未学过的生字。

第二，通过前后两个阶段的模型训练和汉字识别能力的检验，我们发现，新旧汉字知识的衔接机制和知识积累机制是制约模型汉字识别能力发展和汉字知识获得的核心机制。

第三，3个子模型通过汉字知识的衔接机制和积累机制，弥补了自组织模型知识遗忘的先天不足，从根本上改变了模型的汉字识别能力。这些机制的建立，对进一步探讨汉语学习者汉字知识获得机制具有重要的理论价值和实践价值。

（三）模型汉字知识获得机制的理论分析

通过模拟研究，我们试图回答3个与汉字知识获得机制相关的理论问题：第一，模型的汉字知识是从哪里获得的；第二，模型的汉字知识是以何种方式获得的；第三，模型的汉字认知能力是怎样发展的。

1. 潜在的汉字知识的"浮现"

Ellis[①]在《语言加工的频次效应》一文中对第二语言习得过程中的频次效应做过如下概括：

"频次"是语言习得的关键因素。因为所有语言层面的规则，从语音、句法到话语，都是一种结构规则。这些规则是从学习者对语言输入中语言分布特征的"日复一日的分析"（lifetime

---

① Ellis, N. C. Frequency Effects in Language Processing: A Review with Implications for Theories of Implicit and Explicit Language Acquisition. *Studies in Second Language Acquisition*, 2002(24).

analysis）过程中浮现出来的。

这里面有3个重要的概念：一是"频次"，二是"分布特征"，三是"浮现"。这3个概念反映了联结主义的核心思想。我们可以这样解释这3个概念的关系：语言规则是以"分布特征"蕴含在语言输入之中的；学习者对这些特征的感知和获得是通过"频次"的积累来实现的；这个基于"频次"的学习过程就是规则的"浮现"过程。我们的模拟研究结果又一次见证了这个过程。

在对3个子模型的训练样本中汉字频次分布进行统计分析时，我们发现，造成三年级子模型汉字识别能力低下的原因之一是低频字太多。从知识获得的角度来看，模型是通过训练样本获得汉字频次的知识的。汉字频次越低，意味着模型对汉字某些分布特征训练的次数越少。这样一来，模型关于汉字部件及其组合规则就无法通过频次的统计规则体现出来。模型也就无法获得汉字部件及其组合规则的知识。有研究表明，模型的频次统计规则与模型的知识获得高度相关。Michael Harrington & Simon Dennis 也指出，假如所有的因素都是相等的，那么，语言输入中出现频次越多的语言形式就训练得越多。[①] 训练频次多的语言形式自然就会达到较好的语言习得水平。三年级子模型汉字知识的获得结果恰好证明了这一点。

语言材料中潜在的知识结构及其分布在语言习得过程中具有重要的影响，频次扮演了重要角色。Michael Harrington & Simon Dennis 对此做了很好的说明。他们认为："在语言输入中，特定

---

① Harrington, M. & Dennis, S. Input-driven Language Learning. *Studies in Second Language Acquisition*, 2002(24).

语言形式的频次分布,决定了这些语言形式习得的快慢与好坏。"频次成为学习者从语言输入环境中获得知识的接口。语言规则的浮现正是基于频次累加的机制实现的。频次是模型语言知识获得的关键因素。

2. 汉字知识的生成和"冻结"

自组织模型本身的缺陷以及模型汉字识别能力的改善,促使我们在理论上进一步思考模型与人脑知识生成的基本机制问题:汉字知识究竟是以何种方式形成的?频次累加在知识积累过程中扮演了什么样的角色?

钟义信在论述"形态性知识"的生成机制时指出,"现在,人们普遍认为,知识是由信息通过加工提炼生成的"[①]。那么,人脑是通过什么样的机制将信息加工为知识的?钟文认为,信息生成形态性知识,并将其生成机制的原则算法归结为以下几个方面:

(1) 观察一个信息样本 S_1,提取它的形式特征,记为 f_1。所提取的特征应当能够充分表征样本的本质方面……;

(2) 建立特征的相似性准则,然后观察第二个信息样本 S_2,也提取它的形式特征,记为 f_2,并与第一个信息样本的信息特征 f_1 相比较。如果这两个样本的特征能够满足特征相似性准则的要求,则第 2 个样本保留;否则,舍弃。

[①] 钟认为,知识作为认识论范畴的概念,包括三种类型的知识,即形态性知识、内容性知识和效用性知识。一切知识所表达的"运动状态和状态变化的规律"必然具有一定的外部形态,与此相对应的知识称为"形态性知识"。参见钟义信《知识理论与神经网络》,载《神经网络及其应用》,清华大学出版社 2004 年版。

（3）把这个步骤重复 N 次……，从而得到一组具有共性意义的信息特征 $\{f_k\}$，$k=1，2，…，K，……$。它们构成一个"共性特征集合"……；

（4）当观察的信息样本数 N 再进一步增加而具备共性特征集合 $\{f_k\}$ 的样本数 K 稳定不变，或者已经没有新的样本可供观察时，就把这 K 个样本予以冻结。

（5）称所有满足共性特征集合 $\{f_k\}$ 的 K 个信息样本为同类信息样本。给这样形成的"类"命名，从而形成一个具有"类"名称的概念，完成一个概念的生成。

上述原则算法清晰地描述了知识的生成过程。按照自组织模型的原理，我们可以将上述过程描述为：特征提取——特征比较——共性特征聚类——收敛——输出结果。在这个知识生成的过程中，"共性特征的聚类"蕴含了知识的累加机制。按照钟的说法，聚类过程蕴含的累加机制，就是把特征提取和比较"重复 N 次"。重复 N 次之后，人脑神经系统便"有了'类'的概念，就具有了分类的知识，也就具有了利用'类'的'共性特征集'对新的对象进行分类的能力"。[1] 由此可见，累加机制是人脑神经系统知识生成与获得的基本机制。我们的 3 个子模型的训练过程实际上演绎的正是人脑的形态性知识的生成过程。

Hasher & Zacks 的研究表明，学习者对语言输入信息出现的频次非常敏感，他们会充分利用这些信息对频次进行编码，无论

---

[1] 钟义信《知识理论与神经网络》，周志华主编《神经网络及其应用》，清华大学出版社 2004 年版。

是明晰的知识还是潜在的知识。[①] 我们在模型的训练过程中也发现，频次累加机制不单单是一个简单的加减运算。实际上，这些看来简单的频次累加过程包含了许多汉字特征的信息累加和计算。无论这些知识是明晰的还是潜在的。在我们的3个子模型中，每个汉字都包含了频次信息。作为一种明晰的知识，模型通过训练，即"重复N次"，首先获得了汉字的频次知识。与此同时，模型也获得了潜在的汉字知识，比如汉字的结构类型知识。在模拟过程中，我们并没有教给模型汉字结构的规则，也没有给模型关于汉字结构类型的表征信息。但是，模型能够在模拟文本中抽绎出汉字结构类型的知识。其原因在于，模型在计算汉字频次信息的同时，汉字结构类型的知识也通过频次的累加被编码。模型学习N次"结"字，就学习了N次左右结构；"节"出现N次，上下结构将累加N次。当汉字结构类型的知识被"冻结"后，这种知识作为一种"浮现特征"便浮现出来了。

从上述分析可以看出，频次累加机制不仅是一种知识生成机制，而且也是一种学习机制。这种机制是模型汉字识别能力发展的决定因素。

3. 知识"衔接机制"对汉字认知能力的制约

自组织模型的先天不足，三年级子模型学习能力低下现象，促使我们思考另一个看似寻常的问题：人类的大脑一旦失去知识的衔接机制将意味着什么？这个问题使我们认识到，新旧知识的衔接机制是制约模型汉字知识获得和认知能力发展的重要

[①] Hasher, L. & Zacks, R. Automatic Processing of Fundamental Information: The Case of Frequency of Occurrence. *American Psychologist*, 1984(39).

因素。

人脑的知识积累过程是一个自然发生的过程。除了健忘症病人以外，通常我们很难观察到人脑缺少知识积累机制对人的语言能力发展的影响。三年级子模型的训练结果使我们观察到人脑在缺少知识积累机制的情况下对语言知识获得的巨大影响。打一个通俗的比方，三年级子模型汉字识别能力低下，属于"熊瞎子掰苞米"式的记忆能力。这个例子里边蕴含着一个深刻的道理，那就是，新旧知识的衔接是将知识转化为认知能力的关键机制。如果人类一旦失去这种机制，这个世界将是不可想象的。

从操作层面上讲，新旧知识的衔接机制是通过共有知识来实现的。有了共有知识，才能获得新知识，共有知识的多少在某种程度上决定了认知能力的形成和发展。我们通过改变3个子模型共有汉字的比例，使模型的认知能力得到了根本的改善，恰好说明了这一点。

Nelson指出："人的神经系统本身会随着学习经验的增加而加以改变或得到发展。"[1] 换句话说，如果人的神经系统失去了知识的衔接机制，就不会有经验的增加和知识的积累，人的神经系统也就不会得到改变和发展。

二 模拟研究结论对汉字教学的启示

通过上述分析，我们认为，模型汉字知识的获得机制对对外

---

[1] Nelson, C. A. Neural Plasticity and Human Development. *Current Directions in Psychological Science*, 1999(8).

汉字教学有以下几点启示：

第一，对外汉字教学要注意教材潜在知识结构对学习者汉字认知能力的影响。汉字知识与语法知识不同，不是通过线性的同现关系显示出来的。汉字的许多信息是潜藏在汉字的层次性结构中的，如部件信息、部件的位置与结构类型信息等。汉字教材如果能充分揭示这些汉字知识，巧妙地展示这些信息，外国学生就比较容易获得。如果汉字的频次分布不合理，低频次汉字出现过多，就会影响学生汉字能力的形成。其次，对外汉字教学，不仅要重视汉字的特征频次分布，还要重视任务频次效应。当然，教材中汉字的重现率是有限的，但教师可以通过特定的教学方法来增加汉字的重现率。

第二，对外汉字教学应尽可能地利用汉字本身的特点，培养学生举一反三的能力，使学生的知识系统化。部件教学是对外汉字教学中普遍采用的教学方法，利用汉字结构类型的特征，如形声字，通过特征提取、特征比较、发现共性的方法来扩展学生的汉字知识，并将这一过程重复 N 次，使学生汉字知识系统化。所谓"以旧带新"说的就是这个道理。

第三，对外汉字教学应该注重新旧知识的衔接，这是学生汉字识别能力发展的关键。我们的对外汉语教材强调了汉字频率的等级和难易分布，但忽视了新旧知识的衔接，教材中共有汉字比例过小。这容易造成"熊瞎子掰苞米"式的学习后果。学得多忘得也多。不容易形成知识的积累。这在一定程度上影响了学习者汉字识字能力的提高和发展。

第二节　第二语言学习者汉语声调范畴浮现的模拟研究[①]

由于很多汉语声调偏误的形成主要是因为第二语言学习者没有形成较好的声调范畴，不能区分不同调类之间的差异，从而形成了各种各样的"洋调"。对于无声调语言母语者而言，汉语声调范畴的建立是一个从无到有的过程，是习得的难点和重点，所以对汉语声调范畴浮现的研究是十分重要的。笔者发现，目前汉语声调范畴的研究主要是横向的感知研究，对声调范畴认知发展过程的研究很少，对声调范畴习得机制的探讨也很少。[②]

声调范畴的实验研究存在着一定的局限性，不能综合考察语音特征之间的相互作用，不能观测到多层面因素特征相互作用随时间变化的特性等。所以目前的实验研究还不能全面地分析声调范畴是如何在多层面特征的相互作用下浮现而出的，这也是对声调范畴习得机制了解不够深入的主要原因。因为不同的特征（声调特征、母语音段特征、二语音段特征以及外部环境特征等）在声调范畴浮现的过程中起着不同的作用，所以我们应该把这些声

---

① 本节作者：陈默，原载《中文信息学报》2012 年第 1 期。

② Leather, J. A Pattern Inference in the Perceptual Acquisition of Second Language Tone; James, A. & Leather, J. (eds.) *Sound Patterns in Second Language Acquisition*. Foris Publications, 1987; Stagray, J. R. & Downs, D. Differential Sensitivity for Frequency Among Speakers of a Tone and a Nontone Language. *Journal of Chinese Linguistics*, 1993(1); Hallé, P. A. & Chang, Y.-C. & Best, C. Identification and Discrimination of Mandarin Chinese Tones by Mandarin Chinese VS. French Listeners. *Journal of Phonetics*, 2003.

调特征融合在一起，来探讨声调范畴的浮现。

因为声调范畴的浮现涉及声调特征相互作用的过程，笔者在模型中加入的声调的主要声学特征有：（1）调值，也就是基频高度；（2）调形，即基频曲线；（3）调长，即声调时长；（4）调域，即高音点音高与低音点音高的距离。另外，模型涉及母语语音特征和汉语语音特征，这样做的优势一是可以动态地研究各因素相互作用的过程，二是可以直观地观测不同层面的特征相互作用的结果。

神经网络方法在汉语汉字和语音识别的研究中已经得到广泛的应用，但是由于语言习得的动态性，常规的神经网络难以直接使用。[1]本节利用生长型树形结构自组织特征映射神经网络（GTS-SOFM）来模拟英语母语者汉语声调范畴的浮现过程。通过建立零起点、初级和中级三个子模型，来考察三个子模型的声调特征的聚类过程、三个子模型不同类声调之间的距离以及三个子模型声调混淆的数量和类型。综合这三个方面对三个子模型声调范畴的浮现进行研究，是为了跟行为实验研究进行比较，以更深入地发掘汉语声调范畴的习得机制。[2]

模拟研究跟行为实验研究的不同点在于，行为实验研究是利用实验语音学的方法来分析被试的物理声学特征，通过语音软件

---

[1] 陈学德、陈玲、曾碚凯等《一个基于神经网络的手写文字分类/识别模型》，《中文信息学报》1993年第3期；张德喜、马少平、朱绍文、金奕江《基于统计与神经元方法相结合的手写体相似字识别》，《中文信息学报》1999年第3期；顾明亮、沈兆勇《基于语音配列的汉语方言自动辨识》，《中文信息学报》2006年第5期。

[2] 陈默《无声调语言母语者汉语声调浮现过程的实验和模拟研究》，北京语言大学2009年博士学位论文。

来提取语音参数,用多因素方差分析来考察特征之间的关系,[①]模拟研究是通过计算机模型的构建来实现声调范畴学习的。从提取的声调特征来看,行为实验只考察了调值特征,而模拟研究综合考察调值、调形、调域和调长四类特征,可以更好地观察声调特征之间的相互作用以及声调特征和外部因素(知识的变化和语言水平的变化)相互作用的结果。从研究对象来看,行为实验由于受实验条件的限制,采取的是横向研究方法,而且被试分属于不同的无声调语言国家,存在着一定的个人差异。而模拟研究更类似于纵向研究,选择的是一种母语背景,可以保证被试的同质性。所以,我们可以通过计算机模拟的方法来验证行为实验的结果,同时也能提供行为实验观察不到的结果。

一 声调范畴浮现模型的建立

(一)算法实现

本研究采用笔者建立的动态生长型树形结构自组织映射模型(GTS-SOFM),具体实现上主要包括以下几个关键考虑:(1)动态的神经元添加策略以及合理的神经元排列方式设计;(2)起始神经元权重初始化以及优胜邻域的设计;(3)自组织树在生长阶段中的获胜神经元搜索方法;(4)有效的学习函数以及加入弱近邻抑制效应的参数调整方式;(5)神经元生长阈值随着网络的扩大而动态增加,控制网络的规模和稳定性;(6)网

---

① 陈默《无声调语言母语者汉语声调浮现过程的实验和模拟研究》,北京语言大学2009年博士学位论文。

络趋于稳定时合理的收敛条件的设置和判断。跟以往的动态自组织模型相比较，GTS-SOFM 既克服了 Kohonen 自组织特征映射网络的固定网络结构的限制以及容量的有限性，又克服了上述几个类似动态网络的较弱的拓扑映射特性，从而方便用于语言认知习得的研究，既具有良好的拓扑映射特性，又保证了神经元的动态生成能力。[①]

（二）表征

由于本研究模拟的是英语母语者汉语声调范畴的浮现，所以要建立一个双语模型。英语作为基础模型，在此基础上建立零起点、初级和中级三个子模型。英语表征借鉴 Li 和 MacWhinney 的 PatPho 表征方案，主要从发音方法和发音部位来表征元音和辅音。[②] 汉语语音表征是在 Zhao 和 Li 的汉语音素表征的基础上加入了汉语声调的表征，汉语声调的表征参考了前人的诸多研究成果，抽取出汉语声调的最主要特征（表 1-1）：（1）调值。阴平和去声为高，阳平和上声为非高；（2）调形。分成平、升、降升和降四类；（3）调域。四类声调根据高音点和低音点的距离，阴平为窄，阳平、上声和去声为宽；（4）调长。[③] 阴平、阳平和

---

　　① Alahakoon, D. & Halgamuge, S. K. & Srinivasan, B. Dynamic Self-organizing Maps with Controlled Growth for Knowledge Discovery. *IEEE Transactions on Neural Networks*, 2000(3)；王莉、王正欧《TGSOFM：一种用于数据聚类的动态自组织映射神经网络》，《电子与信息学报》2003 年第 3 期；陶骏、洪国辉《基于生长的自组织映射的数据挖掘》，《计算机应用》2005 年第 2 期。

　　② Li, P. & MacWhinney, B. PatPho: A Phonological Pattern Generator for Neural Networks. *Behavior Research Methods, Instruments, and Computers*, 2002(3).

　　③ Zhao, X. & Li, P. An Online Database of Phonological Representations for Mandarin Chinese Monosyllables. *Behavior Research Methods*, 2009(2)；吴宗济、林茂灿《实验语音学概要》，高等教育出版社 1989 年版。

上声为长，去声为短。对声调特征进行定义后，根据声调特征之间的差异程度，对声调特征进行赋值（表 1-2）。

表 1-1　汉语语音表征

	维度一	不圆唇元音	圆唇元音				
元音	维度二	舌尖前	舌尖后	前	央	后	
	维度三	高	半高	中	半低	低	
	维度一	浊音	送气清音	清音			
辅音	维度二	双唇音	唇齿音	齿龈音	卷舌音	腭龈音	软腭音
	维度三	鼻音	塞音	塞擦音	边音		
	调值	高	非高	非高	高		
声调	调形	平	升	降升	降		
	调域	窄	宽	宽	宽		
	调长	长	长	长	短		

表 1-2　汉语语音的数值表征

	维度一	0.100	0.175			
元音	维度二	0.030	0.060	0.100	0.175	0.250
	维度三	0.100	0.185	0.270	0.355	0.444
	维度一	0.750	0.925	1.000		
辅音	维度二	0.450	0.560	0.670	0.780	0.890	1.000
	维度三	0.644	0.733	0.822	0.911	1.000
	调值	1	0.9	0.9	1	
声调	调形	0.75	0.9	1	0.6	
	调域	0.9	1	1	1	
	调长	0.9	0.9	0.9	1	

（三）训练样本

结合《英语常用词词典》和《牛津英汉双解小词典》选出

1000个英语常用词,其中单音节词535个,双音节词465个,其中重音在前的双音节词282个,重音在后的双音节词183个。这1000个词涵盖了英语所有的发音模式(图1-6),从而建立英语基础模型。①

选择《汉语教程》作为训练样本,建立三个汉语水平的模型。②零起点学习者相当于学习了《汉语教程》半个月左右,初级学习者(初级上)相当于学习了《汉语教程》半年左右,中级学习者(中级上)相当于学习了《汉语教程》一年左右。训练样本的选取遵循两个原则:一是保证样本的累积效应,即在零起点学习过的样本同样还会在初级和中级出现,初级的样本会在中级出现;二是保证所选择的样本能代表实际整体样本的频次分布。

(四)训练和测试

对三个子模型分别进行训练。训练前,模型接受前测。因为要和行为实验结果进行比较,所以用行为实验的测试音节表(见附件1)对三个子模型进行前测。③每类声调30个音节,一共120个音节,即每个子模型都要接受120个音节的前测。前测结束,开始进行训练。训练样本的选择采取从高频到低频样本的等间隔选取法,零起点子模型的100个训练样本是从939个样本中频次≥20的664个样本中选取出来的。初级子模型总共选取了200个训练样本。其中100个和零起点子模型的完全一致,另外100个

---

① 方庭钰等译《英语常用词词典》,外语教学与研究出版社1991年版;英国牛津大学出版社编《牛津英汉双解小词典》(第9版),外语教学与研究出版社2008年版。

② 杨寄洲《汉语教程》(系列教材),北京语言大学出版社2003年版。

③ 陈默《无声调语言母语者汉语声调浮现过程的实验和模拟研究》,北京语言大学2009年博士学位论文。

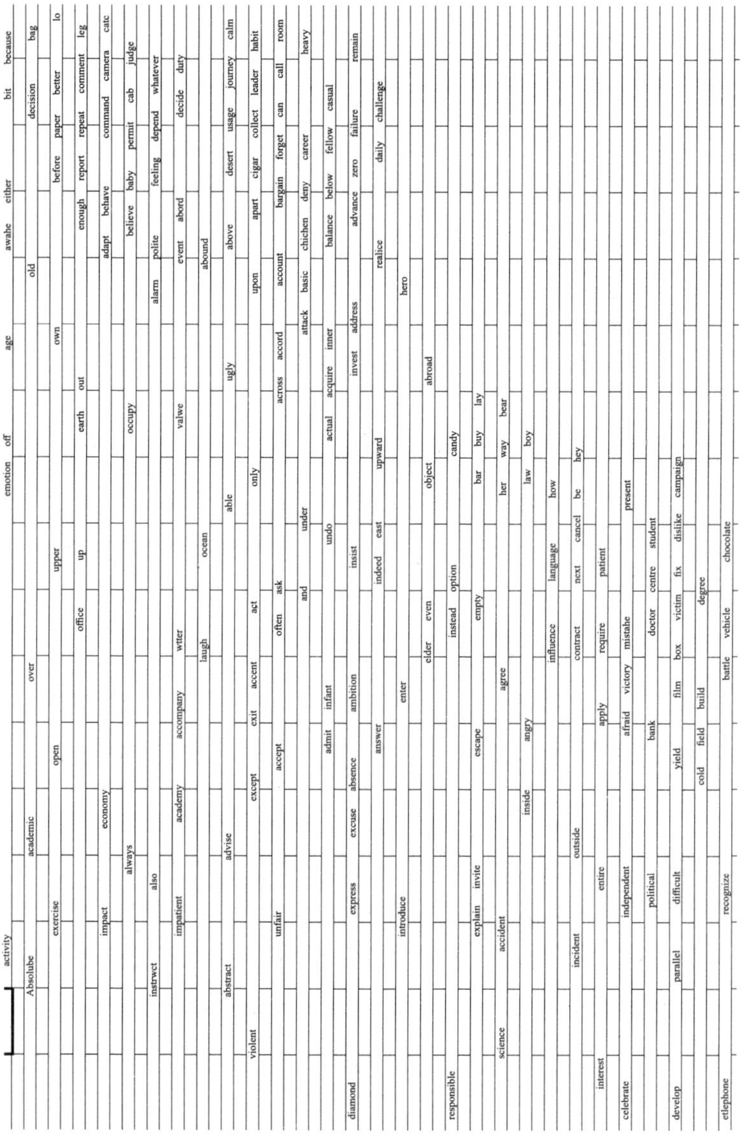

第二节 第二语言学习者汉语声调范畴浮现的模拟研究

图 1-6 英语训练样本在输出层的映射图

是从频次≥8 的 798 个样本中选取出来的。中级子模型总共选取了 400 个训练样本。其中 200 个和初级子模型的样本完全一致（其中包含了 100 个零起点的样本），另外 200 个是从所有 939 个样本中等间隔选取出来的。三个子模型训练结束，进行后测。后测文本和行为实验后测文本一样（见附件 2），后测是对三个子模型分别用 120 个音节测试表进行测试，然后和前测结果进行比较。[①]

二 模拟结果和分析

对三个子模型声调范畴发展的研究，是通过三方面的考察进行的。一是三个子模型的声调范畴图比较；二是三个子模型在输出层上不同类声调之间距离的比较；三是三个子模型声调混淆数量和类型的比较。综合这三个方面对三个子模型声调范畴的浮现过程进行研究。

（一）三个子模型的声调范畴图比较

为了更好地看出声调范畴的发展，对三个子模型输出层进行部分截图。如图 1-7、1-8 和 1-9（数字 1、2、3 和 4 分别表示阴平、阳平、上声和去声）。

根据四类声调的聚类情况，笔者在图 1-7、1-8 和 1-9 上画出相应的范畴，从而可以直观地看出三个子模型的声调范畴的动态发展情况。据图示，零起点子模型的四类声调还没有形成范畴，四类声调的混淆情况很多，阴平和阳平相混，阴平和去声相混，阳平和上声相混，阳平和去声相混。初级子模型去声和阴平的聚类最

---

① 陈默《无声调语言母语者汉语声调浮现过程的实验和模拟研究》，北京语言大学 2009 年博士学位论文。

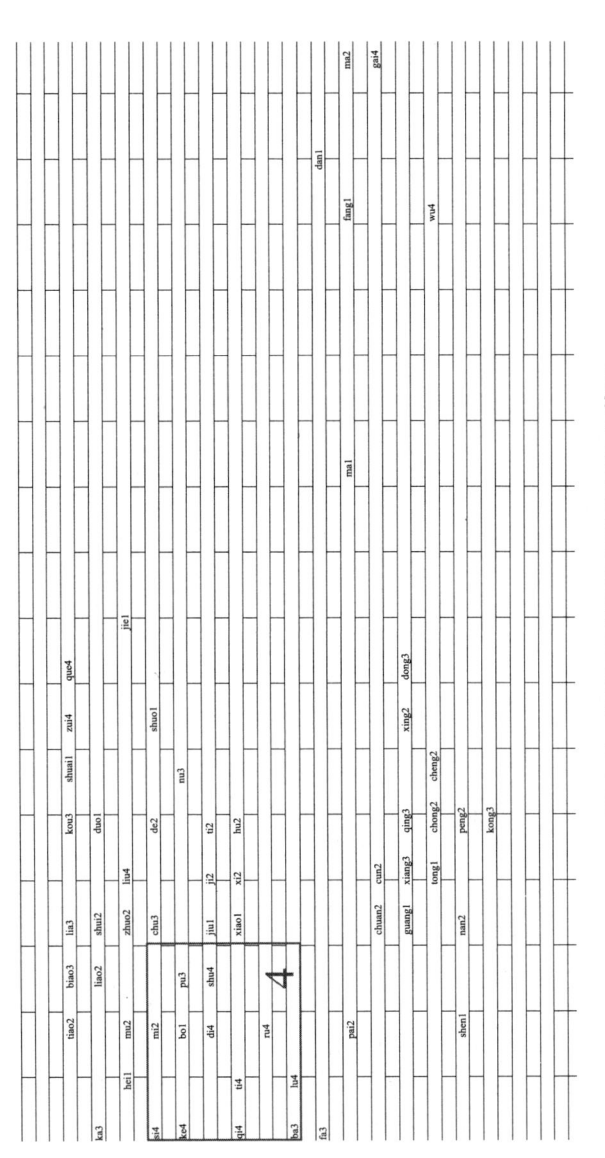

第二节 第二语言学习者汉语声调范畴浮现的模拟研究 25

图 1-7 零起点子模型声调范畴部分截图

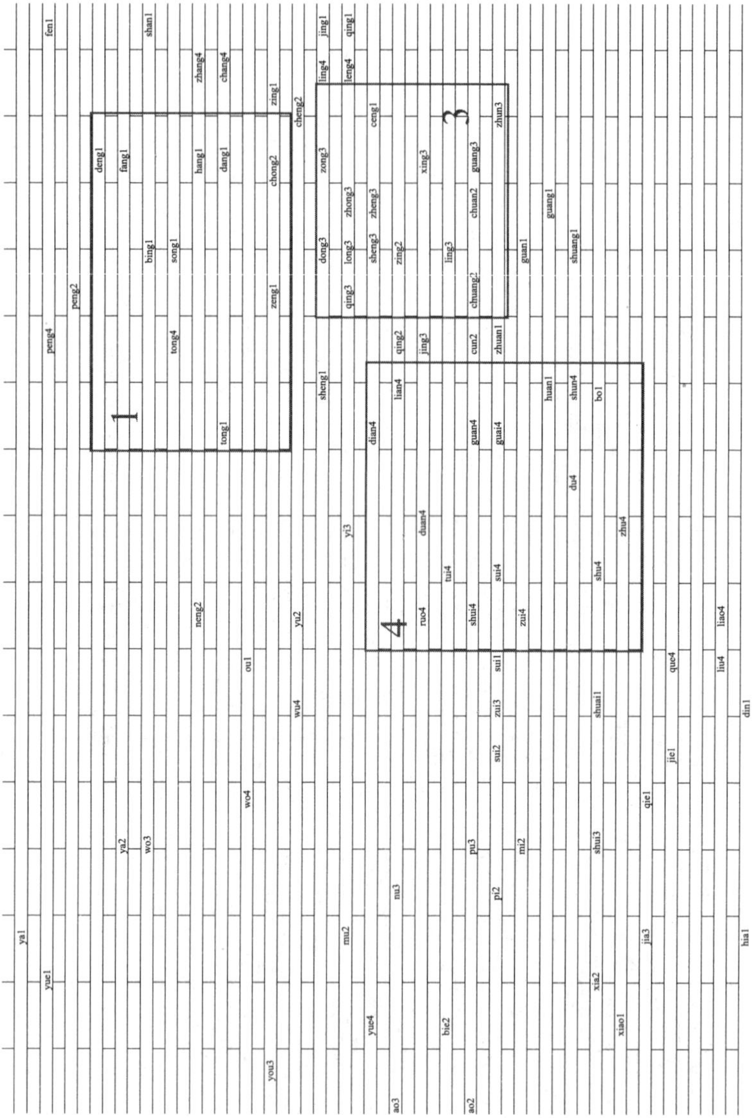

26　第一章　基于联结主义的汉语习得研究

图 1-8　初级子模型声调范畴部分截图

第二节 第二语言学习者汉语声调范畴浮现的模拟研究 27

图 1-9 中级子模型声调范畴部分截图

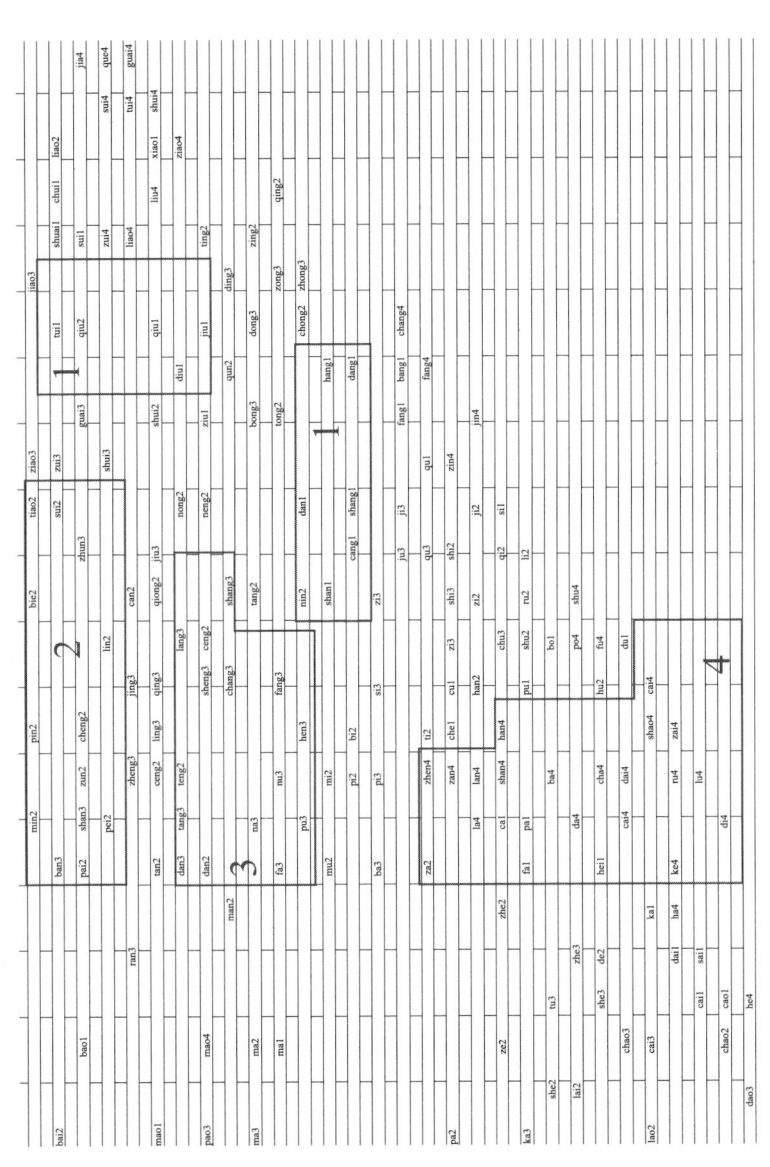

好，上声次之，阳平最差，可以说初级子模型已经开始形成了一定的声调范畴，但仍然还有声调相混的情况。例如，阳平和上声相混的很多，另外有很少量的阴平和去声相混以及阴平和阳平相混。中级子模型声调范畴继续发展，去声的聚类最好，其次是阴平，阳平和上声最不好。据图来看，可以说中级子模型的声调范畴好于初级子模型，初级子模型的声调范畴好于零起点子模型。

（二）三个子模型的声调距离比较

通过对输出层上不同类声调距离的计算，可以对声调范畴的发展状况进行量化。衡量的标准是距离越长，不同类声调之间的区分越清楚，声调范畴发展得越好。通过对两类声调所有样本之间激活神经元距离的计算，笔者对三个子模型六对声调之间的距离（即阴平和阳平、阴平和上声、阴平和去声、阳平和上声、阳平和去声以及上声和去声这六对声调）进行了统计。如表1-3和图1-10所示。

表1-3 声调距离平均值

声调距离	阴平和阳平	阴平和上声	阴平和去声	阳平和上声	阳平和去声	上声和去声
零起点	27.5798	31.8526	31.8260	30.4379	29.3630	29.9438
初级	36.7051	38.5641	37.7763	37.9037	37.0905	35.9789
中级	38.5726	40.3775	38.1471	36.6709	34.9377	34.4466

非参数检验结果（Man-Whitney test）显示，零起点和初级子模型的声调距离差异显著（$p=0.004$），初级子模型的声调距离明显高于零起点子模型。零起点和中级子模型的声调距离差异显著（$p=0.004$），中级子模型的声调距离明显高于零起点子模型。初级和中级子模型的声调距离差异不显著（$p=1.000$），初级和中级

子模型之间的声调距离没有明显差异。以上结果表明初级和中级子模型的声调范畴发展得比零起点好。

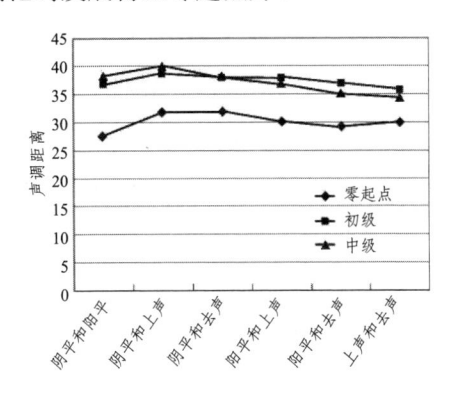

图 1-10 三个子模型声调距离的比较

（三）三个子模型声调混淆数量和混淆类型的比较

通过统计声调的混淆数量和混淆类型，可以清晰地看出声调范畴混淆的具体情况。混淆的数量和类型越少，说明声调范畴发展得越好；反之，则声调范畴发展得不好。图 1-11 是对零起点、初级和中级三个子模型声调混淆数量的统计，从中可以看出声调混淆数量的变化过程。

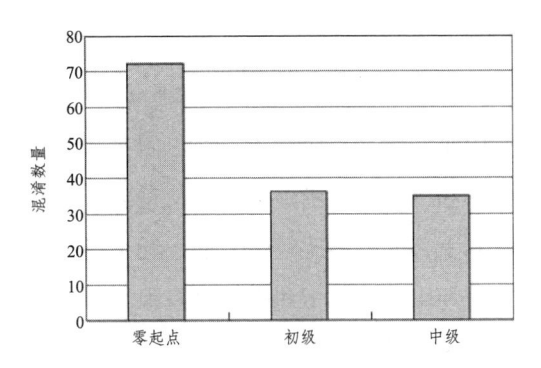

图 1-11 三个子模型声调混淆数量的比较

非参数检验结果显示,零起点和初级子模型的声调混淆数量差异显著(p=0.000),初级子模型声调混淆数量明显比零起点子模型的少。零起点和中级子模型的声调混淆数量差异显著(p=0.000),中级子模型声调混淆数量明显比零起点子模型的少。初级和中级子模型的声调混淆数量差异不显著(p=1.000)。从模拟结果可以看出,初级和中级子模型的声调范畴发展得比零起点子模型好。

为了更好地考察混淆类型的发展变化,笔者又对不同混淆类型的数量进行了统计,统计结果见表1-4。

表1-4 三个子模型六对声调混淆类型的数量

水平	阴平和阳平	阴平和上声	阴平和去声	阳平和上声	阳平和去声	上声和去声
零起点	13	3	25	31	0	0
初级	5	0	6	25	0	0
中级	5	0	2	28	0	0

把三个子模型的声调混淆类型做成图1-12,可以更好地看出变化趋势,如图1-12所示(数字1、2、3和4分别表示阴平、阳平、上声和去声四类声调)。

根据表1-4和图1-12可以看出,零起点子模型有四对声调混淆,分别是阴平和阳平、阴平和上声、阴平和去声以及阳平和上声。其中阳平和上声的混淆最多,其次是阴平和去声。阴平和阳平以及阴平和上声的混淆比较少。初中级子模型有三对声调混淆,分别是阴平和阳平、阴平和去声以及阳平和上声。其中阳平和上声的混淆数量最多,阴平和去声以及阴平和阳平的混淆数量较少。初级和中级子模型的声调混淆类型明显少于零起点子模型，这也说明初级和中级子模型的声调范畴发展得比零起点子模型好。另外，阳平和上声的混淆数量在三个子模型里都是最多的，而且初级、中级子模型跟零起点子模型相比，阳平和上声混淆数量的减少并不明显。

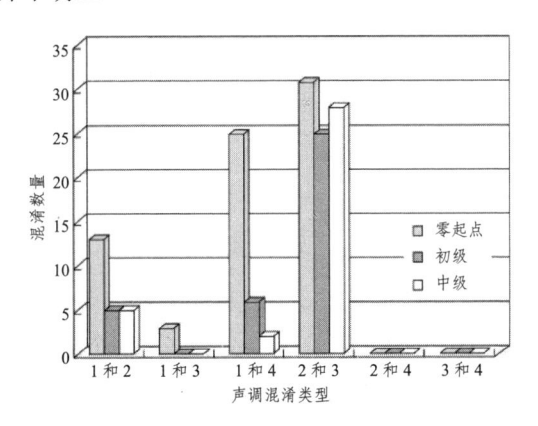

图1-12 三个子模型的混淆类型数量的比较

三 讨论

从三个子模型的声调范畴图、声调距离以及声调混淆数量和类型的比较结果看出，初级和中级声调范畴的发展明显好于零起点，阴平和去声的混淆以及阳平和上声的混淆是最主要的混淆类型，阴平和去声的聚类程度好于阳平和上声。模拟结果和行为实验结果总体上是吻合的，由此可以得出以下结论。[1]

（1）英语母语者汉语声调范畴的发展是一个从无到有的渐进过程。初级和中级子模型声调范畴的发展明显比零起点子模型

---

[1] 陈默《无声调语言母语者汉语声调浮现过程的实验和模拟研究》，北京语言大学2009年博士学位论文。

好，中级子模型虽然从声调距离、声调混淆数量以及类型的比较上跟初级子模型相比无显著差异，但是从声调范畴图（图1-8和图1-9）的比较来看，中级声调范畴的发展明显好于初级子模型。可以说零起点子模型是声调范畴的萌芽期，初级子模型是声调范畴的初始形成期，中级子模型是声调范畴发展的稳定期。另外，第二语言学习者不同调类声调的聚类程度不一样。例如，三个子模型都是去声和阴平的聚类程度好于阳平和上声。这说明阳平和上声的声调范畴较难建立。由于阳平和上声在调值特征和调形特征上都存在着共性，例如，调值上的低调性质、调形上的拐点特征以及后半部的升调性质，这些因素共同制约着阳平和上声声调范畴的发展，无声调语言母语者在发出汉语声调时，需要同时利用这些语音特征，但是注意资源的有限使得阳平和上声的区分难度大大增加。

（2）第二语言学习者的汉语声调系统是一个复杂适应性系统，自组织机制是支配第二语言学习者汉语声调浮现的主要机制。汉语声调范畴的浮现基于汉语声调特征的自组织，声调特征的发展决定了声调的发展。无声调语言母语者首先对声调特征进行提取，然后进行特征比较，对不同的声调特征赋予不同的权重，把具有共性的特征进行聚类，然后形成声调范畴。其实，声调范畴的混淆也体现出了"共性特征的聚类"。例如，阴平和去声都属于高调，阳平和上声都属于非高调，所以这种调值上的相似点，使学习者把阴平和去声调值聚类在一起，把阳平和上声的调值聚类在一起。阳平和上声都有拐点，这种调形上的相似点也会使学习者把阳平和上声聚类在一起。声调特征自组织的过程也要受到母语语音特征和汉语音段特征的影响。也就是说声调特征之间存在着相互作用，声调特征和母语语音特征以及汉语音段特征之间也存在着相互作用。模拟研究建立的双语模型正好可以直观地展现出不同特征之间相互作用、自组织的动态过程，这是行为实验无法做到的。

（3）外部因素对声调范畴浮现的结果具有重要影响。这里的外部因素指的是语言知识的增加和难度的提高，也就是模拟研究中的训练样本的变化。训练样本的选取遵循两个原则：一是保证样本的累积效应，即在零起点学习过的样本同样还会在初级和中级出现，初级的样本会在中级出现；二是保证所选择的样本能代表实际整体样本的频次分布，即所挑选的样本能比较真实地模拟实际学习中的样本情况。原则一体现了知识的增加和累积，原则二体现了知识难度的提高。语言知识的累积对汉语声调范畴的发展有两种影响。一是知识累积促进了声调范畴的发展。第二语言学习者随着语音知识的增加，不断调整声调特征的权重，使汉语声调范畴的发展不断进步。二是知识的累积和知识难度的增加造成了声调范畴浮现中的种种变异现象。例如，声调距离的比较结果显示出中级子模型略微有些退步，这就体现了浮现过程中时常发生的"倒退"现象。

虽然模拟研究基本上验证了行为实验的结果，但是还存在着一些差别。[①] 例如，行为实验中的初中级被试不能区分两对声调范畴，模拟研究中的初中级子模型不能区分三对声调范畴。从混淆类型来看，对于零起点阶段来说，行为实验中的被试能区分阴

---

① 陈默《无声调语言母语者汉语声调浮现过程的实验和模拟研究》，北京语言大学 2009 年博士学位论文。

平和阳平以及阴平和上声之间的声调范畴，而模型能区分阳平和去声以及上声和去声。对于初中级阶段来说，行为实验被试不能区分阴平和去声以及阳平和上声，模型不能区分阴平和阳平、阴平和去声以及阳平和上声。笔者认为存在差异的原因主要是，行为实验被试来自于三个无声调语言国家（英语、西班牙语和德语），模拟则只研究了英语。行为实验提取的是调值特征，而模拟提取了调值、调形、调域和调长四项特征。语言背景跟特征提取的差异，会使模拟和行为实验的结果存在一些不同之处。但是模拟研究较好地保证了被试的同质性，并且能够直观地考察不同因素间动态的相互作用过程，可以说模拟研究具有较强的可信度和解释力。

四　小结

本研究对英语母语者汉语声调范畴浮现过程的模拟研究，动态地表现出声调范畴在自组织机制的支配下是如何逐渐浮现的。声调范畴模拟研究的理论假设是：声调范畴的获得是基于声调特征的自组织过程，声调范畴的浮现过程是学习者对声调特征聚类的过程，同时也是母语语音特征和二语语音特征之间以及内部语音特征和外部环境因素特征（时间的变化、知识量的增加以及知识难度的提高等）相互作用的过程。模拟结果和行为实验结果的吻合，证明了笔者的理论假设，说明声调特征的自组织机制就是声调范畴发展的内在机制。

声调范畴浮现的模拟研究也可以为声调教学提出一些有益的建议。学习者在开始学习汉语声调时，对声调范畴没有概念，教师可以多设计一些声调听辨和感知的练习，让学习者了解六对声调之间的差异所在。在初、中级阶段重点让学习者练习阳平和上声以及阴平和去声的差异,并且要把这些声调放在多音节短语或者语流中,对学习者进行范畴感知和产出的练习。尤其对于无声调语言母语者来说,声调范畴的感知和产出训练可以使他们对声调间的差异逐渐敏感,促使声调范畴浮现。

虽然模拟研究能够动态地展现不同特征之间相互作用的结果,但是未能明确地表现出母语语音特征和汉语音段特征对声调范畴发展的影响的具体程度,所以笔者会继续改进 GTS-SOFM 模型,同时设计新的行为实验,将母语语音特征(英语语调或者重音模式)和汉语音段特征(音节)作为两个因素进行考察。另外,无声调语言母语者声调范畴的建立是一个从无到有的过程,也是一个从低层次到高层次的发展过程。声调语言母语者(如泰语母语者)汉语声调范畴的浮现跟无声调语言母语者不一样,汉语声调的浮现是一个相似范畴的建立过程。如果我们能够建立一个声调语言母语者汉语声调范畴浮现的模型,可以更好地解释汉语声调范畴的习得机制问题以及母语对声调范畴浮现的影响。下一步笔者会利用 GTS-SOFM 模型对声调语言母语者声调范畴的浮现进行研究。

附录

附表 1 前测音节之一

zuàn	káng	bá	nù	zū	pēn	bìn	zè
zhuàn	chuō	bǒ	tì	zhǒu	qūn	chē	tiāo
zhē	xuē	chèng	guǎi	zā	kūn	chǐ	zhà

（续表）

xuàn	qié	gá	chè	tī	léng	kǎ	nì
suí	kuí	kài	tà	sǒu	jiá	ké	huǎng
shǔn	ráo	lǎ	kuān	shuài	piē	lào	qiāng
shē	biē	miù	juǎn	sā	shuā	mǒ	qiǎo
rǎo	zhūn	mǔ	shuāng	quàn	tāi	niè	miǎo
qiào	zéi	nú	chuǎn	qiàn	shéng	pǐ	huǎn
pā	náng	pìn	juān	nī	piáo	pó	nè
luǒ	mái	pú	ruǎn	lū	xiáo	qìn	guāi
kuǎ	kuáng	qú	shuān	juàn	tuán	rě	sà
gǎng	chuáng	rǔ	kuāng	fěi	xióng	shài	gà
cǔn	miáo	xú	diān	chuàn	miáo	zhá	zhuāi
chuài	qióng	zhài	niān	bī	huái	zí	luǎn

附表2　前测音节之二

bìn	chuō	bǒ	tì	bī	xióng
chuài	kuí	kài	tà	chuàn	xiáo
cǔn	zhūn	mǔ	shuāng	fěi	tuán
gàng	kuáng	qú	shuān	juàn	tāi
kǎ	mái	pú	ruǎn	lū	shuā
kuǎ	qióng	zhài	niān	nī	shéng
luǒ	chuáng	rǔ	kuāng	qiàn	qūn
mǒ	ráo	lǎ	kuān	quàn	piē
pā	náng	pìn	juān	sā	piáo
pó	biē	miù	juǎn	shuài	mián
qiào	xuē	chèng	guǎi	sǒu	léng
rǎo	miáo	xú	diān	tī	kūn
shài	zéi	nú	chuàn	zā	jiá

（续表）

shē	qié	gá	chè	zhǒu	huái
shǔn	zè	chě	zhuāi	chǐ	zhà
suǐ	tiāo	ké	sà	lào	qiǎo
xuàn	qiāng	niè	nì	pǐ	nè
zhē	miǎo	qìn	luǎn	rě	huǎng
zhuàn	huǎn	zhá	guāi	zí	gà
zuàn	káng	bá	nù	zū	pēn

第二章

基于认知视角的汉语语音习得研究

第一节 泰国学习者汉语塞擦音的知觉同化与区分[①]

一 引言

泰国学习者汉语语音习得中,塞擦音是比较大的困难。[②] 从汉泰语音对比来看,泰语只有一对舌面硬腭清塞擦音,以是否送气相区别。其发音时舌尖轻抵下齿背,舌面隆起贴住硬腭形成阻碍,然后气流冲破阻碍,并在舌面和硬腭间稍成摩擦形成。[③] 关于泰语塞擦音的音值,学界有多种意见:一是 /tɕ/、/tɕʰ/,[④] 二是 /c/、/cʰ/,[⑤]

[①] 本节作者:梅丽,原载《世界汉语教学》2011年第2期。
[②] 李红印《泰国学生汉语学习的语音偏误》,《世界汉语教学》1995年第2期;蔡整莹、曹文《泰国学生汉语语音偏误分析》,《世界汉语教学》2002年第2期。
[③] 潘德鼎《泰语教程》(第一册),北京大学出版社2004年版。
[④] 国际语音学会编《国际语音学会手册:国际音标使用指南》,上海教育出版社2008年版。
[⑤] 傅增有《泰语三百句》,北京大学出版社1996年版。

三是 /ts/、/tsʰ/，① 四是 /tɕ/、/tɕʰ/，② 五是 /tʃ/、/tʃʰ/。③ 另外从元音环境来看，泰语塞擦音可与舌面单元音 /a/、/i/、/u/ 相拼，泰语元音没有 /y/ 和舌尖元音。④ 而汉语三对塞擦音与舌面单元音的组合呈互补分布，舌尖塞擦音还可与舌尖元音组合。泰语只有一组塞擦音，发音时接触点前后的稍许移动不造成意义上的对立，因此泰国人学习汉语面临的主要问题是塞擦音在发音部位上的分化。需要深入探讨的是，泰国学习者如何在知觉上加工汉语塞擦音。

有关辅音的跨语言言语知觉研究由来已久，其中受到普遍关注的是日本学习者习得英语 /l/ 和 /r/。日本成年人区分美式英语 /l/ 和 /r/ 很困难。⑤ 日语没有 /l/ 和 /r/ 的对立，音系中只有一个 /r/，日语 [ɾ] 与美式英语 [l]、[ɹ] 在语音上有一定差异。Takagi 发现处在音节起始位置的英语 [l] 和 [ɹ] 都被日本成人识别为日语 /r/。⑥ Guion 的实验也表明，英语 [lɑ] 和 [ɹɑ] 被识别为

---

① 吉娜、简启贤《泰国学生初学汉语的偏误分析》，《云南师范大学学报》（对外汉语教学与研究版）2004 年第 3 期。

② 陈晨《语音偏误标记与语音对比——谈泰国学生语音习得问题》，《云南师范大学学报》（对外汉语教学与研究版）2008 年第 2 期。

③ 孙汉萍《汉、泰语的同异性比较》，《湘潭师范学院学报》（社会科学版）1995 年第 2 期。

④ 伍文义《布依语与泰国语的语音比较研究》，《贵州民族研究》1999 年第 1 期；邝桂明《汉泰语同源词比较——以人体器官名词为例》，《解放军外国语学院学报》2000 年第 3 期；魏清《汉泰语相关词中的社会称谓语》，《云南师范大学学报》（对外汉语教学与研究版）2005 年第 4 期；何漓《崇左壮语与泰语的声母比较研究》，广西民族大学 2007 年硕士学位论文；房英、杨万洁《新编泰语语音教程》，云南人民出版社 2010 年版。

⑤ Mochizuki, M. The Identification of /r/ and /l/ in Natural and Synthesized Speech. *Journal of Phonetics*, 1981(9).

⑥ Takagi, N. *Perception of American English /r/ and /l/ by Adult Japanese Learners of English: A Unified View.* Ph. D. dissertation. University of California, 1993.

日语 /ra/ 或 /ura/。① 知觉结果说明，日语和英语的这三个辅音之间存在着一对二的跨语言匹配模式。在此基础上，研究者继续对 [r]、[l]、[ɹ] 的知觉语音相似性进行了深入考察。Takagi 请日本人用八度制等级量表评定英语 [l]、[ɹ] 与日语 [r] 的相适度。②在单独处于音节开头、音节起始处辅音丛、元音之间三种位置情况下，日本人都觉得英语 [l] 比 [ɹ] 更像日语 [r]。Flege 假设，第二语言音段和与其相似的第一语言音段之间的知觉语音非相似度越大，学习者就越可能辨明两者差异，从而在知觉和发音上都表现出可测量到的进步。③ 与一语音段相似的两个二语音段，与一语音段的知觉语音非相似度大的二语音段的可学性更强。根据该假设可以预测，由于日本人认为英语 [ɹ] 和日语 [r] 的知觉语音非相似度大于英语 [l] 与日语 [r] 的，所以日本人学习英语 [ɹ] 会比 [l] 更成功。该预测已得到实验证实，日本成人辨认英语 [ɹ] 的正确率高于 [l]。④Bradlow 的一项训练研究发现，日本成人不仅辨认英语 /r/ 更正确，他们的英语 /r/ 发音也能更准

---

① Guion, S. G. & Flege, J. E. & Akahane-Yamada, R. & Pruitt, J. C. An Investigation of Current Models of Second Language Speech Perception: The Case of Japanese Adults' Perception of English Consonants. *Journal of the Acoustical Society of America*, 2000(107).

② 同上。

③ Flege, J. E. Second Language Speech Learning: Theory, Findings and Problems. Strange, W. (ed.) *Speech Perception and Linguistic Experience: Issues in Cross-language Research.* York Press, 1995.

④ Sheldon, A. & Strange, W. The Acquisition of /r/ and /l/ by Japanese Learners of English: Evidence that Speech Production Can Precede Speech Perception. *Applied Psycholinguistics*,1982(3); Flege, J. E. & Takagi, N. & Mann, V. Lexical Familiarity and English-language Experience Affect Japanese Adults' Perception of /ɹ/ and /l/. *Journal of the Acoustical Society of America*, 1996(99).

确地被听辨出来。[1] 该研究还指出，英语 /r/ 的发音本身并不比 /l/ 容易，因为英语母语习得研究表明儿童先习得 /l/ 后习得 /r/。Aoyama 以一年为间隔两次测试了居住在美国的日本儿童和成人对英语 /l/、/r/、/w/ 的知觉和发音，结果表明日本儿童 /r/ 发音在一年内的进步大于 /l/，区分 /l/ 和 /r/、/r/ 和 /w/ 的成绩在一年内有显著进步。[2] 另外，Mochizuki 从语音环境的角度考察了日本人对自然言语中 /rɑ/ 和 /lɑ/ 的识别，当 /r/ 和 /l/ 出现在起始辅音丛、词尾辅音丛等不同位置时，辨认正确率随位置而变化。[3]Hardison 总结指出影响日本人英语 /r/ 和 /l/ 知觉的因素很多，第二语言经验、音系环境、词的位置、刺激的性质（自然或合成）都会起作用。[4]

也有一些跨语言辅音知觉研究发现，成人区分非母语辅音对立不是都有困难。Best 调查了母语为美式英语的成人和婴儿对祖鲁语吸气音的区分。[5] 虽然英语中没有与这类辅音发音方法相似

---

[1] Bradlow, A. R. & Pisoni, D. B. & Akahane-Yamada, R. & Tohkura, Y. Training Japanese Listeners to Identify English /r/ and /l/: IV. Some Effects of Perceptual Learning on Speech Production. *Journal of the Acoustical Society of America*, 1997(101).

[2] Aoyama, K. & Flege, J. E. & Guion, S. G. & Akahane-Yamada, R. & Yamada, T. Perceived Phonetic Dissimilarity and L2 Speech Learning: The Case of Japanese /r/ and English /l/ and /r/. *Journal of Phonetics*, 2004(32).

[3] Mochizuki, M. The Identification of /r/ and /l/ in Natural and Synthesized Speech. *Journal of Phonetics*, 1981(9).

[4] Hardison, D. M. Bimodal Speech Perception by Native and Nonnative Speakers of English: Factors Influencing the McGurk Effect. *Language Learning*, 1999(49).

[5] Best, C. T. & McRoberts, G. W. & Sithole, N. M. Examination of Perceptual Reorganization for Nonnative Speech Contrasts: Zulu Click Discrimination by English-speaking Adults and Infants. *Journal of Experimental Psychology: Human Perception and Performance*, 1988(14).

的辅音，但成人可以很好地区分这些辅音对立，6～8个月直至12～14个月的婴儿对这类辅音对立也能较好区分。Best 在其研究基础上提出了知觉同化模型。[1] 该模型指出，母语音系等同归类知识强烈地影响了听者的非母语言语知觉，听者在任何情况下都可能将非母语音子知觉同化到其母语音上，同化的基础是听者觉察到非母语音子与母语音位在发音器官、阻塞位置、阻塞程度上的共同性。而外语语音和与其最接近的第一语言语音之间的知觉距离，是造成非母语语音对立的区分难度存在差异的原因。成人对非母语语音对立的区分水平，可以根据非母语语音被母语音位同化的方式来进行预测。该模型广泛应用于第二语言习得领域，适宜解释学习者在二语学习开始之前或刚开始时对二语语音对立的知觉区分行为。

Flege 的言语学习模型也提出了与知觉同化模型相似的观点，认为第一语言与第二语言语音范畴之间的知觉关系非常重要。[2] 二语者通过"等同归类"将与第一语言相似、实际并非完全一致的二语音段知觉同化为第一语言范畴，并且即使在使用了多年二语后这种"等同归类"仍然存在，对第二语言与第一语言相似音段的知觉表征可能还是无法区分，反而在两者之间产生调和，造

---

[1] Best, C. T. A Direct Realist View of Cross-language Speech Perception. Strange, W. (ed.) *Speech Perception and Linguistic Experience: Issues in Cross-language Research*. York Press, 1995.

[2] Flege, J. E. The Production of "New" and "Similar" Phones in a Foreign Language: Evidence for the Effect of Equivalence Classification. *Journal of Phonetics*, 1987(15); Flege, J. E. Second Language Speech Learning: Theory, Findings, and Problems. Strange, W. (ed.) *Speech, Perception and Linguistic Experience: Issues in Cross-language Research*. York Press, 1995.

成二语音段发音始终存在"口音",甚至造成第一语言音段的语音实现发生变化。那些一开始在知觉上被认为明显不同于第一语言范畴的二语音段不会被同化。随着二语经验增加,这些音段被学习者表征为不同于第一语言的范畴,知觉和发音正确性相对较高。虽然言语学习模型假设"等同归类"妨碍了第二语言语音范畴形成,但同时也提出这并没有阻断第二语言语音学习,二语音段即使没有建立自己的范畴也存在语音学习。所谓"语音学习"是指二语音段在习得过程中表现出知觉与产出上的进步,朝着母语者水平接近。有关语音学习的假设得到一些证明。Whalen 发现成年英语母语者难以区分英语 /p/ 的送气和不送气变体 [p] 和 [p^h],但可以在模仿测试中产出这两个变体在 VOT 上的差异。[1]Mackay 考察了意大利语—英语双语者英语 /b/ 的发音、英语 /b/、/d/、/g/ 的知觉,结果表明二语塞音即使在没有建立范畴的情况下仍表现出知觉上的进步。[2]

根据现有理论模型可以预测,泰国学习者学习汉语时可能会把三对塞擦音知觉同化到泰语塞擦音范畴。需要探究的是,汉语三对塞擦音与泰语塞擦音的知觉语音非相似度是否存在差异;塞擦音所处元音环境对跨语言辅音知觉同化、知觉语音非相似度是否存在影响;学习者对汉语塞擦音对立的区分水平是否在一定程度上可以由跨语言知觉同化结果来预测和解释。本研究将采用汉

---

[1] Whalen, D. H. & Best, C. T. & Irwin, J. R. Lexical Effects in the Perception and Production of American English /p/ Allophones. *Journal of Phonetics*, 1997(25).

[2] MacKay, I. R. A. & Flege, J. E. & Piske, T. & Schirru, C. Category Restructuring During Second-language Speech Acquisition. *Journal of the Acoustical Society of America*, 2001(110).

泰辅音知觉同化、汉语辅音对立知觉区分两个实验对上述问题进行考察。

二 知觉同化实验

（一）方法

1. 被试

泰国留学生 54 人，女 27 人，男 27 人。测试期间留学生均在暨南大学华文学院学习汉语，学习时间 3～27 个月。其中华裔 32 人，非华裔 22 人。华裔中有 10 人不清楚自己的汉语方言，有 13 人的汉语方言为潮汕话，另外还有客家话、粤语等。实验对华裔被试的汉语方言水平进行了控制，华裔留学生均完全不会汉语方言或者方言水平比较低，仅有 3 名华裔能说汉语方言日常用语。另外，实验也将被试年龄控制在 18～24 岁之间（有 2 人 25 岁，1 人 27 岁）。

2. 实验材料

声母为普通话 z/c、zh/ch、j/q 的 CV 结构单音节共 24 个。实验对辅音所在音节的声调进行了匹配，[①]每个音节分别配阴平、阳平（或上声）两种声调，阳平/上声的选择由普通话声、韵、调配合规律决定，阳平作为第一选择，没有阳平的选上声。[②] 实

[①] 实验没有将汉语塞擦音所在音节的声调作为自变量来考察，是因为在前期探测实验中没有发现声调对跨语言辅音知觉同化的影响。

[②] 实验只将声调分为高起点和非高起点两类。普通话四个声调中，阴平和去声是高起点，阳平和上声是低起点，在两类声调中各选择一个用于实验。高起点的声调，实验选择了阴平。低起点的声调，实验选择了阳平、上声，这是因为受到普通话声韵调搭配的限制，仅用阳平或仅用上声不足以匹配。

验也匹配了辅音后接元音,选择了两类单元音:一类是泰国学习者熟悉、汉泰语中都有的,如 [a]、[i];另一类是泰国学习者不熟悉、汉语有而泰语没有的,如 [y]、[ɿ]、[ʅ]。CV 结构单音节的声韵调搭配见表 2-1。实验材料通过 2 位普通话标准的发音人(1 男 1 女)的录音得到,总计 24 个汉语单音节作为目标项,另有干扰项 8 个,合计 32 个。实验材料随机排序,发音人口齿清楚,以朗读语速念一遍 32 个项目。选择男发音人的奇数项与女发音人的偶数项,得到 32 个实验刺激。同一个刺激连续播放 2 次,间隔 0.5 秒。不同刺激之间间隔 4 秒。

表 2-1 知觉同化实验材料所用汉语 CV 结构单音节的声、韵、调搭配

声母\韵母	a	i	ü	-i
z	zā zá			zī zí
c	cā cǎ			cī cǐ
zh	zhā zhá			zhī zhí
ch	chā chá			chī chí
j		jī jí	jū jú	
q		qī qí	qū qú	

3. 实验程序

被试在语音实验室完成测试。32 个实验刺激通过电脑随机呈现给被试,同时以纸质形式给被试提供泰语辅音字母选项[①]。被试连续听同一个实验刺激两遍后进行判断,若判定所听单音节中

---

① 泰语辅音字母选项共 5 个,在前期探测实验基础上归纳出来的。探测实验有 6 位泰国人参加,要求他们用泰语辅音字母记录所听到汉语单音节辅音声母,结果表明汉语塞擦音主要被他们记为泰语 3 个辅音字母,即泰语不送气清塞擦音 /tɕ/、送气清塞擦音 /tɕʰ/、擦音 /s/,转写为其他泰语辅音字母的极少。

辅音声母与泰语辅音相像，则选择相应泰语字母，并评定两者相似度，在候选项"有一点像、有一些像、非常像、完全一样"中选择其一。若判定单音节中辅音声母与所列泰语辅音不像，则选择候选项"不像"。

（二）结果与分析

1. 泰国学习者对汉语塞擦音的知觉同化

表2-2　泰国学习者将汉语塞擦音判定为泰语辅音的次数百分比（%）[①]

汉语刺激	辨认结果			
	泰语 /tɕ/	泰语 /tɕʰ/	泰语 /s/	不像泰语音
z	82		12	5
zh	87	7	2	4
j	98			
c		51	29	19
ch		94	3	2
q		94	3	3

从初步统计结果来看（见表2-2），泰国学习者在知觉上主要将汉语z、zh、j判断为"像泰语 /tɕ/[②]"，将汉语c、ch、q判断为"像泰语 /tɕʰ/"，这表明学习者主要依据发音方法对汉语塞擦音进行知觉同化。另外汉语c的知觉同化结果有分歧，它除了被判定为像泰语 /tɕʰ/（51%），还被判定为像泰语 /s/（29%）、不像泰语音（19%），说明学习者对送气塞擦音和擦音的发音方法产生了混淆。

[①] 次数百分比小于2%的未纳入分析。
[②] 本节依据潘德鼎《泰语教程》（第一册）（北京大学出版社2004年版）的描述，选择《国际语音学会手册：国际音标使用指南》（上海教育出版社2008年版）的标准将泰语塞擦音记为 /tɕ/、/tɕʰ/。

2.元音环境对辅音知觉同化的影响

汉语塞擦音被知觉同化入泰语辅音范畴出现了两种情况：一是汉语塞擦音被纳入一个泰语辅音范畴，例如 z、zh、j、ch、q。在这种情况下，元音环境可能没有影响知觉同化，因为归类比例达到了 82%～98%，说明学习者对这些塞擦音在不同元音环境下的知觉归类基本一致。二是汉语塞擦音被纳入两个泰语辅音范畴，例如 c[ts^h]。在第二种情况下，元音可能影响了知觉同化，因此本研究考察了 c[ts^h] 后接元音所起的作用，结果见表 2-3。

表 2-3　泰国学习者将汉语 c[ts^h] 判定为泰语辅音的次数

汉语刺激		辨认结果			
		泰语 /tɕ/	泰语 /tɕ^h/	泰语 /s/	不像泰语音
c[ts^h]	[a]	1	86	62	21
	[ɿ]	1	24		21

统计分析表明，两种元音环境在 c[ts^h] 的归类结果上差异非常显著，$X^2=96.95$，$df=3$，$p<0.001$。[ts^h] 与 [a] 组合时比较一致地被归类为泰语送气塞擦音，[ts^h] 与 [ɿ] 组合时主要被归类为泰语擦音。由此可见，舌尖元音环境是造成泰国学习者混淆送气塞擦音与擦音发音方法，将汉语 c[ts^h] 同化到泰语 /s/ 中的原因。

3.汉泰塞擦音的知觉语音非相似度

知觉同化结果表明，泰国学习者认为汉语三组塞擦音都与母语音相似。需要进一步考察的是，汉语 z、zh、j 与泰语 [tɕ]、汉语 c、ch、q 与泰语 [tɕ^h] 在知觉语音非相似度上是否存在差异，汉语塞擦音所处元音环境是否对跨语言辅音知觉语音非相似度存在影响。

研究采用重复两个因素的 3（汉语塞擦音发音部位）×2（元

音熟悉性）两因素被试内设计来考察汉泰塞擦音的知觉语音非相似度。自变量汉语塞擦音发音部位分为3个水平（舌尖齿龈、舌尖硬腭、舌面硬腭），自变量元音熟悉性分为两个水平（熟悉、不熟悉）。这里的"熟悉性"是针对泰国学习者而言，"熟悉"元音指汉泰语中都有的，"不熟悉"元音指汉语有而泰语没有的。这样，z/c、zh/ch、j/q 的后接元音分别选择了 [a]/[ɿ]、[a]/[ʅ]、[i]/[y]。选择元音熟悉性来考察，是因为汉语塞擦音的后接元音数量多且辅元音组合有互补分布，难以形成统一维度，通过"熟悉、不熟悉"这两个水平可以考察第一语言元音如何影响学习者第二语言辅音知觉。因变量为知觉语音非相似度，采用五度制等级量表，5="不像"，4="有一点像"，3="有一些像"，2="非常像"，1="完全一样"。

首先来看汉语 z、zh、j 与泰语不送气塞擦音的知觉语音非相似度（见表2-4）。重复两个因素的两因素（3×2）方差分析结果表明，汉语塞擦音发音部位的主效应非常显著，$F_{(2, 106)}$ =33.96，$p < 0.001$，说明学习者判定汉语 z、zh、j 与泰语 [tɕ] 的知觉语音非相似度存在非常显著的差异。多重比较表明：z、zh 与泰语 [tɕ] 的知觉语音非相似度无差异（$p > 0.05$）；z 与泰语 [tɕ] 的知觉语音非相似度大于 j 与泰语 [tɕ]（$p < 0.001$）；zh 与泰语 [tɕ] 的知觉语音非相似度大于 j 与泰语 [tɕ]（$p < 0.001$）。元音熟悉性的主效应非常显著，$F_{(1, 53)}$ =71.16，$p < 0.001$，说明处在熟悉、不熟悉元音前的汉语 z、zh、j 与泰语 [tɕ] 的知觉语音非相似度存在非常显著的差异，处在不熟悉元音前的 z、zh、j 与泰语 [tɕ] 的非相似度更大。辅音发音部位与元音熟悉性的交互作用非常显著，$F_{(2, 106)}$ =11.98，$p < 0.001$。简单效应分析表明：从元音熟悉性

角度来看，熟悉元音前的 z、zh、j 在知觉语音非相似度上差异显著（$p < 0.01$），事后检验表明 z（a）与 zh（a）差异显著（$p < 0.01$），z（a）与 j（i）差异非常显著（$p < 0.001$），zh（a）与 j（i）差异不显著（$p > 0.05$）；不熟悉元音前的 z、zh、j 在非相似度上差异非常显著（$p < 0.001$），事后检验表明 z（i）与 zh（i）差异不显著（$p > 0.05$），z（i）与 j（u）差异非常显著（$p < 0.001$），zh（i）与 j（u）差异非常显著（$p < 0.001$）。从辅音发音部位角度来看，z（a）与 z（i）在知觉语音非相似度上差异非常显著（$p < 0.001$），zh（a）与 zh（i）的差异非常显著（$p < 0.001$），j（i）与 j（u）的差异非常显著（$p < 0.001$）。

表 2-4　汉语不送气塞擦音与泰语 [tɕ] 的知觉语音非相似度

汉语 z、zh、j 发音部位						
z（舌尖齿龈）		zh（舌尖硬腭）		j（舌面硬腭）	
[a] 熟悉	[tɕ] 不熟悉	[a] 熟悉	[ɿ] 不熟悉	[i] 熟悉	[y] 不熟悉
2.59	3.33	2.07	3.56	1.82	2.60

接着来看汉语 c、ch、q 与泰语送气塞擦音的知觉语音非相似度（见表 2-5）。重复两个因素的两因素（3×2）方差分析结果表明，汉语塞擦音发音部位的主效应非常显著，$F_{(2, 106)} = 102.84$，$p < 0.001$，说明学习者判定汉语 c、ch、q 与泰语 [tɕʰ] 的知觉语音非相似度存在非常显著的差异。多重比较表明：c 与泰语 [tɕʰ] 的知觉语音非相似度大于 ch 与泰语 [tɕʰ]（$p < 0.001$）；c 与泰语 [tɕʰ] 的知觉语音非相似度大于 q 与泰语 [tɕʰ]（$p < 0.001$）；ch、q 与泰语 [tɕʰ] 的知觉语音相似度无显著差异（$p > 0.05$）。元音熟悉性的主效应非常显著，$F_{(1, 53)} = 143.36$，$p < 0.001$，说明处在熟悉、不熟悉元音前的汉语送气塞擦音与泰语 [tɕʰ] 的知觉语音非相

似度存在非常显著差异,处在不熟悉元音前的c、ch、q与泰语[tɕʰ]的知觉语音非相似度更大。辅音发音部位与元音熟悉性的交互作用非常显著,$F_{(2, 106)}=25.68$,$p<0.001$。简单效应分析表明:从元音熟悉性角度看,熟悉元音前c、ch、q在知觉语音非相似度上差异非常显著($p<0.001$),事后检验表明c(a)与ch(a)差异非常显著($p<0.001$);c(a)与q(i)差异非常显著($p<0.001$),ch(a)与q(i)差异不显著($p>0.05$);不熟悉元音前c、ch、q在知觉语音非相似度上差异非常显著($p<0.001$),事后检验表明c(i)与ch(i)差异非常显著($p<0.001$),c(i)与q(u)差异非常显著($p<0.001$),ch(i)与q(u)差异显著($p<0.01$)。从辅音发音部位角度看,c(a)与c(i)在知觉语音非相似度上差异非常显著($p<0.001$),ch(a)与ch(i)差异非常显著($p<0.001$),q(i)与q(u)差异非常显著($p<0.001$)。

表2-5 汉语送气塞擦音与泰语[tɕʰ]的知觉语音非相似度

汉语c、ch、q发音部位						
c(舌尖齿龈)		ch(舌尖硬腭)		q(舌面硬腭)	
[a]熟悉	[ʅ]不熟悉	[a]熟悉	[ʅ]不熟悉	[i]熟悉	[y]不熟悉
2.91	4.63	2.19	2.73	2.02	3.20

(三)讨论

现代认知心理学研究表明,当我们面临一个新事物、问题或情境时,总是先把它归入某一类别,然后运用该类别的有关知识决定采取何种行动。[①] 第二语言语音习得同样也涉及用母语音位范畴对二语语音进行分类的认知过程。对于那些已经习得或正在

---

① 韩励、莫雷《分类研究中的原型与样例观》,《心理学探新》2000年第2期。

习得母语音系的听者来说，言语知觉的注意可能主要集中于音位水平，他们必然会将所听到的言语声音知觉同化到母语音位范畴，无论这些声音是否为母语的音。[①]

泰国成年学习者母语音系在学习汉语之前已发展完善，形成了泰语不送气、送气清塞擦音 /tɕ/、/tɕʰ/ 的音位表征。这种表征可能是由一套样例构成，即母语输入中一个个泰语塞擦音样例的集合。当学习者接触到汉语塞擦音，会用母语音位对汉语音进行归类，归类的依据是汉语音与已贮存的泰语音样例的相似性。泰国学习者在知觉上主要将汉语塞擦音判定为像泰语塞擦音，归类依据是塞擦音发音方法特征。这样汉语不送气、送气塞擦音被知觉同化为泰语不送气、送气塞擦音。熟悉和不熟悉元音环境下的跨语言知觉范畴归类比较一致，只是在汉语 c[tsʰ] 的知觉同化上元音有一定影响，舌尖元音导致 [tsʰ] 更多被归类为泰语擦音。

泰国学习者对汉语塞擦音在发音部位上的差异有一定区分能力，体现在知觉语音非相似度上。可以排除元音影响，选择两种语言都有的元音环境 [a]、[i] 来直接比较。泰国学习者认为 j、q 最像泰语塞擦音，可以看作是泰语范畴的好样例，而汉语舌尖硬腭（zh、ch）比舌尖齿龈塞擦音（z、c）更像泰语塞擦音。如果把元音环境考虑进来，则元音熟悉性是影响汉泰塞擦音知觉语音非相似度的一个重要因素。学习者认为处在他们熟悉的元音环境下的汉语塞擦音更像泰语塞擦音，这样 z（a）比 z（i）、zh（a）

[①] Best, C. T. & McRoberts, G. W. & Sithole, N. M. Examination of Perceptual Reorganization for Nonnative Speech Contrasts: Zulu Click Discrimination by English-speaking Adults and Infants. *Journal of Experimental Psychology: Human Perception and Performance*, 1988(14).

比 zh（i）、j（i）比 j（u）更像泰语 [tɕ]，c（a）比 c（i）、ch（a）比 ch（i）、q（i）比 q（u）更像泰语 [tɕʰ]。

三 知觉区分实验

根据知觉同化实验结果，可以对泰国学习者知觉区分汉语塞擦音对立做出一定预测。汉语送气—不送气塞擦音对立可能最容易区分，因为学习者把汉语塞擦音的送气、不送气知觉同化到泰语两个范畴中。汉语舌尖齿龈—舌尖硬腭塞擦音对立可能有一定区分难度，但不会区分得很差，因为虽然这两类音均被知觉同化为泰语塞擦音，但两者在知觉语音非相似度上存在差异。汉语 c/s 对立可能有一定区分困难，因为汉语 c[tsʰ] 有一部分被知觉同化为泰语擦音 /s/。基于上述预测，研究选择了汉语 z/zh、c/s、zh/ch 对立来考察泰国学习者的知觉区分，其中 zh/ch 作为控制组，以证明参与实验的泰国学习者都清楚范畴区分任务，并且能够产生工作记忆以确保范畴区分任务的完成。另外，元音环境可能会影响辅音对立的知觉区分，为此实验也将塞擦音后接单元音纳入考察之中，选择了学习者熟悉的舌面元音 [a] 和不熟悉的舌尖元音 [ɿ]、[ʅ]。

（一）方法

1. 被试

与知觉同化实验相同。

2. 实验材料

实验采用范畴区分测试，每对辅音对立区分都采用 8 个"变化测试"和 8 个"无变化测试"。[1]"变化测试"的目的是考察被试在两个不同范畴中识别辅音的能力。例如，辅音 c/s 对立的"变化测试"包含 3 个刺激 $c_2\ s_1\ c_3$（数字下标表示不同发音人，下同），被试通过选择纸张上的选项"第 2 个"来表明第 2 个音与其他两个不同。"无变化测试"的目的是考察被试区分范畴内部变异的能力，需要忽略发音人造成的变异才能做出正确判断。例如，辅音 c/s 对立的"无变化测试"包括 3 个刺激 $c_1\ c_2\ c_3$ 或 $s_1\ s_2\ s_3$，被试通过选择纸张上的选项"都一样"来表明 3 个音相同。实验采用这种测试的理论基础是，新语音范畴的建立可以提高学习者对新范畴与第一语言范畴、新范畴与第二语言范畴之间差异的敏感度，同时会降低对新范畴内部变异的敏感度。

实验所用范畴区分测试将发音人造成的变异纳入考察视野，是因为非母语语音对立的知觉区分除了受到语音环境影响，还受到说话人影响。听者可能会在记忆中对说话人的相关信息进行编码，这些编码也是非母语语音范畴形成表征的一部分。Logan 指出，知觉学习过程中听者形成的表征可能非常依赖语境，其中说话人的声门波形、声道、方言、自然语速都可能会作为语境信息的一部分贮存在长时记忆中。[2]Lively 在训练日本人区分英语辅音对

---

[1] Flege, J. E. & MacKay, I. R. A. & Meador, D. Native Italian Speakers' Perception and Production of English Vowels. *Journal of the Acoustical Society of America*, 1999(106); Guion, S. G. & Flege, J. E. & Akahane-Yamada, R. & Pruitt, J. C. An Investigation of Current Models of Second Language Speech Perception: The Case of Japanese Adults' Perception of English Consonants. *Journal of the Acoustical Society of America*, 2000(107).

[2] Logan, J. S. & Lively, S. E. & Pisoni, D. B. Training Japanese Listeners to Identify English /r/ and /l/: A First Report. *Journal of the Acoustical Society of America*, 1991(89).

立 /r/ 和 /l/ 时采用了 5 位发音人的声音刺激，发现知觉区分正确率和反应潜伏期受到发音人影响，被试对其中一位发音人的声音刺激反应最正确，而对另一位发音人的声音刺激反应最差。[①]因此，二语者区分非母语语音对立时，能否忽略发音人造成的变异也是评估其区分能力的一个方面。

实验材料由声母为 z、zh、c、s、ch 的 CV 结构单音节构成（见表 2-6），对辅音所在音节的声调进行了匹配，分别配阴平、阳平（或上声）两种声调，阳平/上声的选择由普通话声、韵、调配合规律决定。实验也控制了辅音后接元音，选择了 [a] 和 [ɿ]/[ʅ]。

实验刺激通过 4 位普通话标准的发音人（男）录音得到。按照辅音对立所包含"变化测试"和"无变化测试"来安排，总计 48 个测试项，"变化测试"和"无变化测试"各 24 个。测试项随机排列，间隔 4 秒。每个测试都包含由不同发音人发出的三个声音刺激，三个刺激随机排列，间隔 0.5 秒。

表 2-6　知觉区分实验材料所用汉语 CV 结构单音节的声、韵、调搭配

韵母＼声母	z	zh	c	s	ch
a	zā zá	zhā zhá	cā cǎ	sā sǎ	chā chá
-i	zī	zhī zhí	cī cǐ	sī sǐ	chī chí

注：前期探测实验中没有发现声调对辅音对立知觉区分的影响，因此声调未被纳入本实验考察范围。为使实验材料在 za/zha、zi/zhi、zha/cha、zhi/chi 的声调匹配上尽量齐整，zi/zhi 对立只匹配了阴平。

---

① Lively, S. E. & Logan, J. S. & Pisoni, D. B. Training Japanese Listeners to Identify English /r/ and /l/: Ⅱ. The Role of Phonetic Environment and Talker Variability in Learning New Perceptual Categories. *Journal of the Acoustical Society of America*, 1993(94).

3. 实验程序

被试在语音实验室完成测试。正式开始之前,被试先完成 5 个测试项以熟悉实验,实验指导者用中文进行说明。接着 48 个实验测试项通过电脑随机播放给被试。同时以纸质形式提供 4 个选项:"第 1 个""第 2 个""第 3 个""都一样"。每个实验测试项播放一次,其中包含 3 个声音刺激,若被试判定 3 个刺激的辅音都一样则选择"都一样",若被试判定 3 个辅音中有一个与其他两个不一样则选择该音所在位置。例如被试听到 3 个刺激 $c_2 s_1 c_3$,则选择选项"第 2 个"来表示第 2 个辅音与其他两个不同。

4. 实验测量指标

为减少反应偏向对实验结果的影响,分析中的因变量采用了 A' 成绩。A' 成绩以被试在"变化测试"中正确反应比例和"无变化测试"中错误反应比例作为基础。A' 成绩计算根据 Snodgrass (1995) 的公式,计算方法如下: $H=$ 被试在"变化测试"中正确选择的比例,$FA=$ 被试在"无变化测试"中错误选择的比例。当 $H=FA$,$A'=0.5$;当 $H > FA$,$A'=0.5+[(H-FA)×(1+H-FA)]/[(4×H)×(1-FA)]$;当 $H < FA$,$A'=0.5-[(FA-H)×(1+FA-H)]/[(4×FA)×(1-H)]$(转引自 Aoyama et al.[①])。当 A' 成绩达到 1.0 时,表示被试有很好的区分能力;当 A' 成绩为 0.5 或低于 0.5 时,表示被试对辅音对立的敏感度缺乏。A' 成绩不仅反映了学习者对不同范畴的区分水平,也反映了其对范畴内部因样本变异所造成差异的区分水平,可以衡量被试建立新范畴的情况。

---

① Aoyama, K. & Flege, J. E. & Guion, S. G. & Akahane-Yamada, R. & Yamada, T. Perceived Phonetic Dissimilarity and L2 Speech Learning: The Case of Japanese /r/ and English /l/ and /r/. *Journal of Phonetics*, 2004(32).

（二）结果与分析

首先来看泰国学习者对汉语 z/zh 对立的区分（见表 2-7）。za/zha 区分成绩为 0.63，说明学习者区分 z/zh 对立较困难。这一点也在 zi/zhi 的区分成绩（0.66）上得到证明，zi 和 zhi 的差异有辅音的也有元音的，但由于 zi 和 zhi 都是塞擦音与同发音部位元音相接，实际上对这两个音节的区分就是对发音部位的区分，所以也可作为区分辅音 z/zh 对立的佐证。学习者较难区分 z/zh，但 A' 成绩还是达到了 0.63/0.66。根据评定标准，当 A' 成绩为 0.5 或低于 0.5 时，被试对辅音对立的敏感度缺乏。这说明泰国学习者对 z/zh 有一定敏感度。

其次来看泰国学习者对汉语 c/s 对立的区分（见表 2-7）。ca/sa 的区分成绩为 0.93，而 ci/si 的区分成绩只有 0.38，说明元音环境显著地影响了 c/s 对立的知觉区分，学习者在舌面元音环境下可以很好地区分 c/s，而在舌尖元音环境下对 c/s 对立缺乏敏感度。

最后来看泰国学习者对汉语 zh/ch 对立的区分（见表 2-7）。zha/cha 的区分成绩为 0.93，zhi/chi 的区分成绩为 0.82，表明学习者能较好地区分 zh/ch 对立，zha/cha 的区分好于 zhi/chi。这也说明参加实验的被试清楚范畴区分任务，能够完成工作记忆保证范畴区分任务。

表 2-7 泰国学习者汉语辅音对立知觉区分成绩

za/zha	zi/zhi	ca/sa	ci/si	zha/cha	zhi/chi
0.63	0.66	0.93	0.38	0.93	0.82

（三）讨论

本实验结果与预测基本一致，说明学习者对汉语辅音对立区分得好还是差,可以在跨语言辅音知觉关系中找到原因。

泰国学习者很容易区分 zh/ch 对立,区分 z/zh 对立有一定困难。由于 zh 与 ch 被知觉同化为泰语不送气、送气塞擦两个范畴,学习者能为对立中的刺激产生两个不同的语音编码,从而很好地将二者区分开。学习者区分 z/zh 对立有一定困难,但还不是区分得很差,因为 z 和 zh 被知觉同化为同一个泰语范畴,但同时学习者还认为汉语 zh 与泰语音的知觉语音非相似度小于 z 与泰语音,这种知觉距离上的差异在一定程度有助于区分 z/zh。另外,学习者对 ca/sa 区分得很好,ci/si 却区分得很差。元音环境为什么会影响知觉区分?原因也可以在跨语言知觉同化结果中找到答案。当 c 处在 [a] 前,学习者将其知觉同化为泰语送气塞擦音,没有与擦音范畴混淆。而当 c 处在 [ɿ] 前,主要被知觉同化为泰语擦音,导致学习者无法将 ci/si 区分开来。

泰国学习者对汉语辅音对立的区分,除了受到跨语言辅音知觉关系的影响,也有来自声学方面的原因。学习者区分 ci/si 很差,可能是因为音节 /tsʰɿ/ 中元音和辅音几乎是同部位的,所以在送气段声道形状改变很小,同时由于在送气时声道收紧处缝隙仍然很小,结果送气气流造成的摩擦与前边摩擦段的摩擦在频谱上非常相似,以至完全无法分开。此时它们与同部位擦音的差别大大缩小,因为对于单念的孤立音节来说,闭塞间隙无任何特殊标记,而爆破段本身的冲直条也不是总能看得见。①

泰国学习者在区分 zh/ch 对立时,还表现出了一种音节加工策略,并且这种策略是在母语习得中形成。zha/cha 区分得比 zhi/

---

① 吴宗济、林茂灿《实验语音学概要》,高等教育出版社 1989 年版。

chi 好，也就是说对于第一语言中有的"塞擦音+舌面元音"组合，学习者区分得更好；而对于第一语言中没有的"塞擦音+舌尖元音"组合，学习者区分成绩下降。对于这种加工策略，也许语音范畴的样例表征假说能够提供一定的解释。二语者将二语语音范畴多个维度的表征贮存在记忆中，选择性注意机制将衡量出各个维度的重要程度。对于范畴成员来说比较关键的维度将得到较高权重，而那些不重要的维度则得到较低权重。选择性注意的变化将"伸展"或"压缩"这些维度的知觉空间从而改变其内在范畴结构：当维度得到伸展时，物体之间变得不那么相似；当维度得到压缩时，物体之间变得更相似。[①]根据上述语音范畴的样例表征假说，泰国学习者也会将有关汉语辅音多个维度的表征贮存在记忆中，这其中就包括元音环境。而选择性注意比较容易投向那些学习者所熟悉的母语中也有的元音环境，从而使该元音环境下知觉空间得到伸展，辅音之间相似性减小，学习者比较容易将辅音对立区分开。

四 讨论及结论

本研究采用知觉实验考察了泰国学习者对汉语普通话塞擦音的知觉同化，发现他们将发音部位存在差异的汉语三对塞擦音知觉同化为发音方法相同的泰语塞擦音，这样汉语 z、j、zh 被同化为泰语不送气清塞擦音，汉语 c、q、ch 被同化为泰语送气清塞擦音。泰国学习者对汉语塞擦音的发音部位具有一定分化能力，他们认

---

① Lively, S. E. & Logan, J. S. & Pisoni, D. B. Training Japanese Listeners to Identify English /r/ and /l/: II. The Role of Phonetic Environment and Talker Variability in Learning New Perceptual Categories. *Journal of the Acoustical Society of America*, 1993(94).

第一节 泰国学习者汉语塞擦音的知觉同化与区分 59

为汉语舌面硬腭塞擦音最接近泰语塞擦音，汉语舌尖硬腭比舌尖齿龈塞擦音更接近泰语塞擦音。研究为进一步考察此知觉结果的原因，收集了泰国学习者的泰语塞擦音发音进行听辨分析，元音环境为 [i] 和 [ɔ]。结果发现，当泰语塞擦音处在元音 [i] 前，其音值为 [tɕ]、[tɕʰ]。而当泰语塞擦音处在元音 [ɔ] 前，因发音人不同存在变异：有的泰国人发音时接触点靠前一点，音值接近汉语舌尖齿龈音 [ts]、[tsʰ]；有的泰国人发音时接触点靠后一点，音值接近汉语舌尖硬腭音 [tʂ]、[tʂʰ]；有的泰国人发音时接触点居中，介于汉语舌尖齿龈与舌尖硬腭之间。这说明泰国学习者在其泰语塞擦音上的语音变异可能影响了汉泰塞擦音知觉关系。

塞擦音所处元音环境是影响跨语言辅音知觉关系的一个因素，其中元音熟悉性导致汉泰塞擦音的知觉语音非相似度产生变化，泰国学习者认为处在他们所熟悉的元音环境下的汉语塞擦音更像泰语音。元音环境通过影响跨语言辅音知觉同化，进而影响到二语辅音对立的知觉区分。泰国学习者区分 ca/sa 很好，区分 ci/si 很差，对 zhi/chi 的区分也差于 zha/cha，说明在目的语国学习汉语 3～27 个月的泰国学习者可能对汉语塞擦音形成的是"语境—依存"表征。关于元音环境的作用，还有两点提出注意：一是本实验没有考察汉语母语者对汉语辅音对立的区分情况，因此缺乏一个二语习得发展的参照标准。我们预期，汉语母语者对汉语辅音对立的区分可能受元音环境影响很小。二是本实验只考察了在目的语国学习汉语 3～27 个月的泰国学习者，相对于整个二语习得过程来说，这只能算是习得前期阶段，因此实验结果无法推广到习得后期阶段（例如 10 年或更长）。也许存在这样一种发展趋势，随着学习者二语经验增加、二语水平提高，到了习得后期阶段学习者在区分二语辅音对立时可能逐步摆脱元音环境的影响，逐步接近汉语母语者水平。

最后，本研究通过两个知觉实验的考察得出下述结论：泰国学习者将发音部位存在差异的汉语三对塞擦音知觉同化为发音方法相同的泰语塞擦音，对汉语塞擦音发音部位具有一定分化能力，他们认为汉语舌面硬腭塞擦音最像泰语塞擦音，汉语舌尖硬腭比舌尖齿龈塞擦音更像泰语塞擦音。塞擦音所处元音环境影响了跨语言辅音知觉关系，学习者认为处在熟悉元音环境下的汉语塞擦音更像泰语音。舌尖元音环境导致学习者识别送气塞擦音与擦音的发音方法出现混淆。泰国学习者所感知到的汉泰辅音关系显著地影响了他们对汉语辅音范畴的知觉区分，/tʂ/ 与 /tʂʰ/ 对立区分得最好，区分 /ts/ 与 /tʂ/ 对立有一定敏感度，区分 /tsʰ/ 与 /s/ 对立受到元音环境影响。

第二节　美国留学生汉语声调的音位和声学信息加工[①]

一　引言

语音中既包含声学物理特征也包含音位信息，因此语音的加工既涉及自下而上的声学分析也涉及自上而下的音位表征。就第

---

① 本节作者：张林军，原载《世界汉语教学》2011 年第 2 期。

二语言的语音加工而言，没有目的语经验的初学者主要是基于声学物理特征对语音做出识别和区分：随着经验的增加，学习者会在一定程度上形成目的语的语音范畴，这个过程既受到特定声学特征在母语/目的语语音系统中的地位和作用的影响，也受到母语/目的语音位体系的制约。[1] 较早提出的第二语言语音习得理论如 PAM 理论（Perceptual Assimilation Model）主要强调音位系统的差异对习得的影响，比如日语母语者很难成功习得英语的 /l/、/r/，主要是因为日语中只有一个音位 /r/，学习者会把英语中这两个完全不同的音位同化为母语的同一个音位，从而造成区分的困难。[2] 但最近发展起来的线索权衡理论（Cue-weighting Model）却认为学习者对较低加工层面上的声学特征的感知对于第二语言的语音习得同样具有重要作用。研究发现，相对于英语母语者，日语母语者实际上更容易知觉到 /l/ 和 /r/ 之间范畴内的差异，而且他们知觉第二共振峰（F2）的变化比英语母语者更为敏感，但 /l/ 和 /r/ 之间的主要差别并不是第二共振峰（F2）而是第三共振峰（F3）频率的差异，这表明日语母语者区分英语 /l/ 和 /r/ 的困难主要并不是来自于语音同化，而在于他们利用了非关键性的声学特征。[3]

---

[1] Xu, Y. & Gandour, J. T. & Francis, A. L. Effects of Language Experience and Stimulus Complexity on the Categorical Perception of Pitch Direction. *Journal of the Acoustical Society of America*, 2006(120); Chandrasekaran, B. & Krishnan, A. & Gandour, T. Mismatch Negativity to Pitch Contours Is Influenced by Language Experience. *Brain Research*, 2007(128).

[2] Best, C. T. Native-language Phonetic and Phonological Constraints on Perception of Non-native Speech Contrasts. *Journal of the Acoustical Society of America*, 1999(105).

[3] Iverson, P. & Kuhl, P. K. & Akahane-Yamada, R. & Diesch, E. & Tohkura, Y. & Kettermann, A. & Siebert, C. A Perceptual Interference Account of Acquisition Difficulties for Non-native Phonemes. *Cognition*, 2003(87).

汉语和英语的音位体系存在很大不同，有/无声调是最重要的差别之一。根据 PAM 理论，因为汉语的任一声调都不能被同化为母语的音位，所以英语母语者能够相对容易地对汉语声调做出识别，并建立起新的音位范畴。但是音位信息的加工包括多个层次，对于第二语言学习者来说，形成新的范畴只是第一步，更重要的是如何在词汇表征和词汇通达中依靠音位信息来区分意义。[1]

从声学语音学的角度来看，声调主要表现为音高模式的变化，汉语四个声调之间的差别可以用音高曲线（pitch contour）和音高高度（pitch height）来描述。研究发现，在感知汉语声调时，和汉语母语者主要依靠音高曲线的斜率不同，英语母语者主要依靠音高高度信息（具体表现为平均音高），也就是说，虽然英语母语者能够在音位水平上比较好地区分汉语声调，但所依赖的主要声学信息和汉语母语者相比存在明显区别。[2]

声调是汉语最为重要的语音特征之一，也是第二语言学习者汉语语音习得的难点，因此，声调习得一直受到研究者的广泛关注，这些研究指出了学习者习得汉语声调时的很多偏误，加深了对不同母语背景的学习者声调习得特点的认识，但也存在明显的不足：首先，已有的研究基本都是关于声调产生的，声调知觉方面的研究则很少，特别是在声学加工的层面上，不同汉语水平的

---

[1] Kormos, J. & Sáfár, A. Phonological Short-term Memory, Working Memory and Foreign Language Performance in Intensive Language Learning. *Bilingualism: Language and Cognition*, 2008(11).

[2] Chandrasekaran, B. & Sampath, P. D. & Wong, P. C. Individual Variability in Cue-weighting and Lexical Tone Learning. *Journal of the Acoustical Society of America*, 2010(128).

学习者对音高曲线和音高高度信息的感知尚没有研究涉及。其次,汉语声调就其本质而言也属于音位信息,音位最重要的作用在于区分意义,学习者能否在词汇加工中建立起声调独立的音位表征也还没有研究涉及。[①] 本研究的目的在于:第一,通过声调识别和词汇再认任务考察美国留学生对声调音位信息的加工,明确不同水平的学习者是否能够形成不同的声调范畴,特别是声调在词汇储存和提取等加工过程中的地位和作用,即在词汇加工过程声调是否具有独立的音位表征;第二,通过声调区分任务考察美国留学生对声调声学信息的加工,借助多维尺度分析(MDS)的方法探讨不同水平的学习者利用不同声学信息(音高高度/音高斜率)区分汉语声调的发展模式,研究结果对于深入理解第二语言学习者汉语声调习得的规律和本质,发展针对性更强的声调教学和训练方法都具有积极意义。

二 声调的音位信息加工

(一)被试

汉语母语者被试为北京语言大学和北京师范大学的 15 名本科生,美国被试为北京语言大学等 4 所北京高校的 30 名留学生,初级和中级水平的学习者各 15 人,其中初级水平的学习者到中

---

① 王韫佳《也谈美国人学习汉语声调》,《语言教学与研究》1995 年第 3 期;桂明超、杨吉春《美国英语语调对美国学生学习汉语普通话声调的干扰》,《世界汉语教学》2000 年第 1 期;蔡整莹、曹文《泰国学生汉语语音偏误分析》,《世界汉语教学》2002 年第 2 期;陈彧《苏格兰留学生汉语普通话单字音声调音高的实验研究》,《世界汉语教学》2006 年第 2 期;王茂林《印尼华裔留学生汉语声调习得分析》,《暨南大学华文学院学报》2006 年第 2 期。

国的时间在 7～9 个月之间，平均为 8 个月，而且都在中国学习汉语半年以上；中级水平的学习者到中国的时间在 20～25 个月之间，平均为 22 个月，而且都在中国学习汉语一年半以上。

（二）实验材料

实验材料有两种：一种是汉语音节，使用了 8 个声母 + 韵母的组合（如 ma、fang 等），每个组合都附加了四个声调，这样一共有 32 个音节；一种是汉语假词[①]（如 nákū、kèmào），包括除上声作为双音节前字[②]以外其他的声调组合（如阴平 + 阴平、阴平 + 阳平、阳平 + 阴平），学习阶段使用的假词有 24 个，再认阶段还另外使用了 24 个假词作为填充材料，这些词都是在原有假词的基础上改变前一个或者后一个音节的声调得到的（如 nàkū、kèmáo）。

所有材料均由 1 名普通话标准的发音人在隔音录音室录制，每个音节/假词读 3 遍。材料通过声音编辑软件 cooledit 直接录制在电脑硬盘上，形成 44.1kHz 采样频率，16bit 分辨率的声音文件。利用 cooledit 对声音文件进行编辑，每个音节/假词都选取第 2 遍朗读所形成的声音文件作为实验材料，这些材料的平均强度都被标准化为 70dB。

（三）实验过程

包括 2 个实验，一个是声调识别实验，一个是词语再认实验，均在电脑上完成，刺激呈现和被试反应记录通过 Eprime 程序实现。

[①] 使用假词是为了避免真词的词频、熟悉性等因素的影响。
[②] 上声作为双音节词的前字存在变调，留学生特别是初级水平的学习者对上声变调的感知存在较大困难，而本实验的主要目的在于考察声调音位信息的加工，所以把该因素排除在外。

在声调识别实验中，每次呈现一个刺激，要求被试判断听到的是哪个声调，刺激之间的间隔为1.5秒。词语再认实验分为2个阶段：在学习阶段，每次呈现一个假词，要求被试记住，两个假词之间的间隔仅为200毫秒，目的是为了防止被试进行复述，所有假词都呈现3次，但每次呈现的顺序是随机的；词语再认在学习阶段结束后立即进行，要求被试判断每次听到的词是不是刚才学习过的，每次呈现一个假词，两个假词之间的间隔为3秒。

（四）实验结果

1. 声调识别实验

汉语母语者和不同汉语水平的美国留学生识别汉语声调的结果见表2-8，方差分析发现不同类型被试之间的正确率差异不显著（$F_{(2, 42)}$=2.3，p=0.113），但反应时的差异显著（$F_{(2, 42)}$=47.942，p=0.000）。对反应时进一步的多重比较发现，汉语母语者和中级水平留学生之间的差异显著（p=0.000），不同水平留学生之间的差异也显著（p=0.007），这表明即使是初级水平的美国留学生也已经具有了明确的汉语声调范畴，但在声调信息的加工速度（比如音位信息的提取）等方面尚待进一步发展。

表2-8 声调识别的正确率和反应时

	汉语母语者	初级留学生	中级留学生
正确率（%）	96.2（2.8）	93.8（3.2）	94.7（3.0）
反应时（毫秒）	479（96）	906（128）	763（136）

注：括号内为标准差，其他表均同此。

2. 词语再认实验

为了更全面地反映母语者和学习者在声调音位信息加工上

的不同，词语再认实验的结果根据信号检测论进行了整理（见表 2-9），其中"击中"是指正确再认出学习过的词语的比例，而"虚报"则是指错误地把没学过的词语再认为学习过的词语的比例，方差分析发现：不同类型被试之间"击中"的差异不显著（$F_{(2, 42)}$=0.799，p=0.457），不同类型被试之间"虚报"的差异显著（$F_{(2, 42)}$=40.309，p=0.000），进一步的多重比较发现汉语母语者和中级水平的留学生之间（p=0.000）以及不同水平的留学生之间差异显著（p=0.001），这表明在美国留学生的词汇储存和提取等加工过程中，声调的地位和作用并不像汉语母语者那样重要。

表 2-9　词语再认的击中率和虚报率

	汉语母语者	初级留学生	中级留学生
击中（%）	70.5（8.6）	73.4（11.1）	68.8（10.4）
虚报（%）	25.3（6.2）	53.7（11.4）	40.9（7.5）

三　声调的声学信息加工

（一）被试

和声学信息加工实验的被试相同，但为了防止被试过于疲劳，测试是在前面的实验结束后的第 3 天进行的。

（二）实验材料

采用了和 Chandrasekaran 的研究[①]类似的材料：首先由一位

[①] Chandrasekaran, B. & Sampath, P. D. & Wong, P. C. Individual Variability in Cue-weighting and Lexical Tone Learning. *Journal of the Acoustical Society of America*, 2010(128).

男性发音人发4个声调的/a/，然后对声调的时长进行归一化并使用语音编辑软件praat提取基频，最后以阴平/a/为模板，利用praat的PSOLA（Pitch Synchronous Overlap and Add）方法把时长标准化的音高模式附加上去，这样得到的4个/a/只在声调上存在差别，而在其他声学特征，比如时长和强度等方面不存在任何差异。

（三）实验过程

采用区分任务，刺激成对呈现，要求被试判断听到的2个刺激是否完全相同。应该判断为不同的刺激对包括了所有可能的声调对和呈现顺序（如1/2，2/1，1/3，3/1等），应该判断为相同的声调对包括了所有声调和自身的比较（1/1，2/2，3/3，4/4）。每个不同的声调对都呈现了5次，而相同的声调对则呈现了15次，以保证肯定和否定反应的次数相同。实验时所有声调对被混合在一起而且随机呈现，同一声调对的两个刺激之间的间隔为200毫秒[1]，不同声调对之间的间隔为1.5秒。

（四）实验结果

根据Nosofsky的研究，在区分实验反应时基础上进行的多维尺度分析（MDS）能够很好地反映听觉刺激之间的心理物理

---

[1] 本实验的主要目的在于考察声学信息的加工，两个刺激之间的间隔是一个关键的影响因素。根据Xu, Y. et al.的研究当间隔短于300毫秒时，主要依靠声学信息对刺激做出区分，而当间隔长于300毫秒时，音位信息会发挥更大的作用，因此，本实验选取的间隔为200毫秒。Xu, Y. & Gandour, J. & Francis, A. Effects of Language Experience and Stimulus Complexity on the Categorical Perception of Pitch Direction. *Journal of the Acoustical Society of America*, 2006(120).

距离。[1]Gandour & Harshman[2] 以及 Chandrasekaran[3] 等发现音高高度和音高曲线的斜率这两个维度能够很好地解释声调语言的母语者和非母语者声调知觉模式的差异：母语者主要依靠音高曲线的斜率，而非母语者则主要依靠平均音高。对全部 45 名被试的反应时进行的多维尺度分析的结果见图 2-1，模型的决定系数 RSQ=0.862，和 Chandrasekaran 报告的 RSQ=0.83 的研究结果非常接近。

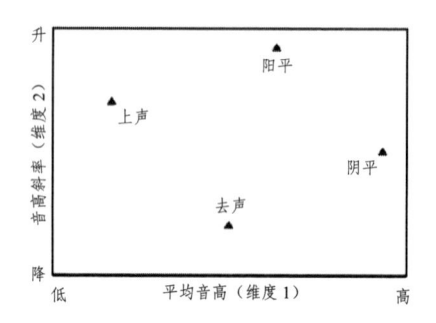

图 2-1 声调区分的多维尺度分析

在此基础上，对不同类型被试两个维度的权重（表 2-10）分别进行的方差分析发现：音高高度的权重差异显著（$F_{(2, 42)}$=31.2，p=0.000），进一步的多重比较发现汉语母语者和初级以及中级水平学习者之间的差异都是显著的（p=0.000），而不同水平学

---

[1] Nosofsky, R. M. Similarity Scaling and Cognitive Process Models. *Annual Review of Psychology*, 1992(43).

[2] Gandour, J. T. & Harshman, R. A. Cross-language Differences in Tone Perception: A Multidimensional Scaling Investigation. *Language and Speech*, 1978(21).

[3] Xu, Y. & Gandour, J. & Francis, A. Effects of Language Experience and Stimulus Complexity on the Categorical Perception of Pitch Direction. *Journal of the Acoustical Society of America*, 2006(120).

习者之间的差异不显著（$p=0.242$）；音高曲线的斜率差异显著$F_{(2,42)}=35.314$，$p=0.000$），进一步的多重比较发现汉语母语者和不同水平学习者之间（$p=0.000$）以及不同水平学习者之间（$p=0.007$）的差异都是显著的，这些结果表明随着汉语水平的提高，美国留学生在感知汉语声调时音高曲线斜率的作用逐步增强，但和汉语母语者相比敏感性程度仍然存在差别。

表 2-10 平均音高和音高曲线斜率的权重

	汉语母语者	初级留学生	中级留学生
平均音高	0.41（0.18）	0.57（0.14）	0.54（0.17）
音高曲线的斜率	0.83（0.25）	0.51（0.33）	0.64（0.29）

四 综合讨论

声调是具有区别意义作用的音高模式，也就是说，声调既是一种超音段信息，同时又是音位信息。因此，声调的加工既包含较高层次上的音位表征，也包含较低层次上音高信息的声学分析。但到目前为止，不同水平的美国留学生在汉语声调的声学和音位信息加工方面具有什么样的特点和发展模式还很少有研究涉及。本研究通过声调识别、词语再认和声调区分实验对上述问题进行了初步探讨，发现：在音位信息的加工方面，初级水平的学习者已经具有明确的声调范畴，而且加工速度随着汉语水平的提高而不断提高，但声调在词汇加工中独立的音位表征却远未形成，声调的音位信息在词汇加工中的地位和作用远远落后于汉语母语者；在声学分析方面，美国留学生对平均音高更为敏感，音高斜率的作用随着汉语水平的提高而有所增强，但敏感性程度仍然和汉语母语者存在很大差异。下面我们将对这两个问题进行具体讨论。

（一）美国留学生汉语声调的音位信息加工

汉语是典型的声调语言，而英语则是语调语言，汉语声调在英语的语音系统中并没有对应的音位，美国留学生对汉语声调的感知应该属于 PAM 理论所指的 UU（Uncategorized-Uncategorized），即第二语言的音素都不能被同化为母语的音位，因此他们能够相对容易地建立起新的音位范畴而不受母语的干扰，这在本研究的声调识别实验中得到了证实：即使是初级水平的学习者，声调识别也可以达到很高的正确率。声调识别需要将听到的音高模式与长时记忆中预存的声调模板进行匹配，这个过程涉及信息的提取和比较等一系列复杂的认知过程，对于汉语母语者来说，这个过程高度自动化，而留学生还远不能达到这样的程度，因此加工速度要慢得多。

作为音位信息，声调更重要的作用在于区别意义，即把音段信息完全相同的词语区别开来，这需要在词汇存储和提取时声调具有独立的表征。我们的词语再认实验发现美国留学生的虚报率要远高于汉语母语者，因为作为填充材料的假词都是通过改变前/后音节的声调得到的，这说明美国留学生更容易把声母和韵母相同而声调不同的词语当作同一个词，即在词语加工中声调的信息更容易被舍弃。这和第二语言学习者对其他超音段音位（比如重音）的加工是类似的，比如法语母语者一直被认为很难感知英语和西班牙语等语言的词汇重音（即所谓的 stress deafness），但 Dupoux 却发现这种困难实际上并不是来自知觉层面，其主要原因在于法语母语者缺乏重音意识，因此很难在词汇加工过程中形成重音独立的音位表征。[①]

（二）美国留学生汉语声调的声学信息加工

和 PAM 理论强调母语／目的语音位系统的差异对第二语言语音习得的影响不同，线索权衡理论（Cue-weighting Model）强调对不同声学信息的敏感程度对于语音习得的重要作用。我们的研究发现，美国留学生在感知汉语声调时确实更多地依赖平均音高而不是音高曲线的斜率，这可能是母语经验长期影响的结果——音高也是英语词汇重音的重要声学相关物，但主要表现为音高高度而非音高曲线的变化。[②] 第二语言的语音习得并不仅仅局限于获得语音原型（prototype），因为在实际的语言交流中，听到的大量都是和语音原型存在很多差别的音位变体，这就需要学习者逐渐形成和母语者类似的范畴化知觉能力。范畴化知觉能力的发展需要不断提高对关键性声学线索的敏感程度，同时降低对非关键性声学线索的依赖。音高曲线的斜率对汉语声调的范畴化知觉具有决定性作用，我们的研究发现，随着汉语水平的提高，美国留学生对音高曲线斜率的敏感程度有所增强，但学习者最终能否获得和汉语母语者类似的范畴化知觉能力尚待进一步研究。

（三）对声调教学的启示

本研究发现，对于汉语声调加工，美国留学生的主要困难表现在：声调在词汇加工中很难获得独立的音位地位，而更像是一

[①] Dupoux, E. & Sebastián-Gallés, N. & Navarrete, E. & Peperkamp, S. Persistent Stress "Deafness": The Case of French Learners of Spanish. *Cognition*, 2008(106).

[②] Patel, A. D. & Iversen, J. R. & Rosenberg, J. C. Comparing the Rhythm and Melody of Speech and Music: The Case of British English and French. *Journal of the Acoustical Society of America*, 2006(119).

个可有可无的自由变体，对更为关键的声学特征敏感性不足。前者主要和词汇加工过程中声调意识的缺乏有关，这就需要教师在词汇讲解以及学习者在词汇记忆时有意地强化声调信息，对于初级水平的学习者来说更是如此，比如教师可以在课堂教学中使用一些类似词语再认的游戏等。对于后者，我们认为可以采用知觉训练的方法[①]提高学习者对音高曲线斜率的敏感程度，这对于从根本上提高美国留学生汉语声调的感知能力具有积极意义。

应该特别指出的是，关于声调习得的研究目前主要都集中在声调产生方面，而产生方面的不足可能只是表面现象，根源却在音位信息表征的困难以及感知时对关键性声学信息的敏感性不足。试想，声调感知时尚且主要依靠非关键性的音高高度信息，产生的声调又怎么可能具有完整的音高曲线呢？对于第二语言学习者声调知觉和产生的关系，Yip 做过精辟的说明：良好的声调知觉能力并不必然带来良好的声调产生能力，但是没有良好的声调知觉能力就不可能有良好的声调产生能力。[②] 近些年来，已经有大量研究发现知觉训练（perceptual training）能够有效促进第二语言的语音习得，而且知觉能力的提高还可以改善发音。因此，在汉语声调的习得和教学研究中，声调知觉应该受到更多的重视。通过探讨声调知觉的特点和规律以及如何通过知觉训练促进声调知觉和发音的改善，从而在知觉和产生两个方面促进汉语声调的

[①] 张林军《知觉训练在第二语言语音习得中的作用——兼论对外汉语的语音习得和教学研究》，《云南师范大学学报》（对外汉语教学与研究版）2010年第 1 期。

[②] Yip, M. *Tone*. Cambridge University Press, 2002.

习得应该是未来重要的研究方向。[1]

第三节 视觉加工对英语母语者汉语声调感知的影响[2]

一 引言

汉语是声调语言。汉语声调难学是对外汉语教学界讨论较多的问题,但一直没有得到很好的解决。在汉语教学课堂上可以看到,教师常常采用打手势的方法进行汉语声调教学,留学生也经常用打手势的办法来帮助自己学习声调。喻江认为教师应变成一个指挥家,用手势来带领学生进行发音训练。[3] 张拱贵认为学习者应该重视调号的作用,读声调的同时应该用手比照调号的形状划出相应的调号(ˉ ˊ ˇ ˋ)。[4] 但由于缺乏实证性研究,这些结论缺乏可靠性。同时,已有研究没有对打手势这一学习策略背后的内在机制进行探讨。打手势这一学习策略的本质是学习者对

---

[1] McClelland, J. L. & Fiez, J. A. & McCandliss, B. D. Teaching the /r/-/l/ Discrimination to Japanese Adults: Behavioral and Neural Aspects. *Physiology & Behavior*, 2002(77); Wang, Y. & Jongman, A. & Sereno, J. A. Acoustic and Perceptual Evaluation of Mandarin Tone Productions Before and After Perceptual Training. *Journal of the Acoustical Society of America*, 2003(113).

[2] 本节作者:贾琳、王建勤,原载《世界汉语教学》2013 年第 4 期。

[3] 喻江《声调教学新教案》,《语言教学与研究》2007 年第 1 期。

[4] 张拱贵《声调教学和表声读》,《世界汉语教学》1988 年第 1 期。

表示四个声调的动态手势进行视觉加工。在此基础上，我们提出本文研究的问题：（1）视觉加工对声调感知是否有促进作用？（2）如果有促进作用，视觉加工促进声调感知的内在机制是什么？本研究引入语音意识及语音符号化理论来解释视觉加工对学习者声调感知的作用，深入了解这种作用的内在加工机制。

语音意识（phonological awareness）是元语言能力的一种形式，指个体对言语的声音片段进行心理操作的能力。[1] 在拼音文字语言的语音意识研究中，所涉及的语音单位通常包括音节、首音、韵脚和音位，[2] 在表意文字语言如汉语的语音意识研究中，由于汉语发音规则的特殊性，通常还包括声调，[3] 研究者根据汉语语音结构的特点把汉语语音意识分为声母意识、韵母意识和声调意识。[4]

Ehri 提出"语音符号化"（phonetic symbolization）概念，认为学习者对口语语音的记忆是以字母的形式贮存的，当语音符号的表征比较牢固时，学习者便可以直接以心像（mental image）的方式对这些表征进行比较和确认。[5] 就心像理论而言，如果记忆材料具有音及形的双重线索，则应较符合心像的双重编码（dual-

---

[1] 姜涛、彭聃龄《关于语音意识的理论观点和研究概况》，《心理学动态》1996 年第 3 期。

[2] 毛荣建、刘翔平《汉语发展性阅读障碍儿童语音意识研究综述》，《中国特殊教育》2009 年第 11 期。

[3] 唐珊、伍新春《汉语儿童早期语音意识的发展》，《心理科学》2009 年第 2 期。

[4] 李虎、祝华、Barbara Dodd、姜涛、彭聃龄、舒华《说普通话儿童的语音习得》，《心理学报》2000 年第 2 期。

[5] Ehri, L. C. & Deffner, N. D. & Wilce, L. S. Pictorial Mnemonics for Phonics. *Journal of Educational Psychology*, 1984(76).

coding）理论，也就是说学习者可以同时利用语音及形象两项编码系统作为记忆提取的线索，对于信息的记忆、提取有促进作用。①

李荣宝、陈素梅、毛浩然考察了汉语儿童视觉加工能力与其语音意识（声母意识、韵母意识、声调意识）的相关性，结果显示，汉语拼音的学习和巩固使语音的形式化成为可能，即与语音对应的视觉符号的学习使儿童语音形式化，而语音的形式化提高了儿童的语音操作水平，易化了语音加工过程，这个易化过程反映为语音意识测量成绩的提高。②该研究指出，在汉语中，音段音位是以拼音字母的形式贮存的，拼音字母是表示音段音位的符号，却并没有明确指出声调的贮存形式。汉语拼音包括拼音字母和调号两部分，既然声母意识、韵母意识以拼音字母为载体，那么我们有理由推论，声调意识也应该有其形式化的载体，这个载体便是汉语拼音中表示声调的符号 ‐ ˊ ˇ ˋ 。

徐芬等认为，由于声调的独特性，儿童只有学习拼音后，才可能对声调有外显的认识，由此促进声调意识的发展。③李晓兰等考察了维吾尔族双语儿童汉语声调意识的发展，认为汉族儿童学习读写前已经会说大量的口头词汇，学习拼音后这种知识很快就转化为对声调的外显的认识，声调意识比较稳定；而维吾尔族儿童在学习汉语后才开始发展声调意识，而且由于母语没有声调，

---

① Stader, E. D. *Children's Retrieval of Classroom Materials: A Test of Conjoint Retention.* Paper presented at the Annual Convention of the American Psychological Association, 1990.

② 李荣宝、陈素梅、毛浩然《儿童视觉加工能力与其语音意识的相关性》，《福建师范大学学报》（哲学社会科学版）2008年第3期。

③ 徐芬、董奇、杨洁、王卫星《小学儿童汉语语音意识的发展》，《心理科学》2004年第1期。

维吾尔族学生常常难以分辨不同声调。①

语音意识作为一种元语言能力,并非与语言能力同时出现。②已有研究表明,语音意识的训练会提高特定类型的词语作业的成绩,在教学中进行语音意识的训练可以提高学生的阅读能力,③但没有关于声调意识的训练的探讨。打手势这一学习策略通过突显声调的调型特征,强化了语音与符号之间的映射关系,使声调范畴符号化。对于零起点英语母语者来说,言语信号本身变异性较大,我们平时听到的语音与学习者头脑中四个声调的原型并不存在一一对应的关系,将转瞬即逝、变异性大的语音转换为与之对应的符号,在心理上构建以声调符号为原型的表征,使抽象音位形式化,将有助于学习者声调范畴的建立。

本研究包含两个实验:实验一考察视觉加工对声调感知是否有促进作用,实验二考察语音符号化是否易化了声调感知。

二 视觉加工对声调感知的作用

(一)实验目的

考察母语为英语的汉语学习者在声调感知过程中,视觉和听

---

① 李晓兰、买合甫来提·坎吉《维吾尔族双语儿童汉语语音意识的发展》,《语言教学与研究》2013年第1期。

② Shankweilert, D. P. & Craint, S. Language Mechanisms and Reading Disorder: A Modular Approach. *Cognition*, 1986(24).

③ Tunmer, W. E. & Herriman, M. L. The Development of Metalinguistic Awareness in Children: A Conceptual Overview. Tunmer, W. E. & Pratt, C. & Herriman, M. L. (eds) *Metalinguistic Awareness in Children: Theory, Research and Implications*. Springer-Verlag, 1984; Bradley, L. & Bryant, P. E. *Rhyme and Reason in Reading and Spelling*. University of Michigan Press, 1985.

觉双通道的加工方式和只有听觉的加工方式对声调感知的差异。

（二）实验方法

1. 实验设计

本实验采用单因素被试间实验设计。

自变量：加工方式，被试间变量，分为两组：

（1）实验组：视觉和听觉双通道的加工方式。

（2）控制组：只有听觉的加工方式。

因变量：被试在感知测验中的前后测结果的差异，即后测与前测得分之差。

2. 被试

英语母语者，北京语言大学汉语速成学院零起点学习者（学习汉语时间为1个星期）31人，其中实验组16人，控制组15人。他们没有其他有声调语言的学习经历，也没有接受过长期的声乐训练。

3. 实验材料

实验材料分成感知测试音节表（见附录一）和训练音节表（见附录二）两部分。

感知测试音节表包括80个单音节，每类声调20个音节。感知前测音节表和感知后测音节表均为随机音节表，所用音节全部来自感知测试音节表。为避免音段信息对被试声调感知的影响，全部采用自然的单音节形式，选取的词为单元音结构，都有声母。发音人是一名普通话水平为一级乙等的中国女生。录音过程在安静的语音实验室里进行，利用 Praat 语音软件进行录音，语音样本为 16bit 单声道的录音，语音采样率为 44.1kHz。音节之间的时间间隔（inter-trial-interval）为 3000ms。

训练音节表包括 120 个不同音节，每类声调 30 个音节。

4. 实验程序

两组被试采用不同的学习方法，实验组采用视觉和听觉双通道的加工方式，控制组采用只有听觉的加工方式。

（1）前测：被试对听到的 80 个刺激（感知前测音节表）进行判断，在答题纸上写下相应的调号。正确的判断记一分，错误或漏写记零分，最后计算各组被试的得分。

（2）训练：前测结束后，被试开始为期三周的训练，每周五次，每次训练时间为 10 分钟，前测与第一次训练为同一天，最后一次训练结束后开始进行后测。实验组：教师领读训练音节表，领读的同时用左手在空中划出相应的调号，请被试跟读。控制组：教师领读训练音节表，请被试跟读。

（3）后测：被试对听到的 80 个刺激（感知后测音节表）进行判断，在答题纸上写下相应的调号。正确的判断记一分，错误或漏写记零分，最后计算各组被试的得分。

（三）实验结果

运用 SPSS16.0 统计软件对数据进行独立样本 t 检验，结果显示：

（1）实验组和控制组感知前测得分差异不显著，$t=1.072$，$df=29$，$p > 0.05$。

（2）在后测与前测得分之差这个指标上，实验组和控制组差异显著，$t=-3.265$，$df=29$，$p < 0.01$。同控制组相比，实验组的进步更大。

表 2-11 声调感知测试中被试的平均得分

	前测得分	后测得分	后测与前测得分之差
实验组	58.44	68.75	10.31
控制组	63.74	65.34	1.60

(四) 讨论

实验结果表明,实验组和控制组感知前测得分差异不显著,在后测与前测得分之差这个指标上,实验组和控制组差异显著。这说明对于声调感知来说,视觉和听觉双通道的加工方式的效果好于只有听觉的加工方式。

已有研究的结果证实,不同感知通道的信息可以在感知上相互融合。[1]Hardison 的研究发现,对于第二语言学习者音段音位的感知来说,视听知觉训练的效果好于听觉知觉训练。[2]Chen & Massaro 模仿音段音位的视听知觉训练,为被试提供发音人的面部信息(包括脖子、头和口发音时的动作),训练被试对汉语声调的感知,结果发现这种训练方法并没有显著提高被试的感知。[3]本实验的结果支持 Hardison 的研究,而与 Chen & Massaro 的结

---

[1] McGurk, H. & MacDonald, J. Hearing Lips and Seeing Voices. *Nature*, 1976(264); MacDonald, J. & McGurk, H. Visual Influences on Speech Perception Processes. *Perception & Psychophysics*, 1978(24); Green, K. P. & Miller, J. L. On the Role of Visual Rate Information in Phonetic Perception. *Perception & Psychophysics*, 1985(38).

[2] Hardison, D. M. Bimodal Speech Perception by Native and Nonnative Speakers of English: Factors Influencing the McGurk Effect. *Language Learning*, 1999(49); Hardison, D. M. Acquisition of Second-language Speech: Effects of Visual Cues, Context, and Talker Variability. *Applied Psycholinguistics*, 2003(24).

[3] Chen, T. H. & Massaro, D. W. Seeing Pitch: Visual Information for Lexical Tones of Mandarin Chinese. *Journal of the Acoustical Society of America*, 2008(123).

果不一致，这可能是由超音段音位的特点所决定的，音段音位的视觉线索可以表现在唇形上，而超音段音位的差异可能在于喉头运动的变化，而这种变化难以从发音人的面部信息中获得。[①] 本实验与 Chen & Massaro 的研究结果不同，原因在于二者虽然都在听觉训练之外为被试提供了视觉训练，但本实验提供的视觉信息是声调教学手势，可以直观地凸显声调间的差异，而 Chen & Massaro 提供的是发音人的面部信息，声调间的差异难以被学习者感知。[②] 视听知觉训练同时为学习者提供了视觉通道和听觉通道两种通道的信息，可以弥补单通道信息输入的不足，增强学习者对于关键声学线索的注意，从而促进学习者的声调感知。

三 视觉加工促进声调感知的内在机制

实验一的结果证明了对于声调感知来说，视觉和听觉双通道加工方式的效果好于只有听觉的加工方式，但是我们对双通道的加工方式促进学习者声调感知的内在原因尚不清楚。本实验基于语音符号化理论，尝试探索视觉加工促进学习者声调感知的内在机制。我们假设，视觉加工建立了语音和符号的映射关系，在学习者头脑中建立起了声调的符号表征。

---

① Hardison, D. M. Bimodal Speech Perception by Native and Nonnative Speakers of English: Factors Influencing the McGurk Effect. *Language Learning*, 1999(49); Hardison, D. M. Acquisition of Second-language Speech: Effects of Visual Cues, Context, and Talker Variability. *Applied Psycholinguistics*, 2003(24).

② Chen, T. H. & Massaro, D. W. Seeing Pitch: Visual Information for Lexical Tones of Mandarin Chinese. *Journal of the Acoustical Society of America*, 2008(123).

（一）实验目的

（1）采用启动实验范式考察视觉加工是否在学习者头脑中建立起了符号表征。

（2）考察符号表征的建立是否易化了声调感知。

（二）实验方法

1. 实验设计

本实验采用 2×3 两因素混合实验设计。

因素一，加工方式，被试间变量，分为两种方式：视觉和听觉双通道的加工方式（实验组）、只有听觉的加工方式（控制组）。

因素二，启动条件，被试内变量，分为三种方式：无关启动（启动刺激为图片）、语音启动（启动刺激为听觉呈现的音节）、声调手势启动（启动刺激为视觉呈现的声调手势）。

因变量：被试判断目标刺激声调的反应时和错误率。

2. 被试

英语母语者，北京语言大学汉语速成学院零起点学习者（学习汉语时间为 1 个星期）31 人，其中实验组 16 人，控制组 15 人。没有其他有声调语言的学习经历，未接受过长期的声乐训练。参加实验一后测之后参加本实验。

3. 实验材料

实验材料包括视频材料、音频材料和图片。视频材料由一位北京语言大学汉语速成学院女老师录制，画面中呈现这位老师的上半身（不含面部），老师用左手分别打出四个声调的教学手势。音频材料的发音人是一名普通话水平为一级乙等的中国女生，该发音人以正常语速朗读启动实验音节表（见附录三），利用 Praat 语音软件进行录音。为避免音段信息对被试声调感知的影响，选取 16 个单元音音节，声母为 b、p、d、t，韵母为 a，每类声调 4 个音节。图片一共 4 幅，分别印有菊花、水仙花、郁金香和牵牛花。

不同启动条件下的实验材料：

（1）在无关启动条件下，启动刺激类型为图片，目标刺激为听觉呈现的 16 个音节，每类声调 4 个音节。

（2）在语音启动条件下，启动刺激类型为听觉呈现的 16 个音节，每类声调 4 个音节，目标刺激为听觉呈现的 16 个音节，与启动刺激中的音节完全相同，调型一致。其中一声音节平均时长约为 555ms，二声约为 466ms，三声约为 554ms，四声约为 314ms，时长最长的音节为 pǎ（559.365ms）。

（3）在手势启动条件下，启动刺激类型为老师打手势的视频材料，目标刺激为听觉呈现的 16 个音节，每类声调 4 个音节。启动刺激中的手势与目标刺激中的音节调型一致。

表 2-12　三种启动条件下刺激材料举例

启动条件	启动刺激（prime）	目标刺激（target）
无关启动	图片	听觉呈现 bā
语音启动	bā	听觉呈现 bā
手势启动	一声的手势	听觉呈现 bā

（4）填充材料：

在语音启动条件下，启动刺激为听觉呈现的 16 个音节，每类声调 4 个音节，目标刺激为听觉呈现的 16 个音节。启动刺激与目标刺激调型均不一致。

在手势启动条件下，启动刺激为老师打手势的视频材料，目标刺激为听觉呈现的 16 个音节，每类声调 4 个音节。启动刺激中的手势与目标刺激调型不一致。

4. 实验程序

实验设备为联想笔记本电脑一台，使用 E-Prime 2.0 编程。

实验采取个别测试的方法，在安静的环境中进行。分为三大部分：无关启动、语音启动、手势启动，三大部分顺序随机，各部分内部刺激呈现顺序随机。实验开始时，屏幕中央出现注视点"+"，1s后，在该位置出现一个启动刺激，由于启动刺激中时长最长的音节为559.365ms，为保证完整播放每个音节，将启动刺激呈现时间设定为560ms。随后在该位置呈现掩蔽刺激"＊＊＊＊＊"，400ms后呈现目标刺激，要求被试又快又准地对目标刺激进行按键反应，判断为一声、二声、三声、四声则分别在键盘上按标有"1"、"2"、"3"、"4"的键。目标刺激呈现时间为5s。被试按键后，间隔1s，再次出现注视点"+"，开始下一轮刺激呈现。被试若没有反应，则3s后开始下一轮刺激呈现。

电脑记录从目标刺激呈现到被试做出按键反应之间的潜伏期，即反应时，以及被试的错误反应。每种启动实验开始前先分别进行5次练习，以确保被试熟悉实验流程。练习阶段被试作答后屏幕上显示反馈，以确保被试熟悉操作并稳定反应时间。

（三）实验结果

31名被试中，剔除判断错误率高于25%的5名被试（实验组3人，控制组2人），整理后的实验结果如下：

表2-13 三种启动条件下目标刺激声调判断的平均反应时（ms）和错误率

	无关启动	语音启动	手势启动
实验组	1447.69（12.98%）	1276.69（10.10%）	958.47（6.73%）
控制组	1411.32（9.13%）	1098.05（5.77%）	1184.64（3.37%）

运用 SPSS16.0 统计软件对被试的反应时进行方差分析，结果显示：

加工方式的主效应不显著（$F_{(1, 24)}=0.002$，$p>0.05$），启动条件的主效应显著（$F_{(2, 48)}=21.814$，$p<0.01$），二者交互作用显著（$F_{(2, 48)}=6.894$，$p<0.05$），简单效应检验表明，在无关启动条件下，实验组与控制组被试的反应时差异不显著（$p>0.05$）；在语音启动条件下，实验组与控制组被试的反应时差异不显著（$p>0.05$）；在手势启动条件下，实验组与控制组被试的反应时差异达到边缘显著（$p=0.051$），表现为实验组被试的反应时短于控制组被试的反应时。

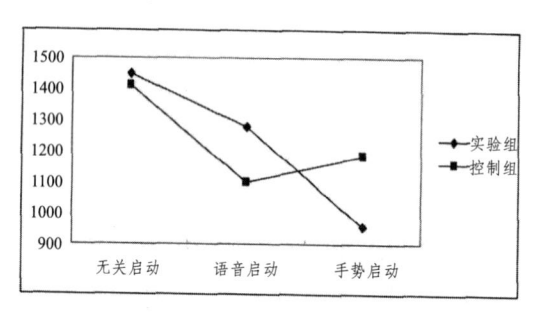

图 2-2 加工方式与启动条件的交互作用（单位：毫秒）

（四）讨论

实验结果表明，加工方式和启动条件的交互作用显著。

（1）在无关启动条件、语音启动条件下，控制组与实验组差异均不显著。这是因为在无关启动条件和语音启动条件下，实验组和控制组被试均采用听觉加工方式，因此两组被试的反应时没有显著差异。

（2）在手势启动条件下，控制组与实验组差异达到边缘显著，表现为实验组的反应时短于控制组的反应时。从变化趋势来看，实验组在手势启动条件下的反应时短于语音启动,控制组在手势启动条件下的反应时却长于语音启动,这是因为控制组被试没有经历强化语音与符号之间对应关系的训练,头脑中没有建立起声调的符号表征,在此情况下,呈现手势反而会对控制组被试造成干扰,影响其反应速度。而实验组被试的头脑中建立起了声调的符号表征,这种符号表征易化了实验组被试的声调感知,从而使实验组被试在手势启动条件下反应时显著短于控制组被试。那么,声调符号表征的建立是如何影响声调感知的呢?

李荣宝等认为,拼音学习对于方言儿童的普通话学习意义重大,拼音学习使语音范畴化,同时使方言儿童尽快摆脱方言的影响,尽快建立起一个和"标准"一致的普通话语音表征体系。[①]对于汉语母语者来说,语音表征在先,符号表征在后,甚至可以没有。而对于汉语学习者来说,由于语音表征很难在短时间内建立,学习者先学习符号表征,再将符号表征与语音表征对应起来。这一元语言能力的增强将有助于学习者语言能力的提高。具体到声调,教师先用符号 - ´ ˇ ` 搭出四个声调范畴的架子,使学习者按照搭起的架子对听到的声调进行归类,慢慢建立起语音和符号之间的映射关系。这种映射关系建立之后,学习者听到语音,可能会先将其与相应的调号对应,再对这种心理意象上的符号进行加工。

高小丽考察了留学生各项语音意识的发展情况,其中,实验一为汉字读音辨别测试,要求被试通过三个任务分别判断所呈现

---

① 李荣宝、张家秀、李艳铃、陈素梅《语音辨析训练对方言儿童语音意识和阅读能力发展的作用》,《心理科学》2008年第2期。

的两个汉字的声母、韵母、声调是否一致，结果发现，声调引起的错误率最高，说明声调意识的发展落后于声母和韵母意识的发展；实验二为语音听辨测试，要求被试判断所听到的两个音节的声调是否相同，如"从—人""八—马"，结果发现，声调意识优于韵母意识，韵母意识优于声母意识。[①] 吴波认为这一差异是由于两次实验任务中被试采用的语音加工机制不同而造成的，实验一为语音产出机制，实验二为语音理解机制。但既然是涉及语音意识的考察，仅从语音加工机制的角度找原因是不够的，我们还应尝试从语音符号化的角度解释这一差异。[②] 李荣宝、陈素梅、毛浩然认为在语音意识任务的操作过程中，对于汉语学习者（乃至拼音文字语言的使用者）而言，可能存在一个语音符号的激活过程，例如，在听觉或视觉判断"牛""流"声母是否相同时，最基本的心理过程是，激活这两个词的语音表征，将声音的每个部件都提取出来，然后对两个词声音的第一个部件进行比对。[③] 这种比对过程可能是双重的，一是知觉的匹配，一是符号的匹配。高小丽的研究中，实验一考察被试对汉字的读音进行语音判断的能力，被试需要首先默读出汉字，然后才能根据要求判断汉字读音；实验二则是考察被试对语音的听辨能力，被试只需直接判断听到的语音是否相同即可。[④] 被试的声调意识在实验任务为听觉呈现时

---

① 高小丽《外国留学生汉语语音意识发展研究》，北京语言大学 2001 年硕士学位论文。
② 吴波《声调与无声调母语背景留学生汉语语音意识发展对比研究》，暨南大学 2008 年硕士学位论文。
③ 李荣宝、陈素梅、毛浩然《儿童视觉加工能力与其语音意识的相关性》，《福建师范大学学报》（哲学社会科学版）2008 年第 3 期。
④ 同注①。

较好，可能是由于听觉呈现时被试基于声音的物理音高属性对听到的音节进行判断，即"听起来"是否一致，而不是用抽象的符号表征（调号）来进行判断。二者的差异恰好反映出符号化加工这一过程的存在。根据本研究的结果，我们认为如果被试的语音符号化能力较强，视觉呈现时被试的判断过程是：汉字→语音→拼音→心像，最终以心像的方式区分出不同声调。

语音编码（phonological encoding）指将语言刺激转化为语音表征以通达心理词典的能力，语音工作记忆（phonological working memory）指对语音信息的短时存储能力。[1]Baddeley & Hitch 针对短时记忆的工作方式提出了语音回路的模型。[2] 该模型认为，大脑中存在一个语音回路（phonological loop），它涉及言语生成，负责操作以语音为基础的信息。假定该系统由两部分构成，一部分是语音储存装置，语音编码存储于其中，并随时间不断衰减或消失；另一部分是语音复述装置，它通过复述不断地加强正在衰减的语音表征，从而使有关项目保留在记忆中。言语感知通常会受到语言环境的干扰，对于母语者来说，我们所听到的语音和其他刺激一同争夺我们有限的认知加工资源。对于零起点学习者来说，听到一个音节，学习者要同时对这个音节的音段、超音段等信息进行加工，由于认知资源有限，常常出现顾此失彼的现象。语音符号化将言语信号以符号的形式固定下来，一方面

---

[1] 陶沙《语音加工技能在汉语为母语个体英语学习中的作用》，《北京师范大学学报》（社会科学版）2004 年第 3 期。

[2] Baddeley, A. D. & Hitch, G. J. Working Memory. Bower, G. H. (ed.) *The Psychology of Learning and Motivation: Advances in Research and Theory*. Academic Press, 1974.

在短时记忆转入长时记忆的过程中减少了发音信息的损失，降低了学习者认知加工的负担；另一方面，降低了语音的变异性，便于学习者进行精细加工。语音转瞬即逝，而与之对应的符号表征是长时记忆，稳定性更强，便于加工，从而对学习者感知声调范畴起到易化作用。

四 结论

根据上述分析和讨论，本研究得出以下结论：（1）对于零起点汉语学习者的声调感知来说，视觉和听觉双通道的加工方式的效果好于只有听觉的加工方式。视听知觉训练同时为学习者提供了视觉和听觉两种通道的信息，可以弥补单通道信息输入的不足，从而促进学习者的声调感知；（2）对于零起点汉语学习者来说，教师的手势可以帮助学习者建立语音与符号之间的映射关系，从而促进声调感知。这肯定了教师在声调教学中使用打手势这一方法对对外汉语声调教学有积极的意义。本节只考察了零起点学习者的声调感知，但是视觉加工对于非零起点汉语学习者的作用如何，还有待进一步考察。

附录一 实验一感知测试音节表

shǐ	tú	xū	bǎ	lú	gé	shē	dǔ
fá	jǐ	bà	zhě	fǎ	jí	zhǐ	dà
dú	cǐ	gě	shū	shé	cí	shí	pō
xú	dū	cì	fā	bó	shì	dǐ	zhí
qì	qǐ	pū	shǐ	lǔ	tù	pú	zhē

（续表）

shè	dí	bā	pǔ	zhè	zhé	pó	bò
zhǐ	pǒ	dǐ	shù	jǐ	lù	fà	xù
qí	dì	cǐ	lū	gè	shú	bō	xǔ
shě	zhì	jì	pò	shǔ	gē	qǐ	dā
pù	dù	dá	bǒ	dǎ	tū	bá	tǔ

附录二　实验一训练音节表

shuō	fāng	guān	qīng	gēng	guāng	jiū	bīng
xiāo	shuāi	sōng	gōng	xīng	bāo	zhōu	shōu
zēng	dēng	kāng	dāi	xīn	jiān	xiāng	dōng
shuāng	shāng	xiān	chuān	chuāng	chūn	zhuó	chéng
nán	péng	mín	tiáo	chuán	pái	liáo	xiá
cún	táng	hán	mái	cáng	lái	guó	wéi
nián	tóng	nín	tán	qiáng	téng	nóng	páng
yún	cháo	céng	xián	yǒu	xiǎng	měi	zuǒ
qǐng	shǒu	yuǎn	jiǎ	fǒu	liǎng	kǎo	suǒ
chǎng	shuǐ	pǎo	qiě	guǎng	zuǐ	zhěng	fǎng
duǎn	rǎn	shěng	dǒu	lǎng	jiǎn	gǎo	tǎng
kǒng	zǒng	zuì	què	duàn	chàng	zhàng	lǐng
lèng	shàng	dòng	guò	yàng	dài	jìn	wèn
yòu	zhèng	ràng	liàng	fàng	sòng	cuò	xìng
jià	mào	gòng	zhèn	dùn	quàn	luàn	zhòng

附录三　实验二启动实验音节表

bā	bá	bǎ	bà	pā	pá	pǎ	pà
dā	dá	dǎ	dā	tā	tá	tǎ	tà

第四节　第二语言学习者汉语声调习得的语言类型效应[①]

声调是汉语的一个重要特征，而声调也一直是汉语作为第二语言习得的主要难点之一。有些声调问题比较顽固，留学生直到中高级阶段仍然难以克服，这就形成了人们常说的"洋腔洋调"。林焘认为"洋腔洋调形成的关键并不在声母和韵母，而在声调和比声调更高的语音层次"[②]。如何改掉学生的"洋腔洋调"成为很多教学研究者和语言学专家关注的问题，而声调产出的调查和分析也就成为众多研究的主要内容。[③]然而，以往的研究大多数集中在对单一语言背景的学习者汉语声调产出的研究，研究对象主要集中在欧美、韩日和泰国。[④]部分研究考察了不同语言背景对汉语声调习得的影响，但是这些研究仅对两种语言背景或类型的习得差异进行比较，缺乏对多种语言类型学习者的汉语声调产

[①] 本节作者：胡伟杰、王建勤，原载《浙江师范大学学报》（社会科学版）2016年第1期。

[②] 林焘《语音研究和对外汉语教学》，《世界汉语教学》1996年第3期。

[③] 沈晓楠《关于美国人学习汉语声调》，《世界汉语教学》1989年第3期；李红印《泰国学生汉语学习的语音偏误》，《世界汉语教学》1995年第2期；王燕燕《菲律宾华裔学生汉语语音的调查与分析》，《世界汉语教学》1997年第3期；吴门吉、胡明光《越南学生汉语声调偏误溯因》，《世界汉语教学》2004年第2期。

[④] 刘艺《日韩学生的汉语声调分析》，《世界汉语教学》1998年第1期；桂明超、杨吉春《美国英语语调对美国学生学习汉语普通话声调的干扰》，《世界汉语教学》2000年第1期；蔡整莹、曹文《泰国学生汉语语音偏误分析》，《世界汉语教学》2002年第2期；侯晓虹、李彦春《初级汉语水平韩国留学生汉语双音节词声调的发音规律研究》，《语言文字应用》2006年第2期。

出的比较研究。[1]

另一部分研究从声调感知角度考察不同母语背景的影响。[2]其中部分研究结果表明,学习者的母语调位系统对汉语声调的感知和习得具有巨大影响;[3]而一些研究则认为学习者的母语调位系统的影响甚微,认为对汉语声调的感知和习得起决定性作用的是学习者的母语声调与汉语声调在语音上的相似性。[4]这些分歧也使我们有必要从声调产出的角度来进一步考察不同语言类型对汉语声调习得的影响。

此外,以往大部分研究对学习者的汉语水平未加控制或仅控

---

[1] 陈默、王建勤《非汉语母语者汉语单字调声调意识初期发展的实验研究》,《南开语言学刊》2008 年第 2 期。

[2] 张林军《日本留学生汉语声调的范畴化知觉》,《语言教学与研究》2010 年第 3 期; Wang, Y. & Behne, D. M. & Jongman, A. The Role of Linguistic Experience in the Hemispheric Processing of Lexical Tone. *Applied Psycholinguistics*, 2004(25); Xu, Y. & Gandour, J. & Francis, A. L. Effects of Language Experience and Stimulus Complexity on the Categorical Perception of Pitch Direction. *Journal of the Acoustical Society of America*, 2006(120); Francis, A. L. & Ciocca, V. & Ma, L. & Fenn, K. Perceptual Learning of Cantonese Lexical Tones by Tone and Non-tone Language Speakers. *Journal of Phonetics*, 2008 (36).

[3] Francis, A. L. & Ciocca, V. & Ma, L. & Fenn, K. Perceptual Learning of Cantonese Lexical Tones by Tone and Non-tone Language Speakers. *Journal of Phonetics*, 2008 (36); Wayland, R. P. & Guion, S. G. Training English and Chinese Listeners to Perceive Thai Tones: A Preliminary Report. *Language Learning*, 2010 (54).

[4] Lee, Y.-S. & Vakoch, D. A. Wurm, L. H. Tone Perception in Cantonese and Mandarin: A Cross-linguistic Comparison. *Journal of Psycholinguistic Research*, 1996 (25); So, C. K. & Best, C. T. Cross Language Perception of Non-native Tonal Contrasts: Effect of Native Phonological and Phonetics Influences. *Language & Speech*, 2010 (52).

制在单一水平上,[1] 未能考察不同水平的汉语学习者产出策略的差异和变化。

本研究将对三种不同语言类型（非声调、平调和曲拱调）的第二语言学习者在不同汉语水平阶段（初级、中级和高级）的汉语声调产出情况进行描述和比较,借助实验语音学的分析手段,对学习者的汉语单字调进行声学分析,考察学习者汉语声调产出的语言类型效应,[2] 分析母语为不同语言类型的初级汉语水平学习者的汉语单字调产出差异,考察母语声调特征对汉语声调习得的影响,以进一步考察其母语调位范畴对习得汉语声调范畴的影响,并在此基础上提出汉语声调教学的相关建议。

一 研究方法

（一）实验设计

本研究采用单因素组间实验设计。自变量：语言类型,包含4个水平,即非声调语言（阿拉伯语）、平调语言（约鲁巴语）、曲拱调语言（泰语）,以及参照组汉语母语者。因变量：被试汉

---

[1] Francis, A. L. & Ciocca, V. Ma, L. & Fenn, K. Perceptual Learning of Cantonese Lexical Tones by Tone and Non-tone Language Speakers. *Journal of Phonetics*, 2008 (36); Lee, Y.-S. & Vakoch, D. A. & Wurm, L. H. Tone Perception in Cantonese and Mandarin: A Cross-linguistic Comparison. *Journal of Psycholinguistic Research*, 1996 (25); 冯丽萍、胡秀梅《零起点韩国学生阳平二字组声调格局研究》,《汉语学习》2005 年第 4 期。

[2] 本节所谓"语言类型效应"是指汉语作为第二语言学习者的母语类型——即声调语言的不同类型（平调与曲拱调语言）和非声调语言类型——对其汉语声调习得产生的影响。

语声调产出的调值[①]和调型。

（二）被试

阿拉伯语、约鲁巴语、泰语初级汉语水平学习者各12人，汉语母语者12人。所有学习者均为在华学习的外国留学生，年龄为19～27周岁，其中男性14人，女性22人，学习汉语时间为4～6个月。汉语母语者均为普通话水平测试一级乙等以上的在校大学生，男性和女性分别为6人。

所选取的三种语言中，阿拉伯语是一种非声调语言；约鲁巴语是一种平调语言，拥有3个平调：高平调、中平调、低平调；[②]泰语是一种曲拱调语言，拥有5个声调，即3个平调（高平调、中平调、低平调）、1个升调和1个降调。[③]

（三）实验材料

共选取24个汉语音节（bā、bá、bǎ、bà、dā、dá、dǎ、dà、mā、má、mǎ、mà、bī、bí、bǐ、bì、dī、dí、dǐ、dì、yī、yí、yǐ、yì）。每个声调6个音节，每个音节提供常用汉字作参考；音节的声母为塞音[b][d]、鼻音[m]和零声母，这样声母和韵母界限比较明显，在语图上可以比较容易地将韵母切分出来；韵母为单元音[a]（低元音）和[i]（高元音），目的是易于发音，以避免韵母发音错误而对声调产出产生干扰。测试时，所有24个音节随机排列。

---

① 为了便于数据分析，我们选取4个声调的起点、末点以及三声的中点的调值进行分析。

② Courtenay, K. Yoruba: A "Terraced-level" Language with Three Tonemes. *Studies in African Linguistics*, 1971(2).

③ Abramson, A. The Vowels and Tones of Standard Thai: Acoustical Measurements and Experiments. *American Anthropologist*, 1963(65).

（四）实验程序

1. 数据收集。首先让被试熟悉音节表，时间为 2 分钟，然后让被试按平时正常发音朗读音节表，要求每个音节之间停顿 3 秒，以避免前后音节之间的干扰。朗读通过录音笔（Olympus VN-960PC）进行录音。

2. 基频和时长归一化。利用 Praat 语音分析软件对录音材料进行注音，每个声调选取 11 个点，提取其基频和时长。调值采取 T 值计算法：$T=[(\lg x-\lg b)/(\lg a-\lg b)]\times 5$，其中，$x$ 为测量点频率，a 为调域上限频率，b 为调域下限频率。[①]

时长采取 $y'=x'/m$ 转换法，其中 x' 为原始声调的时长，m 为每个发音人 4 个声调时长的平均值。

在计算中进入公式的数值不是每个测量点上单个样本的测量值，而是在这个测量点上全组样本的平均值。

3. 调形测量。计算每位被试一声的线性拟合斜率和二、三、四声的拟合二次方程 $y''=b_1x''^2+b_2x''+c$ 中的系数 b_1。在二次方程 $y''=b_1x''^2+b_2x''+c$ 中，x'' 为归一后的时长，y'' 为归一后的调值，其中 b_1 值反映了声调曲线斜率，该绝对值越大表明曲线斜率越大，相反则表明曲线走势越平缓。[②] 结果显示，四个声调的拟合非常理想：一声的线性拟合调整后的 R^2 平均值为 0.947；二、三、四声的二次方程拟合调整后的 R^2 平均值为 0.984（见图2-3）。因此，一声的线性拟合斜率以及二、三、四声的拟合二次方程系数 b_1 可以比较准确地反映汉语声调的调形。

[①] 石锋《论五度值记调法》，《天津师范大学学报》（社会科学版）1990 年第 3 期。

[②] 朱晓农《上海声调实验录》，上海教育出版社 2005 年版。

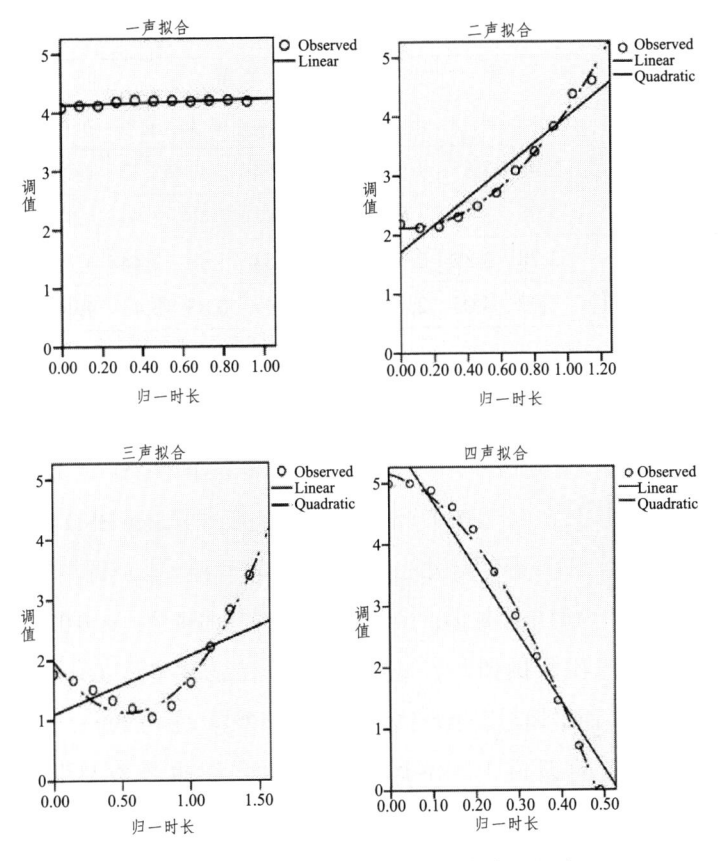

图 2-3 四个声调的线性和二次方程拟合

二 实验结果

我们分别对四个声调的调值和调形（一声的线性斜率和二、三、四声的二次方程系数 b_1 值）进行方差分析，结果如下：

表 2-14 不同语言类型被试产出汉语声调平均调值

	一声		二声		三声			四声	
	起点	末点	起点	末点	起点	中点	末点	起点	末点
阿拉伯语（非）	3.45	3.65	1.91	3.42	1.54	1.41	3.43	4.81	1.59
约鲁巴语（平）	4.08	3.93	1.89	3.66	1.41	1.48	3.46	4.82	1.80
泰语（曲）	3.78	3.82	2.39	3.93	1.53	1.44	3.44	4.79	0.58
汉语（参照组）	4.07	4.05	2.47	4.38	1.99	0.83	3.43	4.94	0.24

（一）一声

1. 调值

在起点的调值上，不同语言类型之间具有显著差异（$F_{(3, 44)}$=16.926，p=0.000）。事后多重比较（Trukey HSD 校正，下同）显示，三种语言类型之间均具有显著差异（非声调与平调：p=0.000；非声调与曲拱调：p=0.014；平调与曲拱调：p=0.024），而且非声调和曲拱调与汉语母语者具有显著差异（p=0.000，p=0.032），而平调与汉语母语者没有显著差异（p=0.999）。

在末点的调值上，不同语言类型之间也具有显著差异（$F_{(3, 44)}$=9.231，p=0.000）。事后多重比较显示，非声调与平调具有显著差异（p=0.006），非声调与曲拱调以及平调与曲拱调无显著差异（p=0.156，p=0.536），而且，同起点的调值一样，非声调和曲拱调与汉语母语者具有显著差异（p=0.000，p=0.027），而平调与汉语母语者没有显著差异（p=0.401）。

以上结果表明，学习者的母语类型对汉语一声的调值的产出具有明显的影响。平调语言类型的学习者汉语一声产出最好，曲拱调次之，而非声调最差（见图 2-4、2-5）。这在某种程度上反映了学习者母语声调范畴的影响：平调（约鲁巴语）和曲拱调（泰

第四节 第二语言学习者汉语声调习得的语言类型效应

语）语言都有高、中、低三个平调,在调值上存在高、中、低的音高范畴对立,因此汉语声调产出好于非声调语言(阿拉伯语)。换句话说,平调语言和曲拱调语言对汉语声调调值高低更加敏感。此外,平调语言类型的汉语学习者比曲拱调语言类型的汉语学习者对一声的调值特征更敏感,这可能是由于平调语言中仅有音高的对立范畴,所以对音高尤其敏感;而曲拱调语言类型的汉语学习者除了具有音高对立范畴外还有升降的调形对立范畴,因而对音高对立特征的敏感性相对较低。

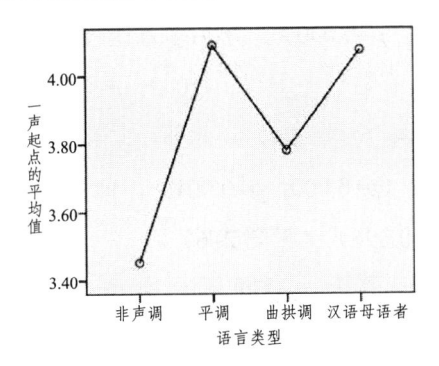

图 2-4 一声起点平均调值

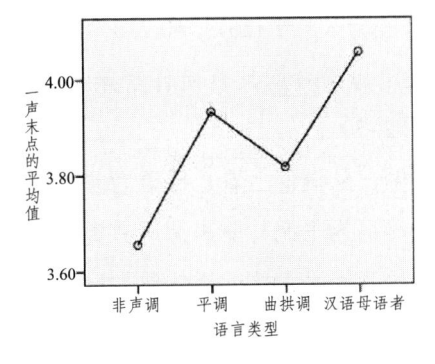

图 2-5 一声末点平均调值

2. 调形

方差分析表明，三种语言类型学习者以及汉语母语者四者之间均无显著差异（$F_{(3, 44)}=1.026$，$p=0.321$）。这说明一声的调形属于静态调，没有调形变化，比较容易加工，不同母语类型学习者均能较好地进行产出。

（二）二声

1. 调值

在起点的调值上，不同语言类型之间具有显著差异（$F_{(3, 44)}=13.29$，$p=0.000$）。事后多重比较显示，曲拱调分别与非声调和平调具有显著差异（$p=0.042$，$p=0.031$），而非声调与平调没有显著差异（$p=0.999$），此外，非声调和平调与汉语母语者具有显著差异（$p=0.000$，$p=0.001$），曲拱调与汉语母语者没有显著差异（$p=0.096$）（见图2-6）。

在末点的调值上，不同语言类型之间具有显著差异（$F_{(3, 44)}=17.71$，$p=0.000$）。事后多重比较显示，非声调与曲拱调具有显著差异（$p=0.001$），而非声调与平调，以及平调与曲拱调没有显著差异（$p=0.326$，$p=0.215$），另外，非声调、平调和曲拱调与汉语母语者均具有显著差异（$p=0.000$，$p=0.001$，$p=0.012$）（见图2-7）。

上述结果表明，从调值上看，母语为曲拱调语言类型的学习者二声产出好于母语为平调与非声调语言类型的学习者，在起点调值上已接近母语者水平。这同样体现了母语声调范畴的影响：泰语属于曲拱调语言，因而对音高变化比较敏感；而平调语言的平调缺少音高变化，因此和非声调语言一样，对变化的音高缺乏敏感性，对其汉语声调的产出产生了直接的影响。

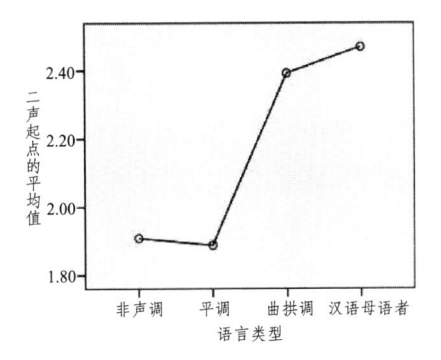

第四节 第二语言学习者汉语声调习得的语言类型效应

图 2-6 二声起点平均调值

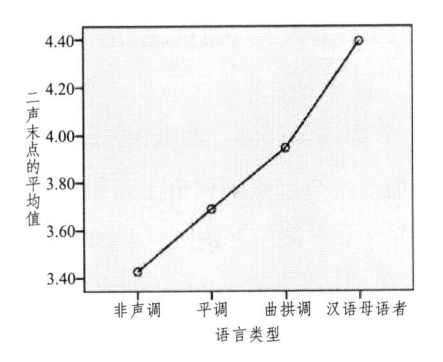

图 2-7 二声末点平均调值

2. 调形

方差分析表明，三种语言类型学习者与汉语母语者之间在产出的汉语声调调形上差异显著（$F_{(3, 44)}=7.325$，$p=0.014$）。事后多重比较显示，曲拱调分别与平调和非声调具有显著差异（$p=0.001$，$p=0.008$），而平调与非声调没有显著差异（$p=0.443$）；此外，非声调和平调与汉语母语者具有显著差异（$p=0.006$，$p=0.025$），而曲拱调与汉语母语者没有显著差异（$p=0.471$）。

从上述分析可以看出两个显著的语言类型效应：一，尽管约鲁巴语属于声调语言，但由于平调缺少调形变化，因此平调与非声调语言类型的汉语学习者在二声的产出上对调形变化都不敏感，并对其汉语二声声调的产出产生了直接影响；二，尽管泰语声调系统与汉语声调系统有很大差别，但因为同是曲拱调语言，两个声调系统都具有调形变化，因而泰语学习者在汉语二声产出上与汉语母语者相似，而与前两种语言类型的学习者明显不同。

（三）三声

1. 调值

在起点的调值上，三种语言类型相互之间均无显著差异（非声调与平调：$p=0.679$；非声调与曲拱调：$p=0.999$；平调与曲拱调：$p=0.698$），而且三种语言类型与汉语母语者均具有显著差异（非声调：$p=0.003$；平调：$p=0.000$；曲拱调：$p=0.003$）。

在中点的调值上，与起点的调值上相似，三种语言类型相互之间也无显著差异（非声调与平调：$p=0.880$；非声调与曲拱调：$p=0.982$；平调与曲拱调：$p=0.983$），而且三种语言类型与汉语母语者均具有显著差异（全部：$p=0.000$）。

在末点的调值上，方差分析表明，三种语言类型以及与汉语母语者四者相互之间均无显著差异（$F_{(3, 44)}=1.973$，$p=0.132$）。

上述方差分析的结果表明，三种语言类型汉语学习者在三声产出的调值表现上比较一致，但在起点和中点的调值上与汉语母语者却存在明显的差异（见图 2-8、2-9、2-10）。三种语言类型的汉语学习者在三声调值的产出上之所以表现一致，是由于三种语言类型中均缺乏汉语三声这样的降升调范畴，尽管泰语声调系统具有升调和降调的独立范畴，但与连续的降升调有巨大差别。所以，对于三种语言类型的汉语学习者来说，汉语三声的习得是新范畴的习得，因而不能采取母语的同化策略。

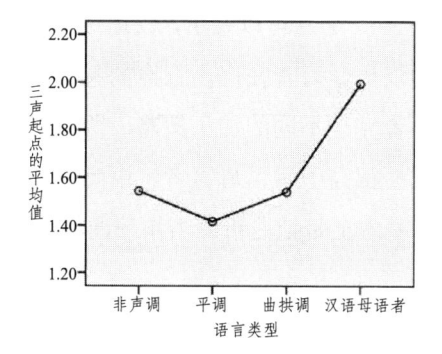

第四节　第二语言学习者汉语声调习得的语言类型效应　　101

图 2-8　三声起点平均调值

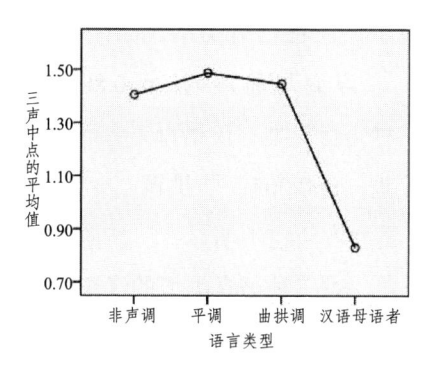

图 2-9　三声中点平均调值

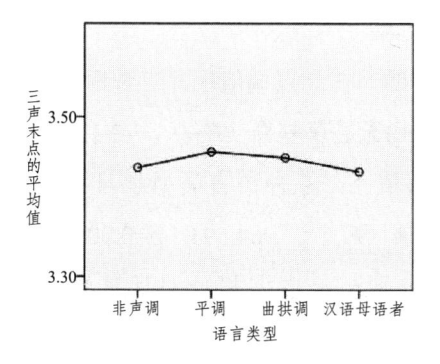

图 2-10　三声末点平均调值

此外，从图 2-8、2-9 可以看出，汉语三声作为一种新范畴，三种语言类型的汉语学习者在产出三声的起点和中点时，几乎采取了与汉语母语者完全不同的加工策略，即起点都低于汉语母语者，中点（拐点）都高于汉语母语者。由此可以推断，这三类语言类型的学习者基本上是把曲折调当作升调来加工的。

2. 调形

方差分析表明，三种语言类型的汉语学习者以及汉语母语者四者之间在调形上差异显著（$F_{(3, 44)}$=5.455，p=0.023）。事后多重比较显示，三种语言类型之间差异不显著（非声调与平调：p=0.780；非声调与曲拱调：p=0.882；平调与曲拱调：p=0.673），而三种语言类型与汉语母语者均具有显著差异（非声调：p=0.007；平调：p=0.003；曲拱调：p=0.036）。也就是说，在调形上，语言类型效应也不明显；三声的调形特征的习得同调值特征的习得一样，对三种语言类型的汉语学习者而言，是新范畴的习得过程。

（四）四声

1. 调值

方差分析表明，在起点调值上，三种语言类型以及汉语母语者四者相互之间均无显著差异（$F_{(3, 44)}$=2.116，p=0.112）。

在末点的调值上，三种语言类型学习者以及汉语母语者四者之间差异显著（$F_{(3, 44)}$=64.593，p=0.001）。事后多重比较显示，曲拱调分别与非声调和平调具有显著差异（p=0.001，p=0.000），而非声调与平调没有显著差异（p=0.155）；此外，非声调和平调与汉语母语者具有显著差异（p=0.028，p=0.000），而曲拱调与汉语母语者没有显著差异（p=0.114）。

第四节　第二语言学习者汉语声调习得的语言类型效应

上述方差分析结果表明，语言类型对汉语学习者四声产出的起点调值未产生显著影响，说明四声高起点的特征比较明显，学习者比较容易掌握（见图2-11）。而在末点的调值上可以明显地看出不同语言类型的影响，即曲拱调好于平调和非声调，而且接近汉语母语者水平；而母语为非声调和平调语言类型的汉语学习者四声产出的末点调值明显高于母语为曲拱调的学习者和汉语母语者的四声末点调值（见图2-12）。

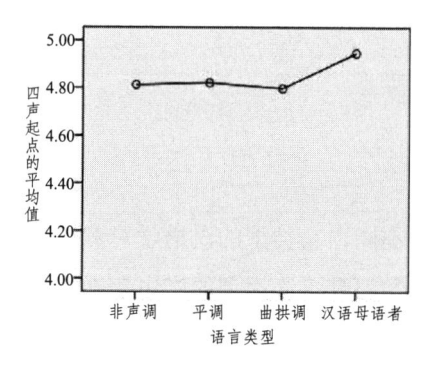

图 2-11　四声起点平均调值

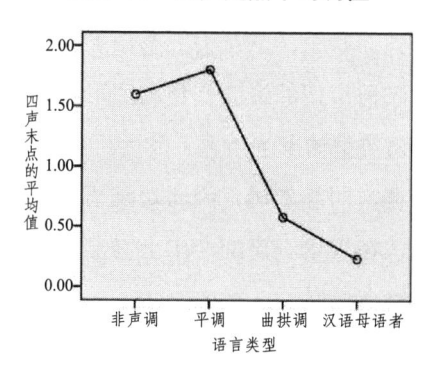

图 2-12　四声末点平均调值

2. 调形

方差分析表明，三种语言类型学习者以及汉语母语者四者在调形上差异显著（$F_{(3,44)}$=8.312，p=0.027）。事后多重比较显示，曲拱调分别与平调和非声调具有显著差异（p=0.000，p=0.013），而平调与非声调没有显著差异（p=0.653）；此外，非声调和平调与汉语母语者具有显著差异（p=0.026，p=0.015），而曲拱调与汉语母语者没有显著差异（p=0.317）。也就是说，在四声的调形上，母语为曲拱调的汉语学习者对汉语四声调形的习得显著好于母语为平调和非声调语言类型的汉语学习者。

三 讨论

从上述三种不同语言类型的汉语学习者汉语声调产出的分析可以看出，这些学习者汉语声调的产出存在非常明显的语言类型效应。这一效应主要表现在三个方面：

其一，母语背景为非声调和平调语言类型的汉语学习者，除汉语声调的阴平外，对阳、上、去三个调类的产出采取了类似的加工策略，即对汉语声调的音高变化和调形变化不敏感。这显然是受到学习者母语类型的影响所致。虽然约鲁巴语是有声调语言，但其声调都是平调，即静态调，因而对汉语声调的音高变化和调形变化也不敏感，在汉语三声的产出上与非声调语言类型的汉语学习者的表现自然会相似。

其二，泰语的声调属于曲拱调，因此泰国汉语学习者在汉语声调产出上大体与汉语母语者相似，而与母语为非声调和平调语言类型学习者的汉语声调产出模式不同。这依然是由于不同语言类型对汉语声调产出的影响使然。

其三，三种母语类型的汉语学习者在产出汉语三声的调值和调形上均无显著差异，证实了知觉同化模型理论中所指的 UA 型（Uncategorized Assimilation），即学习者无法将目的语中特定音位范畴与母语中的任何音位范畴进行类比，因此母语语音范畴难以对这类新范畴的建立产生任何影响，这些特定音位的习得主要依赖新范畴的建立。根据浮现主义理论，新范畴的浮现是一个从无到有、从小到大、由简入繁、在足够量的输入下逐步浮现的，[①] 所以对于汉语三声，无论是声调语言（泰语和约鲁巴语），还是非声调语言（阿拉伯语），由于学习者在初级阶段尚未建立该类范畴，所以必须依靠足够的语言输入，建立三声的声调范畴。因此，汉语三声的产出机制与其他声调的产出机制有所不同。

本实验验证了第二语言学习者在汉语声调产出上的母语语言类型效应：在调值上，曲拱调和平调语言类型学习者比非声调语言类型学习者敏感，而在调形上，曲拱调语言类型学习者比平调和非声调语言类型学习者敏感。这种效应反映了学习者声调产出的母语加工策略：在调值上，曲拱调和平调类型学习者采用母语声调系统中的音高加工策略，而非声调语言缺乏音高对立范畴，依赖于逐渐发展的目的语语音范畴，因此在调值的加工策略上与前两者有所差异；在调形上，曲拱调语言学习者采取母语调形加工策略，与平调和非声调语言类型学习者具有明显差异。

---

① MacWhinney, B. Second Language Acquisition and the Competition Model. Krollj, D. *Tutorials in Bilingualism*. Lawrence Erlbaum, 1997; Larsen-Freemand, E. N. Language emergence: Implication for Applied Linguistic—Introduction to the Special Issue. *Applied Linguistics*, 2006 (27).

另外，学习者的汉语声调加工策略在习得的不同阶段具有显著差异，是一个从母语声调加工策略发展到基于汉语声调范畴加工策略的过程。学习者在汉语水平初级阶段主要依赖其母语语音加工策略；然而到了汉语水平高级阶段，不同语言类型学习者的汉语声调产出无论在调值上还是在调形上均无显著差异，也就是说学习者已经建立了汉语的声调范畴，在加工策略上已经能够利用汉语声调的加工策略。

四 结语

根据学习者母语语言类型对汉语声调产出产生的不同影响以及学习者汉语声调产出策略的发展变化，我们建议在对外汉语声调的教学中应关注学习者的母语语言类型，针对不同的语言类型在教学上采取不同的侧重点：对非声调语言类型的学习者，可分别进行调值和调形的训练，培养这两种声调加工线索的敏感性；对平调语言类型的学习者，可侧重调形意识的训练；而对曲拱调语言类型的学习者，则可侧重差异声调的教学，以取得事半功倍的效果。

在学习的起始阶段，教师可以鼓励学生使用母语系统中与汉语相似的语音特征和范畴来培养和增强汉语声调意识，但同时必须强调相似之中的差异，帮助学生快速而准确地建立起汉语语音范畴。

第五节　英语背景汉语学习者汉语语调产出策略研究[①]

一　引言

有研究表明,母语为非声调语言的汉语学习者,其汉语声调产出往往直接套用母语的语调模式。最早关注这一现象的学者是赵元任先生。他发现,"比方外国人学了中国话,他学了'买'升,'卖'降,可是他平常习惯了肯定的调是往下,'这个东西我要买'的'买'就变成了'卖'了,同样,问话他要往上升,所以他要说'这个东西我要买,你卖不卖?'就说得像'这个东西我要卖,你买不买?'了,这就是因为语调把字调给盖掉了……"。[②]这是赵元任先生对母语为非声调语言的汉语学习者用英语语调代替汉语声调产出,或曰,语调迁移现象的描述,目的是为了说明汉语语调和声调的关系,并提出了"代数和""小波浪跟大波浪"的理论假设。[③]这一理论假设的提出,引起国内语音学界的诸多讨论和争论。[④]

---

　　①　本节作者：王建勤、胡伟杰、张葛杨,原载《华文教学与研究》2016年第4期。
　　②　赵元任《语言问题》,商务印书馆1999年版。
　　③　赵元任《中国言语字调的实验研究法》,《科学》1922年第7卷;赵元任《汉语的字调跟语调》,吴宗济、赵新那《赵元任语言学论文集》,商务印书馆2002年版。
　　④　沈炯《北京话的声调音域和语调》,林焘、王理嘉《北京语音实验录》北京大学出版社1985年版;胡明扬《北京话初探》,商务印书馆1987年版;吴宗济《赵元任先生在汉语声调研究上的贡献》,《清华大学学报》(哲学社会科学版)1996年第3期;曹剑芬《汉语声调与语调的关系》,《中国语文》2002年第3期。

然而，这些争论主要关注的是汉语语调和声调的关系，而很少有研究进一步探讨赵先生提及的汉语学习者用母语语调代替汉语声调这一跨语言迁移的问题。直到近十几年来，第二语言教学与习得研究领域的学者才开始关注这一问题。桂明超在英语语调和汉语声调比较的基础上，收集和分析了美国学生汉语语调产出的偏误，以说明英语语调对美国学生汉语声调产出的影响。[①]但这一结论还缺少实验语音学的证据。李晓朋的研究为英语背景的汉语学习者语调迁移提供了实验语音学的证据。[②]具体表现是，在陈述句和疑问句中，"英语母语者的句子音高走势明显低于汉语母语者"，并"通过抬高句末音节的后半段的音高走势来凸显疑问句语气"。李晓朋的实验结果为英语背景的汉语学习者语调迁移提供了重要的证据。此外，谯蓉也采用实验语音学方法，对汉语母语者和母语为日语的汉语学习者在三种语境下（疑问、陈述、单字）汉语单字句语调产出的结果进行了比较和分析。[③]她发现，汉语母语者在产出单字句语调时，疑问语调对声调的影响主要是通过整体抬高音阶和增加斜率两种方式对声调进行再调节。但是日本人似乎不会通过整体抬高声调音阶的方式来实现阴平调单音节疑问句，他们在发音的时候，往往通过较大的斜率表现疑问语气。谯蓉的研究发现了母语为日语的汉语学习者单字句语调的产出与汉语母语者不同，但并没有说明日语背景的汉语

---

① 桂明超、杨吉春《美国英语语调对美国学生学习汉语普通话声调的干扰》，《世界汉语教学》2000 年第 1 期。
② 李晓朋《母语为英语的留学生汉语二语语调偏误研究》，南京师范大学 2012 年硕士学位论文。
③ 谯蓉《汉语单音节句语调比较研究》，北京语言大学 2007 年硕士学位论文。

第五节 英语背景汉语学习者汉语语调产出策略研究

学习者用较大的斜率表现疑问语气是否是受到日语语调的影响所致。最近,林茂灿对汉语和英语语调声学表现的异同直接进行对比,以此证明汉语学习者语调迁移在边界调上的表现是源于英语语调和重音的影响,并在此基础上提出了面向汉语学习者的语调教学策略。[①] 但该研究并没有对英语背景的汉语学习者汉语语调产出的声学表现进行描写,因而没有提供英语背景的汉语学习者汉语语调产出受到英语语调影响的直接证据。

　　从上述研究可以看出,虽然这些研究方法各异,但其研究结论反映了一个共同的假设,即语调迁移是母语为非声调语言的汉语学习者疑问和陈述语气表达"洋腔洋调"的重要原因。问题是,母语为非声调语言的汉语学习者汉语声调和语调的习得是一个动态的过程,那么,语调迁移这一假设是否能够完全解释学习者汉语语调产出的全过程?此外,无论是共时的对比分析还是学习者汉语语调偏误的声学特征分析,大都忽略了支撑汉语学习者语调习得的认知加工过程的分析,因而不能够揭示学习者汉语声调习得的阶段性特征以及在不同阶段采取的认知加工策略。其结论难免会以偏概全。

　　为此,本研究试图通过行为实验研究,探讨母语为英语的汉语学习者在不同语境下句末单字调的产出过程和阶段性特征,以及学习者在语调产出的不同阶段采取的认知加工策略,并在此基础上进一步探讨支撑学习者语调产出策略的心理语言学基础,从而为汉语语调教学提供可靠的实验依据。

---

　　① 林茂灿《汉英语调的异同和对外汉语语调教学——避免"洋腔洋调"之我见》,《国际汉语教学研究》2015年第3期。

二 汉语句末单字调的产出实验

为了考察英语背景的汉语学习者英语语调对汉语句末单字调产出的影响,本实验选取三种语调语境(汉语单字调、陈述语调、疑问语调)探讨学习者是如何将母语语调模式迁移到汉语句末单字调产出模式中的。此外,本实验选择初、中级汉语水平的学习者与汉语母语者为被试,通过三者之间句末单字调产出结果的比较,探索汉语语调习得的过程和阶段性,以及学习者在不同阶段语调产出的认知策略。

(一)实验方法

1. 实验设计

本实验采用3×3两因素混合实验设计。因素一为汉语单音节词出现的三种语境,为被试内变量,包括三个水平,即汉语单字调、陈述语调和疑问语调;因素二为被试的汉语水平,为被试间变量,分为初级汉语学习者、中级汉语学习者和汉语母语者(参照组)三个水平。

因变量为汉语单字调、陈述句和疑问句句末单字调的斜率和起点音高。单字调的斜率以二次方程系数 b1 值为测量指标。[①]

2. 被试

被试包括英语母语背景的汉语学习者20名和汉语母语者10名,前者为北京语言大学的留学生,年龄19~26周岁(男生8人,女生12人),其中初级水平学习者10人,在华学习汉语3~4个月,

---

[①] 本实验采用二次函数方程 $y=b1x^2+b2x+c$ 拟合四个声调,y 值为归一化后的调值,x 值为归一化后的时长,二次项系数 b1 描述的是声调调形斜率。参见朱晓农《上海声调实验录》,上海教育出版社 2005 年版。

中级水平学习者10人,在华学习汉语18～20个月;后者为北京语言大学中国大学生,年龄19～21周岁(男生4人,女生6人),普通话水平均为二级甲等以上。

3. 实验材料

实验材料为40个汉语单音节词,选自汉语教材《成功之路》(初级汉语),其中阴平、阳平、上声、去声的单音节词各10个。(见附录)这些单音节词分别在三种语境中呈现,即单字调、疑问语调和陈述语调。疑问语调通过负载句"这是＿＿＿?"呈现,陈述语调以负载句"这是＿＿＿。"呈现。见表2-15。

表2-15　句末单音节词出现的语境与呈现方式

语境	呈现方式
无语调语境	书
疑问语调语境	这是书?
陈述语调语境	这是书。

4. 实验程序

实验前,要求被试逐一读出实验字表中的汉字,并解释这些汉字的意义,以确定被试已经掌握了这些汉字的正确读音,并理解这些汉字的意义。

为避免语调语境对无语调语境的影响,本实验分为两个阶段,首先进行无语境测试,即要求被试分别产出40个单字调,这些单音节词用E-prime 2.0随机呈现,每个单字调呈现一次。被试的单字调发音通过Praat录音采集。然后,疑问语调和陈述语调的单字调产出要求被试通过负载句自然发音。疑问语调和陈述语调句末单字调各40个,用E-prime 2.0随机呈现,并用Praat录音采集。

此外,通过Praat对被试产出单字调的音高和时长进行归一化。

调值采用 T 值计算法：T=［(lg x-lg b) / (lg a-lg b)］×5；其中，x 为测量点频率，a 为调域上限的频率，b 为调域下限的频率。[①] 时长采用 y=x/m 转换法；其中，x 为声调的初始时长，m 为被试产出的四个声调时长的平均值。[②]

（二）实验结果

本研究分别对被试产出的四个声调的调形曲线进行二次方程拟合，并将二次方程系数 b1 值，即调形的斜率和声调起点音高进行方差分析，以考察被试句末单字调的加工策略。实验结果如下：

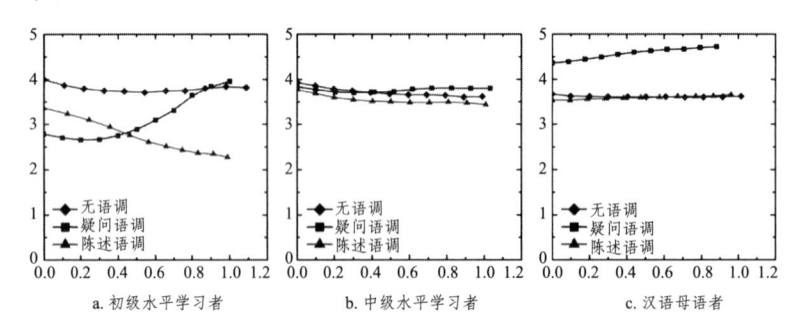

a. 初级水平学习者　　b. 中级水平学习者　　c. 汉语母语者

图 2-13　三组被试在三种语境下句末单字调阴平的产出

1. 三种语境下句末单字调阴平的产出

阴平调形斜率（b_1 值）的方差分析结果显示，语调语境主效应显著（$F_{(2, 54)}$=23.452，$p < 0.001$），语言水平主效应显著（$F_{(2, 27)}$=11.985，$p < 0.05$），语言水平和语调语境的交互作用显著（$F_{(4, 54)}$=45.468，$p < 0.05$）。这说明，三组被试汉语句末单字调的产出不仅存在语境效应，而且不同汉语水平的被试产出

---

① 石锋《论五度值记调法》，《天津师范大学学报》（社会科学版）1990 年第 3 期。
② 朱晓农《上海声调实验录》，上海教育出版社 2005 年版。

单字调的调形也存在显著差异。

简单效应检验[①]结果表明,初级汉语水平学习者阴平调形的斜率,在三种语境下均具有显著差异($p < 0.001$,$p < 0.001$,$p < 0.001$)。中级汉语水平学习者阴平调形的斜率,在三种语境下均无显著差异($p > 0.05$,$p > 0.05$,$p > 0.05$);汉语母语者阴平调形的斜率,在三种语调语境下也均无显著差异($p > 0.05$,$p > 0.05$,$p > 0.05$)。从图 2-13a 可以看出,初级学习者在无语境条件下产出的单字调调形未发生变化,近似汉语的高平调。在疑问语调中,句末单字调的调形是一个升调,而陈述语调句末单字调则是一个降调,即调形发生了显著的变化。在图 2-13b 中,中级学习者在三种语境产出的单字调的调形无显著差异,换句话说,中级学习者句末单字调的产出并没有改变阴平本调的调形。在图 2-13c 中,汉语母语者在三种语境下句末单字调的调形未改变,但疑问语调的调阶却明显提高。

此外,起点调值的方差分析结果显示,语调语境主效应显著($F_{(2, 54)}$=77.572,$p < 0.05$),语言水平主效应不显著($F_{(2, 27)}$=33.543,$p > 0.05$),语言水平和语调语境的交互作用显著($F_{(4, 54)}$=24.978,$p < 0.05$)。简单效应检验表明,初级汉语水平学习者声调产出的起点调值,在三种语境下均具有显著差异($p < 0.001$,$p < 0.001$,$p < 0.001$);中级学习者均无差异($p > 0.05$,$p > 0.05$,$p > 0.05$);汉语母语者声调产出的起点调值,在疑问语调语境下分别与无语调和陈述语调语境下具有显著差异($p < 0.001$,$p < 0.001$),而在无语调和陈述语调

[①] 本实验方差分析的简单效应检验均采用 Sidak 校正,下同。

语境下没有显著差异（$p > 0.05$）。这一结果说明，初级学习者起点调值的变化与其调形（斜率）的改变相关，而母语者疑问语境与其他两种语境的差异恰好证实了汉语母语者通过提高调阶来表达疑问语气的产出策略。

上述分析表明，初级学习者句末单字调的产出受到其母语语调的影响，但中级学习者却没有受到母语语调的影响。和汉语母语者相比，初级学习者通过改变调形表达陈述和疑问语气，而汉语母语者则通过提高音阶表达疑问语气，但并不改变调形，尽管疑问句单字调末点的斜率有所变化。

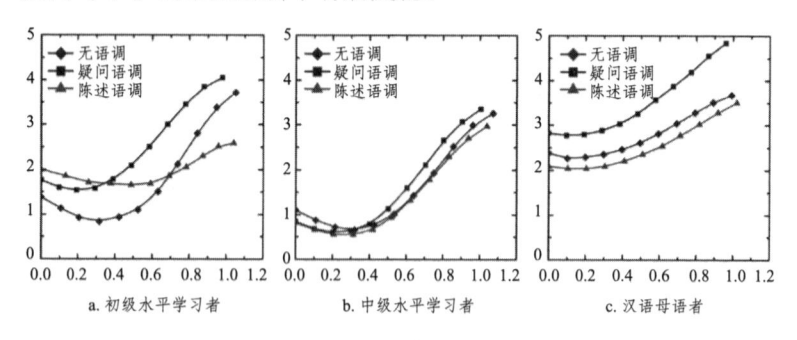

图 2-14　三组被试在三种语境下句末单字调阳平的产出

2. 句末单字调阳平的产出

阳平调形斜率的方差分析结果显示，语调语境主效应不显著（$F_{(2, 54)} = 2.854$, $p > 0.05$），语言水平主效应显著（$F_{(2, 27)} = 4.255$, $p < 0.05$），语言水平和语调语境的交互作用显著（$F_{(4, 54)} = 3.878$, $p < 0.01$）。简单效应检验表明，初级汉语水平学习者阳平调形斜率，在三种语境下均具有显著差异（$p < 0.001$, $p < 0.01$, $p < 0.001$）；但中级汉语水平学习者、汉语母语者阳平产出的斜率在三种语境下均无显著差异（$p > 0.05$,

$p > 0.05$，$p > 0.05$）。这一结果说明，在三种语境下，初级学习者阳平的产出仍然是通过改变调形的斜率表达疑问和陈述语气，具体表现为，疑问句语调的起点和末点均高于单字调，最明显的是陈述句语调起点音高高于单字调，而末点音高明显低于单字调。见图 2-14a。而中级学习者疑问和陈述句句末阳平产出的斜率与阳平的本调的斜率是一致的，也就是说，中级学习者并没有改变疑问和陈述句句末阳平单字调的调形，这恰恰表明，尽管中级水平学习者没有改变阳平的调型，但却无法有效区分不同语调，听起来仍然是洋腔洋调。见图 2-14b。

阳平起点调值的方差分析结果显示，语调语境主效应不显著（$F_{(2, 54)}=2.417$，$p > 0.05$），语言水平主效应显著（$F_{(2, 27)}=43.936$，$p < 0.01$），语言水平和语调语境的交互作用显著（$F_{(4, 54)}=13.867$，$p < 0.01$）。简单效应检验表明，初级汉语水平学习者句末阳平单字调的起点调值，在无语调语境下分别与在疑问语调语境和陈述语调语境下具有显著差异（$p < 0.001$，$p < 0.001$），这种差异与疑问和陈述语调语境下调形的变化有关，即学习者受英语语调的影响，陈述句句末阳平单字调用降调，就需要提高起点的调高。疑问句句末单字调用升调，就得降低起点的调高。（见图 2-14a）而中级汉语水平学习者单字调的起点调值，在三种语境下均无显著差异（$p > 0.05$，$p > 0.05$，$p > 0.05$），说明中级学习者三种语境下单字调没有受到英语语调的影响。但是，汉语母语者在三种语境下阳平单字调的起点调值，均有显著差异（$p < 0.01$，$p < 0.01$，$p < 0.001$）。这一结果和初、中级学习者均不相同，因为母语者阳平产出的起点调值的变化与调形的变化无关，而与调阶的变化相关。

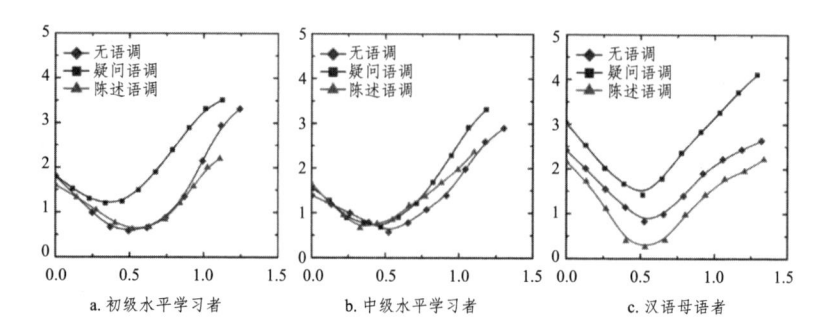

图 2-15　三组被试在三种语境下单字调上声的产出

3. 句末单字调上声的产出

句末上声单字调调形斜率的方差分析结果显示，语调语境主效应不显著（$F_{(2, 54)}$=4.800，$p > 0.05$），语言水平主效应不显著（$F_{(2, 27)}$=0.663，$p > 0.05$），语言水平和语调语境的交互作用也不显著（$F_{(4, 54)}$=1.219，$p > 0.05$）。这一结果说明，从调形来看，不管是汉语母语者还是英语背景的汉语学习者，在三种语调语境下产出的上声调形的斜率没有显著差别，均为曲折调。

但是，上声单字调起点调值的方差分析结果显示，语调语境主效应显著（$F_{(2, 54)}$=23.621，$p < 0.05$），语言水平主效应显著（$F_{(2, 27)}$=11.547，$p < 0.01$），语言水平和语调语境的交互作用显著（$F_{(4, 54)}$=45.236，$p < 0.01$）。进一步简单效应检验显示，初级和中级水平汉语学习者上声产出的起点调值，在三种语境下均无显著差异，临界值均大于 0.05。然而，汉语母语者上声的起点调值，在疑问语调下分别与在无语调和陈述语调下具有显著差异（$p < 0.001$，$p < 0.001$），在无语调与陈述语调下没有显著差异（$p > 0.05$）。可见，汉语学习者与汉语母语者句末单字调上声的调值变化是有差别的。也就是说，尽管初级学习者上声起

第五节　英语背景汉语学习者汉语语调产出策略研究

点调值在三种语境中没有变化,但疑问句的拐点和末点调值明显提高,依然可以看到英语语调的影响。(见图 2-15a)而汉语母语者疑问句句末单字调起点调值与无语调和陈述语调的差异,则恰好说明汉语母语者依然是通过提高单字调的调阶表达疑问语气。(见图 2-15c)

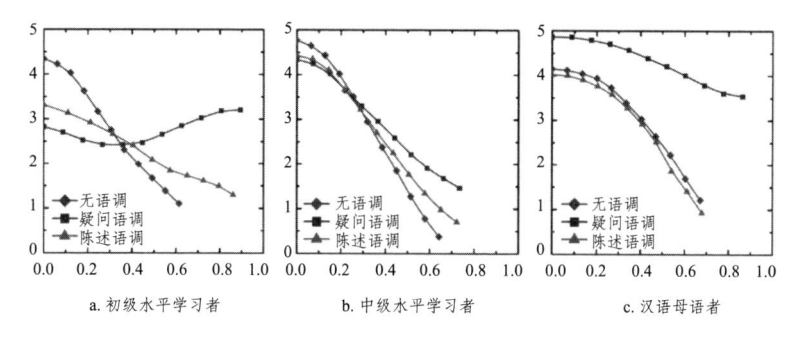

a. 初级水平学习者　　b. 中级水平学习者　　c. 汉语母语者

图 2-16　三种语境下句末单字调去声的产出

4. 句末单字调去声的产出

句末单字调去声调形斜率的方差分析结果显示,语调语境主效应不显著($F_{(2, 54)}$=5.264,$p < 0.05$),语言水平主效应显著($F_{(2, 27)}$=14.566,$p < 0.001$),语言水平和语调语境的交互作用显著($F_{(4, 54)}$=5.008,$p < 0.05$)。进一步简单效应检验表明,初级学习者去声调形的斜率,在三种语境下均具有显著差异($p < 0.001$,$p < 0.01$,$p < 0.001$);中级学习者和汉语母语者去声调形斜率,在三种语境下均无显著差异($p > 0.05$)。从这一结果可以看出,三组被试去声的产出策略各有不同,尽管中级学习者和汉语母语者去声单字调的斜率没有显著差异。图 2-16a 显示,初级学习者受母语语调影响非常明显,疑问句句末单字调是升调,陈述句句末单字调是降调;在图 2-16b 中,中级学习者虽未改变去声的调形,三种语境下都是降调,但语调的调阶变化不明显,听起来好像是一个调。而汉语母语者采取的是整体提高调阶的方式来表达疑问语气。这一点,去声的起点调值的统计分析结果可以互为印证。

起点调值的方差分析结果显示,语调语境主效应不显著($F_{(2, 54)}$=5.332, $p > 0.05$),语言水平主效应显著($F_{(2, 27)}$=88.223, $p < 0.01$),语言水平和语调语境的交互作用显著($F_{(4, 54)}$=67.867, $p < 0.01$)。简单效应检验结果表明,初级汉语水平学习者去声起点调值在无语调语境下分别与在疑问语调语境和陈述语调语境下具有显著差异($p < 0.001$, $p < 0.001$),疑问语调语境下和陈述语调语境下没有显著差异($p > 0.05$);中级汉语水平学习者声调产出的起点调值,在三种语境下均无显著差异($p > 0.05$, $p > 0.05$, $p > 0.05$);然而,汉语母语者声调产出的起点调值,在疑问语调下分别与在无语调和陈述语调下具有显著差异($p < 0.001$, $p < 0.001$)。这进一步证实三组被试去声的产出策略是完全不同的。

(三)讨论

上述分析表明,英语背景的汉语学习者习得汉语语调的过程是一个动态的过程。这一过程是由不同的发展阶段构成的,在不同发展阶段,学习者汉语语调的产出策略也不同。

首先,英语背景的汉语学习者汉语语调产出经历了三个不同的发展阶段,即英语语调迁移阶段,汉语声调调型参照阶段和句末单字调调阶调节阶段。在语调迁移阶段,初级汉语水平的学习者句末单字调的产出,无论阴、阳、上、去,都受到英语语调的影响,即学习者通过改变单字调的调形来表达疑问和陈述语气。

虽然疑问和陈述句句末上声的调形变化并不明显，但与汉语母语者相比，学习者不是整体提高上声的调阶而是改变拐点后的调高来表达疑问语气。也就是说，初级学习者在疑问语境下上声的产出依然受到英语语调的影响，只是不那么明显而已。

其次，英语语调迁移的假设并不能解释学习者汉语语调产出的全过程。虽然我们的研究也证实了语调迁移的假设，即赵元任先生所说的用英语语调代替汉语声调的现象。但是，我们的研究发现，语调迁移主要发生在初级阶段。在中级阶段，即汉语声调调型参照阶段，汉语学习者语调的产出基本上摆脱了英语语调的影响。声学分析表明，无论是疑问句还是陈述句句末单字调，中级汉语学习者都是按照阴、阳、上、去四声本调的调型发音。显然，中级汉语学习者与初级汉语学习者语调的产出策略是不同的，是语调迁移假设无法解释的。但这个阶段的问题是，中级汉语学习者虽然声调的调型发得很准，但是却不能有效地利用汉语的语调区分疑问和陈述语气，听起来依然是洋腔洋调。

再次，虽然本研究没有选择高水平汉语学习者作为被试，但是，我们假定高水平学习者汉语语调的产出近似于汉语母语者，那么，在第三个阶段，即"调阶调节"阶段，高水平汉语学习者就会像汉语母语者一样采取调阶调节的认知策略，即通过提高或降低句末单字调的调阶来表达疑问和陈述语气。具体而言，"疑问边界调相对于声调的音阶高，陈述边界调相对于声调的音阶低。"[1]本研究所说的疑问和陈述句句末单字调，就是所谓边界调。

---

[1] 林茂灿《汉英语调的异同和对外汉语语调教学——避免"洋腔洋调"之我见》，《国际汉语教学研究》2015年第3期。

边界调，按照赵元任先生的说法，包含两个东西，即"小波浪跟大波浪"，"大波浪"，即疑问和陈述边界调将"小波浪"的调阶分别提高或降低来表达疑问和陈述语气，但"小波浪"的调型并不改变。然而，初级汉语学习者将汉语疑问和陈述边界调变成了一个东西，直接用英语的语调代替汉语的语调。这是母语为非声调语言的汉语学习者汉语语调产出的主要症结所在。

三 结论

通过上述分析和讨论，本研究的基本结论是：

第一，英语背景的汉语学习者汉语语调的习得是一个动态过程，这一过程表现为三个不同的发展阶段，即语调迁移阶段、声调调型参照阶段和语调调阶调节阶段。如果局限于共时和静态的研究，其结论难免以偏概全。本研究的结果表明，语调迁移假设不能解释学习者语调习得的全过程。

第二，学习者汉语语调习得经历的三个阶段，揭示了学习者汉语语调产出的三个认知策略，即"语调调节""声调调节"和"调阶调节"。所谓"语调调节"，是指学习者在初级阶段以英语语调为参照调节汉语句末单字调的产出，策略是改变单字调的调形；"声调调节"是中级阶段的汉语学习者根据汉语声调本调调节语调的产出，语调产出策略是调型参照；"调阶调节"是汉语母语者通过调节汉语句末单字调调阶的高低产出语调的策略。汉语学习者若掌握正确的汉语语调，必须通过调节调阶的高低来表达疑问和陈述语气。

第三，母语为非声调语言的汉语学习者语调迁移现象在初级阶段具有一定的普遍性。这种语调迁移现象是建立在"语际识别"（interlingual identification）的基础之上的。因为英语的语调和汉语的声调有一个共同特点，即都是音高的变化。不同在于语调是句子层面的音高变化，而声调是音节层面的音高变化。这种不同语言、不同层面音高变化的相似性为语调调节策略提供了语际识别和迁移的心理语言学基础。

第四，学习者汉语语调产出策略受"言语加工策略"（constraints of the speech processing strategy）的制约，即汉语语调的"二次调节"策略。[①] 英语语调迁移主要表现在初级阶段，随着学习者汉语水平的提高，语调调节的策略不再适用，中级阶段采取声调调节策略的前提是必须摆脱前一阶段加工策略，即语调调节策略的限制和制约，即"一次调节"。同样，高级阶段汉语学习者的语调产出策略，即调阶调节策略的实施，前提是摆脱中级阶段声调调节策略的制约，进行"二次调节"，学习者才能最终掌握汉语语调产出的规律。

四 *教学建议*

目前汉语教学界的语调教学主要是通过两种语言的对比，如汉语和英语语调的对比，汉语母语者与汉语学习者汉语边界调声学特征的对比，提出针对母语为非声调语言汉语学习者的语调教学策略。本节在这些研究的基础上，基于本研究对汉语学习者汉

---

① Meisel, J. M. & Clahsen, H. & Pienemann, M. On Determining Developmental Stages in Natural Second Language Acquisition. *Studies in Second Language Acquisition*, 1981(3).

语语调习得过程的分析和考察,提出以下补充建议:

母语为非声调语言的汉语学习者的语调教学,应重视语调教学的阶段性,即针对不同汉语水平的学习者,在不同的教学阶段采取不同的教学策略。具体而言,语调教学要根据学习者在不同阶段采取的语调产出策略进行"逆向教学"。以初级阶段的语调教学为例,针对初级学习者的英语语调调节策略,语调教学则应该首先回到音节层面,加强单音节的声调调型的教学,增强学习者汉语声调的调型意识,使学习者认识到汉语声调和英语语调的差别和不同,摆脱英语语调的影响。中级阶段的汉语语调教学,应针对学习者受限于声调调型产出策略,采取声调和语调"对举训练"的教学方法,即采取林茂灿先生的建议,通过汉语单字调"诗、时、始、事"与汉语疑问语调单字句"诗?时?始?事?"进行对比练习。[①] 使学习者认识到汉语疑问与陈述语调是通过整体提高语调调阶的方式来实现的,即调阶的提高和下降,而不是改变表疑问和陈述语气的单字调的调形来实现的。

此外,虽然有研究表明,汉语表疑问语气和陈述语气的边界调不仅有调阶的变化,而且斜率也有变化。但是,针对汉语学习者的语调训练不应过于强调边界调斜率的变化,而要强调调阶高低的变化,避免学习者由于英语语调的影响,将汉语声调调形变化和调阶变化混淆在一起。

---

① 林茂灿《汉英语调的异同和对外汉语语调教学——避免"洋腔洋调"之我见》,《国际汉语教学研究》2015年第3期。

附录：

实验材料

阴平	阳平	上声	去声
包	茶	笔	路
车	床	酒	面
花	鞋	米	六
书	牙	水	树
灯	钱	雪	药
瓜	墙	海	蛋
山	人	脑	菜
汤	油	火	信
心	门	网	画
窗	球	手	票

第三章

基于认知视角的汉语词汇习得研究

第一节 词的复现率和字的复现率对非汉字圈学生双字词学习的影响[①]

一 引言

双字词在现代汉语词汇中占大多数,所以研究外国学生双字词学习的规律很有意义。在影响留学生双字词学习的诸多因素中,词的特点、字的特点是非常重要的因素。其中词的复现率、字的复现率对词学习的影响,既是语言认知加工和语言习得领域的研究者感兴趣的研究课题,也是教材编写者和教师关注的问题。

所谓复现率,是指字或词在教材中重复出现的次数。与复现率关系密切的是所谓"频率效应"的研究。第二语言习得领域的知名期刊 *Studies in Second Language Acquisition*(《第二语言习得研究》)曾于 2002 年出版了一期题为 *Frequency Effects in Language Processing*("语言加工中的频率效应")的专刊。英国学者 Ellis 在对有关研究进行综述后提出,语言加工的所有方面,包括语音、词汇、语法的加工和语言的理解、产出,都受输入频

---

① 本节作者:江新,原载《世界汉语教学》2005 年第 4 期。

第一节 词的复现率和字的复现率对非汉字圈学生双字词学习的影响

率的影响（即所谓的频率效应）；语言学习者对于输入频率的敏感性，可以解释许多语言习得现象。他认为频率可以成为联结不同语言习得理论流派的一个中介因素。[1] 本节主要探讨双字词学习中的频率效应。

词的频率通常指某个词在报纸、杂志、教材等书面材料中出现的次数。西方心理学家对词频与词识别的关系进行了许多研究，发现词频是影响词识别的重要因素之一。高频词的识别比低频词快，这个现象被称为词识别的频率效应，也称词频效应。词识别的频率效应由不同研究者采用多种方法、在多种语言中得到了证实。对汉语的字词识别研究也发现了频率效应。例如研究发现，对高频双字词的词汇判断反应比低频双字词的快，[2] 成人对汉字命名的反应时与汉字使用频率的对数成正比。[3]

在汉语为第一语言的熟练读者的词识别中存在的频率效应，在汉语为第二语言的学习者中是否存在？这是一个尚未解决的问题。这方面的研究非常罕见，主要原因是研究者没有现成的频率统计资料可供查询使用。词的频率对第二语言学习者具有两种不同的意义，一种是词在成人母语者的书面语料中出现的频率，称之为母语者词频或一般词频，另一种是词在第二语言学习者已学过的教材中出现的频率，称之为学习者词频或教材词频。一般词

---

[1] Ellis, N. C. Frequency Effects in Language Processing: A Review with Implications for Theories of Implicit and Explicit Language Acquisition. *Studies in Second Language Acquisition*, 2002(24).

[2] 彭聃龄、谭立海《词频和语境在汉语双字词视觉识别过程中的作用机制》，《心理学杂志》1987年第4期。

[3] 郭德俊、彭聃龄、张素兰《汉字字形特征及使用频率对汉字识别的影响》，王甦《普通心理学与实验心理学研究进展》，成都科学出版社1985年版。

频已有许多统计研究，例如《现代汉语频率词典》[①]，成人母语者的词加工研究几乎都以这种统计词频作为词熟悉度指标。但是研究词的频率在第二语言学习者单词加工中的作用，应该采用学习者词频，而不是母语者词频。然而学习者词频没有现成的统计资料，必须根据学习者使用的特定阅读材料（主要为教材）来统计，需要大量的工作，因此研究具有一定的难度。

20世纪90年代，已有学者开始探讨字词的频率在第二语言学习者字词加工中的作用。Sergent & Everson 以美国空军学院17名一年级学生（初级学习者）和5名三年级学生（高级学习者）为被试，探究频率在汉字加工中的作用。他们统计了每个汉字在教材前17课的对话、操练、生词表和练习中出现的次数，根据这个指标来划分低频字和高频字。研究发现，无论初级学习者还是高级学习者，高频字的命名正确率（74%）都高于低频字（58%）。但该研究有一个问题值得注意，即研究所用的字频是基于初级学习者所学的材料做的统计，初级学习者对汉字的接触频率不一定能代表高级学习者对汉字的接触频率。[②]

周清海和梁荣基对新加坡小学生汉语学习中词的频率与词的学习效果之间的关系进行了研究。他们以新加坡7所小学的683名学习汉语的六年级学生为被试，根据汉语词在小学课本中出现的不同频率，要求学生对不同频率的词进行形、音辨认（即根据

[①] 北京语言学院语言教学研究所（主编）《现代汉语频率词典》，北京语言学院出版社1986年版。

[②] Sergent, W. K. & Everson, M. E. The Effects of Frequency and Density on Character Recognition Speed and Accuracy by Elementary and Advanced L2 Readers of Chinese. *Journal of the Chinese Language Teachers Association*, 1992(27).

第一节 词的复现率和字的复现率对非汉字圈学生双字词学习的影响

字形从两个读音中选择一个正确读音）和听写，结果发现，词的形音辨认成绩与词的频率密切相关，但是词的听写成绩与频率没有相关。由此看来，汉语学习中词频与词学习效果之间并不是一种简单的关系，值得进一步探讨。[①]

到21世纪初，国内也有个别学者开始对此问题进行实验研究。柳燕梅研究了双字词在教材生词表中出现的次数（即所谓"生词重现率"）对欧美学生学习生词效果的影响。她要求8名学生（7名欧美学生、1名泰国学生）写出已学过的110个双字词的拼音，以拼音成绩作为学习效果的指标。结果显示，出现3次的词的拼音成绩明显比出现2次的好，出现2次的词的成绩比出现1次的好。这个结果表明，词的出现次数对被试的词汇学习成绩有影响。[②] 这是国内关于词的复现率对词学习效果影响的第一项研究。但是，该实验还有一些问题值得进一步研究，首先，实验没有控制字的出现频率的影响，我们不知道出现频率不同的双字词在成绩上的差别是由于字的频率不同造成的还是由于双字词重现率不同造成的。其次，词的出现次数的统计只考虑词在生词表中出现的次数，没有考虑词在课文等重要阅读材料中出现的次数。因此，关于复现率对词语学习效果影响的问题，还需要继续研究。

此外，已有的相关研究或者探讨字频对汉字学习的影响，或者探讨词频对双字词学习的影响，但是字的频率对双字词学习的影响如何，这方面的研究还没有看到。

[①] 周清海、梁荣基《字词频率与语文学习成效的相关研究》，《第四届国际汉语教学讨论会论文选》，北京大学出版社1995年版。

[②] 柳燕梅《生词重现率对欧美学生汉语词汇学习的影响》，《语言教学与研究》2002年第5期。

本节探讨的主要问题是：词的复现率（词语在教材课文中出现的频率）对非汉字圈学生双字词学习是否有影响？字的复现率（构成双字词的字在教材课文中出现的频率）对非汉字圈学生双字词学习是否有影响？

二 方法

（一）被试

在北京语言大学学习汉语的一年级第一学期的非汉字圈学生28人，他们全部是以印欧语为母语的汉语初学者，其中欧洲和美洲国家（美国、英国、法国、波兰、罗马尼亚、葡萄牙、智利、阿根廷）11人，亚洲国家（尼泊尔、伊朗、斯里兰卡）11人，非洲国家（坦桑尼亚、赞比亚、尼日尔、布隆迪、加纳）6人，被试的母语和人数分别为：尼泊尔语9人，英语6人，法语4人，西班牙语3人，葡萄牙语2人，波兰语2人，波斯语1人，僧加罗语1人。他们学习的教材为《汉语教程》[1]，每周24学时，进行词汇测验时学习汉语的时间为4个月，约400个学时，学完了1～33课的内容。

（二）测验材料

从《汉语教程》1～33课的生词表（包括补充生词和专有名词）中随机抽取128个词进行测验。其中双字词62个。本节只探讨双字词的学习，单字词和三字词不参加统计。统计每个双字词在1～33课课文中出现的次数，作为词的复现率；也统计双字词中

---

[1] 杨寄洲（主编）《汉语教程》，北京语言文化大学出版社1999年版。

的每个字在课文中出现的次数,作为字的复现率。

(三)施测和计分

将所有生词以随机顺序排列并打印在 A4 纸上,要求被试写出每个生词的汉语拼音和意义(用英语写意义)。测验时对被试进行集体施测。计分时考虑到被试学习汉语的实际情况,如果生词的声母和韵母都能写对,就计为正确,忽略声调。分别统计词的拼音成绩、意义成绩和音义皆知成绩。

三 结果

(一)词的复现率

1. 词的复现率为 0～2 次时复现率的作用

将实验所测的出现次数为 0～2 次的 40 个双字词,根据词复现率的多少分为 3 组:出现次数 0 次(8 个)、1 次(21 个)、2 次(11 个)。统计时从 0 次组、1 次组和 2 次组中各选择 8 个词,使 3 组词中的字在复现率和笔画数上是匹配的。因此参加统计的双字词共 24 个,每组 8 个。这 3 组词中的字的平均复现率、笔画数如表 3-1 所示。3 组词的字的复现率、笔画数差异都不显著($F_{(2, 21)}$=0.020,p=0.980;$F_{(2, 21)}$=0.041,p=0.960)。

表 3-1 3 组词的字平均笔画数、复现率

词	字的笔画数	字的复现率
0 次组	8.00	7.56
1 次组	7.94	7.88
2 次组	8.25	6.88

表 3-2　3 组词的平均正确率

词	拼音	意义	音义皆知
0 次组	0.45	0.35	0.31
1 次组	0.74	0.67	0.61
2 次组	0.74	0.64	0.56

被试在 3 组词上的拼音正确率、意义正确率和音义皆知正确率的平均数如表 3-2 所示。

对拼音正确率进行单因素方差分析，结果显示，复现率效应在被试分析上显著（$F_{1(2, 54)}$=35.355，p=0.000），在项目分析上也显著（$F_{2(2, 21)}$=7.429，p=0.004）。多重比较的结果显示，出现 1 次词、出现 2 次词的成绩都高于出现 0 次词（被试分析 p 为 0.000，项目分析 p 为 0.009 和 0.008），但出现 1 次和 2 次词的成绩差异不显著（被试分析 p=1.000，项目分析 p=0.999）。

对意义正确率和音义皆知正确率进行单因素方差分析，也得到了类似的结果。也就是说，无论是从拼音、意义，还是从音义皆知正确率角度进行考察，结果都是一致的，即没有在课文中出现过的词（复现率为 0 次）的成绩不如出现过 1 次和 2 次的词，出现过 1 次和 2 次的词成绩差异不显著。

实验发现，出现 1 次的词的成绩明显好于出现 0 次的词。表明词在课文中出现或没出现过，对词的学习效果有影响。在课文中没出现过的词，即所谓补充词，学习效果比较差。

2. 词的复现率为 3 次以上时复现率的作用

将实验所测的出现次数为 3 次以上的 22 个双字词，根据词复现率的多少分为 2 组：出现次数少组（10 个）、出现次数多组（12 个）。统计时从两组中各选择 7 个词，使两组词的字在复

第一节 词的复现率和字的复现率对非汉字圈学生双字词学习的影响

现率和笔画数上匹配。因此参加统计的词共 14 个，每组 7 个。这 2 组词的字复现率、字笔画数如表 3-3 所示。t 检验结果显示两组词在字的复现率、笔画数上的差异都不显著（$t_{(12)}$=0.074，p=0.943；$t_{(12)}$=0.046，p=0.964）。被试在 2 组词上的拼音正确率、意义正确率和音义皆知正确率的平均数如表 3-4 所示。

表 3-3 2 组词的字平均笔画数、复现率

词	词的复现率	字的笔画数	字的复现率
词复现率低组	4.00（3～5）	6.07	20.79
词复现率高组	11.86（7～19）	6.14	21.07

表 3-4 2 组词的平均正确率

词	拼音	意义	音义皆知
词复现率低组	0.91	0.87	0.78
词复现率高组	0.91	0.88	0.78

注：括号内为范围。

对拼音正确率、意义正确率和音义皆知正确率进行 t 检验，结果显示，复现率效应在被试分析上不显著（$p > 0.7$），在项目分析上也不显著（$p > 0.8$）。也就是说，当整词复现率为 3 次以上时，无论是拼音、意义还是音义皆知成绩，复现率低组与高组的差异都不显著。从这个结果看，我们没有发现双字词的成绩随词的复现率增加而持续提高。但是，由于每组词的样本比较小（只有 7 个项目），因此需要在以后的研究中扩大样本数进行重复实验。

（二）字的复现率的作用

将实验所测的 62 个双字词，根据字的复现率的高低分为 3 组：复现率低组（29 个）、中等组（12 个）、高组（21 个）。统计时从 3 组词中各选择 10 个词，使 3 组词在词的复现率和字的笔

画数上尽可能匹配。参加统计的汉字共 30 个,每组 10 个。这 3 组词的字的复现率、词的复现率和字的平均笔画数如表 3-5 所示。单因素方差分析结果显示,3 组词的词复现率、字笔画数差异都不显著($F_{(2, 27)}$=0.009,p=0.991;$F_{(2, 27)}$=0.636,p=0.537)。

对拼音正确率进行单因素方差分析,结果显示,字复现率的效应在被试分析上显著($F1_{(2, 54)}$=24.728,p=0.000)。多重比较结果显示,字复现率中等组和高组的成绩好于字复现率低组的成绩(p=0.000),但字复现率中等组和高组成绩差异不显著(p=1.000)。字复现率的效应在项目分析上不显著($F2_{(2, 27)}$=1.657,p=0.209)。

表 3-5　3 组词的字平均笔画数、词平均复现率

词	字的复现率	字的笔画数	词的复现率
字复现率低组	4.8(2～7.5)	7.6	2.7
字复现率中组	10.6(8～13.5)	7.05	2.6
字复现率高组	30.2(17.5～49.5)	6.65	2.6

表 3-6　3 组词的平均正确率

词	拼音	意义	音义皆知
字复现率低组	0.61	0.54	0.47
字复现率中组	0.77	0.71	0.63
字复现率高组	0.77	0.68	0.61

对意义正确率和音义皆知正确率进行单因素方差分析,也得到了类似的结果。也就是说,拼音、意义和音义皆知的结果一致表明,字复现率低组(平均 4.8 次)的成绩不如中等组(平均 10.6 次)和高组(平均 30.2 次),但字复现率中等组和高组的成绩没有显著差异。从这个结果看,提高字的复现率能够促进词的学习,但

当字的出现频率达到 10 次以后,字复现率的提高并不能引起词学习成绩的显著提高。即词的成绩随字的复现率增加而提高的速度是先快后慢的。

四 讨论

(一)双字词在课文中是否出现过影响词的学习

我们的研究发现,在课文中复现率为 1 次的双字词的成绩高于 0 次词的成绩。也就是说,词是否在课文中出现过影响双字词学习的效果,出现过的词的成绩比没出现过的好。

从表 3-2 可以看到,出现过 0 次的词到出现过 1 次的词,其拼音正确率由 45% 提高到 74%,意义正确率由 35% 提高到 67%,音义皆知正确率由 31% 提高到 61%。三种正确率都增加 30% 左右。

没有在课文中出现过的所谓"补充词",其学习效果是不理想的。在我们测验的复现率为 0 的 8 个词的音义皆知成绩(见表 3-7)中,可以看到,这 8 个词的正确率都低于 57%,最低的是"课间",正确率只有 7%。

表 3-7 复现率为 0 的 8 个词的音义皆知正确率

词	毛衣	旅馆	西瓜	走路	记者	厕所	护照	课间
正确率	0.57	0.50	0.46	0.29	0.21	0.21	0.14	0.07

这个结果提示我们,在编写对外汉语教材时,要尽可能使所有双字词都在课文中出现过。只要使双字词在课文中出现过 1 次,其学习效果就可以得到显著提高(正确率提高约 30%)。但是,我们的研究没有发现出现 1 次词和出现 2 次词的成绩的差异,也

没有发现复现率在 3 以上时复现率低组（平均 4 次）与复现率高组（平均 12 次）的成绩差异，但是，由于每组词的样本数比较少，所以差异不显著，并不一定表明词的复现率高低不影响词的学习。应该扩大项目样本数做进一步研究。

（二）双字词的学习存在字频效应

双字词的学习是否存在字频效应呢？即是否字的出现次数越多，词的学习效果越好，字的出现次数越少，词的学习效果越差呢？一般认为，由于单个汉字的读音与它在词中的读音相同，且字的意义与词的意义大都有密切联系，因此，对字的熟悉度增加，意味着对词的熟悉度也增加，所以字的出现次数越多，词的学习效果就越好。本研究的结果支持了这个观点。本研究发现，当词频、字的笔画数得到控制时，双字词的学习效果随字的频率的增加而提高。

单字频率影响整词学习的效果，这个结果与王春茂和彭聃龄关于成人母语者对高频双字词加工研究的结果是一致的。[1] 他们的研究发现，整词频率高时，字的频率高低影响双字词的识别反应时（但整词频率低时，字频高低不影响双字词的识别反应时）。我们的结果与 Just & Carpenter[2] 对成人熟练读者的研究结果也是一致的，他们发现汉语复合词识别反应时可以由整词频率和字的频率来预测，即复合词的识别反应时与字的频率有关；我们的结果与 Zhang & Peng、Taft 的研究结果也是一致的，他们发现字频

---

[1] 王春茂、彭聃龄《合成词加工中的词频、词素频率及语义透明度》，《心理学报》1999 年第 3 期。

[2] Just, M. A. & Carpenter, P. A. *The Psychology of Reading and Language Comprehension*. Allyn and Bacon, 1987.

率的高低影响双字词的识别反应时。[①] 我们推测，我们对留学生的研究结果与上述研究者对母语者的研究结果一致，可能反映了母语者和非母语者对汉语双字词加工的模式具有相似之处。我们的被试为初学汉语的非汉字圈学生，双字词在他们的记忆中可能采取分解表征的方式，因此字的频率影响复合词的学习。而且，这种影响在频率低端是比较大的，随着字频的提高，字频对双字词的影响变小。

双字词的学习效果随字的频率而变化，这个结果提示我们，对初级阶段学生来说，提高字的频率能够有效促进双字词的学习，特别是当字频比较低时。

（三）解释频率效应的心理机制的理论模型

对频率效应的心理机制进行解释，不是一件很容易的事情。西方心理学提出了多种模型对频率的作用机制进行解释，其中平行分布加工模型（简称 PDP 模型）[②]是比较引人瞩目的新模型。该模型认为，所有认知加工都是平行的，知识不是储存在一个个单一的单元中，而是储存在单元的联结之中。知识的学习和信息加工由单元间联结的强度来决定。根据这个模型，汉字的识别包括形、音、义三种编码的激活和扩散，而且三种编码之间的激活是交互的，读者对表征的熟悉程度直接影响其激活程度。高频字

[①] Zhang, B.-Y. & Peng, D.-L. Decomposed Storage in the Chinese Lexicon. Chen, H.-C. & Tzeng, O.-J. L. (eds.) *Language Processing in Chinese.* North-Holland, 1992; Taft, M. Interactive-activation as a Framework for Understanding Morphological Processing. *Language and Cognitive Processes*, 1994(9).

[②] McLelland, J. L. & Rumelhart, D. E. & Hinton, G. E. The Appeal at Paralled Processing. Rumelhart, D. E. & McLelland, J. L. (eds.) *Parallel Distributed Processing: Exploration in the Microstructure of Cognition*. MIT Press, 1986.

的形义之间的联结比较强,读者能够见形而迅速知义,而低频字的形义之间的联结强度不足以使读者见形而迅速知义,所以低频字需要较多时间来激活语音之后才能通达语义。

近年来,第二语言习得领域的学者倾向于采用内隐学习的概念来解释频率效应。Kirsner 提出了一个终生练习模型来解释频率效应。他认为,虽然人们在听说读写时不去有意识地计算某个单词出现、使用的次数,但是每接触一次,加工时间就会减少一点。[1]

在社会心理学中有一种有意思的现象与频率效应有关,即所谓纯粹接触效应,指一个外在刺激(例如某个符号、无意义音节)仅仅因为呈现的次数越多,导致个体接触到该刺激的机会越多(并不需要刻意引起注意和有意识地强化),个体对该刺激就会越喜欢。心理学家还探讨将该效应运用到社会生活中,例如,在电视广告的设计和信息呈现中可以采用接触效应的原则:通过巧妙安排增加商品出现的次数,可以增加消费者对该商品的喜爱程度,激发其购买欲。

(四)双字词学习的字频效应对教学的启示

由于双字词的学习存在着字频效应,所以,无论是"字本位"教材,还是"词本位"教材,选择字词、编写课文时要尽可能兼顾汉字的复现率、词的复现率,以提高字词的学习效果。《汉语语言文字启蒙》教材采用所谓"字本位"的编写原则,从汉字入手教汉语,把汉字作为汉语教学的基本单位,以字来控制词,因字而组词,即首先根据汉字在一般语料中使用频率的高低来确定

---

[1] Kirsner, K. Implicit Processes in Second Language Learning. Ellis, N. (ed.) *Implicit and Explicit Learning of Languages*. Academic Press, 1994.

第一节 词的复现率和字的复现率对非汉字圈学生双字词学习的影响

400个常见字[①]，然后以这400个常见字为基础来选择多字词。[②]它的优点是初学者需要学习的汉字数量不多，汉字出现的频率即通常所说的"复现率"提高了，汉字学习变得容易了。例如，该教材课文中出现的人名（例如王月文、王万民、田立阳、张教元、关放活、包更声），都采用高频常见字，虽然有的名字让中国人觉得有点怪，但编者的意图很明显，就是要通过提高汉字的复现率来促进汉字的学习，促进词的学习。

汉字的负担减轻了，但词的负担却增加了，因为在有限的常用字的范围内选择适当的常用双字词、三字词，并不容易做到。事实上《汉语语言文字启蒙》在常用词选择方面也存在着较大问题。[③]结果是，对初学者来说，汉字是常用的，在教材中出现的频率也是高的，但由这些汉字构成的词有相当一部分对初学者来说却是不常用的，[④]不少词的意义也难于从已学过的字中直接推知。更重要的是，很多词在课文中出现的频率非常低，大部分词在教材生词表中只出现了一次，在课文中不见其踪影，这种生词的学习效果自然比较差。例如，"本人"对初学者来说是不常用

[①] 据王若江（2000）的统计，这400个字中，61%为《现代汉语常用字频度统计》（国家语委，1989）前400个高频字，84%为前800个高频字，91%为前1000个高频字；93.5%为《汉语水平词汇与汉字等级大纲》中的甲级字。参见王若江《由法国"字本位"教材引发的思考》，《世界汉语教学》2000年第3期。

[②] 张朋朋《词本位教学法和字本位教学法的比较》，《世界汉语教学》1992年第3期。

[③] 刘社会《评介〈汉语语言文字启蒙〉》，《世界汉语教学》1994年第4期。

[④] 据王若江（2000）的统计，《汉语语言文字启蒙》的1586个词中，50%为《汉语水平词汇与汉字等级大纲》甲级、乙级词，15%为丙级、丁级词，35%为超纲词。参见王若江《由法国"字本位"教材引发的思考》，《世界汉语教学》2000年第3期。

词（在《词汇等级大纲》中为丙级词），在教材中只作为生词出现一次，在测验中，大部分学生都不知道它的意义，一些学生还把"本人"的意义写成"Japanese（日本人）"。因此，《汉语语言文字启蒙》需要进一步解决的问题是，在考虑汉字的常用性、复现率和以字定词的同时，要兼顾词的常用性、词在课文中的复现率，要尽可能增加词在课文中出现的次数。不过，《汉语语言文字启蒙》的编者在思想上是高度重视字频和词频的，[①]只是实践上没有做到两者兼顾。

　　的确，兼顾字词的常用性、兼顾汉字和词在教材中出现的频率，在实践中不容易做到。但是不能因为有困难，就不去尝试，甚至干脆放弃。实际上，如果教材编写者根据常用原则（普通频率）、复现原则（教材频率）来选择字词，那么，字词的选择就会增加科学性，减少随意性。例如，教材编写者常常遇到人名选择的问题，是使用包含低频罕见字的外文译名（例如"玛丽""珍妮"），还是使用包含高频常见字的姓名（例如"马东""王华"）？或者，再举一个例子，当编者在编写语音学习阶段的内容、想利用人名引入拼音 huì 时，是选择"惠""慧""会"还是"卉"呢？有的编者可能会全面考虑，有的编者可能只考虑一个方面。

　　总而言之，初级汉语教材的字词选择，应当把是否常用、是否经常复现作为重要原则，避免随意选择。如果说出现频率（包括普通频率和教材频率）不是字词选择的唯一标准，那么至少可以说，出现频率应当是字词选择的最重要标准之一。

---

　　① 白乐桑《汉语教材中的文、语领土之争：是合并，还是自主，抑或分离？》，《第五届国际汉语教学讨论会论文选》，北京大学出版社1997年版；白乐桑、张朋朋（主编）《汉语语言文字启蒙》（第一册），华语教学出版社1997年版。

可能有人认为，所谓频率效应是众所周知的常识，不必再做研究。我们不同意这个看法。原因是，一，"常识"不一定是"真理"，必须经过检验；二，频率问题没有引起部分教材编写者足够重视；三，研究此问题可以增强人们对汉语作为第二语言学习的频率效应的认识。

应当说明的是，本研究统计的双字词复现率和单字复现率只采用课文作为语料，没有统计生词表、练习、注释等语料，所得结论也局限于此。而且，本节的研究结果是以初学汉语的非汉字圈学生为被试得到的，是否能够推论到其他学习者，还有待进一步研究。此外，影响双字词学习效果的因素很多，词的复现率、字的复现率只是其中的两个因素。其他因素，例如词在学习者日常生活中的常用程度、词的理据性（或语义透明度），对双字词学习的影响及其与复现率之间的交互作用，也是值得进一步研究的课题。

第二节　词汇加工深度对留学生产出性词汇的影响[①]

一　问题的提出

词汇习得贯穿整个语言习得的全过程，是第二语言习得的核心要素。McCarthy 指出："不管一个人的语法学得多么好，不

[①] 本节作者：孙晓明，原载《民族教育研究》2010 年第 6 期。

管他的语音有多么地道，但是如果他没有足够的词汇来表达自己的感情或理解对方的观点和想法，就无法运用这门语言同别人交流。"[1] 在词汇习得的诸多研究问题中，理解性词汇和产出性词汇的研究引起了学者们的广泛关注。这主要是因为，词汇习得的过程就是词汇理解与产出能力的获得过程，而第二语言学习者在词汇理解和产出这两种知识和技能之间存在着巨大的差距。大部分第二语言学习者的产出性词汇习得停滞不前，难以跨越从理解性词汇到产出性词汇的门槛。21世纪外语教学的理念，主要强调在交际活动中实现交际任务。基于这种理念，词汇教学的目的应该是帮助学生发展在说写中可以自由运用的词汇，而这正是产出性词汇的范畴。因此，如何帮助留学生缩小产出性词汇和理解性词汇之间的差距，以提高词汇产出的能力是对外汉语词汇教学中一个亟待解决的问题。Ellis & Beaton 解释学习者的一些词汇仅达到理解水平而非产出水平的原因时指出，理解性词汇仅需识别词形的显著特征即可，而产出性词汇需要额外学习新的口语或书面语输出模式（spoken or written output patten）。[2] 根据 Ellis & Beaton 的观点，我们可以做出下面的假设：理解性词汇和产出性词汇在加工深度上有所不同。理解性词汇主要停留在形式层面的加工，加工水平比较低；而产出性词汇不仅仅停留在形式层面的加工，还需要语义层次的加工，加工水平比较高。基于这种假设，我们将通过实验研究的方法，运用词汇联想测试，通过理解性词

---

[1] McCarthy, M. J. *Vocabulary*. Oxford University Press, 1990.
[2] Ellis, N. & Beaton, A. Factors Affecting the Learning of Foreign Language Vocabulary: Imagery Keyword Mediators and Phonological Short-term Memory. *Quarterly Journal of Experimental Psychology*, 1993(46A).

汇和产出性词汇在留学生心理词典的发展来考察两者在加工深度上的差异,进而探讨留学生发展产出性词汇的可选策略。

Collins & Loftus 指出,心理词典按照语义网络的方式把词组织在一起。[1] 在心理词典中,父亲激活母亲、桌子激活板凳、苹果激活水果的时间要短于父亲激活桌子或板凳激活水果的时间。因为在语义网络中这些词的距离不一样。迄今为止,研究者们在探讨心理词典的结构和组织方式时,通常采用词汇联想测试。这种测试的假设是,被试在联想测试中所产出的反应词是心理词典中与目标词联系最强的词,这些词可以为我们研究心理词典中词汇之间的组织方式提供线索。词汇联想实验包括四种启动反应类型:聚合反应(paradigmatic response),组合反应(syntagmatic response),语音反应(clang response)以及无反应(no response)。作为心理语言学术语,聚合反应是人在听到一个刺激后做出的一类联想反应,联想反应的词与所选词汇属于同一词类;与此相对立的组合反应是联想词发生词类改变,反应词与所选词汇不属于同一类,并且在句子中位于所选词汇之前或之后(例如 dog - bite)。语音联想则不关注词的具体语义,联想反应的词与所选词汇有语音的相似性(例如 dog - bog)。无反应则是在不限制时间的情况下,被试不能回答或在听到目标词时没有联想到任何词。[2] 关于母语者心理词典的研究表明,不同年龄的母语者

---

[1] Collins, A. M. & Loftus, E. F. A Spreading Activation Theory of Semantic Processing. *Psychological Review*, 1975(82).

[2] Wolter, B. Comparing the L1 and L2 Mental Lexicon. *Studies in Second Language Acquisition*, 2001(23).

在词汇的反应模式上存在差异。① 母语者的年龄越大，聚合反应的比例就越高，而语音反应所占的比例逐渐降低。成人的反应大多为聚合反应，而儿童大多为组合反应。在 5 到 9 岁的时候，儿童的反应模式逐渐和成人趋于一致，即发生所谓的"组合—聚合转变（Syntagmatic—Paradigmatic shift）"。Laufer 认为，母语心理词汇的词与词之间的联系是语义的，而第二语言心理词汇的词与词之间的联系主要是语音的。②

在联想测试的四种启动反应类型中，由于聚合反应是成人母语者词汇在心理词典中的最普遍的组织方式，又与语义密切相关，因此反应词是聚合反应的目标词一般已经达到相当高的加工深度。组合反应是儿童母语者词汇在心理词典中的最普遍的组织方式，与句法密切相关，同语义也有一定的关联，加工水平也比较高。语音反应和无关反应（无反应）与语义没有任何关系，因此反应词是语音反应和无关反应（无反应）的目标词一般加工水平比较低。根据母语心理词典的研究，结合 Laufer 的结论，我们初步做出以下假设：产出性词汇所诱发的多是聚合和组合反应，加工水平比较深；理解性词汇所诱发的多是语音和无关反应，加工水平比较浅。③ 理解性词汇和产出性词汇在加工深度上存在很

---

① Brown, R. & Berko, J. Word Association and the Acquisition of Grammar. *Child Development*, 1960(31); Ervin, S. M. Changes with Age in the Verbal Determinants of Word Association. *American Journal of Psychology*, 1961(74); Entwisle, D. R. *Word Associations of Young Children*. John Hopkins University Press, 1966; Palermo, D. S. Characteristics of Word Association Responses Obtained from Children in Grades One Through Four. *Developmental Psychology*, 1971(5).

② Laufer, B. A Factor of Difficulty in Vocabulary Learning: Deceptive Transparency. *AILA Review*, 1989(6).

③ 同上。

大的差异。

二 实验研究

（一）实验方法

实验目的：运用词汇联想测试，通过考察初、中、高三个水平的留学生的词汇反应类型来探讨理解性词汇和产出性词汇在加工深度上的差异，进而从词汇加工深度的角度来考察产出性词汇和理解性词汇之间的差异。

如果目标词的联想词是语音反应或无关反应（无反应），说明这些词汇没有被完全习得，加工水平比较低，语义关系尚未建立或者已经建立但不够巩固，在竞争中不能胜出。如果目标词的联想词是语义反应（聚合反应和组合反应），说明这些词已经被完全习得，加工水平比较高，语义关系已经建立。如果理解性词汇所诱发的反应词多是语音反应和无关反应（无反应），产出性词汇所诱发的反应词多是语义反应，说明加工深度是造成理解性词汇和产出性词汇之间差异的主要原因。

实验设计：采用3（被试的汉语水平）×2（词汇类型）×4（反应类型）三因素混合实验设计，其中被试的汉语水平为被试间变量，分为三种水平：初级水平、中级水平和高级水平。词汇类型和反应类型均为被试内变量，前者分为两个水平：理解性词汇和产出性词汇；后者分为四个水平：聚合反应、组合反应、语音反应、无关反应（无反应）。因变量为被试词汇联想反应类型的比率。

实验材料：我们从《汉语水平词汇与汉字等级大纲》中选出甲、乙、丙、丁四级词各100个，在确定这400个词时尽量考虑三组被试所使用的教材。我们请 15 名持有 HSK 证书的母语为拼音文字的学生（其中持有 HSK3、4 级证书的学生 5 人，持有 HSK5、6 级证书的学生 5 人，持有 HSK7、8 级证书的学生 5 人）评定所选的词汇，在可以给出母语翻译或同义词的目标词后面划"√"。如果被试在所选的词汇后面划"√"得 1 分；如果被试没有在所选的词汇后面划"√"则得 0 分。根据被试对每个词评定的平均值，最后选出每个等级中评定平均值最高的 30 个词作为我们的目标词，甲、乙、丙、丁四个等级共选出目标词 120 个。我们采取这种做法是为了尽量保证目标词是被试所熟悉的。我们要求被试写出这 120 个词的反应词。之后，我们采用纸笔测试的方法确定目标词是被试的理解性词汇或是被试的产出性词汇。需要说明的是，虽然我们要求被试写出这 120 个词的反应词，但在统计时，我们只统计每一位被试所具备的理解性词汇和产出性词汇的反应类型。

被试：中央民族大学和北京语言大学的留学生 45 人，来自美国、英国、加拿大等英语国家。我们根据被试的 HSK 成绩将被试分为三组，每组 15 人。获得 HSK3 级或 4 级证书的学生被归入初级组，获得 HSK5 级或 6 级证书的学生被归入中级组；获得 HSK7 级或 8 级证书的学生被归入高级组。

测试方法：纸笔测试。测试一：词汇反应类型测试。具体方法是：要求被试根据词表，写出目标词的联想词。测试二：产出性词汇的测试。具体方法是：要求被试用适当的词填空来完成句子，我们会给出被测词的英文对应词。为避免没有目标词填入，还会给出目标词中第一个字的拼音。例如：我们明天要去 cān ____（visit）美术馆。测试三：理解性词汇的测试。具体方法是：多项选择测试。例如：我们学校从一月十五日开始放寒假。"寒假"的意思是：A．weekend；B．summer vacation；C．winter vacation；D．spring festival。

评分标准：按照被试所给出的反应词确定属于何种反应类型，属于哪种反应类型在该种反应类型上就可以得1分。我们根据每种反应类型的得分和四种反应类型的总分计算出每种反应类型所占的比例。需要说明的是，如果可以看出目标词的轮廓，仅是笔画有一些问题，我们算被试回答正确。在确定语音反应时，由于汉语和西方语言不同，如果被试是根据双音节中的某一个字的读音进行联想，我们也将之归入语音联想。

（二）实验结果

我们考察了三组被试理解性词汇和产出性词汇所诱发的各种反应类型所占的比例。

表3-8 初、中、高三个水平的被试理解性词汇和产出性词汇所诱发的各种反应类型所占的比例（%）

	理解性词汇				产出性词汇			
	聚合反应	组合反应	语音反应	无关反应	聚合反应	组合反应	语音反应	无关反应
初级	12.27	20.20	22.93	44.60	18.67	31.60	22.27	32.80
中级	21.27	31.93	13.20	35.60	28.53	41.67	9.73	20.73
高级	33.20	20.93	27.67	18.13	44.40	34.40	11.13	11.40

表3-8表明，在聚合反应和组合反应的数量上，无论是初级、中级还是高级被试的产出性词汇所产出的聚合反应和组合反应都要大于理解性词汇。而在语音反应和无关反应（无反应）的数量上，无论是初级、中级还是高级被试的产出性词汇所产出的语音

反应和无关反应（无反应）都要小于理解性词汇。这说明，产出性词汇所诱发的反应词多是语义反应，在学习者的心理词典中的结构方式更接近于母语者心理词典的组织方式，加工水平比较高。理解性词汇主要停留在语音加工层次，加工水平比较低。

三 结论与启示

我们的实验说明，产出性词汇在学习者心理词典中多以聚合和组合的方式存在，词汇加工水平比较深；而理解性词汇多以语音和无关联想的方式存在，词汇加工水平比较浅。这就提示我们，词汇加工深度是影响留学生发展产出性词汇的重要因素，在词汇教学中可以采取提高训练作业的加工水平的方法，帮助学生发展词汇产出的能力。

在汉语词汇教学中，教师一般会采取三种词汇教学方法。第一种是词表法，是教师经常使用的一种非常有效的教学方法。词表一般包括两个部分：一部分是生词，另一部分是这些生词的英文翻译。对于初级阶段的词汇教学来说，词表法无疑是一种很好的方法。学生根据词表，可以在短时间内迅速有效地学会大量词汇，而且很多词汇可以进入长时记忆。然而，词表法可以提供的词汇的义项非常有限，而且只能提供词汇的形式和英语翻译，无法提供词汇的句法知识、汉语的语义知识以及搭配。学生通过词表法学习的词汇，加工水平比较低，往往处在形式加工层次上，一般只能停留在理解性词汇的发展阶段上。然而，正如鹿士义所指出的，词汇习得是一个发展的过程，从语音辨认开始，渐次过渡到词语辨认,最后到词语产出。[①] 从这个角度上说,理解性词汇是词汇发展的一个必然阶段,词表法的意义不容忽视。第二种是"词汇法",教师给学生提供目标词的搭配情况。词汇法由于强调词语搭配,对于第二语言学习者发展词汇组合的能力具有特别重要的意义。事实上,汉语的词语搭配一般是约定俗成的,并不是由逻辑或频率决定的。因此,如果学习者缺乏词语搭配的知识,往往会根据母语翻译确定搭配,带来词汇产出的偏误。通过"词汇法"进行词汇教学,可以帮助学习者建立心理词典中的词汇组合关系,词汇的加工水平比较高,已经达到了语义加工层次上,对于学生发展产出性词汇是一种非常有益的学习方法。第三种是语境法。语境法是指教师指导学习者根据上下文语境所提供的信息对出现的生词进行猜测,从而习得这个词。语境习得词汇可以帮助学习者获得目标词的第二语言语义、句法、语用信息,建立第二语言形式与第二语言语义之间的映射关系,使第二语言词汇整合进入词条。整合后的词条能形成更合理的心理词典,这样目标词就很容易发展为学习者的产出性词汇。当然,这种方法更适合中、高级阶段的词汇教学,这主要是因为中高级学习者具备较大的词汇量,更具备猜测词义的基础。

综上所述,在对外汉语词汇教学中应该根据留学生的汉语水平,尽可能地提高词汇训练作业的加工水平,帮助学生发展产出性词汇。为了实现这一目的,教师可以尽量采取词汇法和语境法进行词汇教学。当然,仅仅采取词汇法和语境法进行词汇教学也具有一定的局限性,如果把这两种方法和传统的词表法相结合,

---

① 鹿士义《词汇习得与第二语言能力研究》,《世界汉语教学》2001年第3期。

在词表法的基础上运用词汇法和语境法，必将有助于学习者在扩大词汇量的基础上发展产出性词汇。

第三节　母语环境下美国汉语学习者心理词汇发展的实证研究[①]

一　引言

20世纪90年代，词汇在二语教学领域得到了前所未有的重视，针对词汇学习提出了一系列全新的课题，学者们对此进行了深入研究。主要表现在以下两个方面：（1）词汇习得过程论，即二语词汇习得是一个渐进的过程，学习者二语心理词汇是动态发展的，母语在二语心理词汇发展过程中扮演着重要的角色，Jiang把二语心理词汇的发展分为三个阶段，即二语心理词汇词形发展阶段、母语词目为中介的词汇发展阶段和二语词汇整合阶段。[②]（2）双语心理词汇表征研究，心理词汇的发展指的是词在长时记忆里的表征过程，它包含着词汇知识的各个方面，母语和二语词汇信息在人脑中的存储表征是双语心理词典研究的热点，以 Potter *et al.* Kroll & Stewart、De Groot & Annette、Kroll & De Groot、Altarriba & Mathis 和 Carroll 为代表，他们的研究都表明母语在二语词汇知

[①] 本节作者：王志军、郝瑜鑫，原载《语言教学与研究》2014年第1期。
[②] Jiang, N. Lexical Representation and Development in a Second Language. *Journal of Baoshan Teachers College*, 2000(21).

识习得过程中起着重要的作用,对于词汇共有的概念元素来说,母语和二语共享概念表征,但与二语相比,母语词与概念的关联更强;随着二语水平的提高语言间的差异逐渐缩小,但仍然存在。[①] 可以看出,上述两类不同的研究都认为学习者二语心理词汇的发展与其母语词汇知识有着千丝万缕的联系,因此研究母语在二语心理词典建构过程中的作用具有重要意义。

张凯、杨德峰、李清华等从词汇大纲制定和教材编写的角度,对汉语常用词汇进行了定量研究,对汉语词汇教学的相关设计走上科学化的发展方向具有开创之功;[②] 江新、戴曼纯从宏观角度论述了第二语言词汇习得研究的重要性;[③] 刘召兴从理解和产出

[①] Potter, M. C. & So, K. F. & Eckardt, B. V. & Feldman, L. B. Lexical and Conceptual Representation in Beginning and Proficient Bilinguals. *Journal of Verbal Learning & Verbal Behavior*, 1984(23); Kroll, J. F. &. Stewart, E. Concept Mediation in Bilingual Translation. *Journal of the Institute of Image Information & Television Engineers*, 1990(54); De Groot, A. M. & Annette, M. B. Determinants of Word Translation. *Journal of Experimental Psychology: Learning, Memory & Cognition*, 1992(18); Kroll, J. F. & De Groot, A. M. B. Lexical and Conceptual Memory in the Bilingual: Mapping form to Meaning in Two Languages. De Groot, A.M. B. & Kroll, J. F. (eds.) *Tutorials in Bilingualism: Psycholinguistic Perspectives*. Lawrence Erlbaum Associates, 1997; Altarriba, J. & Mathis, K. M. Conceptual and Lexical Development in Second Language Acquisition. *Journal of Memory & Language*, 1997(36); Carroll, D. W. *Psychology of Language* (3rd ed). Foreign Language Teaching and Research Press, 2000.

[②] 张凯《汉语构词基本字的统计分析》,《语言教学与研究》1997 年第 1 期;杨德峰《试论对外汉语教材的规范化》,《语言教学与研究》1997 年第 3 期;李清华《〈汉语水平词汇与汉字等级大纲〉的词汇量问题》,《语言教学与研究》1999 年第 1 期。

[③] 江新《词汇习得研究及其在教学上的意义》,《语言教学与研究》1998 年第 3 期;戴曼纯《论第二语言词汇习得研究》,《外语教学与研究》2000 年第 2 期。

对比的角度对外国学生汉语动词意义的发展进行了考察；[1]张江丽等从目的语动词不同义项特征对学习者习得词义影响的角度考察了"打"各个义项的情况；[2]肖贤斌等、魏红等学者从宾语类型的角度考察了留学生习得汉语动宾搭配的情况，发现宾语类型是影响习得的重要因素之一。[3]

总体来看，对外汉语界对汉语作为第二语言心理词汇发展的研究还处于起步状态，目前来看还存在很多不足：（1）母语对学习者心理词汇的发展具有重要影响，但目前还缺乏这方面的探讨，因此需要加强针对特定母语背景学习者心理词汇发展的专题研究；（2）词汇习得研究所涉及的角度比较单一，目前尚没有研究涉及汉语二语心理词汇的发展；（3）研究方法较为单一，心理词汇的发展是一个非常复杂的过程，因此要得到解释力比较强的结论，就需要使用不同的研究方法互相印证。

形容词是汉语最重要的词类，常用单音节形容词是汉语词汇系统的重要组成部分之一，在整个汉语词汇系统中具有代表性。[4]本研究拟以在美国学习的英语母语背景学习者为被试，以常用单音节形容词词义的学习为切入点，采用实验研究和语料库调查相结合的方法，探讨汉语作为外语心理词汇的发展状况。

---

[1] 刘召兴《汉语多义动词的义项习得过程研究》，北京语言大学2001年硕士学位论文。
[2] 张江丽、孟德宏、刘卫红《汉语第二语言学习者单音多义词习得深度研究》，《语言文字应用》2011年第1期。
[3] 肖贤斌、陈梅双《留学生汉语动宾搭配能力的习得》，《汉语学报》2008年第1期；魏红《汉语常用动词带宾语的习得研究》，《语言教学与研究》2009年第5期。
[4] 吕叔湘《形容词使用情况的一个考察》，《中国语文》1965年第6期。

如上所述，二语心理词汇的发展与学习者母语的联系非常紧密，但是一般来说学习者母语和目的语词汇在词位（词的语音和形态信息）和词目（词的语义和句法信息）上呈现出的是一种复杂的对应关系，这种对应关系对学习者二语心理词汇的发展有何影响是本研究关注的核心问题。[①]

就多义词"小"而言，其最常用义项"体积、面积等方面不及比较的对象"与英文常用词"small"对应，可以称之为"共有义项"（记为类型T1）；"小"的次常用义项"年纪小的"，英语母语背景学习者母语词"small"没有这个义项，是另外一个词位"young"的常用义项，因此可以称之为"目的语义项"（记为类型T2）；"谦逊的"（unpretentious）是学习者母语词"small"一个较为常用义项，目的语词位"小"无此义项，称之为"母语义项"（记为类型T3），这种复杂的对应关系对学习者的汉语心理词汇发展有何影响，与汉语母语者相比，其认知、表征有何异同是本研究关注的问题。

二 实验研究

（一）研究方法

1. 研究的问题

问题1：母语环境下母语和目的语意义的三种对应情况（记为T，共有义项T1、目的语义项T2、母语义项T3）在学习者心理词典中是如何表征的，对其二语心理词汇的发展有何影响？

---

① Levelt, W. J. M. *Speaking: From Intention to Articulation.* MIT Press, 1989.

问题2：不同汉语水平的学习者之间、学习者与母语者之间对上述三种意义的认知有何差异？

2. 实验设计

采用两因素（3×5）混合实验设计，其中两种语言意义的三种对应情况为被试内因素，共三个水平；汉语水平为被试间因素，共五个水平（记为P，一年级P1、二年级P2、三年级P3、四年级P4、学习英语的汉语母语组P5）。我们把一年级大致定义为初级，二年级为中级，三年级和四年级为高级。

3. 被试

106名在美国学习汉语的英语母语背景的学习者参加了本次实验，其中6名三年级学生接受了试测，100名参加了正式测试，包括一年级、二年级、三年级、四年级被试各25名；另外25名在美国攻读硕士学位的母语为汉语的汉英双语者作为对照组参加了本次测试（对照组被试英文均达到了高级水平）。

4. 实验材料

从本研究被试所用汉语教材《中文听说读写》（初级本）[①]中选取了10个最常用的多义单音节形容词，确保为学习者所熟悉。每个形容词设计一个题目，下面有五个义项，其中三个义项为目标义项，分别是英汉共有义项、目的语义项和母语义项，其余两个为填充义项，义项以词或词组方式呈现。确定各类义项时我们参照了《现代汉语词典》，英语词典 *The American Heritage Dictionary of the English Language*，以及英语网络词典 *Merriam-Webster Online：Dictionary and Thesaurus* 和 *Idioms and Phrases*：

---

① Liu, Y.-H.《中文听说读写》（第三版）. Cheng & Tsui Company, 2008.

the Free Dictionary。实验材料最终由两名汉英双语者和一名英汉双语者共同拟定。为了避免汉字对学习者造成理解上的干扰,我们为 10 个单音形容词标注了汉语拼音,五个义项均翻译成学习者母语。然后将题目以及各个义项通过随机数进行了排列。

5. 实验方法

要求被试在无教师指导的条件下,在 10 分钟内选择目的语词所对应的义项。

6. 计分方法

关键材料选中一个计 1 分,因此每个被试每类义项共计 10 分,每个被试满分 30 分。填充材料不计分。

(二)实验结果与分析

我们分别统计了每个汉语水平组被试共有义项、目的语义项和母语义项的得分,并求出其平均值,结果见表 3-9,括号内为标准差(SD)。

表 3-9 各种义项类型在不同组别中的得分

	T1	T2	T3	平均值
P1	9.24(0.83)	0.72(0.98)	0.40(0.71)	3.59(0.51)
P2	9.88(0.33)	0.76(1.36)	0.56(0.82)	3.92(0.80)
P3	9.92(0.28)	5.36(1.55)	2.76(1.51)	6.93(1.28)
P4	10.00(0.00)	5.80(1.32)	2.24(1.59)	6.89(1.30)
P5	10.00(0.00)	9.20(0.82)	1.96(2.13)	7.71(1.47)
平均值	9.81(0.50)	4.45(3.53)	1.58(1.71)	—

用 SPSS17.0 进行重复测量(Repeated Measure)方差分析,检验结果如下。

1. 主效应

意义类型主效应非常显著，$F_{(2, 119)}$=1791.17，$p < 0.001$，说明目的语词汇义项与母语的不同对应情况对学习者二语心理词汇发展的影响差异显著。对意义类型使用LSD方法进行多重比较，检验发现，共有义项的得分（M=9.81，SD=0.50）显著高于目的语义项的得分（M=4.45，SD=3.53，$p < 0.001$），也显著高于母语义项的得分（M=1.58，SD=1.71，$p < 0.001$）。对比目的语义项的得分与母语义项的得分发现，目的语义项显著高于母语义项（$p < 0.001$）。

汉语水平主效应非常显著，$F_{(4, 119)}$=129.37，$p < 0.001$，说明汉语水平对学习者不同类型意义的认知有显著影响。对汉语水平使用LSD方法进行多重比较，结果显示，一年级学习者（M=3.59，SD=0.51）与二年级学习者（M=3.92，SD=0.80）之间差异不显著（p=0.299）；三年级学习者（M=6.93，SD=1.28）与四年级学习者（M=6.89，SD=1.30）之间差异不显著（p=0.898）；一年级学习者与三年级学习者、四年级学习者及母语参照组（M=7.71，SD=1.47）之间差异均显著（p值均小于0.001）；二年级学习者与三年级学习者、四年级学习者及母语参照组之间差异均显著（p值均小于0.001）；三年级学习者与母语参照组之间差异显著（p=0.017）；四年级与母语参照组之间差异显著（p=0.012）。由此可以看出，一年级和二年级学习者之间、三年级和四年级学习者之间对意义类型的认知没有差异，但是一年级、二年级学习者与三年级、四年级学习者之间有差异，并且学习者与母语者之间均有差异。

2. 交互效应

意义类型与汉语水平之间的交互效应非常显著（$F_{(4, 119)}=72.75$，$p < 0.001$）。这说明不同汉语水平学习者的心理词典对不同意义类型的表征不同。下面是简单效应分析结果。

学习共有义项时，不同水平学习者之间差异非常显著（$F_{(4, 120)}=14.76$，$p < 0.001$）。在T1类型上，对汉语水平使用LSD方法进行多重比较，检验发现，一年级学习者（$M=9.24$，$SD=0.83$）与二年级学习者（$M=9.88$，$SD=0.33$）、三年级学习者（$M=9.92$，$SD=0.28$）、四年级学习者（$M=10.00$，$SD=0.00$）、母语对照组（$M=10.00$，$SD=0.00$）差异显著（$p < 0.001$）；而其他各组之间差异不显著（p值均大于0.05）。这说明学习共有义项时，只有一年级学习者与其他组别有显著差异，其他各组之间在统计学上并无显著差异。

学习目的语义项时，不同水平学习者之间差异非常显著（$F_{(4, 120)}=207.24$，$p < 0.001$）。在T2类型上，对汉语水平使用LSD方法进行多重比较，结果表明，一年级学习者（$M=0.72$，$SD=0.98$）与二年级学习者（$M=0.76$，$SD=1.36$）之间差异不显著（$p=0.909$）；三年级学习者（$M=5.36$，$SD=1.55$）和四年级学习者（$M=5.80$，$SD=1.32$）之间差异不显著（$p=0.211$）。一年级学习者与三、四年级学习者、母语对照组之间差异都非常显著（p值都小于0.001）；二年级学习者与三、四年级学习者、母语对照组之间差异都非常显著（p值都小于0.001）；三年级学习者和母语对照组之间有显著差异（$p < 0.001$）；四年级学习者和母语者之间也有显著差异（$p < 0.001$）。这表明，在学习目的语义项时，到了三年级，学习者的心理词典才得到了显著发展，但是到

了四年级这种发展并没有持续下去,并且四年级学习者与母语对照组仍有显著差距。

学习母语义项时,不同水平学习者之间差异非常显著,$F_{(4, 120)}=13.10$,$p < 0.001$。在 T3 类型上,对汉语水平使用 LSD 方法进行多重比较,发现一年级学习者($M=0.40$,$SD=0.71$)和二年级学习者($M=0.56$,$SD=0.82$)之间无显著差异($p=0.697$);三年级学习者($M=2.76$,$SD=1.51$)与四年级学习者($M=2.24$,$SD=1.59$)之间差异不显著($p=0.207$)。一、二年级学习者与三、四年级学习者之间差异均非常显著($p < 0.001$)。从平均分可以看出,在一年级和二年级阶段,母语词义的负迁移并不明显,到了三年级母语词义负迁移有显著变化,到了四年级这种负迁移虽然有所降低,但是仍然显著存在。也就是说,在学习二语词汇意义的过程中,母语负迁移的影响是有阶段特征的。另外,从英语作为第二语言的汉语母语组的得分($M=1.96$,$SD=2.13$)可以看出,第二语言的娴熟度达到一定水平之后,反过来会影响对母语词义的认知。

三 基于语料库的调查

在控制有关因素的环境下,我们通过实验研究得出了英语母语者汉语心理词汇发展的相关数据,而自然语料使用的环境比较真实、涉及全面,是语言习得研究的较好材料,因此本部分通过基于语料库调查的方法考察学习者心理词汇的发展情况。

(一)语料来源及相关处理

本部分汉语本族人的语料来源是北京语言大学的 200 万字的

"现代汉语研究语料库系统"(以下称"现汉库");[①]中介语语料是北京语言大学约100万字"汉语中介语语料库系统"(以下称"中介语库")。[②] 我们对实验材料中的10个单音节形容词进行了统计,在现汉库检索到符合条件的语料11860例,在中介语库检索到符合条件的英语母语者语料677例。中介语库语料根据学习者学习汉语的时间,从半年到四年半共9个等级,根据研究需要,笔者将半年至一年定为初级水平组,一年半至两年半定为中级水平组,三年及以上定为高级水平组。

（二）词语意义类型使用的调查

表 3-10　中介语与现汉不同词语意义类型使用情况

词项	共有义项 中介语	共有义项 现汉	目的语义项 中介语	目的语义项 现汉	两类义项使用之倍数 中介语	两类义项使用之倍数 现汉	倍数之比
大	200	3565	3	88	66.67	40.51	1.65
好	197	2508	20	1702	9.85	1.47	6.70
黑	14	330	0	104	14.00	3.17	4.42
冷	30	108	0	21	30.00	5.14	5.84
慢	11	100	0	10	11.00	10.00	1.10
热	17	194	0	30	17.00	6.47	2.63
瘦	6	80	0	10	6.00	8.00	0.75
小	140	2026	1	88	140.00	23.02	6.08

---

① 孙宏林、黄建平、孙德金、李德钧、邢红兵《"现代汉语研究语料库系统"概述》，《第五届国际汉语教学讨论会论文选》，北京大学出版社1997年版。
② 储诚志、陈小荷《建立"汉语中介语语料库系统"的基本设想》，《世界汉语教学》1993年第3期。

(续表)

词项	共有义项		目的语义项		两类义项使用之倍数		倍数之比
	中介语	现汉	中介语	现汉	中介语	现汉	
新	32	516	0	243	32.00	2.12	15.09
重	5	98	1	39	5.00	2.51	1.99
合计	652	9525	25	2335	26.08	4.08	—

表3-10显示，调查的10个单音节多义形容词项的共有义项在英语母语者中介语中都出现了，但只有4个词项的目的语义项在中介语中出现，可见学习者对两类义项的使用情况差异是很大的。另外，两种语料库共有义项的使用频次都远远高于目的语义项的使用频次。

为了具有可比性，我们使用"两类义项使用之倍数"这个指标对学习者的使用情况和本族语者的使用进行对比。"两类义项使用之倍数"指的是共有义项使用数和目的语义项使用数的比值（目的语义项使用情况为零的情况下，为方便操作起见假定其为1），比值越大说明两类义项的使用频次差别越大。在中介语库中倍数指标最高的是66.67，对应词项的现汉库指标是40.51；中介语库最小的倍数指标是5.00，对应的现汉库是2.51，可见两种语料库中两类义项使用频次差别之大。"倍数之比"指的是现汉库"两类义项使用之倍数"与中介语库"两类义项使用之倍数"之比，比值大于1说明中介语语料两类义项使用频次的差别比母语者语料的差别大，比值越大说明这种差别越大。从该指标可以发现，只有一个词项的该指标小于1，其他均大于1，其中最大者为15.07，最小的是1.10。因此，与母语者相较，学习者明显对目的语义项的使用频次不高。

（三）汉语水平因素的影响

从表 3-10 可以看出，词项"大"无论是在中介语还是在现汉中使用频次都是最高的，因此具有较强的代表性，本部分以"大"为例（鉴于语料有限，本部分不区分母语背景），考察二语学习者在不同水平阶段汉语心理词汇的发展状况。

表 3-11 "大"在不同语言水平下词语意义类型使用情况

	初级	中级	高级	现汉
共有义项	100 10.43%	173 18.04%	686 71.53%	1782 —
目的语义项	0 —	1 7.14%	13 92.95%	44 —
合计	100 10.28%	174 17.88%	699 71.84%	1826 —

表 3-11 所呈现的是每百万字的使用频次。可以看出，共有义项在初、中、高三个阶段都出现了，每百万字中使用频次依次递增；初级阶段的学习者尚没有使用目的语义项，到了中级阶段出现了个别用例，到高级阶段（即三年级及以上）使用频次才相对增多。可见，学习者对两类不同义项的习得过程是有差异的，即共有义项较早进入学习者的心理词典中，且其使用频次较高，而目的语义项进入学习者心理词典中的时间较晚（到三年级才有较多用例出现），并且使用频次相对较低，哪怕到了高级阶段与母语者相比仍有很大差距。

四 综合讨论

（一）母语因素对二语心理词汇发展的影响

魏红调查了英语母语背景学习者动宾搭配的情况，认为他们习得与英语相对应的宾语类型要远远好于英语中不常见的情况。[1] 汪慧慧也认为与学习者母语对应情况较好的搭配容易被习得，而对应比较复杂或者在母语中没有的搭配则较难习得。[2] 本研究支持上述结论，实验数据表明，目的语和母语的共有义项的习得显著好于目的语特有义项的习得（平均分分别为 9.81、4.45）；基于中介语库的调查也显示，共有义项的使用频次远远高于目的语特有义项的使用频次（最高倍数为 66.67，最低倍数为 5.00）。二语心理词典的相关研究也表明，两种语言的对应关系是影响学习者心理词汇发展的重要因素。

究其原因，就是母语迁移在起作用。De Groot & Annette 的"概念特征分布模型"指出，二语和母语对应词共享一部分概念特征，对应情况较好的词义容易发生正迁移，而对应情况不好的则易发生负迁移。[3] 具体到本研究，一方面由于共有义项是目的语和学习者母语对应较好的义项，因此其习得好于目的语特有义项；另一方面，由于母语特有义项与共有义项联系紧密，因此

---

[1] 魏红《汉语常用动词带宾语的习得研究》，《语言教学与研究》2009 年第 5 期。

[2] 汪慧慧《基于英汉动宾搭配统计对比的留学生词汇习得过程考察》，北京语言大学 2010 年硕士学位论文。

[3] De Groot, A. M. & Annette, M. B. Determinants of Word Translation. *Journal of Experimental Psychology: Learning, Memory & Cognition*, 1992(18).

学习者就把母语特有义项迁移到了目的语词项中，而该目的语词项并不具有该意义。譬如学习者汉语词项"黑"最常用的义项是"像煤或墨的颜色"，对应的英语共有义项是 black，同时"黑"还具有"非法的、不公开的"意思，而英文 black 另外一个次常用义是 sullen（发怒，不高兴），那么学习者很容易将"黑"与 black 对应上，而"黑"的特有义项"非法的、不公开"则不易掌握，而 black 表示"发怒、不高兴"的义项由于母语负迁移的影响则会被学习者复制到"黑"的意义上（三年级和四年级学习者表现尤为明显，平均分分别为 2.24、1.96）。

研究表明，当学习者的第二语言发展到一定阶段，目的语与母语复杂的对应关系会使第二语言反过来影响对母语的认知，譬如本研究的母语对照组，他们的英文就干扰了他们对母语的认知，譬如汉语的"慢"并不具有 boring（无聊的、令人厌烦）的意义，但是由于与其对应的 slow 具有该义项，所以被试选择了这样的义项（平均分为 1.58）。

（二）语言材料输入频次对二语心理词汇发展的影响

输入频次指的是某语言单位在语言输入中出现的次数。陈宝国等表明频率因素对被试词汇识别具有显著影响；[1] 江新认为字词在学习过程中的复现率是影响学习者习得相关项目的重要因素；[2] 魏红和张江丽等发现动词常用义项宾语的习得要普遍好于

---

[1] 陈宝国、王立新、王璐璐、彭聃龄《词汇习得年龄和频率对词汇识别的影响》，《心理科学》2004 年第 5 期。

[2] 江新《词的复现率和字的复现率对非汉字圈学生双字词学习的影响》，《世界汉语教学》2005 年第 4 期。

其他义项。[①] 可见输入频率是影响第二语言习得的重要因素，本研究的相关数据也支持该结论。共有义项通常是两种语言较为常用的义项，也就是说不管是在日常生活中还是在学习者的学习材料中，出现频次都比较高，实验表明，出现频次比较高的共有义项较早为学习者所掌握，较早进入学习者的心理词库，和概念所建立的关系也较为牢固。语料库调查也印证了上述结论，学习者对高频共有义项的使用也远远好于其他义项。

（三）学习者语言水平对二语心理词汇发展的影响

和第一语言习得类似，第二语言心理词汇发展也存在阶段性的问题。魏红对动宾搭配研究的结果显示，各类宾语的掌握都依循"高级阶段优于中级阶段，中级阶段优于初级阶段"的规律。[②] 钱旭菁对学习者习得趋向补语的研究、汪慧慧对动宾搭配的习得研究、张江丽等对"打"各义项习得的研究都支持该结论。[③] 本研究的数据表明学习者的语言水平影响二语心理词汇的发展，即二语心理词汇的发展存在阶段性的特点，但由于本研究的被试均在母语环境下学习外语，语言水平在其心理词汇的发展过程中所产生的影响较为复杂，汉语水平因素对其影响与在目的语环境下的学习者并不完全相同。从实验数据可以发现，一年级与二年级

---

① 魏红《汉语常用动词带宾语的习得研究》，《语言教学与研究》2009年第5期；张江丽、孟德宏、刘卫红《汉语第二语言学习者单音多义词习得深度研究》，《语言文字应用》2011年第1期。

② 魏红《汉语常用动词带宾语的习得研究》，《语言教学与研究》2009年第5期。

③ 钱旭菁《日本留学生汉语趋向补语的习得顺序》，《世界汉语教学》1997年第1期；汪慧慧《基于英汉动宾搭配统计对比的留学生词汇习得过程考察》，北京语言大学2010年硕士学位论文；张江丽、孟德宏、刘卫红《汉语第二语言学习者单音多义词习得深度研究》，《语言文字应用》2011年第1期。

学习者之间（平均分分别为 3.59、3.92）没有差异，三年级学习者与四年级学习者之间（平均分分别为 6.93、6.89）也没有差异，但是各个年级学习者与母语对照组均有显著性差异。这表明，母语环境下学习者进入更高的学习阶段比目的语环境下需要更多的时间，比如一年级与二年级并无差异，母语环境下学习者需要通过两年的学习才进入下一个更高的阶段，三年级和四年级之间无差异表明学习者进入更高的阶段可能需要更多的时间。另一方面，三年级和四年级学习者心理词库距母语者的心理词库仍有很大的差距，甚至到了该阶段之后出现了停滞不前的情况，存在较长的"高原期"。Selinker 提出的语言习得"化石化"理论认为，绝大多数学习者达到一定水平之后就会出现停滞不前的现象，本研究的数据支持该理论。[1]

（四）母语环境下美国学习者汉语心理词汇发展模式

Jiang 把二语心理词汇的发展分为三个阶段，第一个阶段是二语心理词汇词形发展阶段，第二阶段是母语词目为中介的词汇发展阶段，第三个阶段是二语词汇整合阶段。[2] 邢红兵认为二语者心理词汇的发展包括以下三个关键阶段，即静态词义的转换学习、动态词汇知识的纠正学习和第二语言词汇知识自主表征。[3] 本研究的数据基本支持以上结论，但母语环境下美国学习者二语心理词汇的发展又具有自身的特点，具体表现在：（1）母语因

---

[1] Selinker, L. Interlaguage. *International Review of Applied Linguistics*, 1972(10).

[2] Jiang, N. Lexical Representation and Development in a Second Language. *Journal of Baoshan Teachers College*, 2000(21).

[3] 邢红兵《基于联结主义理论的第二语言词汇习得研究框架》，《语言教学与研究》2009 年第 5 期。

素对学习者心理词汇发展的影响更大,这体现在两个方面,一方面高级阶段学习者之间(三年级和四年级)差异不显著,另一方面高级学习者与母语对照组之间仍有很大差异;(2)汉语水平因素对二语心理词汇发展影响比较复杂,在学习共有义项时各组之间均有显著差异;学习目的语特有义项时,一年级和二年级学习者之间,三年级和四年级学习者之间差异均不显著,但与母语对照组都有显著差异;在母语特有义项干扰方面,一年级和二年级受到的干扰小(平均分分别为 0.40、0.56),二者之间无显著差异,高年级受到的干扰反而大,尤其是三年级(平均分为 2.76),到了四年级影响有所减少。因此,就目前的研究数据看,我们认为母语环境下美国汉语学习者二语心理词汇的发展大致经历了以下三个阶段:(1)母语词义迁移到二语中,从而习得共有义项,该阶段母语特有义项干扰不大,主要发生在一年级到二年级之间;(2)保持共有义项的同时,开始对目的语特有义项有所认识,但是与母语者仍有较大差距,同时母语特有义项开始干扰二语心理词汇的发展,主要发生在三年级到四年级之间;(3)保持共有义项的同时,习得目的语特有义项,从而逐步建立较为完善的二语心理词库,与母语者较为接近,同时摆脱母语特有义项的干扰,该阶段在本研究尚未出现。

(五)对教学与学习的启示

母语环境下美国汉语学习者二语心理词汇的发展有其特殊性,语言习得环境、母语和目的语的对应情况是影响心理词汇发展的重要因素。有鉴于此,从教学和教材编写角度来看,应该为二语教学开展大规模汉外对比研究,以确定目的语和学习者母语的对应情况,从而做到有的放矢地进行教材编写和课堂教学。从学习的角度来说，在母语环境下，"化石化"现象出现的概率更大，但是这种现象是不是不能避免或者冲破？基于社会语言学的习得研究认为，如果学习者能够提高对目的语社团的认同感，能够融入目的语的社团生活，那么这些学习者的语言水平就可能冲破这种"化石化"，从而得到提高。我们的另一项研究也表明，在同一个年级学习的学生，在中国短期（2个月及以上）学习过的学习者其词汇知识的习得显著好于其他学习者，因此我们建议学习者能够利用各种机会与目的语社团成员增加接触。[1]

第四节　语境对汉语阅读过程中词汇学习的影响[2]

一　引言

（一）语境的作用及前人研究

词语的识别会因语境的不同而发生变化。Schuberth & Eimas 认为，句子语境能缩短与其一致且高度可测词的词汇决定时间（语境的促进作用）；与语境不一致词的词汇决定时间则会增加（语

---

[1] Wang, Z.-J. & Hao, Y.-X. Investigating the Depth of Word Knowledge in Chinese Learners. Unpublished paper, presented at the Inaugural Conference of the NECLTA-International Conference on Learning and Teaching Chinese Language and Culture in a Multicultural Environment at Tufts University, Boston, USA, 2012.

[2] 本节作者：干红梅，原文副标题为"一项基于跟动技术的实验研究"，载《汉语学习》2014年第2期。

境的抑制作用）。[1] 对于孤立状态下难识别的词和阅读能力差的人，语境的促进作用更明显。由于大多数二语学习者的阅读能力不强，所以阅读中的语境信息非常重要。

语境的有无、位置的前后、与目标词之间的语义强度、语义和句法关系等都影响目标词的识别、学习和记忆。[2] 心理学的研究多考察词语的识别（已掌握某一语言的人对已知词语的识别），其实证研究大都采用跨通道启动范式，以被试的反应时间作为指标。其反应时包含阅读（词语识别、理解）认知加工时间和手的动作时间（选择按键和执行按键）。词汇判断等任务的平均反应时在 600 毫秒左右，而自然阅读中对词语的平均注视时间仅约 250ms，比反应时短多了。[3] 可见反应时实验的外部影响因素较多，不能准确反映语言理解的即时认知过程。

---

[1] Schuberth, R. E. & Eimas, P. D. Effects of Context on the Classification of Words and Nonwords. *Journal of Experimental Psychology: Human Perception and Performance*, 1977(3).

[2] Li, X.-L. Effects of Contextual Cues on Inferring and Remembering Meaning of New Words. *Applied Linguistics*, 1988(9)；舒华《阅读中从语境中伴随学习生词——中美儿童跨文化研究》，北京师范大学 1991 年博士学位论文；Mondria, J. A. & Boer, M. W. The Effects of Contextual Richness on the Guessability and the Retention of Words in a Foreign Language. *Applied Linguistics*, 1991(12)；舒华、张厚粲、Anderson, R. C.《阅读中自然学习生词的实验研究》，《心理学报》1993 年第 2 期；Potter M. C. & Stiefbold, D. & Moryads, A. Word Selection in Reading Sentences. *Journal of Experimental Psychology: Learning, Memory & Cognition*, 1998；鲁忠义、熊伟《汉语句子阅读理解中的语境效应》，《心理学报》2003 年第 6 期；李俏、张必隐《句子语境中语义联系效应和句法效应的研究》，《心理科学》2003 年第 2 期；李俏、刘菁、张必隐《句子语境中语义联系启动作用的研究》，《心理学探新》2003 年第 1 期。

[3] Sereno, S. C. & Rayner, K. Measuring Word Recognition in Reading: Eye Movements and Event-related Potentials. *Trends in Cognitive Sciences*, 2003(7).

第四节　语境对汉语阅读过程中词汇学习的影响

对外汉语教学界主要考察未掌握二语的汉语学习者的词汇学习情况，钱旭菁认为"单从语境线索有无的角度也看不出语境对伴随性词汇学习的影响"。[①] 朱勇、崔华山认为："直接语境线索、间接语境线索以及无语境线索对词语猜测的难度依次递增；语境线索在后的目标词比在前的更易猜测。"[②] 干红梅考察了自然阅读情况下词汇学习的语境效应，发现："语境的丰富程度会影响目标词的学习，强语境能降低词语的学习难度；前语境比后语境的促进作用更大；语境具有距离效应；不同语义类型的语境影响目标词的学习，但具体情况非常复杂；语境中含否定词的目标词语义容易猜反。"[③] 这些研究采用的都是准实验性质的测试方法（读后写出词义、出声思维），考察的目标词数量不匹配，未控制词汇等级、语义透明度、笔画数等条件，而这些因素都可能影响结论的准确度。

本节在前人研究的基础上借助眼动技术来探讨在控制条件下的语境位置和语境的语义类型对汉语词汇学习的影响。国内心理学界在汉语母语阅读和英语外语阅读研究方面也取得了不少成果，但对外汉语教学界的眼动研究较少，目前可见到的资料只有白学军等，付玉萍，于鹏、焦毓梅，于鹏，谢晓燕，内容多集中在篇章阅读和阅读模式方面，词汇学习方面的研究甚

[①] 钱旭菁《汉语阅读中的伴随性词汇学习研究》，《北京大学学报》（哲学社会科学版）2003年第4期。
[②] 朱勇、崔华山《汉语阅读中的伴随性词汇学习再探》，《暨南大学华文学院学报》2005年第2期。
[③] 干红梅《上下文语境对汉语阅读中词汇学习的影响——一项基于自然阅读的调查报告》，《语言教学与研究》2011年第3期。

少。[1]

(二)眼动技术及其眼动指标

眼动技术是以视觉形式呈现阅读材料,通过眼动仪记录阅读者对词句的注视时间、注视位置和顺序等眼球运动的时间、空间信息,来考察阅读加工过程的实验方法。眼动技术为阅读研究提供了一种相对自然的即时测量方法。实验时,被试只需按平常的阅读习惯看屏幕上出现的句子或文章,眼动仪只记录眼球运动情况,眼动数据显示眼睛正在看什么,进而推测大脑正在加工什么。[2]

眼动技术常用首次注视时间和总注视时间作为眼动指标,其基本原理是:认知加工难度可以通过眼睛的注视时间体现出来,难度大的材料认知加工时间长,所以注视时间长,难度低的材料认知加工时间短,所以注视时间短。我们以一位被试的一次眼动轨迹为例来说明(参见图3-1):

---

[1] 白学军、田瑾、闫国利、王天琳《词切分对美国大学生汉语阅读影响的眼动研究》,《南开语言学刊》2009年第1期;付玉萍《汉语L2不同阅读练习模式实验研究》,《汉语学习》2007年第3期;付玉萍《以汉语为第二语言的留学生高级阶段阅读眼动研究》,首都师范大学2008年博士学位论文;于鹏、焦毓梅《韩国大学生同文体汉韩篇章阅读眼动研究》,《云南师范大学学报》(对外汉语教学与研究版)2006年第5期;于鹏、焦毓梅《韩国大学生阅读不同主题熟悉度汉语说明文的眼动实验研究》,《汉语学习》2008年第1期;于鹏、焦毓梅《中韩大学生阅读汉语说明文的眼动研究》,《天津师范大学学报》(社会科学版)2008年第3期;于鹏《韩国留学生阅读汉语文本的眼动研究》,北京大学出版社2011年版;谢晓燕《基于眼动技术和动态流通语料库DCC的汉语阅读注视块研究》,北京语言大学2005年硕士学位论文。

[2] Rayner, K. Eye Movements in Reading and Information Processing: 20 Years of Research. *Psychological Bulletin*, 1998;沈德立《学生汉语阅读过程的眼动研究》,教育科学出版社2001年版;阎国利《国外对阅读的眼动研究》,《天津师大学报》(社会科学版)1994年第1期;阎国利、白学军《中文阅读过程的眼动研究》,《心理学动态》2000年第3期。

第四节 语境对汉语阅读过程中词汇学习的影响

R1 / R2(语) / R3 / R4 / R5（目） / R6①

他 昨 天 / 伤 心 / 极 了， / 心 情 / 沮 丧 / 得 很 。

2(176)②1(176) 3(168) / 5(268)4(208) 6(272) /7 (452) 8(124) / 10(260) 11(248) 9(296) 13(288) / 12(232) 14(224) 15(544) 16(636)/ 17(524)18(80)

沮 19(376)　得 20(556)

心 21(157)

图 3-1　学习者的眼动轨迹

首次注视时间（First Fixation Duration，简称 FFD），指眼睛在某个统计区域内第一个注视点的停留时间。比如，R1 的 FFD 为注视点 1 的时间为 176 毫秒。总注视时间（Total Fixation Duration，简称 TT），指完成整个句子阅读时，眼睛在某个区域内的所有注视点的停留时间之和。例如 R2 的 TT 包括注视点 4、5、6 和 21 的注视时间 208+268+272+157=905 毫秒。

研究者一般将 FFD 作为反映词汇早期加工指标（包括词形识别、语音激活等）。将 TT 作为后期加工指标（包括词义表征的提取、词义整合和句义整合等）。③

---

① 该句共分为 6 个区域，R1 表示第一个区域，"R2（语）"表示第二区域为语境区域，"R5（目）"表示第五区域为目标词区域。其他依此类推。

② 括号外数字表示注视点序数，括号内数字表示该注视点的注视时间（单位：毫秒），例如：2（176）表示第二个注视点的注视时间为 176 毫秒。

③ Sereno, S. C. & Rayner, K. Measuring Word Recognition in Reading: Eye Movements and Event-related Potentials. *Cognitive Science*, 2003(7).

二 实验一

（一）实验目的及设计

实验一考察当语境为释义小句时，语境位置对词语学习的影响。

采用 2×2 两因素混合方差设计。被试间变量为语言背景，分为两个水平：有汉字背景的日韩组和无汉字背景的欧美组。被试内变量为语境位置，分为两个水平：前语境和后语境。因变量：目标词区和整句的 FFD 和 TT。

（二）实验被试

中山大学国际交流学院中级（上）欧美学习者和日韩学习者各 16 人，共 32 名。平均年龄 26 岁，除 1 人外均为右利手，视力正常或矫正视力正常。所有被试都自愿参加实验并接受礼物。

（三）实验材料

从《汉语水平词汇与汉字等级大纲》（以下简称《大纲》）中初选出丙、丁级和超纲词语共 20 个，请 3 名中级任课教师和 3 名学生判断是否学习过，最后确定 10 个语义透明度较低且笔画数无差异的词语为目标词。每个目标词生成一个包含两个分句的句子，目标词和语境分别在不同小句。变化目标词分句和语境分句的位置，使每个目标词生成 2 个变体句（前、后语境各 1 句），10 个目标词共生成 20 个变体句，适当调整个别字词以保证两个变体句的语义不变且句法通顺，除语境位置不同外无其他差异。每个句子分为 4 个区域，为了避免出现首尾效应，目标词都不出现在句首或句尾。实验例句如表 3-12 所示。材料分配完毕后，做版本内的刺激随机和被试间的版本随机,以保证被试看到的句子是随机出现的。每个被试阅读 10 个句子(前、后语境各 5 句),每个句子后附一个与句义相关的判断题以保证学习者的阅读目的为理解句子。

表 3-12 实验一刺激样例

条件 1:后语境				条件 2:前语境			
R1	R2(目)	R3	R4(语)	R1(语)	R2	R3(目)	R4
男人买东西都是	即兴	的,	一般不会事前计划。	男人买东西一般不会事前计划,	都是	即兴	的。

(四)仪器

由两台 DELL 电脑和一台 SR Research 的 Eyelink Ⅱ 眼动仪组成。用于呈现刺激的显示器为 21 寸 DELL Trinitron CRT 显示器,每行可呈现约 60 个字符。刺激呈现采用白色 26 号宋体,背景为黑色,每一屏呈现一个句子,所有字都在同一行。被试距离屏幕 62cm,1 度的视角大约能看到 2.6 个字符。眼动仪和反应手柄均接到另一台用于数据记录的电脑,眼动仪采用瞳孔和角膜同时记录的模式,分辨率为 0.025°,采样率为 250Hz。

(五)实验程序

所有实验都在中山大学公共卫生学院妇幼卫生系的眼动实验室进行。被试进入实验室后,由主试介绍实验过程和任务。实验时要求被试将头放在事先固定好的腮托上,以避免头和身体的晃动,确保眼睛平视屏幕中央。佩戴好眼动仪之后,进行 9 点校准,即在屏幕的 9 个位置(上,下,左,右边的中点,屏幕中央,以及 4 个角)依次出现白色的小圆点,当被试的注视点与圆点差异小于 0.5 度时，开始正式实验。每个句子出现前，在屏幕中央出现一个白色小圆点，被试准确盯住后小圆点消失，在句首位置出现一个白色小方块，被试准确盯住后，测试句子呈现在屏幕中央。被试按照正常阅读的方式读完整句后按任意键，判断题会自动出现在屏幕上，被试按左右键判断正误。正式测试前有 4 个练习句让被试熟悉实验过程。

三　实验一数据分析

先用 Eyedry 计算出各区各因变量的值，再用 SPSS 11.5 统计分析软件重复测量（Repeated Measure）方差分析进行离线统计分析。最后有效数据为日韩组 15 人，欧美组 16 人。

（一）首次注视时间 /FFD（参见表 3-13）

1. 目标词区 FFD

所有指标都不显著。语境位置主效应不显著，$F_{(1, 29)}=0.696$，$p=0.411$。语言背景主效应不显著，$F_{(1, 29)}=1.868$，$p=0.182$。语境位置与语言背景交互效应不显著，$F_{(1, 29)}=0.660$，$p=0.423$。

2. 整句 FFD

所有指标都不显著。语境位置主效应不显著，$F_{(1, 29)}=0.136$，$p=0.715$。语言背景主效应不显著，$F_{(1, 29)}=2.405$，$p=0.132$。语境位置与语言背景交互效应不显著，$F_{(1, 29)}=0.148$，$p=0.704$。

表 3-13　实验一的 FFD（单位：毫秒；括号内为标准差，下同）

	后·目	前·目	后·整句	前·整句
日韩组	85.53（22.59）	85.65（23.59）	176.65（33.30）	176.76（38.17）

第四节 语境对汉语阅读过程中词汇学习的影响 173

（续表）

	后·目	前·目	后·整句	前·整句
欧美组	89.48（20.12）	98.50（25.06）	194.96（30.75）	189.53（34.88）
平均	87.57（21.08）	92.28（24.83）	186.10（32.81）	183.35（2.59）

注："后·目"表示后语境句子的目标词区注视时间，"后·整句"表示后语境句子的整句注视时间。依此类推。

表 3-13 显示，无论语境在前还是在后，无论被试有无汉字背景，目标词区域和整句的 FFD 都无明显差异。这说明语境位置和语言背景对词语早期的加工无显著影响。

（二）总注视时间 /TT

1. 目标词区 TT（参见表 3-14）：所有指标都不显著。语境位置主效应不显著，$F_{(1, 29)}$=0.000，p=0.989。语言背景主效应不显著，$F_{(1, 29)}$=0.124，p=0.727。语境位置与语言背景之间交互效应不显著，$F_{(1, 29)}$=0.025，p=0.875。

表 3-14 实验一目标词区 TT（单位：毫秒）

	后·目	前·目
日韩组	223.06（85.30）	226.11（44.53）
欧美组	234.11（82.55）	230.51（109.75）
平均	228.76（82.67）	228.38（83.39）

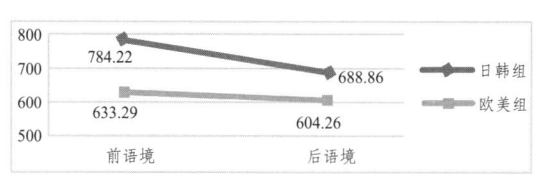

图 3-2 实验一整句 TT（单位：毫秒）

2. 整句TT（参见图3-2）：语境位置主效应边缘显著，$F_{(1, 29)}$=4.101，p=0.052。前语境句子的整句总注视时间较明显地短于后语境。语言背景主效应显著，$F_{(1, 29)}$=9.915，p=0.004，日韩组被试的整句总注视时间明显短于欧美组。语境位置与语言背景之间交互作用不显著，$F_{(1, 29)}$=1.166，p=0.289，无论有汉字背景的日韩组还是无汉字背景的欧美组，都是前语境句子的总注视时间较明显地短于后语境句子。

对比目标词区TT和整句TT来看，目标词区无显著差异而整句有较为显著的差异，由此可以推测学习者已经意识到仅从词语本身无法推测出词义，因此无论语境在前还是在后，学习者予以目标词的注视时间都差不多。可以推测学习者阅读时的注意力主要集中在非目标词区，正是由于非目标词区的注视时间有较为显著的差异，因此整句TT的差异才呈边缘显著。由此可见，学习者是通过非目标词区（即语境区）的加工来学习词语的。

结合实验一FFD和TT的数据可以发现，语境位置的变化对词语的学习有较为显著的影响，前语境句子的整句总注视时间较明显地短于后语境句子。此外，有无汉字背景也影响词汇学习，日韩学习者的整句总注视时间明显短于欧美学习者。

四 实验二

（一）实验目的及设计

实验二考察语境位置和提示词（同义词/反义词）的语义类型对目标词学习的影响。

第四节 语境对汉语阅读过程中词汇学习的影响

采用 2×2×2 三因素混合方差设计，被试间变量为语言背景，分为两个水平：有汉字背景的日韩组和无汉字背景的欧美组；被试内因素一为语境位置，分为两个水平：前语境和后语境；被试内因素二为语境的语义类型，分为两个水平：同义词语境和反义词语境。因变量同实验一。

（二）实验材料

从《大纲》选出丙、丁级和超纲词语共 30 个，请 3 名中级任课教师和 3 名学生判断是否学习过，最后选出语义透明度低、笔画数无差异且能配对出难度低的同义词和反义词各一个的词语 20 个作为目标词。每一个词语生成一个包含两个分句的句子，目标词和语境提示词分别在不同小句。变化目标词分句和语境分句的位置，使每个目标词生成 4 个变体句（前同义词语境、后同义词语境、前反义词语境、后反义词语境）。每个句子分为 6 个区域，具体实验样例如表 3-15 所示。材料分配完毕后，做版本内的刺激随机和被试间的版本随机，以保证被试看到的句子是随机出现的。实验时每个被试阅读 20 个句子（4 种语境的句子各 5 句）。每个句子后附一个与句义相关的判断题以保证阅读目的为理解句子。

表 3-15 实验二刺激样例

条件 1：前·同义词语境					
R1	R2（语）	R3	R4	R5（目）	R6
这是件很	麻烦	的事情	很	棘手	的事情。
条件 2：后·同义词语境					
R1	R2（目）	R3	R4	R5（语）	R6
这是件	棘手	的事情	很	麻烦	的事情。

（续表）

条件 3：前·反义词语境					
R1	R2（语）	R3	R4	R5（目）	R6
这不是	容易	的事情	是件	棘手	的事情。
条件 4：后·反义词语境					
R1	R2（目）	R3	R4	R5（语）	R6
这是件	棘手	的事情，	不是	容易	的事情。

实验二被试、仪器、程序都同实验一。

五 实验二数据分析

数据分析方法同实验一。最后的有效数据为日韩组和欧美组被试各 16 人。

（一）首次注视时间 /FFD

1. 目标词区 FFD

所有指标都不显著。语境位置主效应不显著，$F_{(1, 30)}$=2.496，p=0.125。语境的语义类型主效应不显著，$F_{(1, 30)}$=0.190，p=0.666。语言背景主效应不显著，$F_{(1, 30)}$=0.728，p=0.400。语境位置与语义类型交互效应不显著，$F_{(1, 30)}$=0.664，p=0.422。语境位置与语言背景交互效应不显著，$F_{(1, 30)}$=0.416，p=0.524。语境的语义类型与语言背景交互效应不显著，$F_{(1, 30)}$=0.103，p=0.750。语境的位置、语境的语义类型、语言背景交互作用不显著，$F_{(1, 30)}$=1.261，p=0.270。可见，词语学习的早期加工不受语境的位置、语义类别和主体有无汉字背景的影响。

2. 整句 FFD（参见表 3-16）

语境位置主效应不显著，$F_{(1, 30)}$=1.751，p=0.196。语境的语义类型主效应显著，$F_{(1, 30)}$=34.783，p=0.000，同义语境句子的首次注视时间显著长于反义语境句子（334.72＞299.45）。语言背景之间差异不显著，$F_{(1, 30)}$=2.554，p=0.121。语境位置与语义类型交互作用不显著，$F_{(1, 30)}$=0.045，p=0.833。语境位置和语言背景交互作用不显著，$F_{(1, 30)}$=0.560，p=0.460。语义类型与语言背景交互作用不显著，$F_{(1, 30)}$=4.707，p=0.196。位置、语义、语言背景的交互作用不显著，$F_{(1, 30)}$=1.329，p=0.258。

表 3-16　实验二整句 FFD（单位：毫秒）

	同义		反义	
	前	后	前	后
日韩组	312.39（69.27）	335.88（59.36）	293.24（55.416）	297.79（41.15）
欧美组	366.63（60.89）	363.99（72.87）	298.17（39.78）	308.58（34.03）
平均	339.50（69.82）	349.94（66.92）	295.71（47.52）	303.18（37.55）

当语境中出现与目标词语义相关的提示词时，语境位置并未影响非目标词区的首次注视时间，但提示词的语义类型影响非目标词区的首次注视时间，从而导致整句首次注视时间的差异。这说明，语境的语义类型对词语学习的影响力比语境位置更大。究其原因，可能是阅读理解最重要的是意义的整合，词语的词形、语音和语法义的重要性都低于意义。

（二）总注视时间 /TT

1. 目标词区 TT

所有指标都不显著。语境位置主效应不显著，$F_{(1, 30)}$=0.172，p=0.681。语境语义类型主效应不显著，$F_{(1, 30)}$=0.100，p=0.754。

语言背景主效应不显著，$F_{(1, 30)}$=1.704，p=0.202。语境位置与语义类型交互作用不显著，$F_{(1, 30)}$=0.325，p=0.573。语境位置与语言背景交互作用不显著，$F_{(1, 30)}$=0.659，p=0.423。语境的语义类型与语言背景交互作用不显著，$F_{(1, 30)}$=0.358，p=0.554。语境位置、语义类型、语言背景交互作用不显著，$F_{(1, 30)}$=0.087，p=0.770。

2. 整句 TT（参见图 3-3）

语境位置主效应显著，$F_{(1, 30)}$=5.398，p=0.027，前语境句子的总注视时间显著短于后语境句子（905.80＜952.05）。语境语义类型主效应显著，$F_{(1, 30)}$=7.520，p=0.010，同义语境句子的总注视时间显著短于反义语境的句子（905.39＜952.47）。该结果与干红梅考察的自然阅读状态下的调查结果[1]略有不同，这可能是由于自然阅读状态下很多影响因素无法控制，而严格控制下的实验结果应该更为准确。语言背景主效应显著，$F_{(1, 30)}$=16.061，p=0.000，日韩学习者的注视时间显著短于欧美学习者（819.10＜1038.76）。语境位置与语境语义类型交互作用不显著，$F_{(1, 30)}$=1.985，p=0.169，四种语境句子的总注视时间由短到长排序为：前同语境＜后同语境＜前反语境＜后反语境。语境位置与语言背景交互作用不显著，$F_{(1, 30)}$=0.000，p=0.986。语义与语言背景交互作用不显著，$F_{(1, 30)}$=1.537，p=0.225。位置、语义、语言背景交互作用不显著，$F_{(1, 30)}$=1.474，p=0.234。

对目标词区 TT 而言，语境位置和语境语义类型主效应都不显著，我们可以得出与实验一相同的结论：学习者的注意力主要

---

[1] 干红梅《上下文语境对汉语阅读中词汇学习的影响——一项基于自然阅读的调查报告》，《语言教学与研究》2011 年第 3 期。

集中在语境区而非目标词区,即学习者是通过对语境的加工来完成目标词的学习的。而对整句 TT 而言,无论语境位置还是语境的语义类型效应都非常显著,并且语义类型影响的显著性更强(p=0.010)。

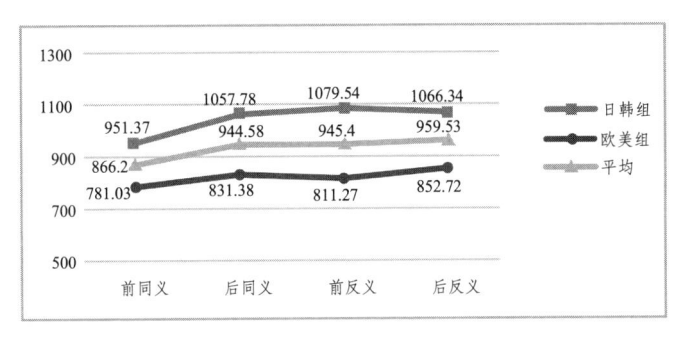

图 3-3 实验二整句 TT(单位:毫秒)

对比实验二目标词区的 FFD 和 TT 可以看出,无论在语境位置和语境语义类型主效应都不显著,这更证明了我们之前的结论:学习者已经意识到仅从词语本身无法推测出词义,因此予以目标词区差不多的注视时间。

对比整句的 FFD 和 TT,我们发现语境位置的影响在整句 FFD 中不显著,但在整句 TT 中显著;而语义类型的影响不仅在整句 TT 中显著,在 FFD 中也显著,并且在整句 TT 中显著性还强于语境位置的影响。这再一次说明,意义是阅读理解的根本,所以语义类型的影响较语境位置更为突出。不过,为何同义语境整句的 FFD 显著长于反义语境句子,而 TT 又显著短于反义语境?其间是如何转变的?这还值得进一步深入讨论。

结合目标词区和整句的 FFD、TT 可以说明:语境位置和语义类型对词语学习有显著影响;前语境句子的总注视时间显著短于后语境句子；同义语境句子的总注视时间显著短于反义语境句子；语义类型的影响较语境位置更为突出。日韩学习者的注视时间显著短于欧美学习者。

六 结论

通过上述两个眼动实验，我们得出以下结论：

1. 学习者利用语境来学习透明度低的词语。学习者在阅读的过程中已经意识到仅从词语本身无法推测出词义，所以无论语境在前还是在后，无论语境中含有同义词还是反义词，学习者给予目标词的注视时间都差不多。可以看出，对于透明度低的词语，学习者无法通过语素义来推测词义，因此学习者的注意力主要集中非目标词区（即语境区），正是非语境区注视时间的差异，导致了整句平均总注视时间的显著差异。

2. 前语境和同义语境更利于目标词学习，语义类型的影响较语境位置更为突出。语境位置和提示词的语义类型对目标词的学习都有显著的影响，语义类型的影响较语境位置更为突出。四种语境的促进作用由大到小排序为：前同语境＞后同语境＞前反语境＞后反语境。

3. 含有明确语义提示词的语境比释义小句语境更利于目标词学习。比较两个实验的整句 TT 可以看出：实验一中，语境位置主效应只是边缘显著（$p=0.052$），而实验二中，语境位置主效应变为显著，并且语义类型主效应也为显著（$p=0.027$；$p=0.010$）。究其原因，两个实验的语境条件有所不同：实验一的语境为解释目标词意思的释义小句，而实验二的语境为含意明确的同义词或反义词。两种语境相比,实验二的语境更直接更简洁,因而实验二中的主效应更为明显。

4. 有汉字背景的日韩学习者生词学习效果好于无汉字背景的欧美学习者。两个试验的结果一致,可见,有无汉字背景对词语学习有显著影响。

5. 语境的作用发生在词语学习的晚期。两个实验的目标词都是透明度较低的词语,学习者无法通过构词语素来推测词义,必须通过语境。两个实验目标词区的 FFD 和 TT 表明,语境的位置和语义类型对词汇学习的早期和晚期加工均无显著影响(目标词区无差异);语境的影响体现在最终的整句 TT 上。这说明,语境不是直接通过目标词区起作用的,而是间接通过非目标词区来起作用,学习者是通过对非目标词区域(即语境区)的学习来学习词汇的。

汉语作为二语的词汇学习与母语者的词汇识别略有不同,词语识别是从已建立的心理词典中提取已存词语,而词语学习则是未知词语的学习过程,是心理词典构建的过程。一般认为,语境作用发生在词汇加工的晚期,此实验说明,语境作用也发生在词汇学习的晚期。

对比本实验和干红梅的调查[①]发现,无论在毫无控制的自然阅读状态下还是在严格控制的实验条件下,前语境的促进作用都比后语境大,更利于词汇的学习。但不同语义类型的语境对目标词的影响较为复杂:在自然阅读状态下,由于数量、语义透明度、

---

① 干红梅《上下文语境对汉语阅读中词汇学习的影响——一项基于自然阅读的调查报告》,《语言教学与研究》2011 年第 3 期。

外在提示标志的强弱无法控制,因而含反义语境的目标词学习效果略好于含同义语境的目标词;而在严格控制语义透明度、笔画数、词汇等级、匹配好数量并缺乏外在提示标志的实验条件下,含同义语境目标词的学习效果显著好于含反义语境的目标词。我们认为,虽然自然阅读更为真实但不尽精准,只有将自然阅读与实验研究结合起来考察,才能得出真实、准确的结论。

第五节 汉语二语学习者词汇网络的关联特征研究[1]

一 词汇相关联而存在

心理语言学认为,语言的词汇系统是以一个类似于网状的结构在大脑中存在的,在这个网络里有许多节点可以激活和扩展。网络的节点是学习者已经掌握的词汇,而网络上的各条线则表示词语之间的关联。[2] 新的词汇通过新的连线和已有的词汇联系起来。如果我们能够深入了解心理词汇的关联特征,并有意识地将其应用到词汇教学当中,将有利于二语学习者对词汇的识记、储存、扩展和提取。

---

[1] 本节作者:李广利、姜文英,原载《华文教学与研究》2015 年第 4 期。
[2] Aitchison, J. *Words in the Mind: An Introduction to the Mental Lexicon*. Blackwell, 1994; Meara, P. *Connected Words: Word Associations and Second Language Vocabulary Acquisition*. John Benjamins, 2009; 常敬宇《汉语词汇的网络性与对外汉语词汇教学》,《暨南大学华文学院学报》2003 年第 3 期。

第五节 汉语二语学习者词汇网络的关联特征研究

目前研究结果一致认为,词汇关联有语音关联、句法关联和语义关联三种形式,而语义关联在母语者心理词汇中占主导地位。然而对于二语心理词汇之间的关联研究者们持有不同观点。Meara 指出,二语学习者与母语者的心理词汇网络结构存在显著差异,二语学习者以语音关联为主,且不稳定。[1]Singleton 对此观点提出了挑战,认为没有充足的证据可以证明其"语音关联"观。[2] 也有研究者(如 Wolter)认为,二语学习者心理词汇中的词语关联是以语义为主导。[3] 这种"语义关联"的观点越来越多地得到认同。

现有的文献中,对二语词汇网络关联的考察多数是依据英语作为二语的研究。英语是拼音文字,汉语是象形文字,那么以英语为研究对象的词汇网络研究结果是否适用于汉语?这一点值得探讨。在对外汉语领域,常敬宇对汉语极其复杂的语义关系进行了系统细致的分类,并指出,汉语教师应该利用汉语词汇之间的关联,帮助学生建立和扩展词汇网络,以提高词汇教学和学习的效率。[4] 这项研究提供的词汇网络策略对对外汉语词汇教学具有极其重要的借鉴意义,但却忽略了词汇网络的其他关联模式,比如语音关联。另外,词汇的关联特征可能受学习者本身母语及其汉语水平的影响,培养汉语学习者的词汇网

---

[1] Meara, P. Word Associations in a Foreign Language: A Report on the Birkbeck Vocabulary Project. *The Nottingham Linguistic Circular*, 1983(11).

[2] Singleton, D. M. *Exploring the Second Language Mental Lexicon*. Cambridge University Press, 1999.

[3] Wolter, B. Comparing the L1 and L2 Mental Lexicon. *Studies in Second Language Acquisition*, 2001(23).

[4] 常敬宇《汉语词汇的网络性与对外汉语词汇教学》,《暨南大学华文学院学报》2003 年第 3 期。

络意识,并把词汇的网络特征运用到词汇教学中并不是一件易事。在这之前,我们有必要了解学习者词汇网络关联的现状,以便根据学习者客观的词网特征进行更有效的词汇教学。基于此,本研究通过词汇联想测试来调查澳大利亚母语为英语的汉语学习者的词汇网络关联特征,以期探得一些对外汉语词汇习得的规律,从而为更加有效的对外汉语教学提供参考建议。本节的研究问题为:

第一,汉语学习者的心理词汇关联是否以语义关联为主?

第二,初、中级水平汉语学习者在词汇关联模式上是否有差异?

二 研究方法

(一)被试

被试为澳大利亚昆士兰大学语言与文化学院学习汉语且母语为英语的二年级(初级水平组)和三年级(中级水平组)学生各25人。测试在 2014 年第一学期初进行,初级组被试在大学学习汉语一年左右,中级组被试在大学学习汉语两年左右。两组学生课堂学习汉语的平均时间为每周 4 至 6 个小时[①]。被试中不包括华裔学生。另外,25 名汉语母语者作为参照组参与试验并提供基

---

① 昆士兰大学开设一、二和三年级的中文课程,每年级两个学期,课程分为听说课和读写课,每门课都包括两部分:讲解部分(lecture)和练习部分(tutorial)。同一学期两门课的讲解部分一起上(combined lecture),共两小时,练习部分分开上,各两小时。学生可以根据需要同时学两门课(6 小时),也可以只学其中的一门课(4 小时)。

线数据。

(二) 测试方法

本研究采取词汇联想测试收集数据。词汇联想测试由19世纪80年代英国科学家Francis Galton提出,最早用于心理学研究。[①]在20世纪60年代应用于语言学研究,测试母语者心理词汇。20世纪80年代,Meara将这一方法用于二语心理词汇研究并取得一系列研究成果。[②]之后,词汇联想方法得到二语词汇研究者的广泛应用。Aitchison曾总结研究心理词汇的四种主要方法:(1)词汇搜索(word searches),这包括舌尖现象(tip-of-the-tongue)和口误现象(slips of the tongue);(2)语料库方法(linguistic corpora);(3)言语障碍(speech disorders);(4)以词汇联想测试为主的心理实验(psychological experiments)。[③]第四种方法操作起来最为简单,获得的数据也最为丰富,因此也最

---

① Jung, C. G. The Association Method. *The American Journal of Psychology*, 1910(21); Kent, G. H. & Rosanoff, A. J. A Study of Association in Insanity. *American Journal of Insanity*, 1910(67).

② Meara, P. Learners' Word Associations in French. *Interlanguage Studies Bulletin*, 1978(3); Meara, P. Vocabulary Acquisition: A Neglected Aspect of Language Learning. *Language Teaching*, 1982(13); Meara, P. Word Associations in a Foreign Language: A Report on the Birkbeck Vocabulary Project. *The Nottingham Linguistic Circular*, 1982(11); Meara, P. A Note on Passive Vocabulary. *Second Language Research*, 1990(6); Meara, P. The Dimensions of Lexical Competence. Brown, G. & Malmkjaer, K. & Williams, J. (eds.) *Performance and Competence in Second Language Acquisition*. Cambridge University Press, 1996; Meara, P. Simulating Word Associations in an L2: Approaches to Lexical Organization. *International Journal of English Studies*, 2007(7); Meara, P. *Connected Words: Word Associations and Second Language Vocabulary Acquisition*. John Benjamins Pub. Co, 2009.

③ Aitchison, J. *Words in the Mind: An Introduction to the Mental Lexicon*. Blackwell, 1994.

为常用。Singleton 甚至认为，"鉴于词汇联想在心理词汇研究中的作用，在任何情况下，一项关于词汇的研究，包括二语词汇，若没有包含词汇联想测试，那么这项研究可能面临着表面效度的问题"。[1] 发展至今日，词汇联想测试的数据收集方法已呈现出多样化的形式，主要包括"写一写（written-written）"（即刺激词书面呈现，反应词也是书面呈现），"写一说（written-oral）"，即刺激词书面呈现，反应词口头呈现，"听一说（aural-oral）"即刺激词听觉呈现，反应词口头呈现，和"听一写（aural-written）"，即刺激词听觉呈现，反应词书面呈现，这几种方式。Cramer 比较了"写一写"和"听一说"两种数据收集方式后发现，使用后一种方法，母语者产生了更多的聚合反应。[2] 但也有学者（如 Entwisle）认为，数据收集方法不会影响词汇联想结果。[3] 词汇联想测试方法是否对测试结果（反应类型）有影响，还需要更多的实证研究来探讨。为了避免不同测试方法对测试结果造成的可能的偏向性，本研究对汉语学习者采用了"写一说"和"听一说"相结合的测试方法。即，研究者将刺激词以书写的方式呈现给被试，同时把刺激词读给被试，被试边听边看，尽快说出首先想到的三个词，由研究者记录下来。这种方法一方面可以降低单一词汇联想方法对测试结果可能的影响，另一方面也考虑到了汉字书写难度可能会影响学习

---

[1] Singleton, D. M. *Exploring the Second Language Mental Lexicon*. Cambridge University Press, 1999.

[2] Cramer, P. *Word Association*. Academic Press, 1968.

[3] Entwisle, D. R. *Word Associations of Young Children*. Johns Hopkins Press, 1966.

者对反应词的选择。另外还有利于研究者了解被试的联想路径,以便对反应词进行更准确的分类。这种方法的缺点是,需要对被试逐一测试,比较费时费力,然而准确度高。对母语者参照组,则采取集体"写一写"测试,即给母语被试每人一张词汇联想测试卷,要求他们写下最先想到的三个反应词。母语者基本不存在书写有难度的问题,因此可以采取这种比较省时省力的"写一写"测试方法。测试中的15个刺激词均来自学习者正在使用的中文教材第一册,以确保被试认识这些词。测试时间因人而异,大约为20分钟。需要指出的是,虽然对每个刺激词的反应时间没有严格限制,但如果2分钟后,学习者无法就某个刺激词给出三个反应词,反应词也可以是两个、一个或者空白。

(三)反应词分类

对词汇联想测试结果最常用的分析方法是对反应词进行分类。本试验共收集到3309个反应词(1114个来自母语者,1102个来自中级水平学习者,1093个来自初级水平学习者)。这些反应词按照惯例被分为四类:聚合反应、组合反应、语音反应以及其他类。聚合反应指那些和刺激词属于同一词类,可以进行语法替换的反应,比如"big-small"。这和常敬宇语义网中的类义联想关系类似。组合反应指那些和刺激词有线性句法关系或搭配关系的反应,比如"big-apple"。[1]这相当于常敬宇语义网中关系联想网中的引申关系联想。[2]语音反应指那些和刺激词仅在语音上有关联的反应。

---

[1] 常敬宇《汉语词汇的网络性与对外汉语词汇教学》,《暨南大学华文学院学报》2003年第3期。

[2] 同上。

比如"big-dig"。其中，聚合反应和组合反应都属于语义关联的范畴。传统的三分法（聚合，组合，语音）基本可以反映联想词和刺激词之间的关系，而且易于操作。但这种分类方法不够精确，比如被试由"环境"联想到"污染"，我们既可以认为他们是属于同一词类的聚合反应，也可以是具有线性搭配关系"环境污染"的组合反应。传统三分法的不精确性在汉语词汇联想分类中更为突出。比如针对刺激词"安静"，被试联想到"宁静""文静""寂静"。这几个词属于同义的同素词族，但根据语音反应的定义又有音上的关联。类似的例子还有由"汽车"联想到"火车""公共汽车""自行车"。这几个词在意义上都属于"车"的下义词，但又有音（chē）上的关联。笔者认为，作为象形文字的汉语和作为拼音文字的英语有着本质不同，因此，针对英语的词汇联想分类方法是否适用于汉语值得进一步探讨。尽管如此，本节依然采取这种方法对反应词进行分类，一是为了和以往的研究结果做对比；二是因为目前还没有针对汉语词汇联想词的更有效的分类方法。本节为了使分类尽量准确，采取的是个别测试的方法，测试者可以随时打断被试，询问被试的联想路径。比如当研究者询问被试为什么由"汽车"联想到"火车"时，得到的一致回答是"因为它们都是车"。这说明在被试的心理词库中，"汽车"和"火车"更多的是语义关联。需要注意的是，即便如此，我们也不能断定"汽车"和"火车"就属于百分之百的语义关联，因为也许"汽车"和"火车"的关联是语义和语音共同作用的结果，而被试本身并没有意识到语音在这对关联中的作用。本节中，诸如这一类和刺激词既有语义关联又有语音关联的反应，我们暂时归类为语义关联，只有那些和刺激词有语音关联但没有语义关联的归类为语音关联，例如"安静—安全"。本节采取的刺激词均为双字词，无论是根据前字或后字的音产生的联想都归于语音反应。不属于这三类的归入"其他"类反应，包括对刺激词的重复或英文翻译、汉语成语、链效应关联以及语块关联。

三 结果和发现

我们从三个方面对试验数据进行统计分析：第一，各种反应类型的百分比对比，可以回答第一个研究问题；第二，主要反应类型和语言水平的交互作用；第三，针对每一个刺激词，各组最高频的三个反应词的一致性对比。后两项分析可以回答第二个研究问题。

（一）汉语词汇反应类型

如表3-17所示，不管是母语者，还是二语学习者，汉语词汇网络的关联都以语义为主（聚合反应和组合反应）。语音反应随着语言水平的提高而减少，但在各组所占比例都很小。从聚合和组合反应的比例上来看，母语者和中级水平学习者产出的聚合反应多于组合反应，但中级学习者在这两种反应上的差别没有母语者大。初级学习者产出的组合反应和聚合反应比例几乎持平。

仔细观察语音反应，笔者发现，汉语和英语的语音反应有本质差别。汉语的语音反应更多的是由汉字字形刺激而引起的联想，而非纯粹的汉字字音。汉字的部首、笔画、字形结构和轮廓都能使被试产生联想。研究者就一些既可以认为是由字形也可以是语音刺激引起的反应词，比如"告诉—告别；认识—认为；漂亮—票；高兴—高高的；安静—安全；运动—动物，感动"，询问学习者引起联想的原因,得到的一致回答是"因为看到了这个字,就想到了含有这个字的另外一个词"。最典型的例子是由"高兴"中的"高"联想到"是"(学习者认为"高"和"是"的字形轮廓很相似);由"银行(háng)"想到"行(xíng)"。只有少数几个联想是纯粹由语音刺激导致,比如,由"安静"想到"干净",由"懒的"想到"蓝的"。也就是说,在汉语学习者的心理词典中,形近字被储存到一起的可能性大于同音字。

表 3-17 汉语母语者和二语者的反应类型

语言水平	反应类型			
	聚合反应	组合反应	语音反应	其他反应
母语组	57.3%	36.2%	0.4%	6.2%
中级组	49.7%	40.7%	0.5%	9.2%
初级组	43.5%	43.1%	2.8%	10.5%

另外,笔者发现,在"其他反应"中,有很大一部分反应是语块形式的关联,包括短语、短句、感叹词、习语等。例如,不少学习者由"高兴"联想到"很高兴认识你"或"认识你很高兴"。这个结果启发我们去思考语块在二语词汇习得和教学中的作用。

(二)反应类型和语言能力的交互作用

1. 直观观察共同反应词

在以往的研究中,共同反应词也是研究词汇联想特征的一个维度。[1]因此,笔者统计出了针对每个刺激词的最高频的三个

---

[1] Anisfeld, M. & Deese, J. E. *The Structure of Associations in Language and Thought*. Johns Hopkins Press, 1965; Fitzpatrick, T. Habits and Rabbits: Word Associations and the L2 Lexicon. *Eurosla Yearbook*, 2006(6).

反应词(表 3-18)。表 3-18 显示,初级学习者和中级学习者有 25 个(55.6%)共同反应词,中级学习者和母语者有 29 个(64.4%)共同反应词。而初级水平学习者和母语者只有 11 个(24.4%)共同反应词。也就是说,初级学习者的词汇联想反应趋向于中级学习者,而中级学习者的联想反应趋向于母语者。这个直观的结果表明,和"学习者词汇能力的发展是一个循序渐进的过程"这个观点类似,学习者的词汇关联模式也是一个逐步发展的过程。[①] 随着语言水平的提高,较低水平学习者关联模式朝较高水平学习者关联模式发展,随后会越来越接近母语者关联模式。

表 3-18 每个刺激词三组分别产出的最高频的三个反应词

刺激词	母语组	中级组	初级组
高兴	开心、快乐、兴奋	开心、快乐、兴奋	开心、快乐、喜欢
漂亮	美丽、美女、可爱	美丽、美女、好看	美丽、可爱、好看
安静	宁静、文静、吵闹	图书馆、文静、睡觉	图书馆、睡觉、看书
懒的	勤快、睡觉、懒惰	睡觉、懒惰、胖的	睡觉、胖的、慢的
容易	简单、困难、难的	简单、不难、难的	难的、英语、运动
医生	护士、病人、医院	护士、医院、生病	病人、医院、生病
汽车	飞机、火车、自行车	火车、自行车、公共汽车	火车、自行车、公共汽车
银行	金钱、取钱、存款	钱、取钱、存钱	钱、邮局、金子
电影	电视剧、明星、电影院	电视剧、明星、电影院	电视、有名、电影院
动物	狗、猫、植物	狗、猫、动物园	狗、猫、鸟

---

① Schmitt, N. Quantifying Word Association Responses: What Is Native-like? *System*, 1998(26).

(续表)

刺激词	母语组	中级组	初级组
告诉	说话、你、告知	说话、说、告知	说话、说、朋友
认识	朋友、认知、了解	朋友、知道、熟悉	朋友、知道、人
喜欢	喜爱、讨厌、爱好	讨厌、爱好、爱	爱好、高兴、兴趣
学习	知识、考试、读书	读书、学校、看书	大学、汉语、中文
锻炼	身体、运动、跑步	身体、运动、跑步	运动、跑步、游泳

2. 不同水平学习者在聚合、组合反应分布上的差别

基于上述结果"汉语母语者和学习者的词汇关联都是以语义（聚合和组合反应）为主"，我们有必要进一步探究在语义关联内部，即聚合和组合反应的分布上，各组是否有差别。卡方分析结果显示（表3-19），三个组在聚合、组合反应的分布上有显著差异（$X^2=24.697$，$p=0.000 < 0.05$）。两两比较发现，中级组和初级组各自都与母语者有显著差异（$X^2=8.219$，$p=0.005 < 0.05$；$X^2=24.459$，$p=0.000 < 0.05$）。中级组和初级组之间也有显著差异（$X^2=4.405$，$p=0.037 < 0.05$）。这表明，语言水平确实会影响汉语词汇关联模式。从图3-4可以看出，随着语言水平的提高，学习者的聚合反应增加，组合反应减少，反应类型分布越来越接近母语者。这个结果再次表明，学习者的词汇关联模式是循序渐进的发展过程，词汇关联模式随着语言水平的提高向母语者模式靠拢。

表3-19 聚合反应和组合反应分布的卡方检验

组别	卡方值（X^2）	自由度	显著性
母语组、中级组和初级组	24.697	2	0.000
母语组和中级组	8.219	1	0.005

（续表）

组别	卡方值（X^2）	自由度	显著性
母语组和初级组	24.459	1	0.000
中级组和初级组	4.405	1	0.037

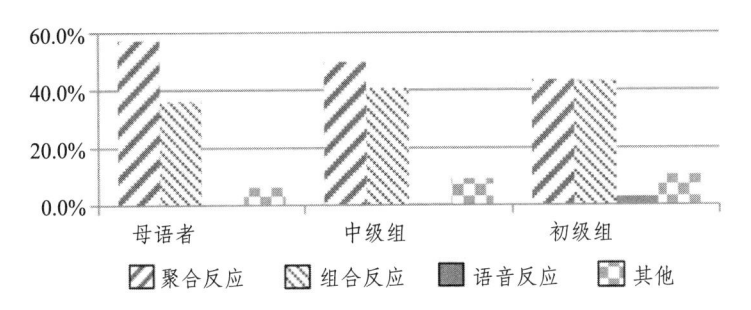

图 3-4　各被试组在三种反应类型上的分布情况

四　讨论

（一）汉语作为二语的词汇关联模式

本研究发现在一定程度上不支持 Meara 的"语音关联"说[1]，而是在一定程度上为 Wolter 的"二语语义关联"的说法提供了依据，即二语学习者的心理词汇和母语者一样，也是以语义关联为主。[2] 在汉语作为二语的研究领域，Song 的研究是为数不多的关于汉语作为二语词汇网络的实证研究。这项研究发现，语音反应在学习者的词汇关联中占比较大的比例，并且随着语言水

---

[1] Meara, P. Word Associations in a Foreign Language: A Report on the Birkbeck Vocabulary Project. *The Nottingham Linguistic Circular*, 1983(11).

[2] Wolter, B. Comparing the L1 and L2 Mental Lexicon. *Studies in Second Language Acquisition*, 2001(23).

平的提高而减少（20.4%，15.71%，13.61%，5.06%）。[1] 本节的研究结果与其比较有很大不同。究其原因，可能要归结于两项研究采取的数据收集方法不同。Song 的研究中，刺激词是以磁带播放的听觉形式呈现给被试，被试接收到听觉信息后进行联想，汉语中存在大量的同音字，加上四个音调造成的干扰，很容易促使二语学习者进行同音或类似音的联想。而本研究中，刺激词是以听觉和视觉（即阅读）两种方式呈现给被试，发生误听的可能性大大减少，因此语音反应的比例很低。

汉语中语音反应的比例低于英语中此类反应，主要与中英文两种语言系统的特征有关。英语是拼音文字，单词的拼写和读音间关联很强。因此，无论被试看到或听到一个英文单词，都很容易进行音的联想。而汉语是象形文字，字的写法和读音之间并无关联。所以看到一个汉字，激起音的联想的可能性小，而联想到另外一个外形类似的字的可能性大。以往研究也发现，在汉语阅读中，欧美学生对汉字字形的意识强于字音。[2] 冯丽萍的一项研究表明：对于拼音文字背景的欧美汉语学习者，同义词和同形词在词汇加工的不同阶段均对目标词识别有促进作用，而语音在各个加工阶段均无明显作用。[3] 笔者认为，在以后的汉语词汇联想研究中，这两种类型的反应应该区分开来。

---

[1] Song, J. Chinese Word Association for English-Speaking Learners of Chinese as a Second Language. *Journal of the Chinese Language Teachers Association*, 2002(37).

[2] 高立群、孟凌《外国留学生汉语阅读中音、形信息对汉字辨认的影响》，《世界汉语教学》2000 年第 4 期。

[3] 冯丽萍《外国学生汉语词素的形音义加工与心理词典的建构模式研究》，《世界汉语教学》2009 年第 1 期。

本研究的另一发现"某些刺激词让二语学习者联想到的不是别的词,而是语块"表明,在汉语二语学习者的心理词汇中,有些词是以语块的形式储存在一起,这为"语块对二语习得有促进作用"的说法提供了依据。Wray 将词块定义为"一串预制的连贯或不连贯的词或其他意义单位,它整体储存于记忆中,使用时直接提取,无需语法生成和分析"。[1] 许多关于语块的研究表明,语块作为语言的半成品,是理想的语言学习单位,交际时易于提取,便于准确、流利、地道地表达。教师可以引导学生有意识地加强语块的输入。尤其是对日常生活中使用频率较高的、表示寒暄、感谢、道歉、欢迎等场合的词汇可以直接以语块的形式进行教学。这样可以减少学习者的语言加工负担,提高口语和书面语的流利度和准确度,进而提高学习者的学习信心。

(二)汉语作为二语的语言水平对词汇关联模式的影响

Schmitt & Meara 指出,词汇关联模式和学习者的词汇量以及整体语言水平都息息相关。[2] 本研究的结果和英语二语研究结果有一定的一致性,即母语者的词汇关联以聚合关联为主导,随语言水平的提高,学习者的词汇联想模式会产生"组合—聚合"转变。这种转变趋势的说法受到了其他研究者的质疑。Wolter 认为,随着语言水平的提高,减少的只是语音反应和无关反应,而组合、聚合反应都有所增加。[3] 本节认为,聚合反应主要体现反应词和

---

[1] Wray, A. *Formulaic Language and the Lexicon.* Cambridge University Press, 2002.

[2] Schmitt, N. & Meara, P. Researching Vocabulary Through a Word Knowledge Framework. *Studies in Second Language Acquisition*, 1997(19).

[3] Wolter, B. Comparing the L1 and L2 Mental Lexicon. *Studies in Second Language Acquisition*, 2001(23).

刺激词之间的同义、反义以及上下义的关系，而组合反应主要体现词语的线性搭配关系。聚合反应不一定代表词汇能力发展的高级阶段，因为线性搭配关系（组合反应）的形成也需要很多词汇知识。"组合—聚合"的转变不是整个心理词汇的组织特征，而是每个词习得的不同阶段。在汉语学习的初级阶段，学习者的词汇量还很小，为了基本的表达需要，教师比较注重词汇搭配的输入，而不是区分同义词之类的输入，所以这个阶段的组合反应多于聚合反应。随着词汇量的增多和语言水平的提高，为了增强表达的准确性和满足表达多样化的需求，教师便会更加注重区分同义、反义、上下义词等。因此，聚合反应渐渐会多于组合反应。但在本研究中，初级组的聚合（43.5%）、组合反应（43.1%）比例几乎持平，这可能和本研究初级组被试的汉语学习背景有关。笔者通过与被试聊天发现，虽然初级组被试在大学学习汉语只有一年，但多数被试小时候或高中或多或少接触或学习过汉语。严格来讲，他们的汉语水平应该略高于真正的初学者。语言水平分组的不精确性可能也是本研究中"组合—聚合"转变趋势不明显的一个原因。和初级组相比，中级组的聚合、组合反应增减幅度很小（分别由 43.5% 至 49.7%，43.1% 至 40.7%）。本节两个水平组的学习者分别来自二、三年级的两个自然班，两组学习者语言水平有差别，但差别不是很大，或者组内语言水平个体差异比较大，导致某种程度的"扯平"效应，所以没有显示出较大幅度的"组合—聚合"转变。如能增设一个更为初级水平的实验组或更为高级水平的实验组，或者根据统一的汉语水平考试（例如HSK）进行分组，我们也许会有更多的发现。当然，正如以往研究所指出，聚合、组合反应的分布也和刺激词词性有很大关系，名词易产生聚合反应，而动词和形容词易导致组合反应。[①] 由于篇幅所限，本节没有就词性可能带来的影响进行探讨。

五 教学启示

Nation 提出，词汇知识应该包括八个方面：意义、拼写、发音、语法特征、搭配、语域、联想以及词频。[②] 可见，联想知识是词汇知识的一个重要方面，词汇的习得过程可以看做是一个不断建立新的词汇关联和强化已有词汇关联的过程。本研究的几点结论对汉语作为二语的词汇教学有一定的启发意义。

首先，可以把词汇联想法作为一种词汇教学的辅助手段，在汉语二语课堂上使用，这不但有利于扩大学习者词汇量、巩固已学得的词汇，也有利于词汇的提取。例如，如果学习者已经在"高兴—快乐—开心"中建立起了关联，在语言使用中，如果暂时忘记"高兴"这个词，便可以轻易地提取和它相邻的另外一个词作为替换。汉语二语教师可以通过一些教学活动培养学生的词汇关联意识，比如对词汇进行归纳对比、使用词汇头脑风暴、绘制语义图等。其次，由于汉语学习者的汉字字形意识强于字音意识，在词汇教学中，教师不但要对同音字，也要对形近字加以辨析。同时培养学生的部首意识。再次，在语言的实际运用中，很多语言的输出是通过"语块—句子"这一过程构建的。词汇教学中教师应该有意识引导学生注意语块的

---

① Nissen, H. B. & Henriksen, B. Word Class Influence on Word Association Test Results. *International Journal of Applied Linguistics*, 2006(16).

② Nation, I. S. P. *Teaching and Learning Vocabulary*. Newbury House, 1990.

整体吸收，提高学生对语块的敏感性。这样有利于学习者语言输出过程中及时、顺利地提取现成的作为整体的词汇短语，改善交际者的流利程度。

本研究的最终目的是希望汉语学习者和汉语二语教师可以充分利用词汇网络的特征来提高词汇学习和教学的效率。尽管有一些局限性，比如没有探讨刺激词词频和词性对词汇网络特征的影响，但希望本研究能对汉语词汇网络方面的实证研究起到抛砖引玉的作用。

第六节 初级阶段留学生汉语复合词加工影响因素研究[①]

一 引言

词汇的构成方式主要有屈折、派生和复合三种。复合词占汉语词汇的绝大多数。复合词无论在结构方式，还是词素与整词的关系等方面都表现出与屈折词、派生词不同的特点。首先，复合词的结构方式多样。其次，复合词的各词素义之间、词素义和整词义之间都存在复杂的语义关系。例如，"语言"中两词根词素"语"和"言"的意义相互补充，而"眉目"中两个词素结合组成新的意义。正因为汉语复合词的数量优势，以及其在结构和语义方面

---

① 本节作者：郝美玲、厉玲，原载《语言教学与研究》2015年第2期。

的特点，了解留学生汉语复合词的表征与加工方式及其影响因素，将有助于我们提高汉语作为第二语言的词汇教学水平。

已有研究表明，词语的心理加工受到来自词语的语音层面（如首音特点）、词汇层面（如词长、频率）、语义层面（如语义透明度、具体性）等多方因素的影响。这些影响因素在不同语言间存在很大的普遍性，但是也会因所研究语言的正字法深度不同而表现出某些语言特异性。例如，虽然语义因素对属于深层正字法的英语、日语、汉语都有影响，但是对日语和汉语词汇加工的影响更大。[1]

遗憾的是，现有研究较少关注复合词的加工。除了上述因素，复合词自身的一些因素，比如词素累积频率、构词数、透明度等也会影响复合词的表征与加工方式。因此，本研究拟考察第二语言学习者汉语复合词加工的特点及影响因素，并与汉语母语者的结果进行比较。我们首先简要介绍与复合词加工有关的词汇特征与词素特征。

（一）整词频率与词素累积频率

对于汉语母语者来说，整词频率与词素频率都可能影响复合词通达。Zhang & Peng 率先通过变化词素频率与整词频率考察了汉语复合词加工中词素和整词频率的作用，结果发现词素频率和整词频率都影响复合词的通达速度及准确率，说明汉语词素和整

---

[1] Liu, Y. & Shu, H. & Li, P. Word Naming and Psycholinguistic Norms: Chinese. *Behavior Research Methods*, 2007(39); Shibahara, N. & Zorzi, M. & Hill, M. P. & Wydell, T. & Butterworth, B. Semantic Effects in Word Naming: Evidence from English and Japanese Kanji. *Quarterly Journal of Experimental Psychology*, 2003(56A).

词都是复合词的加工单元。[1] 随后越来越多的研究证实了词素频率和整词频率的作用。整词频率与词素频率也可能同样影响外国留学生汉语复合词的习得与加工。例如，冯丽萍发现，整词和词素频率均影响中级汉语水平的法国学生复合词注音与翻译的正确率，而且词素的频率效应发生在低频词。[2]

研究者还进一步考察了复合词首尾词素的频率在复合词加工中是否起着相同的作用，但结论却并不一致。Zhang & Peng 发现汉语并列结构复合词的两个词素均出现了显著的频率效应，而偏正结构复合词却只有首词素出现了频率效应。[3] 但是在西班牙语复合词加工中，尾词素表现出稳定的频率效应，首词素的频率效应却不太稳定。[4] 因此，有关首尾词素在复合词加工中的相对作用还有待于进一步研究。

（二）词素家族数

词素家族数是指一个给定词根通过复合或派生而产生的所有词的个数。研究发现，词素构词能力强的多词素词比词素构词能力弱的多词素词加工快。[5] 但是在汉语复合词加工中，鲜有研究

---

[1] Zhang, B.-Y. & Peng, D. Decomposed Storage in the Chinese Lexicon. Chen, H.-C. & Tzeng, J.-L. O. (eds.) *Language Processing in Chinese*. North-Holland, 1992.

[2] 冯丽萍《中级汉语水平外国学生的中文词汇识别规律分析》，《暨南大学华文学院学报》2003 年第 3 期。

[3] 同注①。

[4] Duñabeitia, J. A. & Perea, M. & Carreiras, M. The Role of the Frequency of Constituents in Compound Words: Evidence from Basque and Spanish. *Psychonomic Bulletin & Review*, 2007(14).

[5] Bertram, R. & Baayen, R. H. & Schreuder, R. Effects of Family Size for Complex Words. *Journal of Memory & Language*, 2000(42).

考察词素家族数效应，因此词素家族数是否影响汉语母语者复合词加工，我们还不得而知。在留学生汉语字词学习的研究中，研究者发现了构词数的显著影响，即在平衡字频、笔画数等因素的影响后，构词数多的词素所对应的汉字学得更好。[1] 那么，首尾词素的构词数是否会对汉语母语者和学习者复合词的即时加工产生影响呢？我们拟在本研究中加以考察。

（三）词素黏着与否

按照能否独立成词，词素可以分为自由词素和黏着词素。在现有的一些研究中，主要证实黏着词素也会影响多词素词的加工，[2] 而且 Shimomura 发现自由词素对日语复合词的启动效应要小于黏着词素对整词的启动效应；[3]Taft & Zhu 则发现处于尾词素位置的黏着词素比处于首词素位置的黏着词素命名反应时短。[4]

在汉语作为第二语言研究方面，研究者发现，是否对应于自由词素是影响留学生汉字学习效果的一个重要因素，自由词素对

---

[1] 郝美玲、刘友谊《留学生教材汉字复现率的实验研究》，《语言文字应用》2007年第2期；江新、赵果、黄慧英、柳燕梅、王又民《外国学生汉语字词学习的影响因素——兼论〈汉语水平大纲〉字词的选择与分析》，《语言教学与研究》2006年第2期。

[2] Forster, K. I. & Azuma, T. Masked Priming for Prefixed Words with Bound Stems: Does Submit Prime Permit? *Language and Cognitive Processes*, 2000(15).

[3] Shimomura, M. Kanji Lexicality Effect in Partial Repetition Priming: The Relationship Between Kanji Word and Kanji Character Processing. *Brain & Language*, 1999(68).

[4] Taft, M. & Zhu, X. P. The Representation of Bound Morphemes in the Lexicon: A Chinese study. Feldman, L. B. (ed.) *Morphological Aspects of Language Processing*. Erlbaum, 1995.

应的汉字学习效果好于黏着词素对应的汉字。[①] 那么，词素的黏着与否是否会影响留学生汉语复合词的即时加工呢？词素性质的影响是否会随着学习者母语背景的不同而表现出差异呢？

（四）词素与整词的语义透明度

语义透明度是指词素语义对整词语义的贡献程度。例如，"书店"是个透明词，"担心"则不透明。相关研究发现，词素的语义透明度也是影响复合词表征与加工的一个重要因素。例如，Peng 认为，复合词在心理词典中的表征受语义透明度的影响：透明词的词素与整词间存在兴奋性的连接，词素累积频率较高的透明词加工更快；而不透明词的词素和整词间存在抑制性的连接，因此词素累积频率较高的不透明词加工更慢。[②] 语义透明度也会影响词汇学习。例如，干红梅和郝美玲等均发现，留学生猜测词素熟悉且透明的生词，其词义猜测正确的可能性也高。[③]

（五）整词的具体性

词语的具体性效应说的是具体词比抽象词加工快。在国外研究中，研究者使用不同的实验任务或范式均发现具体词识别快，

[①] 郝美玲、刘友谊《留学生教材汉字复现率的实验研究》，《语言文字应用》2007 年第 2 期。

[②] Peng, D.-L. & Liu, Y. & Wang, C.-M. How is Access Representation Organized? The Relation of Polymorphemic Words and Their Morphemes in Chinese. Wang, B.-J. & Inhoff, A. W. & Chen, H.-C. (eds.) *Reading Chinese Script: A Cognitive Analysis*. Lawrence Erlbaum Associates, 1999.

[③] 干红梅《语义透明度对中级汉语阅读中词汇学习的影响》，《语言文字应用》2008 年第 1 期；郝美玲、吴筱玲、刘巍《泰国学生利用构词法和语境线索猜测生词的实验研究》，北京语言大学对外汉语研究中心编《不同环境下的汉语教学探索》，外语教学与研究出版社 2009 年版。

而抽象词识别慢。[①] 在汉语双字词研究方面，张钦、张必隐在词汇判断任务中发现具体性效应只出现在低频词中。[②] 而陈宝国、彭聃龄却发现具体性效应只存在于高频词中。[③] 由此可见，有关汉语词语加工中具体性效应的现有结果还存在较大分歧，有待于进一步考察。而且在汉语作为第二语言的词汇加工中是否也存在具体性效应还有待于实验验证。

综上所述，已有研究表明汉语复合词的加工影响因素复杂，但总体研究数量仍有限，且结论存在争议。在汉语作为第二语言研究方面，复合词的研究更少，因此本研究拟通过大样本、多变量回归分析的方法，从整词属性和词素属性两个层面来综合考察汉语母语者以及来自不同母语背景的学习者汉语复合词加工的机制和影响因素。整词属性包括整词频率和词语的具体性，词素层面的属性包括词素的累积频率、自由与否、家族数与语义透明度等。

二 实验研究

（一）被试

共80名学生参加了本实验，其中中国学生20名（男生9名，

[①] Kounios, J. & Holcomb, P. J. Concreteness Effects in Semantic Processing: ERP Evidence Supporting Dual-coding Theory. *Journal of Experimental Psychology: Learning, Memory & Cognition*, 1994(20).

[②] 张钦、张必隐《中文双字词的具体性效应研究》，《心理学报》1997年第2期。

[③] 陈宝国、彭聃龄《词的具体性对词汇识别的影响》，《心理学报》1998年第4期。

女生11名；平均年龄25岁），均为北京语言大学全日制研究生；留学生60人，平均年龄为20岁，女生略多于男生，均为北京语言大学汉语学院全日制本科生，其中日韩学生19人，泰国学生19人，来自拼音文字国家的学生22人（主要来自说俄语的国家和说西班牙语的国家）。三组学习者均已学完《汉语教程》第三册（上）。综合考虑他们期末考试之前的最后一次测试成绩、HSK成绩、任课教师的评价、学习汉语的时长等因素，基本认定所选被试处于同一水平。

（二）实验材料

所用真词全部来自《汉语教程》第一册到第三册（上），共250个，其中名词、动词、形容词的比例分别为5∶3∶2，实际数量分别是125、75和50。这一比例与邢红兵对《汉语水平词汇与汉字等级大纲》中8822个词语统计的词类比例相近。[1]所选材料的结构类型也基本符合汉语复合词结构类型的比例，其中并列结构118个，偏正结构100个，其他32个。

实验还包括了与真词相同数量的假词，其构造词素均来自《汉语教程》。所有假词都是在真词的基础上通过调换或替换其词素构成的，在结构、语义和逻辑上均符合汉语构词规则。

实验中所使用的真词材料的相关属性具体说明如下：

整词频率和首尾词素频率　对于以汉语为第二语言的学习者，计算词频的语料来自于学习者所用的教材。整词频率即所选词在《汉语教程》第一册到第三册（上）这五本书中出现的总次数。词素频率则是作为词素的字在教材中出现的累积次数。对汉语母

---

[1] 邢红兵《基于统计的汉语字词研究》，语文出版社2005年版。

语者来说，整词和词素频率的统计则基于孙宏林等人研发的"现代汉语研究语料库查询系统"（以下简称"现汉语料库"）。①

首尾词素的家族数与黏着度　对于留学生，家族数是指教材中某一汉字所构成的全部复合词的个数。黏着与否是看该词素是否单用过。对于汉语母语被试，首尾词素家族数以及黏着与否的统计同样基于"现汉语料库"。

语义透明度和具体性　这两项指标均来自 5 点量表的评定。把所有 250 个词分为三组，每组由 15 名本科生或研究生分别对语义透明度和具体性进行主观评定。在语义透明度上，分别对首、尾词素和整词之间的意义相关程度进行评定，1 为完全无关，5 为非常相关。最后将两个词素和整词的相关度平均值作为该词透明度的指标。在具体性上，要求被试判断该词语所表示的含义是具体的东西，还是抽象的概念。其中 1 表示非常具体，5 为非常抽象。参与透明度评定与具体性评定的被试均未参与词汇判断测试。

其他属性，包括笔画数、词语的结构，以及词类信息均基于"现汉语料库"。

（三）实验程序

测试在北京语言大学对外汉语研究中心实验室进行，周围环境安静。所用设备为 14 寸戴尔便携式计算机，使用 DMDX 程序自动记录被试的反应时间和正确率。所有词语均以 48 号宋体黑色呈现，屏幕背景为白色。每个被试单独进行测试，被试和屏幕

---

① 孙宏林、孙德金、黄建平、李德钧、邢红兵《"现代汉语研究语料库系统"概述》，《第五届国际汉语教学讨论会论文选》，北京大学出版社 1997 年版。

中心的直线距离约为40cm。实验开始后，屏幕首先出现实验要求提示，按空格键300毫秒后屏幕上出现"开始？"提示，再次按空格键开始正式实验，300毫秒后出现目标词，被试作出按键判断后，目标词消失，空屏300毫秒后出现下一个目标词。每个目标词的最长反应时间为5000毫秒。要求被试尽可能快而准确地按键判断屏幕上出现的"词"是汉语中的真词还是假词，真词按右"shift"键，假词按左"shift"键。正式实验前有10个练习项目。

500个真假"词"平均分为两组，组间有适当休息。汉语学习者的实验时间大约在25到35分钟不等，母语者的实验时间约15分钟。实验结束后，每人获一份小礼物作为答谢。

三 结果与分析

所有数据统计分析均基于被试正确按键反应的数据，反应时小于300毫秒或大于2000毫秒的数据，以及超过每个被试每种条件下的平均反应时3个标准差之外的数据均被当作极端值而剔除。其中，三名被试因错误率高（大于30%）被剔除，因此，最后的有效被试共76名（中国20人，日韩18人，泰国19人，非汉字圈背景19人）[①]。250个真词中有16个错误率过高（大于50%）也被剔除，因此最后参与分析的项目为234个。

由于实验使用材料和所考察的变量较多，我们采用多重回归

[①] 我们把日本、韩国和泰国以外不受汉字文化影响的国家看作非汉字圈国家，来自这些国家的留学生具有非汉字圈背景。

分析法来考察影响各组被试汉语复合词词汇判断反应时的各因素的作用大小。数据分析包括两大部分，第一部分将各变量都放入回归方程，以考察各个具体变量对不同组被试的影响；由于各变量之间本身存在相关性，因此在第二部分，我们先对各变量进行因子分析，抽取独立的因子成分，进一步考察不同维度上的因子对不同组被试的作用。在进行回归分析之前，我们首先对一些分类变量进行重新编码，以满足统计分析需要。具体来说，词类（名词、动词、形容词）和构词方式（联合、偏正、动补、动宾、主谓）为无序的分类变量，因此对这两个变量进行哑变量编码。由于动补、动宾、主谓三种结构各自的类型数量都很少，在编码时把它们归为一类。因此，词类和构词方式的哑变量的数量都为2。另外，我们对词频变量，包括整词频率和首、尾词素频率都进行以10为底数的对数转换。采用SPSS 16.0进行回归分析。

（一）汉语母语者回归分析的结果

以所有汉语母语者在每个词语上的平均反应时为因变量，首尾词素笔画数、整词频率、首尾词素频率、首尾词素家族数、首尾词素自由与否、透明度、具体性、词类以及构词方式为自变量，进行Enter多重回归，考察各个自变量对词汇判断反应时的影响。结果见表3-20。

表3-20 各自变量对词汇判断反应时的回归分析（汉语母语者）

变量	回归系数	标准差	β系数	t值	p值
首词素笔画数	-1.230	1.322	-0.055	-0.855	0.394
尾词素笔画数	-3.253	1.477	-0.144	-2.202	0.029
整词频率	-40.487	7.421	-0.429	-5.456	0.000
首词素频率	-20.873	12.024	-0.158	-1.736	0.084

(续表)

变量	回归系数	标准差	β系数	t值	p值
尾词素频率	3.595	11.927	0.030	0.301	0.763
首词素家族数	0.341	0.097	0.311	3.521	0.001
尾词素家族数	-0.045	0.092	-0.047	-0.492	0.623
首词素黏着度	-13.500	19.560	-0.043	-0.690	0.491
尾词素黏着度	4.872	24.369	0.012	0.200	0.842
透明度	14.482	7.521	0.129	1.926	0.055
具体性	-11.673	5.253	-0.200	-2.422	0.027
动词	18.775	10.317	0.136	1.820	0.070
形容词	-25.074	13.430	-0.156	-1.867	0.063
并列	-16.734	12.978	-0.132	-1.289	0.199
偏正	-4.447	13.094	-0.035	-0.340	0.734

回归分析结果显示,调整后 $R^2=0.225$, $F_{(15, 218)}=5.50$, $p<0.001$, 说明回归方程有意义,且上述 15 个变量总共能解释词汇判断反应时总变异的 22.5%。从表 3-20 可以看出,对汉语母语者词汇判断反应时有显著影响的变量有整词频率、具体性、首词素家族数与尾词素笔画数($ps<0.05$),语义透明度、首词素频率以及词类的作用边缘显著($0.05<ps<0.1$),而其他变量均不显著($ps>0.1$)。为了进一步考察各变量对词汇判断反应时的独特贡献,我们进行了分层回归分析。结果发现,在排除其他因素的影响后,整词频率对词汇判断反应时的独特贡献为 9.9%($p<0.001$);具体性为 1.6%($p<0.05$);首词素家族数为 4.1%($p=0.01$);尾词素为 1.6%($p<0.05$);语义透明度为 1.2%($p=0.055$);首词素频率为 1%($p=0.084$);词类为 4.6%($p=0.001$)。

为了进一步考察这些变量对不同结构类型词汇的影响是否

存在差异，我们分别对并列结构复合词和偏正结构复合词进行了以上分析，发现对于并列结构的复合词（$F_{(13, 96)}$=1.831，$p < 0.05$），具有显著贡献的是整词频率（t=-2.356，$p < 0.05$）和首词素频率（t=-1.993，$p < 0.05$）；对于偏正结构的复合词（$F_{(13, 80)}$=4.718，$p < 0.001$），具有显著贡献的是整词频率（t=-3.820，$p < 0.001$）、首词素家族数（t=2.841，$p < 0.01$）、透明度（t=2.219，$p < 0.05$）和尾词素笔画数（t=-2.195，$p < 0.05$）。

综合以上分析结果，我们发现影响汉语母语者复合词加工最主要的因素是整词频率，其次还有首词素频率、首词素家族数、尾词素笔画数、透明度和具体性。因此，可以认为整词属性和词素属性都对汉语母语者复合词的加工存在明显的影响。

（二）以汉语为第二语言的学习者的回归分析结果

同样，对三组留学生被试分别进行与汉语母语者相同的回归分析，结果总结见表3-21。

表3-21　各自变量对不同母语背景的留学生词汇判断反应时的回归分析

	拼音文字学习者			泰国学习者			日韩学习者		
	β系数	t值	p值	β系数	t值	p值	β系数	t值	p值
首字笔画数	0.022	0.326	0.745	-0.140	-0.484	0.629	-0.045	-0.699	0.485
尾字笔画数	0.193	2.902	0.004	0.099	1.517	0.131	0.128	1.986	0.048
整词频率	-2.640	-3.611	0.000	-0.029	-4.334	0.000	-0.300	-4.210	0.000
首词素频率	0.019	0.186	0.853	0.206	0.712	0.477	0.057	0.581	0.562

(续表)

	拼音文字学习者			泰国学习者			日韩学习者		
	β系数	t值	p值	β系数	t值	p值	β系数	t值	p值
尾词素频率	-0.062	-0.689	0.491	-0.119	-1.346	0.180	-0.124	-1.401	0.163
首词素家族数	-0.019	-0.204	0.838	0.046	0.654	0.514	-0.137	-1.519	0.130
尾词素家族数	-0.121	-1.458	0.146	-0.077	-0.938	0.349	-0.089	-1.098	0.273
首词素黏着度	0.018	0.248	0.804	-0.004	-0.064	0.949	0.057	0.796	0.427
尾词素黏着度	0.196	2.775	0.006	0.215	3.103	0.002	0.093	1.350	0.178
透明度	0.000	0.002	0.999	0.040	0.588	0.557	0.028	0.418	0.676
具体性	0.102	1.153	0.250	0.158	1.815	0.071	0.202	2.355	0.019
动词	-0.024	-0.308	0.758	0.021	0.266	0.790	0.030	0.387	0.699
形容词	-0.016	-0.188	0.851	-0.017	-0.211	0.833	0.058	0.705	0.482
并列	-0.120	-1.099	0.273	-0.053	-0.492	0.623	-0.115	-1.086	0.279
偏正	-0.077	-0.697	0.487	-0.039	-0.359	0.720	-0.125	-1.173	0.242

从表3-21可以看到，整词频率对三组留学生的词汇判断都有显著作用（$ps < 0.001$）；尾词素笔画数对非汉字圈背景的学生和日韩学生达到显著（$ps < 0.05$），对泰国学生无影响；尾词素黏着度对非汉字圈背景的学生和泰国学生的影响达到显著（$ps < 0.05$），对日韩学生无影响；而具体性的影响只在日韩学生中达到显著（$p < 0.05$），在泰国学生中达到边缘显著（$p=0.071$），而在非汉字圈背景的学生中无影响。其他变量的影响均不显著。

从上述分析结果可以看出,尾词素在留学生汉语复合词的加工中起比较重要的作用,而首词素的作用不明显。为了考察这种差异是否是由词的结构类型引起的,我们分别对并列和偏正结构类型的词进行了回归分析。结果发现,对于并列结构词来说,尾词素属性对三组被试均无显著作用($ps > 0.1$);而对于偏正结构词,尾词素黏着度对非汉字圈背景学习者和泰国学习者的作用显著($ps < 0.05$),尾词素家族数对泰国学习者的作用边缘显著(t=-1.867,p=0.066),但尾词素属性对日韩学习者的影响均不显著($ps > 0.1$)。因此,尾词素对于以汉语为第二语言的学习者复合词加工的影响主要表现在偏正结构复合词上。

(三)以汉语为第二语言的学习者的因子回归分析结果

如前所述,由于自变量数量较多且变量之间存在相关性,为了减少变量之间的相关性对实验结果可能产生的影响,我们先对所有自变量进行因子分析,然后再用代表各因子的因子得分对三组留学生词汇判断反应时的数据分别进行因子回归分析。

首先提取自变量共同的公因子,总共提取了七个因子(特征值≥0.987)。结果如表 3-22 所示。

表 3-22 各变量旋转后的因子负荷矩阵

	首词素	结构类型	复杂度	尾词素	语义	词类
首词素家族数	0.839	-0.110	-0.086	0.027	-0.076	0.009
首词素频率	0.816	-0.105	-0.048	0.053	-0.024	0.015
首词素黏着度	0.725	0.024	-0.042	0.045	0.182	0.066
偏正	0.074	-0.912	-0.091	0.038	0.052	0.092
并列	-0.068	0.884	0.163	-0.133	0.098	0.053
整词笔画数	-0.130	0.130	0.978	-0.051	0.023	0.031

(续表)

	首词素	结构类型	复杂度	尾词素	语义	词类
尾字笔画数	0.184	0.064	0.718	-0.365	-0.114	-0.021
首字笔画数	-0.346	0.120	0.681	0.264	0.136	0.061
尾词素频率	0.023	-0.086	0.008	0.840	-0.113	0.014
尾词素黏着度	0.126	-0.014	0.005	0.695	0.192	-0.085
尾词素家族数	0.012	-0.076	-0.132	0.684	-0.276	0.078
透明度	-0.032	0.200	-0.003	-0.110	0.786	0.013
具体性	0.158	-0.449	0.043	-0.078	0.707	-0.101
动词	-0.129	0.222	0.037	-0.018	-0.131	-0.874
形容词	-0.063	0.319	0.135	0.006	-0.323	0.714

第一个因子在首词素家族数、首词素频率、首词素黏着度上有较高的载荷，都属于首词素的属性，因此命名为"首词素"因子；第二个因子在并列结构和偏正结构上有较高的载荷，称之为"结构类型"因子；第三个因子在整词笔画数和首、尾词素笔画数上载荷高，被视为词语的视觉"复杂度"因子；同理，在尾词素频率、尾词素黏着度和尾词素家族数载荷较高的因子称之为"尾词素"因子；在整词语义透明度和具体性载荷高的因子称之为整词"语义"因子；在动词和形容词上载荷高的因子定义为"词类"因子；最后，第七个因子只在整词频率上载荷高，被定义为"整词频率"因子。这七个因子总共可以解释原始变量76.15%的变异，其中，首词素13.45%、结构类型12.94%、复杂度11.96%、尾词素12.64%、语义9.06%、词类8.26%、整词频率7.84%。

然后使用上述七个因子得分对学习者词汇判断反应时进行因子回归分析，结果见表3-23。

表 3-23　七个因子对不同母语背景的留学生词汇判断反应时的回归分析

	拼音文字学习者			泰国学习者			日韩学习者		
	β 系数	t 值	p 值	β 系数	t 值	p 值	β 系数	t 值	p 值
首词素	0.054	0.888	0.375	0.100	1.650	0.100	0.008	0.129	0.897
结构类型	-0.062	-1.017	0.310	-0.049	-0.809	0.419	-0.016	-0.259	0.796
复杂度	0.152	2.484	0.014	-0.099	-1.639	0.103	0.082	1.371	0.172
尾词素	-0.081	-1.328	0.186	0.141	2.319	0.021	-0.193	-3.215	0.001
语义	0.118	1.933	0.054	0.161	2.648	0.009	0.169	2.816	0.005
词类	-0.032	-0.516	0.606	0.088	1.449	0.149	-0.029	-0.485	0.628
整词频率	-0.315	-5.137	0.000	-0.307	-5.061	0.000	-0.330	-5.488	0.000

从表 3-23 中的因子回归分析的结果可以看到，整词频率对三组不同语言背景的学习者汉语复合词的词汇判断都有非常显著的作用（$ps < 0.001$）；语义因子对泰国和日韩被试的作用显著（$ps < 0.01$），对非汉字圈背景被试的作用边缘显著（$0.05 < p < 0.1$）；尾词素对泰国和日韩学习者的词汇判断也都有比较显著的影响（$ps < 0.05$），而视觉复杂度只对非汉字圈背景学习者的词汇判断有显著影响（$p < 0.05$）。其他三个因子如首词素、词汇结构类型，以及词类对三组学习者均无显著的作用（$ps \geq 0.1$）。

四　综合讨论

（一）汉语母语者复合词加工的影响因素

通过对汉语母语者词汇判断反应时进行回归分析，我们发现，影响汉语母语者复合词加工的最主要因素是整词频率，其次还有首词素频率、首词素家族数、透明度和具体性。该研究结果说明整词属性和词素属性都影响汉语复合词的心理加工，表明汉语母语者的复合词加工既存在整词加工，也存在词素分解加工。

从分层回归分析结果来看，整词频率对词汇判断速度的独特贡献达 9.9%，明显超过其他变量，这一定程度上表明母语者的词汇加工中整词提取机制是占绝对优势的。洪炜、冯聪曾发现，当启动词与目标词含有同形异义词素（例如"主人"与"主意"）时，未产生启动效应，而同素近义启动（例如，"证明"与"证实"）虽然产生了启动效应，但是与异素近义启动（例如"幸福"与"快乐"）产生的启动量之间无显著差异，认为汉语母语者倾向于整体加工复合词。不过作者也并未否认词素表征的作用，提出同素异义词之所以没有启动效应，是因为整词层的激活抑制了词素加工的作用。[①] 而在本研究中，我们同时发现了整词和词素的作用，且整词加工占有绝对优势。当然，这也可能跟所使用的实验材料有关，本实验中的目标词全部来源于留学生所用的教材，对汉语母语者大学生来说都是比较熟悉的词汇。对于熟悉词的加工来说，自上而下的整词加工往往比自下而上的词素加工占优势。

同时我们的结果也表明，首、尾词素在汉语母语者复合词通达中的作用在不同结构类型复合词中是有差别的，即首词素（家族和频率）的作用在并列结构和偏正结构中均存在，而尾词素的作用（尾词素笔画数）只发现于偏正结构复合词中。这与 Zhang

---

① 洪炜、冯聪《汉语二语学习者与汉语母语者的双字合成词识别过程差异研究》，《现代外语》2010 年第 4 期。

& Peng 的研究结果[1]有相同之处,也有不同之处。他们的研究发现,在并列结构复合词中,首、尾词素都对词汇识别产生影响,而在偏正结构中只有尾词素起作用。这种首尾词素对不同结构类型的词语产生的不同影响,可能与我们从左到右的阅读经验习惯和我们对词汇结构进行即时分析有关。从词素分解加工的层面来说,首词素要先于尾词素进入我们的视觉系统,这样,在心理加工过程中,首词素被优先激活,并根据首词素的信息在心理词典中检索以该词素为首的所有词语;当视觉加工进行到尾词素时,尾词素才开始起作用。而且本研究中的词不管是并列结构还是偏正结构,对于母语者来说已经相当熟悉,首尾词素之间的凝固关系在心理词典中已经固化为一种非常稳定的联结,所以首词素的作用比较明显。本研究还发现,对于偏正结构的复合词,尾词素作用依然存在,这跟汉语中大量存在的前偏后正的现象是吻合的,承载着语义重心的尾词素对于整个词的贡献是占主导的,因此需要更多的心理加工资源。

本实验还发现语义具体性和透明度在词汇加工中起着重要作用,与 Liu 的发现[2]一致,表明在深层正字法的词汇加工中语义通路的作用比较突出。根据 Katz & Frost 的"正字法深度假说",汉语的正字法深度比较深,因此母语者被试无法快速通过语音或正字法信息直接对真假词进行判断,往往需要借助语义等信息的

---

[1] Zhang, B.-Y. & Peng, D. Decomposed Storage in the Chinese Lexicon. Chen, H. C. & Tzeng, J.-L. O. (eds.) *Language Processing in Chinese*. North-Holland, 1992.

[2] Liu, Y. & Shu, H. & Li, P. Word Naming and Psycholinguistic Norms: Chinese. *Behavior Research Methods*, 2007(39).

帮助。①

(二) 以汉语为第二语言的学习者复合词加工的影响因素

通过回归分析，我们看到整词频率、尾词素、语义因素影响留学生汉语复合词的加工速度，说明对于初级汉语水平的学习者来说，整词加工和词素加工也同时存在，这和目前有关汉语学习者复合词习得与加工的研究结果也相吻合。②

尾词素在三组被试的词汇加工中都起作用，但其作用都只出现在偏正结构的词中，也就是说汉语二语学习者在偏正结构复合词的心理加工中表现出尾词素的位置效应。我们认为，经过一段时间的汉语学习（尤其是在目的语国家的正规学习），初级汉语学习者已经具有初步的词素意识和构词意识，能够意识到复合词词素之间的意义组合关系，并在词汇识别时对此做出无意识的分析。词汇结构反映的是首尾词素之间的组合关系，对于汉语学习者来说，首尾词素之间的联结在心理词典中不够稳固，当碰到语义重心在结尾处的偏正结构词语时就会使他们对尾词素施加更多的关注。

虽然尾词素在三组被试的复合词心理加工中都起作用，但作用的大小可能存在差异。在偏正结构复合词的完全回归分析中，泰国学生有两个尾词素因素具有显著性（分别为尾词素黏着度 $p=0.008$，尾词素家族数 $p=0.066$）；非汉字圈背景的留学生只有

---

① Katz, L. & Frost, R. Orthography, Phonology, Morphology, and Meaning: An Overview. Frost, R. & Katz, L. (eds.) *Orthography, Phonology, Morphology, and Meaning*. North Holland Press, 1992.

② 洪炜、冯聪《汉语二语学习者与汉语母语者的双字合成词识别过程差异研究》，《现代外语》2010 年第 4 期；邢红兵《留学生偏误合成词的统计分析》，《世界汉语教学》2003 年第 4 期。

一个达到显著（尾词素黏着度 p=0.007）；日韩学生的尾词素因素都没有达到显著。在之后的因子分析中，泰国学生的尾词素达到显著（p=0.021）；日韩的尾词素也达到显著（p=0.001）；而在非汉字圈背景的学生中尾词素没表现出显著性。通过这两种分析方法的对比发现，尾词素的作用在泰国学生中最稳定，而在非汉字圈背景和日韩留学生中不太稳定。也就是说尾词素在泰国学生偏正复合词加工中的作用也可能最大，其原因可能是受其母语泰语的影响。泰语的"偏正"结构（中定式、中状式）和汉语偏正结构（定中式、状中式）正好相反，其中心语在前，修饰限定语在后。[①]这种母语和目的语词语特征的差异可能导致他们在加工汉语词语时对尾词素更加关注。

同时，我们也发现，与母语者类似，拼音文字、泰国、日韩三组被试在加工汉语词语时均受到语义因素的影响，但是影响大小存在组间差异。从前面的回归分析我们知道，语义对非汉字圈背景学习者的影响相对较弱，而对日韩学生影响最大。其原因可能与母语文字的正字法特征、母语文字和汉语文字的相似程度以及受汉语影响程度的不同有关。根据"正字法深度假说"，正字法深度越深，语义对词汇加工的影响越大，拼音文字学习者、日韩学习者和汉语母语者的母语文字的正字法深度呈逐次加深。因此，他们在加工汉语词语时，受母语迁移的影响，语义的参与度会随母语文字正字法深度的加深而增多。而泰文虽然是字母文字，但地处汉字文化圈，受汉语影响更大，泰国学习者对汉语的熟悉

---

① 杨光远、史先建《泰语合成词的构词方式》，《云南民族大学学报》（哲学社会科学版）2010 年第 1 期。

度要高于非汉字圈背景的学习者，所以，在汉语词语加工中语义的参与度要高于非汉字圈背景学习者。同时，我们发现词义对二语学习者词汇加工的影响主要体现在词的具体性上，语义越具体，整词加工越快。这可能是由于具体词比抽象词更容易形成表象，因此可以利用表象和言语两种代码进行加工，而抽象词只能用言语代码进行加工。

我们还注意到，非汉字圈背景的学习者受语义影响较小，而受词语复杂性的影响较大，本文的视觉复杂度主要体现在笔画数上。通过这两方面的证据我们推测，非汉字圈背景的学习者在加工汉语复合词的时候，在正字法加工阶段可能花费更多的时间，从而导致自上而下的语义因素起的作用有限。

对于非汉字圈背景的留学生，复合词的加工主要受到整词频率、词语的视觉复杂度和具体性的影响，在加工过程中主要倾向于整词加工，词素的意识较弱；而日韩留学生和泰国留学生在加工汉语复合词时，既受到来自整词因素的影响，也受到来自词素层面因素的影响。

五 结论及对对外汉语词汇教学的启示

综合以上讨论分析可以看出，在汉语复合词加工中，母语者和二语者都同时存在整词加工和词素加工两种方式，但是在词素加工的具体表现上存在区别，即母语者侧重首词素，兼顾尾词素，而二语者（初级）首词素作用不明显，只在偏正结构中发现尾词素的影响。

本研究发现，对不同母语背景的留学生来说，整词频率是影响他们词汇判断反应时的一个重要因素，词语出现的次数越多，学习者加工的速度越快。我们认为，教材最好能够尽可能地重复学习者应掌握的基本词汇，除此之外，大量阅读是提高词汇复现率的一条好的途径。大量阅读除了能够巩固学习者已学生字生词之外，还可以帮助学习者在阅读过程中积累大量的词汇。遗憾的是，目前在对外汉语教学领域，除了阅读教材之外，缺少大量的、难度等级呈梯度变化的、与学习者阅读能力相对应的分级读物。因此，编写适合不同阅读能力等级的大量分级材料是一项亟待开展的工作。

本研究还发现，词素层面的一些因素影响学习者对复合词的加工，这说明经过一段时间的学习，他们逐渐对汉语复合词的构词规律有了一定的了解。教师在教学的过程中，可以有计划地通过大量例子加深学习者对复合词构词规则的认识，帮助他们了解汉语复合词的构词规律，引导他们在阅读或者听力理解的过程中运用复合词的构词规则来推测新词的词义。教材编写者则可以选定一批构词能力强、构词透明度高的基础词素，用来训练学习者的词素意识和运用词素及构词规则来推测生词词义的能力。

对于不同母语背景的学习者，词素教学的重点在不同的阶段应有所侧重。来自日韩和泰国的学习者由于之前有接触汉语的经验，所以他们对汉语中的基础词素和构词法规则掌握较早。在教学中，应注重词素之间的结构关系和语义关系，注重词素家族成员之间的联系等，帮助他们尽早在心理词典中形成经济有效的词语表征方式。同时还要通过语言对比让学生明白母语与汉语词语在词素结构方面的异同点，克服母语特征的差异带来的负迁移。

对于非汉字圈背景的学生，在初级阶段则要帮助他们掌握一批基础词素，区分同音词素，同时可通过词素家族来帮助他们巩固所学基础词素，形成初步的词素意识。待学习者初步掌握规定的基础词素之后，再结合具体的词汇实例来展示汉语的构词法规则，并引导他们在阅读与听力理解的过程中运用语境和构词法规则来推测生词词义，进而扩大词汇量。

附录 用于实验结果分析的 234 个汉语复合词

包裹	比赛	冰箱	彩虹	茶叶	超市	成绩	城市	程度
厨房	传统	窗户	词典	导游	道路	电池	冬衣	动作
饭店	方法	房租	风景	夫妻	父亲	附近	钢琴	歌曲
光盘	广场	规矩	号码	黑板	红叶	画册	会场	婚礼
机票	基础	疾病	季节	健康	交通	郊外	教室	节日
结果	惊喜	景色	警察	客厅	课外	口袋	困难	篮球
礼堂	历史	领导	楼梯	旅馆	毛笔	门口	民族	名曲
内容	能力	牛肉	农村	暖气	气温	汽车	青年	情景
球迷	山水	商店	社会	身体	生物	声音	胜利	食堂
世界	事情	收入	书法	树叶	数字	水平	速度	态度
特色	条件	铁路	图书	外交	玩笑	西服	现代	香水
笑容	效果	心事	信心	性格	姓名	眼镜	演员	羊肉
艺术	邮票	友谊	雨伞	圆圈	阅读	运气	杂志	职业
周围	住宅	考察	办理	保证	报名	毕业	表演	布置
参观	操作	吵架	承认	充满	抽烟	辞职	打扮	代替
等待	锻炼	反问	复习	改革	感动	鼓励	关心	管理
划船	滑冰	化验	欢迎	恢复	坚持	检查	讲述	降落

进步	经营	决定	浪费	劳驾	离别	利用	贸易	排练
品尝	请问	认识	散步	设计	申请	失眠	实现	适应
受骗	提高	同意	吸引	希望	相信	休息	选择	营业
游览	预报	暂停	造成	增加	展览	争取	装饰	遵守
安静	聪明	丰富	故意	合适	互相	缓慢	积极	吉祥
坚固	简单	精彩	开朗	刻苦	快速	凉快	流行	满意
美丽	秘密	年轻	努力	普通	亲爱	轻松	清楚	热情
容易	善良	伤心	舒服	熟练	痛快	团结	危险	温暖
喜悦	辛苦	拥挤	优美	油腻	愉快	真正	主动	著名

第四章

基于认知视角的汉语句法习得研究

第一节 不同任务下汉语言语产出中词类信息的激活研究[①]

一 引言

汉语第二语言学习者在产出句子时,有时会表现出词类误用。例如:

(1)*故事有什么样的<u>结束</u>("的"字后应使用名词"结局",句中误用动词"结束")

(2)*三个人在<u>思考</u>上、行为上不一致的话("在……上"结构中应使用名词"思想",该句中误用动词"思考")

(3)*他们为了自己的舒服而把个人的<u>负责</u>推给别人("把"后的宾语应为名词"责任",该句中误用动词"负责")[②]

[①] 本节作者:冯浩、冯丽萍,原载《世界汉语教学》2016年第3期。

[②] 以上语料及偏误均来自北京语言大学"HSK动态作文语料库(1.1版)"。根据审稿专家的提示,我们认为,造成文中偏误的原因可能并不单一。虽然偏误是以词类误用的形式表现的,但是误用词语之间较强的语义关联、共同的语素、二语者并未准确掌握词语的词类信息以及词间的搭配关系等也可能是造成偏误的原因。二语者未能准确地在言语产出中激活词语的词类以区分其差异,可能是众多原因之一。

第一节 不同任务下汉语言语产出中词类信息的激活研究

根据词类误用,我们推测二语者在汉语言语产出时,可能未能准确激活词语的词类信息。然而,这类偏误在汉语母语者的言语产出中很少出现,这是否意味着汉语二语学习者和汉语母语者在言语产出过程中,对词类信息的激活有所不同?

目前的口语产出模型大多认为口语产出包括 4 个阶段,以较有代表性的 Levelt 的模型为例,口语产出分为:(1)概念化阶段,即说话者要明确所表达的概念;(2)言语组织阶段,即选择恰当的词汇语义、词语句法性质、形态、句法结构和语音表征来表达概念;(3)发音阶段,用一定的肌肉运动程序将选择好的词语说出来;(4)自我监控阶段,说话者同时作为听话者来监控自己的言语产出。[1]词类信息的激活发生在言语组织阶段,但是,目前有关不同语言中词类信息激活的研究结果还很不一致。

Pechmann & Zerbst 采用图词干扰的图片命名实验范式,通过 5 个实验,发现德语补全句子片段任务中,当 SOA[2] 为-100ms 到 100ms 时激活了词语的词类信息,但未发现单词产出任务中词类信息的激活。[3]Pechmann *et al.* 采用相同的实验范式,发现英语名词短语产出任务中,词类信息得到激活,也未发现词类信息在单

---

[1] Levelt, W. J. M. *Speaking: From Intention to Articulation*. MIT Press, 1989.

[2] SOA 为 Stimulus Onset Asynchrony 的缩写,指图词干扰的图片命名实验范式中,目标图片呈现和干扰词呈现之间的时间间隔。干扰词在图片前呈现,SOA 为负值;在图片后呈现,SOA 为正值;SOA 为 0ms 表示二者同时呈现。

[3] Pechmann, T. & Zerbst, D. The Activation of Word Class Information During Speech Production. *Journal of Experimental Psychology: Learning, Memory & Cognition*, 2002(28).

词产出任务中的激活。[1]考察汉语言语产出中词类信息激活的研究采用了上述实验范式,但研究结果却有所不同。洪冬美、钟毅平发现,词语形式产出任务中,词类信息在 SOA 为-100ms 时得到激活;名词短语形式产出任务中,词类信息在 SOA 为 0ms 到 100ms 时得到激活;简单句产出任务中,词类信息在 SOA 为-100ms 到 100ms 时得到激活。[2]但是,张积家等发现,在汉语词语形式和短语形式产出任务中,词类信息都仅在 SOA 为-100ms 时得到激活。[3]对比以印欧语和以汉语为实验材料的研究发现,词语形式产出任务下,未发现印欧语词类信息的激活,但发现汉语在 SOA 为-100ms 时激活了词类信息;短语形式产出任务下,印欧语和汉语均激活了词类信息,只是由于实验任务或者语言特征的不同,激活的时间进程略有差异。

深入分析上述研究,我们发现,词类信息的激活除了受实验任务、干扰词呈现先后和时间等因素的影响外,还受到目标词和干扰词的语义关系这一重要因素的影响。上述研究中的实验任务均是命名表示名词的图片,但干扰词的词类有名词和动词,干扰名词和目标名词同属于事物(如"砖、窗"),干扰动词则属于事件(如"拉、睡")。在对实验结果的影响中,词类信息和词

---

[1] Pechmann, T. & Garrett, M. F. & Zerbst, D. The Time Course of Recovery for Grammatical Category Information During Lexical Processing for Syntactic Construction. *Journal of Experimental Psychology: Learning, Memory & Cognition*, 2004(30).

[2] 洪冬美、钟毅平《言语产生中汉语词类信息的加工进程》,《心理科学》2008 年第 4 期。

[3] 张积家、石艳彩、段新焕《汉语言语产生中词类信息的激活》,《心理科学》2009 年第 1 期。

汇语义之间的作用没有彻底分离出来。①Vigliocco控制干扰名词和干扰动词语义上表示事物、事件的差异，考察语义相似性和词类信息在意大利语命名表动作义图片时的作用。② 结果发现，以动词原形产出的任务中，词类信息的激活未得到体现；以屈折形式产出的任务中，词类信息得到激活，且未发现语义相似性对词类信息激活的影响。作者认为，词类信息只有在涉及句法加工的任务中才能激活。

和印欧语相比，汉语缺少严格意义的形态变化，词类难以从形态上区分，这种差异是否会导致汉语词类信息激活的模式和印欧语不同？在不同任务条件下，汉语词类信息的激活方式是否有差异？汉语词类信息激活是否受词汇语义信息的影响？汉语母语者和印欧语母语的高水平汉语二语者词类信息的激活是否不同？

本研究采用图词干扰的实验范式，通过3个实验，考察词语产出任务和短语产出任务下，汉语母语者和印欧语为母语的高水平汉语二语者的词类信息激活情况及其与语义因素的关系，以期探讨词类信息在汉语言语产出中的作用。研究结果对我们深入了解汉语言语产出中词类信息激活的方式，探讨汉语词义信息在词类信息激活中的作用，深化对言语产出模型的认识都将提供重要的参考，同时也可为汉语本体研究和汉语第二语言教学研究提供

---

① Vigliocco, G. & Vinson, D. P. & Druks, J. & Barber, H. & Cappa, S. F. Nouns and Verbs in the Brain: A Review of Behavioural, Electrophysiological, Neuropsychological and Imaging Studies. *Neuroscience and Biobehavioral Reviews*, 2011(35).

② Vigliocco, G. & Vinson, D. P. & Siri, S. Semantic Similarity and Grammatical Class in Naming Actions. *Cognition*, 2005(94).

一些建议。

二 实验研究

（一）实验1：双音节动词产出任务中词类信息的激活研究

1. 研究目的

考察汉语母语者和印欧语为母语的高水平汉语二语者产出汉语双音节动词时，词类信息是否激活，以及词类信息激活与语义信息之间的关系。

2. 研究方法

（1）被试

汉语母语者被试为北京师范大学中国本科生及研究生，共34名，其中10名男生，24名女生，平均年龄22岁，普通话标准，视力或矫正视力正常。二语者被试为在北京师范大学、北京语言大学、首都经贸大学学习的印欧语为母语的高水平汉语二语者，主要来自美国（5人）、南非（4人）、罗马尼亚（3人）、俄罗斯（2人）、西班牙（2人）、立陶宛（2人）、塞尔维亚（2人）、墨西哥（1人）、英国（1人）等国家，共22名，其中7名男生，15名女生，平均年龄22岁，均通过新HSK5级或6级考试。所有参与实验的被试均得到一定的报酬。

（2）实验设计和材料

采用图词干扰的图片命名实验范式。给被试呈现表示动作义词语（如"起诉"）的目标图片，让被试忽略位于图片中央的干扰词，大声用双音节动词命名图片。实验为2×2×2三因素混合设计：第1个自变量为被试母语背景，包括汉语母语者和高水平汉语二语者；第2个自变量为干扰词和目标词的语义关系，包括相关和无关；第3个自变量为干扰词和目标词的词类关系，包括相同和不同。以目标图"起诉"为例，共存在四类干扰词：第一，语义相关、词类相同的干扰词"控告"；第二，语义相关、词类不同的干扰词"官司"；第三，语义无关、词类相同的干扰词"追求"；第四，语义无关、词类不同的干扰词"类型"。因变量为被试命名图片的反应时。目标词"起诉"的干扰词如表4-1所示，"起诉"的图片如图4-1所示。

表4-1 实验1实验材料示例

目标词	干扰词		
	语义关系	词类关系	
		相同	不同
起诉	相关	控告	官司
	无关	追求	类型

图4-1 实验目标图片"起诉"

采用以下方法选择实验材料：第一，选择事件名词。为确保语义相关的干扰名词和目标动词的语义相关程度高，并且减小动词和名词分属事件和事物的区别，首先选择事件名词作为与目标动词语义相关的干扰名词，即表示动作、行为、事件之"过程"

的名词，如"官司、球赛、手术"等。[①] 第二，选择其他组材料。根据事件名词选择目标动词、语义相关干扰动词、语义无关干扰动词和语义无关干扰名词。实验材料共5组，每组22个，共110个双音节词。根据《现代汉语词典》（第6版）确定所有词的词类，所选词均为单义词。[②] 第三，确定目标动词图片。由1名动画系本科生和主试共同设计表示目标动词意义的图片，多次评定并进行修改。最终由8名研究生对图片的可理解性进行评价，均表示目标图片可以较恰当地表达目标动词的意义。第四，匹配各组材料的形音义信息。根据 Cai & Brysbaert 的词频表匹配目标词和干扰词的词频，结果显示，各组材料的词频无显著差异（$F_{(4, 105)}$ =0.86，$p > 0.05$）；匹配四组干扰词的笔画数，各组笔画数无显著差异（$F_{(3, 84)}$ =1.23，$p > 0.05$）。[③] 同时，干扰词和目标词没有共同的语素，没有相似的语音。

由5名母语者和5名高水平二语者对目标词和干扰词的语义相关程度进行7度量表评定，1表示语义非常无关，7表示语义非常相关。方差分析结果显示，母语者和二语者对语义相关度的评定无显著差异（$F_{(1, 8)}$ =0.29，$p > 0.05$），语义相关组和语义无关组的评定差异显著（$F_{(1, 8)}$ =18.76，$p < 0.05$），交互作用不显著（$F_{(1, 8)}$ =0.08，$p > 0.05$）。

---

① 韩蕾《试析事件名词的词类地位》，《宁夏大学学报》（人文社会科学版）2010年第1期；陆丙甫《汉、英主要"事件名词"语义特征》，《当代语言学》2012年第1期。

② 中国社会科学院语言研究所词典编辑室编《现代汉语词典》（第6版），商务印书馆2012年版。

③ Cai, Q. & Brysbaert, M. SUBTLEX—CH: Chinese Word and Character Frequencies Based on Film Subtitles. *PLOS One*, 2010(5).

第一节　不同任务下汉语言语产出中词类信息的激活研究

另由 5 名母语者和 5 名高水平二语者对目标词和干扰词词类性质进行 7 度量表评定，1 表示名词，7 表示动词。方差分析结果显示，母语者和二语者对词类的评定无显著差异（$F_{(1, 8)}$=0.19，$p > 0.05$），动词和名词的评定差异显著（$F_{(1, 8)}$=14.16，$p < 0.05$），交互作用不显著（$F_{(1, 8)}$=2.63，$p > 0.05$）。说明这些词语的词类信息不仅在词典标注中属于不同类别，在被试的心理表征上也有差别。选择实验材料时控制了词义的具体性，并由 20 名母语者进行具体性 7 度量表评定，1 表示语义非常抽象，7 表示语义非常具体。结果显示，各组词义具体性之间无显著差异（$F_{(4, 105)}$=1.44，$p > 0.05$）。

（3）实验仪器和程序

采用 E-Prime1.1 编写实验程序，实验设备包括 PET-SRBOX 反应盒、麦克风和 14 寸笔记本电脑。实验时图片呈现在电脑屏幕中央，占屏幕的 70%。被试的反应通过与反应盒连接的麦克风记录。主试录音并记录被试反应是否正确。

为减少被试的记忆能力对实验结果的影响并保证图片命名任务的操作，实验前 3 天要求被试学会命名 22 幅目标图片，实验开始前被试首先命名目标图片，无误后开始实验。正式实验前进行 7 个试次的练习，以便被试适应目标图片和干扰词快速呈现的节奏。正式实验时，首先呈现红色注视点"+"150ms，接着同时呈现目标图片和红色干扰词 300ms（即 SOA 为 0ms），干扰词位于图片中央，此时开始计时，最后呈现空白屏幕 2700ms，被试命名后即进入下一个试次。为防止被试采用忽视干扰词的策略，主试强调视线要落在屏幕中央、实验存在干扰词，实验后的访谈中，所有被试均表示可以清楚看到干扰词。4 组干扰词通过拉丁方设计，形成 4 套顺序的实验材料呈现给 4 组被试，以平衡顺序效应。正式实验大约需要 10 分钟完成。

3. 结果与分析

删除反应不正确的数据，包括被试产出错误及"嗯""啊"等或者词中间有停顿的反应；删除每种条件平均反应时正负两个标准差以外的数据，母语者共保留总数据的 86.5%，二语者共保留总数据的 86.7%。初步分析显示：错误率整体较低，且平均分布，故未继续进行统计分析。

反应时结果见表 4-2。由于本研究并不重点关注母语者和二语者词语产出速度之间的差异，因此分别根据母语背景做两个两因素重复测量方差分析。对母语者反应时的分析显示：语义关系的主效应不显著（$F_{(1, 33)}=0.34$，$p > 0.05$）；词类关系的主效应也不显著（$F_{(1, 33)}=0.88$，$p > 0.05$）；语义关系和词类关系的交互作用显著（$F_{(1, 33)}=9.62$，$p < 0.01$）。本研究主要关注词类信息的激活条件，因此将语义关系的水平固定进行简单效应分析，结果显示，当干扰词和目标词的语义相关时，词类关系的效应显著（$F_{(1, 33)}=9.28$，$p < 0.05$），词类相同词语的产出时间短于词类不同的词语，出现了相同词类的促进效应，说明语义相关时词类信息得到激活；当干扰词和目标词的语义无关时，词类关系的效应不显著（$F_{(1, 33)}=1.37$，$p > 0.05$）。

对二语者反应时进行方差分析显示：语义关系的主效应显著（$F_{(1, 21)}=5.85$，$p < 0.05$），语义相关词语的产出时间长于语义无关词语，出现了语义相关的干扰效应；词类关系的主效应不显著（$F_{(1, 21)}=2.86$，$p > 0.05$），语义关系和词类关系的交互作用不显著（$F_{(1, 21)}=0.18$，$p > 0.05$）。也就是说，无论语义是否相关，均未发现二语者在产出汉语词语时词类信息的激活。

表 4-2 实验 1 四种干扰条件下词语产出的平均反应时（ms）及标准差

	语义关系	词类关系			
		相同（动词干扰）		不同（名词干扰）	
		平均数	标准差	平均数	标准差
母语者	相关	671.9	159.8	715.8	166.5
	无关	697.2	165.6	676.5	161.5
二语者	相关	861.5	171.1	900.9	171.2
	无关	815.7	135.9	838.9	158.1

实验 1 的结果说明，在词语产出任务中，汉语母语者在词语的语义相关条件下，激活了词类信息；高水平二语者未发现词类信息的激活。在图词干扰实验中，完成词语产出任务时主要激活的是词语的概念意义；在实际的言语产出过程中，词语的组合也是一个重要的环节，如果将实验任务改变为短语产出任务，被试是否会提取词语组合时所需的词类等语法信息？母语者和高水平二语者是否仍存在差别？我们将通过实验 2 对这些问题进行考察。

（二）实验 2：短语"动词+过"产出任务中词类信息的激活研究

1. 研究目的

考察汉语母语者和印欧语为母语的高水平汉语二语者产出"动词+过"短语时，词类信息激活是否受语义因素的影响。之所以选择"动词+过"框架，是因为动词而非名词能进入该短语框架，这就限制了能进入框架的词类。

2.研究方法

（1）被试

汉语母语者被试为北京师范大学中国本科生及研究生，共31名，其中13名男生，18名女生，平均年龄23岁，普通话标准，视力或矫正视力正常。二语者被试为在北京师范大学、北京语言大学、首都经贸大学学习的印欧语为母语的高水平汉语二语者，主要来自南非（4人）、美国（3人）、罗马尼亚（3人）、俄罗斯（2人）、西班牙（2人）、立陶宛（2人）、哈萨克斯坦（1人）、几内亚（1人）、意大利（1人）、贝宁（1人）等国家，共20名，其中5名男生，15名女生，平均年龄22岁，均通过新HSK5级或6级考试。

（2）实验设计和材料

采用图词干扰的实验范式，被试的任务为产出包含目标动词的短语。实验设计和实验材料同实验1。

（3）实验仪器和程序

实验仪器同实验1。实验前3天要求所有被试学会命名22幅目标图片，实验中要求被试不要在短语内部停顿，完成"动词+过"的产出任务。正式实验前进行7个试次的练习，正式实验程序同实验1，大约需要10分钟完成。

3.结果与分析

数据取舍标准同实验1，母语者共保留总数据的87.3%，二语者共保留数据的88.1%。初步分析显示：错误率整体较低，且平均分布，故未继续进行统计分析。

反应时结果见表4-3。对母语者反应时进行两因素重复测量方差分析显示：语义关系的主效应不显著（$F_{(1, 30)}$=0.19，$p > 0.05$）；

词类关系的主效应显著（$F_{(1, 30)}$=4.64，$p<0.05$），词类相同的动词干扰条件下，目标图片短语产出时间长于词类不同的名词干扰，出现了相同词类的干扰效应；说明此时词类信息得到了激活，也说明短语框架"动词+过"对词类信息的激活有限制作用；语义关系和词类关系的交互作用不显著（$F_{(1, 30)}$=0.04，$p>0.05$）。

对二语者反应时进行方差分析显示：语义关系的主效应显著（$F_{(1, 19)}$=4.59，$p<0.05$），语义相关组的产出时间长于语义无关组，出现了语义相关的干扰效应；词类关系的主效应不显著（$F_{(1, 19)}$=1.83，$p>0.05$），未发现词类信息的激活；语义关系和词类关系的交互作用不显著（$F_{(1, 19)}$=0.55，$p>0.05$）。

表4-3 实验2四种干扰条件下短语产出的平均反应时（ms）及标准差

	语义关系	词类关系			
		相同（动词干扰）		不同（名词干扰）	
		平均数	标准差	平均数	标准差
母语者	相关	653.3	173.1	629.1	158.1
	无关	650.3	165.1	620.7	159.8
二语者	相关	794.1	148.6	821.6	204.7
	无关	762.2	147.4	775.4	158.6

实验2发现了短语产出任务对汉语母语者词类信息激活的作用，说明在该任务中，汉语母语者可以提取词语的词类信息；但未发现短语产出任务对二语者词类信息激活的影响；也未发现语义因素对母语者和二语者词类信息激活的影响。在该实验任务中，只有动词可以进入所要求的短语框架；在汉语母语者的言语产出过程中，短语是仅对能进入其中的动词有限制作用，还是对可以

进入其中的其他类词语也有限制作用？在二语者言语产出过程中，符合短语要求的词类信息激活情况到底如何？为了更好地解读实验2的结果，并进一步了解短语框架对母语者和二语者词类信息激活的影响，实验3采用"动词+了"短语框架，继续考察短语产出任务下母语者和二语者词类信息的激活方式。

（三）实验3：短语"动词+了"产出任务中词类信息的激活研究

1. 研究目的

考察汉语母语者和印欧语为母语的高水平汉语二语者产出汉语"动词+了"短语时，词类信息是否得到激活。之所以选择"动词+了"框架，是因为"了"之前的词语可以是动词、名词（如"春天了"）或者形容词（如"害羞了"），该短语框架对进入其中的词语有相同的限制作用。

2. 研究方法

（1）被试

汉语母语者被试为北京师范大学中国本科生及研究生，共34名，其中11名男生，23名女生，平均年龄22岁，普通话标准，视力或矫正视力正常。二语者被试为印欧语为母语的高水平二语者（所在的大学、国家和人数等同实验2），共20名，其中6名男生，14名女生，平均年龄22岁，均通过新HSK5级或6级考试。

（2）实验设计和材料

采用图词干扰的实验范式。给被试呈现表示动作义的目标图片（如"起诉"），让被试忽略位于图片中央的干扰词，大声产出"动词+了"短语。实验为两因素混合设计：第1个自变量为被试母语背景，包括汉语母语者和高水平汉语二语者；第 2 个自变量为与图片语义无关的干扰词词类，分为 3 个水平：第一，动词干扰，如"追求"；第二，名词干扰，如"春天"；第三，形容词干扰，如"害羞"；所有干扰词均能进入"词语＋了"短语框架。因变量为产出短语的反应时。

采用实验 1 的目标图片。动词干扰组选择实验 1 中能进入"动词＋了"短语的语义无关干扰动词；名词干扰组选择具有时间或者序列意义的名词，所有用于实验材料的此类名词均能组成"名词＋了"短语（如"春天了""硕士了"）；形容词干扰组选择动态形容词，[①]所有用于实验材料的动态形容词均能组成"形容词＋了"短语（如"害羞了""强大了"）。以上短语均能在北京语言大学 BCC 现代汉语语料库中找到实例。三种干扰词词类根据《现代汉语词典》（第 6 版）确定。

匹配目标词和干扰词的频率，四组词频无显著差异（$F_{(3, 84)}=0.50$，$p > 0.05$）；匹配干扰词的笔画数，各组笔画数无显著差异（$F_{(2, 63)}=0.33$，$p > 0.05$）；且目标词和干扰词无共同语素、无相似语音。

（3）实验仪器和程序

实验仪器及程序同实验 2，实验大约需要 10 分钟完成。3 组干扰词通过拉丁方设计形成 3 套顺序的实验材料呈现给 3 组被试，以平衡顺序效应。

3. 结果与分析

数据取舍标准同实验 2，母语者共保留总数据的 91.1%，二

[①] 张国宪《现代汉语的动态形容词》，《中国语文》1995 年第 3 期。

语者共保留总数据的 92.7%。初步分析显示：错误率整体较低，且平均分布，故未继续进行统计分析。

反应时结果见表 4-4。对母语者反应时进行单因素重复测量方差分析显示：干扰词类型的主效应不显著（$F_{(2, 66)}$=1.10，$p > 0.05$）。对二语者反应时进行方差分析显示：干扰词类型的主效应也不显著（$F_{(2, 38)}$=1.03，$p > 0.05$）。

表 4-4　实验 3 三种干扰条件下短语产出的平均反应时（ms）及标准差

	干扰词类型					
	动词		名词		形容词	
	平均数	标准差	平均数	标准差	平均数	标准差
母语者	622.7	133.2	641.1	155.2	634.1	144.9
二语者	745.0	147.1	780.8	161.1	760.6	151.4

虽然研究结果显示，母语者和二语者产出"动词+了"时，不同词类对目标动词的干扰作用相同，但结合实验 2 的结果，我们推测，实验 3 中母语者和二语者在词类信息激活方面存在差异。实验 2 已发现汉语母语者在短语产出任务中动词词类信息的激活，在实验 3 中，由于所选择的动、形、名三种词类均能进入"词语+了"短语框架，所以不同词类的干扰作用相同。我们后续访谈了 5 名汉语母语者，他们均能准确区分实验材料中的动词、形容词和名词；且告诉主试，干扰词对他们产出目标结构存在较大影响。这意味着对于母语者来说，在短语产出任务中，不同的词类信息均得到激活；而实验 2 未发现二语者词类信息的激活，结合语言教学中二语者常常产出关于"了"的偏误，我们推测，实验 3 中，二语者的词类信息可能也没有激活。当然，对于这一推测，还需

后续研究做进一步的检验。

三 综合讨论

本研究通过3个实验，发现词语产出任务中，汉语母语者在存在语义相关词语的情况下，激活了词类信息；在短语产出任务中，无论词汇语义是否相关，都会激活词语的词类信息以适应句法结构的要求；而印欧语为母语的高水平汉语二语者在上述任务中，只有词义信息得到激活，并未发现词类信息的激活。下面我们结合本研究所关注的词类信息激活的条件、汉语母语者和二语者词类信息激活的异同等问题分别进行讨论。

（一）汉语母语者词语产出时词类信息的激活

以往词语产出任务下考察母语者词类信息激活时间进程的研究，由于未控制语义因素的影响，在SOA为0ms时，几乎都未发现词类信息的激活，其结果和实验1中语义无关条件时未发现词类信息激活的结果相同。[1] 但是，本研究发现当有语义相关的词语存在时，产出汉语动词激活了词语的词类信息。该发现与Vigliocco关于意大利语的研究结果[2] 不同，其研究在SOA为0ms时，未发现词类信息的激活。这种不同可能是由于意大利语与汉语语言特征的差异所致。意大利语的动词有形态标记，

---

[1] Pechmann, T. & Zerbst, D. The Activation of Word Class Information During Speech Production. *Journal of Experimental Psychology: Learning, Memory & Cognition*, 2002(28); 张积家、石艳彩、段新焕《汉语言语产生中词类信息的激活》，《心理科学》2009年第1期。

[2] Vigliocco, G. & Vinson, D. P. & Siri, S. Semantic Similarity and Grammatical Class in Naming Actions. *Cognition*, 2005(94).

动词的不定式后缀有三类，分别以 -are、-ere 或者 -ire 结尾；名词分阴性和阳性，阴性多以 -a 结尾，阳性多以 -o 结尾[①]，形态标记使人们更容易辨别语义相近但词类不同的词语。在词语产出任务中，意大利语母语者通过关注形态就可以正确地产出词语。而汉语是孤立语，缺少严格意义上的形态变化，词类或许作为区别性特征之一，使汉语母语者在产出词语时，尽量排除语义相近但词类不同的词语的干扰。例如，在描述法庭的情景时，被试心理词典激活的词语可以是"起诉""控告""官司"等，词类信息表征可以使汉语母语者将"官司"作为异类选出来。Bock & Levelt 的言语产出模型[②]中，词类信息的激活也体现在语义相关的词语之间。可以推测，在汉语母语者的口语产出过程中，词义信息和词类信息加工之间具有密切关系，词义信息的加工有助于词类信息的激活，词类信息的激活则有助于词义信息的确认。

至于母语者词语产出时，词类信息激活出现了相同词类的促进效应，可能和词语在心理词典中的表征有关。Brown & Berko 通过实验提出，成年母语者大部分的名词和动词在词汇联想任务中产出的是相同词类的词语。[③] 那么，和目标词词类相同的干扰词在心理词典中与目标词的距离较近，在相同词类的干扰词先行激活的条件下，则更容易激活目标词，因此出现了词

---

① 赵秀英《速成意大利语》，外文出版社 2000 年版。
② Bock, K. & Levelt, W. J. M. Language Production: Grammatical Encoding. Gernsbacher, M. A. (ed.) *Handbook of Psycholinguistics*. Academic Press, 1994.
③ Brown, R. & Berko, J. Word Association and the Acquisition of Grammar. *Child Development*, 1960(31).

类促进效应。

(二) 汉语母语者短语产出时词类信息的激活

和洪冬美、钟毅平的研究结果[①]一致，本研究也发现在 SOA 为 0ms 时，产出"过"字短语和"了"字短语等涉及较强句法要求的任务中，汉语母语者激活了词语的词类信息。一种可能的解释是，短语"词语+过"和"词语+了"对进入其中的成分有选择和限制作用，这种作用在汉语母语者的短语加工中得到提取。实验 2 中的"过"是表示过去曾经意义的"过$_2$"，"动词+过"的语法意义表示过去曾经发生的动作，可以看作一种构式。实验 3 中的"了"无论是"了$_1$"或者"了$_2$"，实质上是同一成分在不同句法位置上的变体，都表示行为、动作、性质和状态等从未出现到出现的发展过程，能进入"了"字结构的词语都有"实现过程"的意义，[②]"词语+了"也可以看作一种构式。两类短语均以类似"构式压制"的方式对进入其中的词语的词类信息进行选择和激活。

同以往采用汉语为实验材料的研究相比，本研究发现，将语义因素引入短语产出任务时，母语者词类信息的激活只受短语框架的句法要求影响，不受词汇间语义关系的影响。该结果与 Vigliocco 采用意大利语屈折形式命名图片的结果一致。[③]正如 Garrett 所发现的，在句子产出层面，几乎所有的词汇错误都和词

[①] 洪冬美、钟毅平《言语产生中汉语词类信息的加工进程》，《心理科学》2008 年第 4 期。

[②] 石毓智《语法的认知语义基础》，江西教育出版社 2000 年版。

[③] Vigliocco, G. & Vinson, D. P. & Siri, S. Semantic Similarity and Grammatical Class in Naming Actions. *Cognition*, 2005(94).

类相关。[1] 我们认为，如果词语的词类符合一定的句法要求，它们的词类信息就会激活，并发生相同词类间的竞争作用。短语产出任务和屈折形式产出任务均为较强的句法任务，说话者需要激活词语的词类来适应短语框架或词形变化的句法要求；而语义关系的远近在这种较强句法任务中的作用不大。词语的句法语义只需符合构式的要求即可，无需如词语产出任务一样，激活词类信息息来准确区分语义相近的词语。

现有的言语产出模型可以根据词类信息是否激活分为两类。[2] 一类是基于词汇主义的观点，认为言语产出的词条层预存了词汇的语义、语法、语音等信息，词类信息和语义、语音信息一样，在产出时都需要从记忆中调取。强势的词汇主义模型认为，词类信息在产出中必须提取，词类信息和动词论元的自动激活能够促进句法结构的重复使用；[3] 而弱势的观点认为，词类信息只有在产出句子、短语，或者需要提取时才会被激活。[4] 另一类是基于浮现主义的观点，以 Chang 提出的双通道模型[5]

---

[1] Garrett, F. M. Levels of Processing in Sentence Production. *Language Production*, 1980(1).

[2] Vigliocco, G. & Vinson, D. P. & Druks, J. & Barber, H. & Cappa, S. F. Nouns and Verbs in the Brain: A Review of Behavioural, Electrophysiological, Neuropsychological and Imaging Studies. *Neuroscience and Biobehavioral Reviews*, 2011(35).

[3] Pickering, M. J. & Branigan, H. P. The Representation of Verbs: Evidence from Syntactic Priming in Language Production. *Journal of Memory & Language*, 1998(39).

[4] Levelt, W. J. M. & Roelofs, A. & Meyer, A. S. A Theory of Lexical Access in Speech Production. *Behavioral and Brain Sciences*, 1999(22).

[5] Chang, F. & Dell, G. S. & Bock, K. Becoming Syntactic. *Psychological Review*, 2006(113).

为例，该模型不涉及词类信息的激活，核心思想是当我们接触到某一个词语时，会根据它前后出现的词语频率来预测下一个可能出现的词语，人们从错误中学习正确的语法，这种学习过程可以通过 SRN（Simple Recurrent Network）来进行计算机模拟。

本研究的结果为弱势的基于词汇主义的产出模型提供了实验支持。不仅如此，我们还发现了在汉语产出中，词类信息可以作为区分语义相近词语的手段，为言语产出模型中具有汉语特色的词类信息的激活条件提供了新的视角。

（三）印欧语为母语的高水平汉语二语者词语和短语产出时词类信息的激活

无论以词语形式产出还是以短语形式产出汉语时，均未发现高水平二语者词类信息的激活。结合 HSK 动态作文语料以及教学中二语者出现的词类误用，我们推测，即使印欧语为母语的高水平汉语二语者，也较难准确激活汉语的词类信息。这一结果与肖青的实验结果相似，其行为和 ERP 实验均发现：与汉语母语者同时激活动词的概念意义和句法信息不同，英语为母语的高水平汉语二语者在动词加工早期只激活动词的概念意义，与动词句法相关的信息在激活上未得到体现。[1]

大部分形态丰富的印欧语言可以从词形上区分词类，即使语义相近的词语，如果词类不同，形态也不同。例如，意大利语表示"沉没"意义的动词"affondare"和表示"下降"意义的名词

---

[1] 肖青《高级汉语水平英语母语者汉语动词及其相关信息的表征与加工研究》，北京师范大学 2013 年博士学位论文。

"caduta"。印欧语母语者的学习和使用经验可以使其较多关注词形线索，而在学习汉语这样一种缺乏严格意义上形态变化的语言时，需要利用词类线索区分语义相近的词语，这对二语学习者来说是一个全新的挑战。同时，在汉语中，同一语法位置可以出现不同词类的词语、同一词类的词语又可以位于不同语法位置，短语框架对词类信息的限制作用比较复杂，因此汉语短语中的词类信息在二语者的言语产出中难以准确提取和加工，故而会出现词类误用。

实验1、2发现了二语者稳定的语义干扰效应，说明词语的语义信息得到了激活。但是对二语者而言，词义信息如何和词类信息发生互动，这是学习的难点。语言由语义、语法、形态和语音等不同模块构成，模块内部有其运行机制，模块间也有其接口或界面的运行机制。[1]Sorace & Filiaci 提出"界面假说"：纯句法特征可以在学习后期完全习得，而句法和其他范畴间的界面特征则难以完全习得。[2] 本研究结果预示着，高水平二语者已经基本构建了汉语的语义系统，也在一定程度上形成了汉语的语法系统，但是如何将两个模块间的运行机制有效地组织起来，是研究者和对外汉语教师应该考虑的问题。

本研究也发现，高水平二语者能够在纸笔测验上较好地区分较典型的名词和动词，说明他们的二语心理词典已经基本构建了词条的词类表征[3]，但是词类信息却难以自动激活以适应所产出

---

[1] 袁博平《汉语二语习得中的界面研究》，《现代外语》2015年第1期。
[2] Sorace, A. & Filiaci, F. Anaphora Resolution in Near-native Speakers of Italian. *Second Language Research*, 2006(22).
[3] Jiang, N. Lexical Representation and Development in a Second Language. *Journal of Baoshan Teachers College*, 2007(21).

的短语框架要求。二语者关于词类的知识多为教师教授或者从课本、字典学习而来,属于外显的知识;在图词干扰的快速产出任务中,需要激活的为无意识的内隐知识,二语者在词类的外显知识和内隐知识的转化方面尚存困难。Norris & Ortega 认为,外显知识的教学能够加速语言的习得。[1] 我们肯定词类教学的必要性,但教师需要设计更为有效的教学方法,使关于词类的外显知识能够有效地转化为内隐知识。

四 结语

本节通过 3 个实验探讨了词语产出和短语产出任务下,汉语母语者和印欧语为母语的高水平汉语二语者词类信息激活的情况。研究发现,在汉语母语者的言语产出中,词类信息可能作为区分语义相近词语的手段而得到激活,而短语框架的句法要求会超越词汇语义的作用,限制进入其中的词语的词类;但是印欧语为母语的高水平二语者可能无法准确激活词语的词类信息以适应言语产出的需要。

将本节的研究结果与相关的汉语本体研究、汉语第二语言教学研究相结合,我们认为,下述问题有待研究者们继续深入思考和探讨:

首先,在汉语本体研究领域,自 20 世纪 50 年代的词类问题大讨论,到近年来沈家煊先生"名动包含"的观点,[2] 词类问题

---

[1] Norris, J. M. & Ortega, L. Effectiveness of L2 Instruction: A Research Synthesis and Quantitative Meta-analysis. *Language Learning*, 2010(50).

[2] 沈家煊《词类的类型学和汉语的词类》,《当代语言学》2015 年第 2 期。

一直是一个研究热点，也一直存在着不同的观点和分歧。从本节的研究结果看，词类信息不仅作为表征存在于汉语母语者的心理词典中，更在激活中与词汇语义、句法结构存在关联。因此，汉语词类的研究不仅要基于表征，更要基于使用；不仅要考察词类本身，也应考察词类和其他语言要素的互动关系；不仅要从语言学视角考察词类，也应从心理学、语言学或神经语言学视角进行考察。

其次，在汉语第二语言教学领域，采用句法格式、构式、语块的教学方法已得到了广泛的认可，这些方法也同样适用于引导学生关注特定结构或语法位置中对词类信息的要求。那么，对于词类这一学习难点，这类方法的效果如何？哪些类型的词语或结构的学习适合采用以上方法？除了目前比较关注的语块教学之外，还有哪些方法有助于学生掌握并使用词语的词类信息？这些都值得对外汉语教师思考和探讨。

此外，随着第二语言习得与教学中各种理论与实践的发展，关于语义与句法界面、词汇与句法接口、结构与功能、内隐知识与外显知识等问题的探讨日益深入，其重要性与紧迫性也日益凸显。本研究结果不仅从心理加工的角度印证了汉语二语者在词类使用方面的偏误，也可为上述重要问题的探讨提供实证参考和分析视角。同时，本研究的结果对于我们重新探究汉语研究和教学中词类难点出现的原因，采用多视角结合的方法去审视、探讨和解决这些难点提供了有价值的参考。

附录：实验部分目标图及目标词

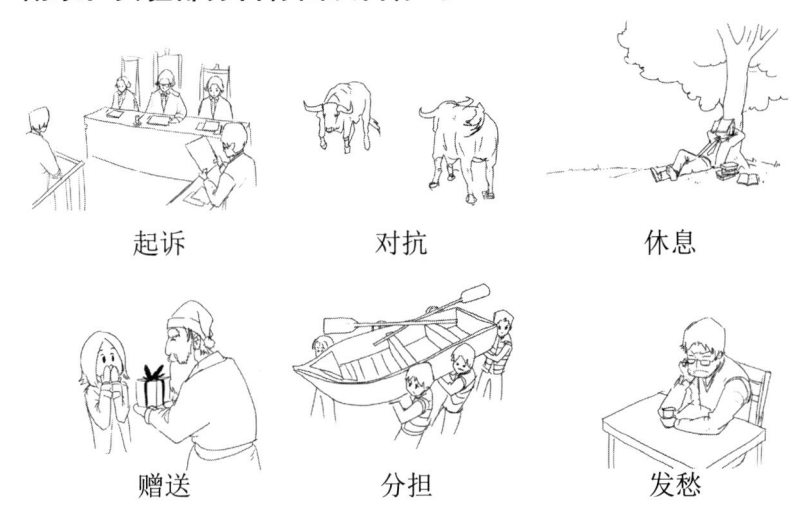

起诉　　　　　　对抗　　　　　　休息

赠送　　　　　　分担　　　　　　发愁

实验 1 及实验 2 部分实验材料

目标动词	语义相关动词	语义相关名词	语义无关动词	语义无关名词
起诉	控告	官司	追求	类型
对抗	竞争	平局	承诺	期间
休息	暂停	假期	推荐	后果
赠送	给予	心意	加固	整体
分担	共享	情谊	听从	当局
发愁	担忧	心事	回收	国民

实验 3 部分实验材料

目标动词	干扰动词	干扰名词	干扰形容词
起诉	追求	春天	害羞
对抗	承诺	深夜	明亮
休息	推荐	周岁	强大

（续表）

目标动词	干扰动词	干扰名词	干扰形容词
赠送	加固	硕士	骄傲
分担	听从	新年	衰老
发愁	回收	凌晨	安静

第二节 汉语关系从句与指量词的位序：二语产出视角[①]

一 引言

汉语的基本语序为 SVO，但关系从句前置于核心名词，语序配置在类型学中十分罕见。[②] 汉语关系从句可与由指示词和量词构成的指量词共现，而且在实际使用中，汉语母语者偏好依据关系从句类型而选择指量词的位序。[③] 请看例句：

[①] 本节作者：吴芙芸、吕骏，原载《汉语学习》2016 年第 4 期。

[②] Greenberg, J. H. *Some Universals of Grammar with Particular Reference to the Order of Meaningful Elements*. Universals of Language. MIT Press, 1963; Dryer, M. S. The Greenbergian Word Order Correlations. *Language*, 1992(68).

[③] 唐正大《关系化对象与关系从句的位置——基于真实语料和类型分析》，《当代语言学》2007 年第 2 期；Ming, T. & Chen, L. A Discourse-pragmatic Study of the Word Order Variation in Chinese Relative Clauses. *Journal of Pragmatics*, 2010(42); 盛亚南、吴芙芸《指量结构与汉语关系从句共现时的不对称分布及其原因》，《现代外语》2013 年第 2 期。

第二节　汉语关系从句与指量词的位序：二语产出视角

（1）a. 前置指量词 + 主语关系从句

那朵［点缀新娘的］鲜花开得很鲜艳。

b. 宾语关系从句 + 后置指量词

［新娘挑选的］那朵鲜花开得很鲜艳。

在主语关系从句例（1）a 中，指量词倾向前置，因其可及性高，且可预示与其匹配的核心名词即将到来（如"那朵……鲜花"）；在宾语关系从句例（1）b 中，指量词倾向后置，以规避因局域"量—名"不匹配（如"那朵新娘……"）引起的词汇提取困难或语义冲突。[①] 一语者的此种加工策略对二语学习者提出了挑战，而蕴含指量词的汉语关系从句可作为一种理想结构，检验二语学习者能否达到母语加工水平。

迄今为止，从产出角度考察二语者对指量词在关系从句中位序取向的研究不多，且仅集中于在华欧美留学生。[②] 上述研究认为，无论关系从句类型如何，母语为英语的汉语高级阶段学习者均倾向将指量词前置于关系从句，无法成功习得指量词在宾语关系从句中的后置分布。鉴于二语者认知资源有限，在有限时间压力的情况下，优先产出更可及的指量词，故前置指量词更为多产；虽然前置量词在宾语关系从句中会引发局域"量—名"不匹配，但因英语中无量词范畴，故欧美被试对此不敏感。该解释颇为可信，

[①] Wu, F.-Y. & Kaiser, E. & Anderson, E. Animacy Effects in Chinese Relative Clause Processing. *Language & Cognitive Processes*, 2012(27); 吴芙芸、盛亚南《关系从句中指量词的位序选择及其对言语产生理论的启示》，《外国语》2014 年第 3 期。

[②] 李金满《二语视角下汉语关系从句中的量词分布考察》，《现代外语》2013 年第 2 期；吴芙芸、盛亚南《指量词的前置优势及宾语关系从句的产出优势：汉语二语学习者视角》，《外语教学与研究》2014 年第 3 期。

但也提出了一个值得进一步探索的问题：东南亚语言多是数量词语言，母语为东亚语言的汉语学习者（如在华韩国留学生）是否对"量—名"搭配有足够的敏感性，进而会倾向将指量词后置于宾语关系从句，以规避潜在的"量—名"不匹配呢？就本节所及，目前尚未见相关研究对此问题做出回答。

下面拟从语言对比的角度观察韩国语和汉语中的相关情况。

韩语和汉语同为数量词语言，关系从句也均为前置型。仅从这两个参项的相似度上判断，汉语高级阶段的韩国留学生似乎更容易习得指量词在汉语关系从句中的不对称分布态势。但是，韩语与汉语之间也存在显著的差异：第一，基本语序不同：韩语是动词置尾（OV）语言，而关系从句前置于核心名词在 OV 语言中较为常见。[1] 第二，指示词短语在关系从句中的语法表现不一：汉语允许指量词与关系从句共现，而韩语无指量词，通常情况下只允许光杆指示词与关系从句共现[2]。[3] 第三，指示词短语位序的灵活度不同：韩语允许指示词作为修饰语与关系从句共现，但对其位置有严格限制，必须紧邻核心名词。[4] 因韩语关系从句前置于核心名词，故该限制条件意味着指示词与核心名词必须作为一个语法成分后置于关系从句。

---

[1] Dryer, M. S. The Greenbergian Word Order Correlations. *Language*, 1992(68).

[2] 然而，韩语中允许"指+'一'+量"的结构与关系从句共现，强调所修饰的名词其数量之少。

[3] 崔健《指示词的复杂度与指称意义、句法功能的关系——以汉语、韩语、日语为主要样例》，《汉语学习》2014 年第 3 期。

[4] De Vries, M. Patterns of Relative Clauses. Van der Wouden, T. & Broekhuis, H. *Linguistics in the Netherlands*. John Benjamins, 2001; Sohn, H. *The Korean Language*.Routledge, 1994.

综上，虽然韩语与汉语存在相似之处，但二者在语言类型、特定结构的具体表现形式上不尽相同。因此，韩国留学生能否像汉语母语者那样，产出指量词在汉语关系从句中的不对称模式，尚未可知。

本节拟以韩国留学生为研究对象，借助语料库及在线实验手段，考察其在不同任务下产出的关系从句中指量词的分布特征。在报告两项研究之前，有必要对影响二语者加工策略的因素以及韩国留学生可能的表现做出预期。

二 二语加工理论及预期

对于认知资源有限的二语者而言，能否成功习得类似一语者的加工策略至少受制于两个因素的影响。其一，目标语句法结构的复杂度：指量词前置于主语关系从句时，二语者需构建（量词与核心名词之间的）长距离依存关系；其二，母语迁移：韩语指示词必须后置于关系从句，二语者受该限制条件影响，有可能将指量词一律后置于汉语关系从句。就上述两因素是否会影响二语习得，学界存在不同的看法。

浅层结构假说[①]认为，二语学习者与母语者在加工方面有质性差异：第一，二语者的语言加工依赖于语言成分间的语义关联，属于浅层加工；第二，二语者的语言表征缺乏层级性，即使其语言加工水平能够达到母语者程度，该水平也仅限于局域依存

---

① Clahsen, H. & Felser, C. Author's Response: Continuity and Shallow Structures in Language Processing. *Applied Psycholinguistics*, 2006(27).

关系；[1]第三，在句法层面上，母语迁移不会发生。[2]根据该假说，我们对韩国留学生习得汉语指量词与关系从句共现结构的表现做出以下预期：因为指量词与核心名词的语义关联较关系从句更紧密（即量词与名词间存在匹配关系），且由于二语者无法有效建立非局域的句法表征（即指量词与核心名词间的长距离依存关系），所以无论关系从句类型如何，韩国留学生都应该倾向将指量词后置于关系从句。

统一竞争模型[3]则认为，基于以下两个原因，晚期二语学习者可以依赖大脑中残存的神经可塑性，达到母语者的加工水平：第一，脑电研究表明，二语者能够自动加工非局域的性数一致关系，有效表征非局域的语法关系；[4]第二，不同范式的二语研究表明，母语迁移能够影响二语句法加工（句法启动：Dussias & Sagarra 2007，脑电：Gillon-Dowens *et al.* 2011，图片描述：Hohenstein *et*

---

[1] Felser, C. & Roberts, L. Processing Wh-dependencies in a Second Language: A Cross-modal Priming Study. *Second Language Research*, 2007(23); Marinis, T. & Roberts, L. & Felser, C. & Clahsen, H. Gaps in Second Language Sentence Processing. *Studies in Second Language Acquisition*, 2005(27).

[2] Papadopoulou, D. & Clahsen, H. Parsing Strategies in L1 and L2 Sentence Processing: A Study of Relative Clause Attachment in Greek. *Studies in Second Language Acquisition*, 2003(25).

[3] MacWhinney, B. Extending the Competition Model. *International Journal of Bilingualism*, 2005(9).

[4] Gillon-Dowens, M. & Vergara, M. & Barber, H. A. & Carreiras, M. Morphosyntactic Processing in Late Second-language Learners. *Journal of Cognitive Neuroscience*, 2010(22); Alemán-Bañón, J. & Fiorentino, R. & Gabriele, A. Morphosyntactic Processing in Advanced Second Language Learners: An Event-related Potential Investigation of the Effects of L1-L2 Similarity and Structural Distance. *Second Language Research*, 2014(30).

al. 2006）。① 因此，统一竞争模型对本研究做出的预期为：韩国留学生对汉语指量词在关系从句中的产出模式近似一语者，即符合不对称分布；能够有效加工汉语主语关系从句中的"量—名"长距离依存关系，但由于母语迁移（即指示词后置倾向）的影响，指量词在主语关系从句中的前置优势有可能被削弱。

下面分别汇报一项语料库研究及一项在线产出实验，以对两个模型的预测进行验证。具体的研究问题如下：

第一，针对汉语主语关系从句，韩国留学生能否产出更多的前置指量词，从而构建长距离依存关系？

第二，针对汉语宾语关系从句，韩国留学生能否产出更多的后置指量词，从而规避"量—名"语义冲突？

第三，韩国留学生的汉语关系从句与指量词位序的产出模式是否会受到其母语迁移（指示词必须后置于关系从句）的影响？

三 语料库研究

语料库研究旨在考察二语学习者对目标结构的自行产出情况。为此，我们选取了"HSK动态作文语料库1.1版"作为语料来源，

---

① Dussias, P. E. & Sagarra, N. The Effect of Exposure on Syntactic Parsing in Spanish-English Bilinguals. *Language and Cognition*, 2007(10); Gillon-Dowens, M. & Guo, T. & Guo, J. & Barber, H. & Carreiras, M. Gender and Number Processing in Chinese Learners of Spanish-evidence from Event Related Potentials. *Neuropsychologia*, 2011(49); Hohenstein, J. & Eisenberg, A. & Naigles, L. Is He Floating Across or Crossing Afloat? Cross Influence of L1 and L2 in Spanish-English Bilingual Adults. *Bilingualism: Language and Cognition*, 2006(9).

从中提取出汉语水平为高级（A、B级[①]）的韩国留学生的作文语料，并对其进行分析。

（一）分析方法

首先，人工提取出含"的"字的空位性限定性关系从句。然后，进行如下参项的标注：第一，关系从句的合法性（合法、不合法）；第二，关系从句的类型（主语关系从句、宾语关系从句）；第三，关系从句内动词的及物性（不及物、及物、双及物）；第四，量词短语的位置（前置、后置）；第五，关系从句中的论元隐现（出现、不出现）；第六，关系从句中的论元生命性（有生、无生）。

（二）结果与讨论

语料统计结果如下：合法的空位性限定性关系从句共688例；及物关系从句共541例；蕴涵数量词、指量词[②]的关系从句（无论及物与否）共48例。鉴于语料库中带有指量词的关系从句数量有限，而制约指量词及数量词在关系从句中分布的语篇、语用因素相似，[③]本节遵循李金满的做法，[④]将指量词与数量词归为一类。

1. 量词短语在关系从句中的分布

图4-2显示了量词短语在48例关系从句中的分布。在31

[①] 在2010年HSK考试改革之前，只有10级（相当于新HSK考试5级水平下）以上的高级阶段汉语学习者才能参加B级以上的作文考试。

[②] 本研究中，量词短语不包括量化词，如"一些""那些"。此类含量化词的关系从句有57例。

[③] Ming, T. & Chen, L. A Discourse-pragmatic Study of the Word Order Variation in Chinese Relative Clauses. *Journal of Pragmatics*, 2010(42).

[④] 李金满《二语视角下汉语关系从句中的量词分布考察》，《现代外语》2013年第2期。

例主语关系从句中，量词前置有 25 例，显著多于 6 例后置结构（$X^2_{(1, N=31)}$=11.65，$p < 0.05$）；在 17 例宾语关系从句中，量词前置有 6 例，后置 11 例，二者无显著差异（$X^2_{(1, N=17)}$=1.47，$p > 0.05$）。

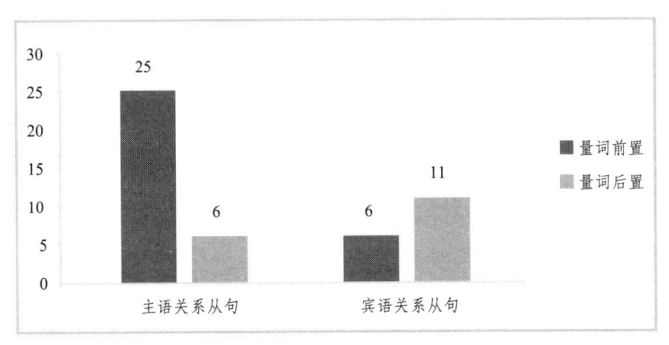

图 4-2　中介语语料库量词短语在关系从句中的分布

对含有前置量词的 6 例宾语关系从句分析后发现，有 5 例省去了主语论元（如，"这种在生活中遇到的噪声"）。本节认为，在从句内主语缺省的情况下，量词前置并不会引起语义干扰效应。这与汉语母语者产出此类结构的动因相似。[①]

鉴于已有的实证研究通常关注及物关系从句，下面针对具有显性论元、含及物动词的 26 例关系从句，分析量词短语在关系从句中的分布态势。

2. 量词短语在及物关系从句中的分布

图 4-3 显示了量词短语在 26 例及物关系从句中的分布情况。

---

① 吴芙芸、盛亚南《关系从句中指量词的位序选择及其对言语产生理论的启示》，《外国语》2014 年第 3 期。

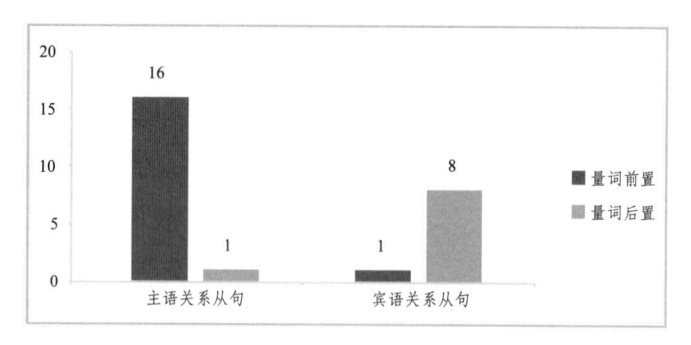

图 4-3　中介语语料库量词短语在及物关系从句中的分布

在 17 例主语关系从句中，16 例含前置量词，1 例含后置量词。该结果表明，韩国留学生在写作任务下产出汉语主语关系从句时，能克服母语迁移（韩语中指示词的后置要求），成功构建前置量词与核心名词之间的长距离依存关系。

在 9 例宾语关系从句中，8 例含后置量词，仅有 1 例含前置量词。由此可见，韩国留学生在写作任务下产出汉语宾语关系从句时，表现出与汉语母语者相似的指量词后置倾向。该倾向亦可从母语正迁移得到解释，但本节认为该影响应相对较弱，原因有二：第一，指量词在主语关系从句中的前置倾向明显，未受母语迁移影响；第二，细观指量词前置的唯一语例"一个自己喜欢的流行歌曲"，数量词短语"一个"与反身代词"自己"毗邻。虽然泛指量词"个"可修饰有生或无生的指称（如"一个人"），但反身代词"自己"作为具有独特唯一性的个体存在，在语义上通常无法与泛指数量词"一个"发生联系，因此二者毗邻并不会产生语义冲突。鉴于此，我们认为，宾语关系从句中的量词后置倾向并不仅仅是因为受母语的影响，而更可能是因为韩国留学生对局域的"量—名"语义匹配颇具敏感性：当前置量词与从句主语存在"量—名"不匹配时，一律将量词后置；当不匹配关系不足以产生语义冲突或影响到加工困难时，则可前置。

虽然作文语料库中收集到的目标结构数量偏少，但从图4-3中可清晰地发现，量词短语在汉语关系从句中呈不对称分布趋势，与一语加工模式相似。该结果说明，二语者能够加工长距离依存关系，与浅层结构假说的预期不一致，支持统一竞争理论模式的假设，即二语者能够习得母语者的加工策略。

四 句子产出实验

鉴于目标结构偏难，二语学习者在汉语水平考试作文写作时可能采取回避产出的策略，而且书面写作反映的是最终产品，无法了解实时加工的过程。因此，有必要通过实验控制的手段，进一步考察母语为韩语的汉语学习者在线产出目标结构时的表现。

（一）研究方法

1. 被试

本次实验的被试为32名来自上海各高校的韩国留学生。所有被试均通过HSK汉语水平考试5级或6级，平均年龄为23.6岁（$SD=4.1$），平均在华留学时间为5.7年（$SD=3.0$）。在实验正式开始前，被试接受了一项前测，40个HSK 5到6级词汇中，正确答对70%的词汇方能参加实验。

2. 实验设计

本实验采用单因素被试内设计，自变量为关系从句提取类型（主语/宾语），因变量为指量词位序（前置/后置）。

3. 实验材料

本研究采用吴芙芸、盛亚南的实验刺激。[①] 目标刺激句24套，均为指量词与关系从句共现的结构（如例（2）a、b）。每句分为四个部分（以竖线表示）：指量词、关系从句、核心名词、主句谓语。关系从句内的名词为有生名词，核心名词为无生名词。量词只与核心名词在语义上匹配，与从句内名词不匹配。关系从句均修饰主句主语。所有词汇在笔画、词频上均得到了有效控制。例如：

（2）a. 主语关系从句

那只 | 打中男孩的 | 篮球 | 滚到了路边。

b. 宾语关系从句

那只 | 男孩拍打的 | 篮球 | 滚到了路边。

每组目标刺激有6种呈现方式，具体如下：以屏幕中心为基点，在屏幕的四周等距设定四个长方形。长方形内随机化呈现实验材料的四个成分，并按以下原则排列：以指量词为基准，关系从句和核心名词分别随机排列在指量词的左、右两边（共两种呈现方式），其余位置由主句谓语占据。由于指量词可以分别占据上、下、左、右四个位置，因此有8种呈现方式。但当指量词位于屏幕上方时，呈现方式符合先上后下、先左后右的认知模式，故此两种呈现方式被剔除。[②]

[①] 吴芙芸、盛亚南《关系从句中指量词的位序选择及其对言语产生理论的启示》，《外国语》2014年第3期；吴芙芸、盛亚南《指量词的前置优势及宾语关系从句的产出优势：汉语二语学习者视角》，《外语教学与研究》2014年第3期。

[②] 吴芙芸、盛亚南《指量词的前置优势及宾语关系从句的产出优势：汉语二语学习者视角》，《外语教学与研究》2014年第3期。

另有48句填充句，类型各异，长度与目标句相似，分为四个部分呈现。实验中，目标句与填充句混合在一起，随机呈现给被试。

4. 实验过程

本研究使用Perceptual Research System开发的Paradigm软件，将实验刺激随机呈现给被试。被试的任务是先认真阅读屏幕上的短语，并将这些短语组成一个自然、通顺的句子。

被试头戴Sennheiser耳麦，坐在笔记本电脑前。按空格键后，屏幕上同时呈现四个成分。10秒过后，会有"叮"声（350毫秒）响起，提醒被试必须开始作答。每组刺激的呈现时间为25秒，25秒内被试可以更改自己的语句，25秒过后屏幕自动呈现下一组实验刺激。

为帮助被试熟悉实验流程，呈现在屏幕上的指导语为韩语，并有四个练习句，其间被试如有疑问，可与实验员用汉语沟通。实验过半时被试可以休息，完成整个实验需约30分钟。

（二）数据编码

根据被试的作答与目标刺激的匹配程度，将数据归类如下：

第一，完全正确，即被试产出的结构与预期相符，如例（2）。

第二，合法但不符合预期，即被试产出的句子合法，但不符合预期，又可细分为：

A. 中心语前置，即核心名词前置于关系从句，如"那家网站评价明星的很受欢迎"。这类非典型"后置型"关系从句常见于口语；[①]

---

① 汤廷池《国语语法研究论集》，台湾学生书局有限公司1979年版。

B. 置换，包括主、从句置换（如目标句为"|那块|砸中工人的|石头|掉在地上"，被试生成句为"掉在地上的那块石头砸中工人"），主、谓倒置（如"需要修理那辆路人推倒的自行车"）；

C. 成分缺失，即被试忽略了某个成分（如指量词[①]、关系从句[②]、主句谓语[③]），但句子仍符合汉语语法；

第三，不合法，即被试产出的句子违反句法、语义规则，或者句法不完整，包括中心语缺失、语序错误以及未完成句（如"那张记录……"）。

（三）实验结果与讨论

我们剔除了 5 名被试的数据，因其采用了策略，即所有的目标句中，指量词或全部前置（4 名）或全部后置（1 名）于关系从句。最终 27 名被试的数据被纳入统计。主语关系从句下，共生成了 322 句（2 句未作答）；宾语关系从句下，共生成了 318 句（6 句未作答）。

1. 被试产出的句子类型

表 4-5 列出了韩国留学生在主语关系从句和宾语关系从句条件下产出的句子类型及其分布比例。

表 4-5 主、宾语关系从句条件下被试产出的句子类型及其分布

生成句子的类型	具体分类	主语关系从句（N=322） 数量	百分比	宾语关系从句（N=318） 数量	百分比（%）
完全正确	中心语后置	288	89.44	297	93.40

[①] 指量词缺失如"抗议者引爆的炸弹引起了争议"。
[②] 关系从句缺失如"那朵鲜花开得很鲜艳"。
[③] 主句谓语缺失如"那朵点缀新娘的鲜花"。

第二节 汉语关系从句与指量词的位序：二语产出视角

（续表）

生成句子的类型	具体分类	主语关系从句(N=322) 数量	百分比	宾语关系从句(N=318) 数量	百分比(%)
合法但不符合预期	中心语前置	7	2.18	2	0.63
	置换	5	1.55	3	0.94
	成分缺失	9	2.80	5	1.57
不合法	中心语缺失	1	0.31	1	0.32
	语序错误	4	1.24	7	2.20
	未完成	8	2.48	3	0.94
	总计	322	100	318	100

首先，看完全正确的句子。被试产出的主、宾语关系从句在所有生成的句子中分别占89.44%和93.4%。两者无显著差异（$X^2_{(1, N=585)}=0.14, p > 0.05$）。其次，看合法但不符合预期的句子。结果显示，主语关系从句显著多于宾语关系从句（21:10, $X^2_{(1, N=31)}=3.90, p < 0.05$）。最后，看不合法的句子，主、宾语关系从句之间的差异不显著（13:11, $X^2_{(1, N=24)}=0.17, p > 0.05$）。在绝对数量上，被试在宾语关系从句条件下（相对于主语关系条件）更多地产出完全合法句（297:288），且更少产出不符合预期及错误的句子（21:34）。这或许是因为韩、汉语的宾语关系从句在线性语序上相近（SV），而主语关系从句在两种语言中存在差异（汉语VO，韩语OV）。但是，该差异并无统计学意义。

下面具体分析完全正确句中指量词在关系从句中的位序分布。

2. 指量词在完全正确的关系从句中的分布特征

图4-4显示了指量词在完全合法的主、宾语关系从句中的

分布态势。在被试产出的 288 句主语关系从句中，指量词前置共 142 例，后置 146 例，二者无显著差异（$X^2_{(1, N=288)}=0.06, p > 0.05$）。而在被试产出的 297 句宾语关系从句中，122 例含前置指量词，175 例含后置指量词，指量词后置倾向显著（$X^2_{(1, N=297)}=9.46, p < 0.05$）。

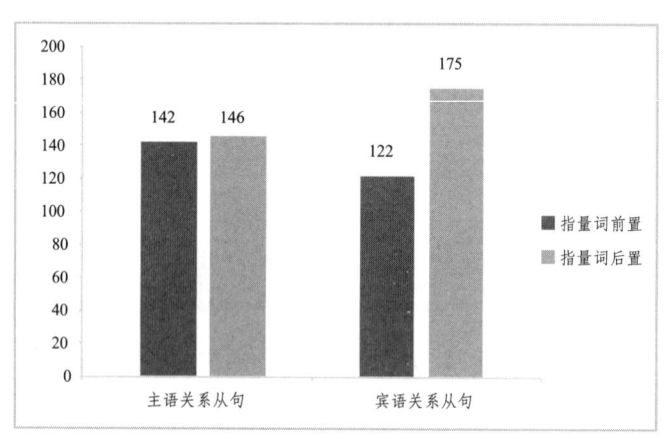

图 4-4　在线产出实验中指量词在主、宾语关系从句下的分布

实验结果表明：在主语关系从句中，指量词的分布无任何倾向；而在宾语关系从句中，指量词倾向后置。该结果不符合浅层结构假说的预期。根据浅层结构假说，二语者无法有效构建语法成分间的长距离依存关系，因此无论从句类型如何，指量词都应该倾向后置于关系从句。但本实验结果并未显示出主语关系从句的指量词后置倾向。

另一方面，统一竞争理论模型似乎也未被证实。该理论预计高级阶段晚期二语学习者能够达到母语者的语言加工水平，即二语者能采用可及性成分前置策略以及语义冲突规避策略，将指量词前置于主语关系从句或后置于宾语关系从句。实验结果未显示出指量词在主语关系从句中的前置优势。不过,统一竞争模型也认为,母语迁移会影响二语者的语言加工。如前所述,韩语指示词必须紧邻核心名词,后置于关系从句。本节认为,指量词的可及性优势与母语迁移之间相互牵制,致使指量词在主语关系从句中无任何分布倾向。如果该解释成立,那么产出实验的结果在总体上支持统一竞争模型。

五 语料库与在线产出数据的异同:生命度格局

离线产出的中介语作文语料分析在数量上显示出指量词依据关系从句类型的不对称分布态势,而在线的实验产出数据则仅显示出指量词在宾语关系从句下的后置优势。为何汉语高级阶段的韩国留学生在这两项任务中的表现有所不同?值得注意的是,在线产出的实验刺激中,宾语关系从句为典型的"无生—有生"格局(即从句内的主语为有生名词,而中心名词宾语为无生),而主语关系从句则采用非典型的"有生—无生"格局(即从句内的宾语为有生名词,而中心名词主语为无生)。

已有研究显示,由核心名词与从句内名词构成的生命度格局能够影响汉语关系从句的理解。[1] 此外,有生名词的可别度更高,可别度高的成分更倾向被前置。[2] 另据张振亚,关系从句中名词性成分的高可别度会扩展至整个从句,从而提高从句的前

---

[1] Wu, F.-Y. & Kaiser, E. & Anderson, E. Animacy Effects in Chinese Relative Clause Processing. *Language and Cognitive Processes*, 2012(27).
[2] 陆丙甫《语序优势的认知解释:论可别度对语序的普遍影响》,《当代语言学》2005年第1~2期。

置倾向。①

据此,我们假设,在产出实验中,具有特殊生命度格局的主语关系从句,其高可别度压制了指量词的可及性,进而影响韩国留学生被试的在线表现。

为探究可别度差异对两项研究结果的影响,我们进一步分析了语料库中目标结构的生命度格局。首先考察具有显性论元的445例及物关系从句的生命度格局(不论是否蕴含指量词)。如表2所示,在235句主语关系从句中,产出最多的为典型的"无生—有生"格局(如"在中国,我认识了一位[开酒店的]老板"),共129例(占54.89%)。产出最少的是类似实验中的非典型的"有生—无生"格局,仅有8例(占3.4%)。在210句宾语关系从句中,产出最多的为典型的"有生—无生"格局,共112例(占53.33%)。

表4-6 及物关系从句内、外名词的生命度格局

从句提取类型	有生—有生 数量	有生—有生 百分比	有生—无生 数量	有生—无生 百分比	无生—有生 数量	无生—有生 百分比	无生—无生 数量	无生—无生 百分比	总计 数量	总计 百分比
主语	14	5.96	8	3.41	129	54.89	84	35.74	235	100
宾语	25	11.91	112	53.33	0	0	73	34.76	210	100

其次考察蕴含量词短语、具有显性论元的26例及物关系从句的生命度格局。在17例蕴含量词的主语关系从句中,9例为典型的"无生—有生"格局,仅有3例为非典型的"有生—无生"格局。而在9例蕴含量词的宾语关系从句中,3例为典型的"有生—

---

① 张振亚《从"红的那个苹果"看语用—句法的互动》,《世界汉语教学》2013年第3期。

无生"格局,无一例为非典型的"无生—有生"格局。

综上,韩国留学生在中介语作文语料库中自主产出的关系从句中,无论是否蕴含量词短语,均更偏好典型的生命度格局。反观实验刺激,主语关系从句内外论元的生命度格局为非典型模式,从句内的有生名词或可提高关系从句的可别度,从而削弱了指量词的可及度优势,进而导致韩国留学生被试的在线产出模式中指量词前置倾向的缺失。

六 综合讨论

从二语产出角度,通过中介语作文语料库与在线实验两项研究,对韩国留学生在产出汉语关系从句时指量词的分布态势的考察结果显示:总体上支持统一竞争模型,与浅层结构的预期不符。下面结合前文提出的研究问题,对本研究结果进行阐释。

(一)指量词在主语关系从句的弱前置优势:可及性效应与母语迁移

韩国高级阶段留学生在离线写作时,表现近似汉语母语者,能够习得汉语主语关系从句中的指量词前置倾向。但在线生成主语关系从句时,指量词位序则无任何分布倾向。这些结果均与浅层结构假说的预期不符,该假说认为,二语者的语言加工属于浅层语义加工,而量词与核心名词的语义关系更加紧密,指量词应倾向紧邻核心名词。统一竞争模型可以对此现象做出合理解释。该理论认为,二语者的语法加工过程中受母语迁移的影响。在线产出时,韩国留学生受母语中"指示词必须后置于关系从句的核心名词"的影响，迁移压制了指量词的可及性优势，故没有表现出指量词前置于汉语主语关系从句的倾向。

聚焦于主语关系从句，为何韩国留学生在线句子产出的表现有异于限时命题作文写作的表现？我们在此提出一种假设：当主语关系从句具有典型生命性格局（"无生—有生"）时，韩国语母语者能够克服母语迁移的影响，习得量词的前置分布特点，故该格局在语料库中的能产率最高；但当主语关系从句具有非典型生命性格局（"有生—无生"）时，主语关系从句的可别度提高，指量词的可及性则相对减弱，加之母语迁移的制约作用，故在线产出时前置倾向消失不再明显，且该生命度格局在语料库中的能产率最低。

（二）指量词在宾语关系从句的后置优势：量—名语义冲突效应与母语迁移

对于宾语关系从句与量词共现结构，两项研究一致显示出指量词的后置优势。该结果可能受两个因素的影响：规避"量—名"语义干扰与母语迁移。如前所述，在线产出蕴含指量词的主语关系从句时，母语迁移压制了指量词的高可及性。因此，在线产出宾语关系从句时，该效应也应发生。但母语迁移应该较弱，不足以引起量词在宾语关系从句中的后置倾向（否则主语关系从句中也应该表现出量词的后置倾向），故该倾向应归因于"量—名"语义不匹配引起的语义冲突效应。这说明韩国留学生对该效应敏感，故倾向将指量词后置。

七 结语

本研究针对指量词在汉语关系从句的位置取向,考察了韩国留学生在限时作文与实时产出两个任务下的表现。总体结果不符合浅层结构假说的预期,基本支持统一竞争模型。鉴于作文语料中的目标结构数量较少,未来可开展更大规模的中介语语料库研究,也可针对具有典型生命度格局的主语关系从句,进一步考察韩国留学生的语言产出模式。

第五章

基于认知视角的汉语语块加工研究

第一节 高级汉语学习者汉语口语语块提取运用研究[①]

一 研究背景

语块（formulaic language）在二语习得与发展中的作用越来越成为二语习得领域关注的重点问题。[②] 近年来，二语习得领域的研究表明，二语学习者能否具有母语者似的选择能力和流利能力，能否如母语者似的进行流利、正确和地道的口头表达，取决于他们心理词典中储存了多少语块，以及在运用时这些语块能否

[①] 本节作者：孔令跃、史静儿，原载《云南师范大学学报》（对外汉语教学与研究版）2013年第3期。

[②] Pawley, A. & Syder, F. H. Two Puzzles for Linguistic Theory: Native-like Selection and Nativelike Fluency. Richards, J. C. & Schmidt, R. W. (eds.) *Language and Communication*. Longman, 1983; Weinert, R. The Role of Formulaic Language in Second Language Acquisition: A Review. *Applied Linguistics*, 1995(16); Ellis, N. C. Frequency Effects in Language Processing: A Review with Implications for Theories of Implicit and Explicit Language Acquisition. *Studies in Second Language Acquisition*, 2002(24); Wray, A. *Formulaic Language and the Lexicon*. Cambridge University Press, 2002.

整体快速提取。[1] 但是，国外语块习得研究也发现高级二语学习者在语块的习得与运用上仍然存在着许多困难，有两个明显表现：第一，高级二语学习者一般已掌握不少语块，但语块知识总体上差于他们掌握的词汇知识（甚至生僻词），也落后于他们的总体语言流利度；[2] 第二，与母语者相比，高级二语学习者在语块多样性及数量上的掌握存在着明显差距。高水平二语学习者往往过度使用一小部分他们经常使用的语块，尤其是高频语块。[3]

---

[1] Pawley, A. & Syder, F. H. Two Puzzles for Linguistic Theory: Native-like Selection and Nativelike Fluency. Richards, J. C. & Schmidt, R. W. (eds.) *Language and Communication*. Longman, 1983; Ellis, N. C. Sequencing in SLA: Phonological Memory, Chunking, and Points of Order. *Studies in Second Language Acquisition*, 1996(18); Wray, A. *Formulaic Language and the Lexicon*. Cambridge University Press, 2002; Forsberg, F. & Fant, L. Idiomatically Speaking: Effects of Task Variation on Formulaic Language in Highly Proficient Users of L2 French and Spanish. Wood, D. (ed.) *Perspectives on Formulaic Language: Acquisition and Communication*. Continuum International Publishing Group, 2010.

[2] Arnaud, P. J. L. & Savignon, S. J. Rare Words, Complex Lexical Units and the Advanced Learner. Coady, J. & Huckin, T. (eds.) *Second Language Vocabulary Acquisition*. CUP, 1997; Adoplphs, S. & Durow, V. Social-cultural Integration and the Development of Formulaic Sequences. Schmitt, N. (ed.) *Formulaic Sequences: Acquistion Processing and Use*. John Benjamins, 2004; Jones, M. A. & Haywood, S. Facilitating the Acquisition of Formulaic Sequences: An Exploratory Study in an EAP Context. Schmitt, N. (ed.) *Formulaic Sequences. Acquisition, Processing and Use*. John Benjamins, 2004.

[3] Granger, S. Prefabricated Patterns in Advanced EFL Writing: Collocations and Formulae. Cowie, A. P. (ed.) *Phraseology: Theory, Analysis and Applications*. Oxford University Press, 1998; Howarth, P. A. The Phraseology of Learners' Academic Writing'. Cowie, A. P. (ed.) *Phraseology: Theory, Analysis, and Applications*. Oxford University Press, 1998; Lorenz, G. R. *Adjective Intensification-Learner's Versus Native Speakers: A Corpus Study of Argumentative Writing*. Rodopi, 1999; Foster, P. Rules and Routines: A Consideration of Their Role in the Task-based Language Production of Native and Non-native Speakers. Bygate, M. & Skehan, P. & Swain, M.(eds.)

与第二个方面相关的研究多以语料库研究方法为主,通过自由作答任务、口语面试以及论文等手段收集高级学习者在词汇搭配这一类语块上的使用情况,然后借助于大型通用语料库与母语者语料进行比较,得出母语者与非母语者在语块运用上的差异。例如,Siyanova & Schmitt 的研究发现,高级俄国学习者在文本写作中使用的语块(指高频且联系强的英文单词组合)只有 45% 是合适正确的。而且,即使他们能使用这么多的语块,他们对语块的感知意识和识别能力与母语者仍有明显差异。[1]Howarth 也发现高级二语学习者比母语者在语块运用上少 50%,而且,他们产生的词语搭配大约 6% 是不合乎习惯的。[2]Nesselhauf 进一步发现高级二语学习者在搭配上犯的错误最高(collocation,79%),次之为组合(combination,23%)和惯用语(idiom,23%)。[3] 这一类研究提供了高级二语学习者语块掌握与运用的量化数据,使我们对二语学习者的语块学

Researching Pedagogic Tasks: Second Language Learning, Teaching and Testing. Longman, 2001; Waara, R. Construal, Convention, and Constructions in L2 Speech. Achard, M. & Niemeier, S. (eds.) Cognitive Linguistics, *Second Language Acquisition, and Foreign Language Teaching.* Walter De Gruyter, 2004; Nesselhauf, N. The Use of Collocations by Advanced Learners of English and Some Implications for Teaching. *Applied Linguistics*, 2003.

[1] Siyanova, A. & Schmitt, N. L2 Learner Production and Processing of Collocation: A Multi-study Perspective. *Canadian Modern Language Review*, 2008(64).

[2] Howarth, P. A. The Phraseology of Learners' Academic Writing'. Cowie, A. P. (ed.) *Phraseology: Theory, Analysis, and Applications.* Oxford University Press, 1998.

[3] Nesselhauf, N. The Use of Collocations by Advanced Learners of English and Some Implications for Teaching. *Applied Linguistics*, 2003.

习现状有更直观的认识。这些发现可以直接用于指导词汇或语块教学，对二语教学实践具有重要价值。

与国外研究相比，对外汉语教学领域内的语块研究多以语块理论的介绍和思辨性探讨为主，研究角度和方法比较单一，缺乏实证研究。[①] 在本研究中我们尝试用实证的方法考察高级阶段留学生汉语语块的掌握运用情况。对外汉语教学的根本目的是培养留学生的语言交际能力，而汉语口语习用语对留学生口语学习和口语交际能力的培养具有重要价值。另一方面，汉语口语习用语语块种类及数量众多，意义独特，一般的语法知识难以解释，学生学后可能也一知半解且用法不明。[②] 因此本研究中我们主要关注汉语口语习用语这一类重要但较难掌握的语块，考察留学生在这类语块上的习得掌握情况，以深入了解留学生的口语语块学习现状，为教学提供一定思路。

前述讲到，国外研究已发现语块的掌握储存情况决定学习者的口语表达能力水平。那么，高级阶段的留学生的汉语口语水平较高，相应的他们是否已掌握储存了大量汉语口语语块？如果是，与母语学习者相比有没有差异？差异有多大？他们能不能合理正确得体地使用这类语块？而且，能否据此进一步推测达到高级阶段但口语能力水平不同的留学生在汉语口语习用语语块的掌握储存上也是不同的？如果是，差异有多大？目前

[①] 段士平《国内二语语块教学研究述评》，《中国外语》2008年第4期；亓文香《语块理论在对外汉语教学中的应用》，《语言教学与研究》2008年第4期。
[②] 罗庆《汉语口语常用语块的特点及其对第二语言教学的启示》，《湖北大学成人教育学院学报》2008年第6期。

这些问题都不清楚，也未有实证研究提供可参考的量化数据。本研究尝试回答这些问题。

二 研究方法

与国外有关研究相比，本研究在研究方法上有以下三点不同：第一，因为当前还没有大型通用的现代汉语口语语料库可供使用，所以我们不能像国外研究那样使用以大规模语料库为基础的比较方法开展相关研究。为了克服这个困难，我们设计了新的测验任务，从留学生汉语口语语块的提取运用角度进行研究。第二，本研究中的高级汉语学习者被试包括同为高级水平但口语能力有差异的两类留学生，分别为高级口语班的留学生和留学硕士研究生。很明显，两者都是高级汉语学习者，但前者的口语水平要差于留学硕士研究生。后者在汉语学习时间和汉语口头表达能力上都要远远超出前者。设置这两组学习者被试将有助于验证汉语口语语块与学习者汉语口语能力之间的关系，回答我们前边提到的问题。第三，在测验任务上，我们采用强语境限制且基于口语语块成分词的自由作答任务，可以较好地考察语块的即时提取运用表现，从中推测留学生汉语口语语块的掌握和运用情况。国外使用自由作答任务的相关研究中还未有同时考虑这两个因素并只考察口语语块习得的。更详细的测验任务说明见下边实验任务部分。

（一）实验对象

实验参加者均为对外汉语教育学院的留学生或中国学生。其中，15名高级汉语口语班留学生，他们在同一个班级学习；15名外国留学研究生（包括硕士和博士）；15名中国硕士研究生。

高级阶段的留学生教学常以小班为主,人数多为十几人。我们只选取一个高级班而非更多的高级班留学生参加实验,一方面是受制于现实因素;另一方面是考虑要保证参与实验者尽可能同质,尽量排除实验无关的混淆因素。比如,不同班级教师、教学进度、内容、方法都不太一样,导致留学生的口语语块习得也可能不一样,这样不同质的留学生不适宜参与实验。而同一个班级的学生则有利于最大程度避免这些无关因素。实验被试人数较少(如15人)也是完全可靠可行的。①

(二)实验任务

本研究是通过考察高级汉语学习者口语语块的运用能力来推测他们的语块掌握储存情况。研究者一般认为,语块是以整体储存和提取方式加工的。②那么,当留学生已经学习过某一语块并形成固定整体词条储存在心理词典中后,在一定语境中,根据该语块首词成分能容易地从心理词典中提取出包含这一单词的语块整体。③如果学习者能提取出并正确使用语块,就可推测其心理词典中已具有词汇化表征的语块,否则就说明没有语块表征,或

---

① Cadierno, T. & Ruiz, L. Motion Events in Spanish L2 Acquisition. *Annual Review of Cognitive Linguistics*, 2006(4); Cadierno, T. Expressing Motion Events in a Second Language: A Cognitive Typological Perspective. Achard, M. & Neimerier, S. (eds.) *Cognitive Linguistics, Second Language Acquisition, and Foreign Language Teaching*. Mouton de Gruyter, 2004; Kövecses, Z. & Szabó, P. Idioms: A View from Cognitive Semantics. *Applied Linguistics*, 1996(17).

② Wray, A. *Formulaic Language and the Lexicon*. Cambridge University Press, 2002.

③ Underwood, G. & Schmitt, N. & Galpin, A. The Eyes Have It: An Eye-movement Study into the Processing of Formulaic Sequences. Schmitt, N. (ed.) *Formulaic Sequences*. John Benjamins, 2004.

者语块表征不完整，难以从心理词典中整体提取使用。所以，为了考察语块的提取使用过程，在任务中我们不提供完整语块，而是把组成语块的成分词语分开呈现，让学习者根据成分语块信息线索来快速提取出全部语块。这样通过考察学习者语块提取使用情况可以推测他们的语言掌握使用情况。

因此，在本测验中，首先要保证测验任务能体现"口语语块"的运用；其次要保证任务能够探测到"语块的提取运用过程"。我们的测验任务是要求学生看一段描述内容，然后用一句话概括所讲内容，所写的句子中要求使用括号中提供的参考词语。例如，"小王和两个朋友在一起聊天，他想起来他还有一件重要的事情要做，所以他说：'你们接着聊，我要先离开了。'"（聊、我、先走、事情、一步）。这个任务符合上述两个要求：第一，"一段描述内容"是指每一道题都围绕着某一汉语口语语块进行情景设置，行文简单易懂，与日常口语表达几乎一样（本研究中所有的被试都报告说没有任何阅读理解上的困难）。也就是说使整个作答语境相当于日常口语对话，在此语境下有利于考查学习者口语语块的使用情况。相应地，"一段描述内容"也就成为了一种强限制性语境。第二，"参考词语"中的一些词是目标口语语块的成分词，而且是按在语块中出现的先后顺序列出这些成分词的。基于这些参考词语写一句话则是要求被试基于语块成分词进行反应。如果被试能把成分词正确地联结在一起作为一个语块使用并写出正确的句子，就可以推测他具备该语块的心理表征，能成功地提取运用该语块。否则就不是。

（三）实验材料

测验一共包括 15 道题目，对应 15 个要测验的目标汉语口语语块，分别为"心里没底儿，像那么回事，先走一步，随便，说老实话，说得容易，十有八九，什么意思，什么玩意儿，谁说不是呢，那倒也是，没怎么，看开点儿，好说话，真没看出来"。要求学生完成全部题目。这 15 个语块均为常用口语短句，全部随机选自《汉语口语常用句式例解》。[①] 这些常用口语短句具有频率高、形式相对固定、整体表达受一定语境制约的语用含义（即具有约定俗成的含义）这些语块特征，因此我们称之为汉语口语（或习用）语块。在选取这些语块时遵从两个标准：一是随机选择，但保证选出的语块不是高级口语班上课所用的教材中包含的语块，以保证高级口语班的留学生至少在测验前的一段课堂教学内没有接触这些语块，避免可能的学习或练习干预效应；二是所选的语块都是非框架式的常用短语，且只选用 15 个语块。这样选择的目的是为了尽量保证测验比较简单可行，但又不影响研究目的。本任务要求每个被试限时写 15 个句子，任务量比较大；另一方面，每名被试写 15 个句子，相当于每一个句子上有 15 名被试的数据，已经足够从中推测留学生对语块的加工过程。如果选用的语块太多，将会大大增加任务量和完成时间，基于此，考虑本研究中只选用 15 个语块作为目标探测语块。每名学生完成测验后要完成一份调查表，要求学生判断每一个目标语块是否学过。学生也要回答他们是通过什么途径学习语块的。

（四）答案计分

对三组被试的答案（即生成的句子）中的语块使用进行计分。若表达中没有使用任何目标语块的，给 0 分；若使用的语块形式

---

① 刘德联、刘晓雨《汉语口语常用句式例解》，北京大学出版社 2005 年版。

正确,但是从整句上看不是把其当作口语语块使用,没有使用其约定俗成的语用义,此种情况下不管整句是否正确都给 0 分;若语块的形式和语用义使用都正确,句意通顺,给 1 分。①

(五)实验程序

在开学 2 个月后开始测验,测验在课堂上进行,要求学生按任务要求在半个小时内完成。测验前后只告诉学生是为了帮助教师检验他们的学习基础和效果,以进行更好教学。

(六)实验结果与分析

表 5-1 中显示的是按项目内结果呈现的三组参加者的语块学习情况,包括学过语块人次数,学过语块占全部语块的比例,学过语块正确运用人次数,学过语块正确运用率上的平均得分。为了更直观地呈现我们感兴趣的结果,特把相关结果摘录出来组成表 5-2。

表 5-1 三组被试的语块学习情况

题目(目标语块)	高口班留学生(15人)				留学硕士研究生(15人)				中国研究生(15人)			
	学过人次数	学过占全部语块比例	正确运用人次数	学过语块正确运用率	学过人次数	学过占全部语块比例	正确运用人次数	学过语块正确运用率	学过人次数	学过占全部语块比例	正确运用人次数	学过语块正确运用率
1	4	0.27	3	0.75	13	0.87	11	0.85	15	1.00	15	1.00
2	6	0.40	1	0.17	9	0.60	3	0.33	15	1.00	15	1.00
3	8	0.53	7	0.88	11	0.73	9	0.82	15	1.00	15	1.00

① Schmitt, N. & Grandage, S. & Adolphs, S. Are Corpus-derived Recurrent Clusters Psycholinguistically Valid?. Schmitt, N. (ed.) *Formulaic Sequences*. John Benjamins, 2004.

（续表）

题目（目标语块）	高口班留学生（15人）学过人次数	学过占全部语块比例	正确运用人次数	学过语块正确运用率	留学硕士研究生（15人）学过人次数	学过占全部语块比例	正确运用人次数	学过语块正确运用率	中国研究生（15人）学过人次数	学过占全部语块比例	正确运用人次数	学过语块正确运用率
4	15	1.00	13	0.87	15	1.00	14	0.93	15	1.00	15	1.00
5	8	0.53	2	0.25	13	0.87	6	0.46	15	1.00	15	1.00
6	12	0.80	3	0.25	15	1.00	8	0.53	15	1.00	15	1.00
7	6	0.40	5	0.83	8	0.53	4	0.50	15	1.00	15	1.00
8	15	1.00	1	0.07	13	0.87	2	0.15	15	1.00	14	0.93
9	6	0.40	3	0.50	12	0.80	7	0.58	15	1.00	15	1.00
10	11	0.73	0	0.00	11	0.73	7	0.64	15	1.00	15	1.00
11	11	0.73	4	0.36	14	0.93	10	0.71	15	1.00	14	0.93
12	10	0.67	3	0.30	11	0.73	7	0.64	15	1.00	15	1.00
13	4	0.27	2	0.50	9	0.60	7	0.78	15	1.00	15	1.00
14	11	0.73	3	0.27	11	0.93	5	0.36	15	1.00	13	0.87
15	13	0.87	9	0.69	15	1.00	14	0.93	15	1.00	15	1.00
平均	9.33	0.62	3.93	0.45	12.33	0.82	7.27	0.58	15.00	1.00	14.73	0.98
标准差	3.66	0.24	3.41	0.30	2.29	0.15	3.84	0.26	0.00	0.00	0.59	0.04

表2　三组参加者学过语块占全部语块的比例和学过语块正确运用率（%）

	高口班留学生（15人）	留学硕士研究生（15人）	中国研究生（15人）
学过语块占全部语块比例	62%	82%	100%
学过语块正确运用率	45%	58%	98%

表 5-3　汉语学习者语块学习途径

	高口班留学生（15人）	留学硕士研究生（15人）
课堂学习	5人	1人
课外学习	5人	8人
课堂+课外	5人	6人

使用 SPSS 软件，采用单因素的 ANOVA 方差分析，对三组参加者的语块提取使用成绩进行统计分析，报告项目内（F_1）和被试间（F_2）的统计值。分析的自变量是口语能力（三个水平：高级口语班留学生，留学研究生和中国研究生），因变量为学过语块占全部语块比例和学过语块正确运用率。对学过语块占全部语块比例的分析表明，口语能力水平的主效应达到显著水平（$F_{1(2, 28)}=28.59$, $p < 0.001$；$F_{2(2, 42)}=28.03$, $p < 0.001$），表明参加者的汉语口语水平越高，其学过的语块数量就越多。事后比较分析显示，三组参加者在学过语块比例上两两之间都有显著差异（$ps < 0.001$），说明他们学过的语块数量相互间差异显著。对学过语块正确运用率分析表明主效应达到显著水平（$F_{1(2, 28)}=40.51$, $p < 0.001$；$F_{2(2, 42)}=37.54$, $p < 0.001$），说明口语水平越高，学过的语块能正确提取使用的就越多。事后比较分析显示，三组参加者在学过语块正确使用率上两两之间差异显著（$ps < 0.01$），表明他们在语块的正确使用能力上有显著差异。

关于留学生语块学习途径的数据显示，高级口语班留学生通过课内和课外两种途径学习语块的总共为67%，单纯通过课外途径学习的为33%。而留学研究生课内加课外为47%，单纯通过课外学习的占53%。在我们的研究中，对于汉语学习者语块学习途径这一调查而言,只要求学生报告他们通过什么途径学习语块,而不是具体到报告每一个语块是通过什么途径学习的(这一点也难以调查),因此总体上数据量比较小,无法进行更深入的统计分析。目前的数据只具有一定的参考价值,暗示随着汉语学习者口语语言能力的提高,他们在语块学习途径上有一个主要从课内通过教学获得到课外自主学习获得的趋势。

三 讨论与结论

我们的研究基于语块是整体储存和提取使用这一假设,[①]使用与之前不同的任务,即限制性语境下依据语块成分词进行自由作答的任务,考察了高级汉语学习者的语块提取运用能力。从结果可以看出,不同口语能力的留学生之间,以及留学生和中国学生之间在口语语块的掌握数量及正确使用能力上都有显著差异。高级口语班的留学生未学过的语块比例多达38%,留学研究生有18%。而学过的语块正确使用率也很低,高级口语班留学生只有45%。即使是已经在中国攻读研究生、具有较高汉语口语能力的外国留学生,能正确使用的语块数也只有58%。如果以每10个语块来推算的话,高级口语班的留学生能正确得体使用的最多才3个,而留学研究生最多才达到5个。如果以本研究语块挑选来源的527个语块作为一个整体来推论,高级口语班的留学生能正确得体使用的最多才150个,而留学研究生最多才达到250个。

---

① Wray, A. *Formulaic Language and the Lexicon*. Cambridge University Press, 2002.

这个推论还未考虑某些类型的汉语口语语块可能更难学习和正确运用这一情况。否则，留学生在语块正确运用上的比例可能会更低。这些结果说明高级阶段两种水平的汉语学习者已经掌握并能正确得体使用的口语语块数量有限，与他们自身的口语水平直接相关，也与汉语母语者有很大差别。

语块作为整体储存和提取，意味着它在心理词典中具有单一的语块心理表征，使用时它作为一个单一的词条被提取出来。而要使语块达到心理词汇化和自动化提取水平需要多次地接触使用它。本研究中高级阶段的留学生学过的汉语口语语块比例和学过语块的正确使用率偏低，这说明他们有大量的语块还没接触过，所以缺乏相应的心理表征，自然难以正确使用；或者说明对已经学过的语块接触使用次数有限（如只听老师讲解过，谈话时听过或电视上看过听过等）导致语块的表征质量不好（如只有部分语块表征或全部语块表征存在某些形、音、义上的缺陷），不能作为一个单一的心理词条储存，所以不能熟练提取，导致测验表现不好。为了促进建立良好的语块心理表征和提取熟练性，需要多接触学习语块。实际上，汉语口语语块往往是由多于两个字或词组成的一个语言单位，具有约定俗成的独特含义，其含义难以从单个字或词上推论出来。不经过教师系统清楚的讲授讲解，学生学习了也可能是一知半解，不会使用，不利于其语块表征的建立。从语块学习角度来看也需要加大语块的教学力度。总之，在对外汉语教学领域，有必要加大语块的教学力度，通过教学教给学生大量语块，并提供一定练习让学生使用语块，从而促进他们口语能力的培养。

对于语块教学而言，需要了解语块的认知加工规律，如语块是如何认知的、有哪些因素会影响语块的认知,从而为语块教学提供合理的依据。Ellis 曾经指出语块的"突显性"(一般指频率、熟悉性程度和可预测性等)、长度、正字法和语音规则性等可能影响语块的解码加工,影响留学生语块的学习和掌握。[①] 通过详细检视本研究中高级口语班的留学生和留学研究生的答案,我们发现,几乎所有留学生都报告说学过"随便"、"什么意思"、"真没看出来"这 3 个语块。但是在正确使用率上却迥然不同。"随便"最高(高级口语班学生平均为 87%,留学研究生为 93%),"真没看出来"次之(高级口语班学生平均为 69%,留学研究生为 93%),"什么意思"最差(高级口语班学生平均为 7%,留学研究生为 15%)。另一方面,留学生提取运用表现最差的两个口语语块分别是"像那么回事"(高级口语班学生平均为 17%,留学研究生为 33%),和"谁说不是呢"(高级口语班学生为 0,留学研究生为 15%)。但是高级口语班 15 人中有 11 人,留学研究生 15 人中有 13 人却都报告说学过"谁说不是呢"。

可见,"曾经学过"某一语块与能"正确使用"它之间有着巨大差异,而且这与语块的长度似乎没有必然关系。语块的长度对语块提取运用的影响似乎不是简单的越短运用越好,或者越长运用越差的关系。本研究中,虽然两个字的语块(如"随便")测验成绩较好(这可能与经常使用频次高有关系),但长度相同的语块测验表现差异很大(如"真没看出来"对比"谁说不是呢"),而且长度短的语块的测验成绩差于长度长的语块(如"什么意思"

[①] Ellis, N. C. The Associative-cognitive CREED. VanPatten, B. & Williams, J. (eds.) *Theories in Second Language Acquisition: An Introduction.* Lawrence Erlbaum Associates, 2007.

对比"真没看出来"等）。从这些例子分析来看，口语语块的独特语义，或者是其语义的透明程度或者其使用接触次数更可能影响汉语口语语块解码提取，而不一定是语块长度。从前边分析中我们认为，留学生的语块表征质量不好可能影响他们在语块提取使用上的表现，此处的分析进一步表明可能还有更多的因素也会影响语块的解码提取加工。还需要更多地深入考查到底有哪些因素，它们如何相互作用影响留学生的语块学习、表征建立及解码提取等认知加工过程，从而为语块教学提供更好的借鉴。

总的说来，我们的实验结果回答了几个重要问题，表明高级汉语学习者在口语语块的掌握数量和正确使用能力上都与母语者有显著差异，而且与他们的汉语口语能力直接相关。汉语口语能力越高，语块掌握得越多，更能正确地使用。这些研究结果进一步验证和丰富了国外语块研究的结果，为探索不同语言的语块学习异同比较提供了可能，同时也说明了在对外汉语教学中开展语块教学的重要意义。

最后指出的是，我们的研究采用与以往不同的测验任务，是多样化多角度的汉语语块习得研究的一个初步尝试，还需要进一步深化完善。后续的研究可以尝试在有合适的大型汉语口语语料库和学习者汉语口语中介语语料库可用的情况下，使用语料库研究方法来进一步验证本研究的发现，或者把两类研究结合进行。同时，未来研究需要进一步探讨影响语块提取运用的因素及其作用机制这一重要问题，为对外汉语语块教学提供参考。

第二节 语境中语块的加工及其影响因素[①]

一 引言

在语言运用中,有一类多词结构,由于其构成成分常以连续或非连续的固定序列出现而被视作一个整体结构,通称为"语块"。[②] 在对外汉语教学中,语块也常常作为一个整体被列入教材的词汇表中,其类型多种多样:有惯用语类,如"一路顺风、您慢走";也有非惯用语类,如"不一定、不得不、越来越"。[③] Wray 从语言认知加工的角度提出假设,认为语块是整体提取和使用的语言单位。[④] 这一假设引发了心理语言学家关于母语者和二语者对语块加工方式的广泛讨论,问题主要集中在语块的加工方式是整体加工还是解析加工。整体加工说以 Swinney & Cutler 提出的"词汇表征假说"[⑤]和 Gibbs & Gonzales 提出的"直接通达模式"[⑥]为代表,基本观点为语块是被整体储存和加工的。一些针

[①] 本节作者:郑航、李慧、王一一,原载《世界汉语教学》2016 年第 3 期。
[②] Schmitt, N. *Researching Vocabulary: A Vocabulary Research Manual*. Palgrave Macmillan, 2010.
[③] 李慧《"V单+NP"语块的衍生途径及其制约因素》,《语言教学与研究》2012 年第 4 期。
[④] Wray, A. Formulaic Language in Computer-supported Communication: Theory Meets Reality. *Language Awareness,* 2012(11).
[⑤] Swinney, D. A. & Cutler, A. The Access and Processing of Idiomatic Expressions. *Journal of Verbal Learning and Verbal Behavior,* 1979(18).
[⑥] Gibbs, R. W. & Gonzales, G. P. Syntactic Frozenness in Processing and Remembering Idioms. *Cognition,* 1985(20).

对母语者、二语者的实证研究显示,语块的加工速度快于低频自由词组。[1] 这些发现为整体加工假说提供了支持。解析加工说则通过实验发现,语块加工速度快不能简单归因于整体提取,有时加工过程不可避免地涉及对内部成分进行语义和句法解析。相关研究包括 Gibbs 提出的"惯用语分解模型"[2]、Glucksberg 提出的"词组诱发式多义词"模型[3]等。还有一种观点倾向于支持解析加工,但提出了介于两者之间的混合式加工假说,认为一个语块的形式—语义映射可以同时具有任意性和组合性:任意性体现在语块的习惯用法和自动化提取;组合性体现在构成成分的可拆解性及语义透明度高。[4] 这一观点得到了语块加工和产出实验的支

---

[1] Krashen, S. & Scarcella, R. On Routines and Patterns in Language Acquisition and Performance. *Language Learning*, 1978(28); Ellis, N. C. Constructions, Chunking, and Connectionism: The Emergence of Second Language Structure. Catherine, J. D. & Michale, H. (eds.) *Handbook of Second Language Acquisition*, Blackwell, 2003. Schmitt, N. & Carter, R. Formulaic Sequences in Action: An Introduction. Schmitt, N. (ed.) *Formulaic Sequences: Acquisition, Processing and Use*, 2004; Jiang, N. & Nekrasova, T. M. The Processing of Formulaic Sequences by Second Language Speakers. *The Modern Language Journal*, 2010(91); Ellis, N. C. & Simpson-Vlach, R. Formulaic Language in Native Speakers: Triangulating Psycholinguistics, Corpus Linguistics, and Education. *Corpus Linguistics and Linguistic Theory*, 2009(5); Tremblay, A. & Baayen, H. Holistic Processing of Regular Four-word Sequences: A Behavioral and ERP Study of the Effects of Structure, Frequency, and Probability on Immediate Free Recall. Wood, D. (ed.) *Perspectives on Formulaic Language: Acquisition and Communication*. Continuum, 2010.

[2] Gibbs, R. W. J. & Nayak, N. P. & Cutting, C. How to Kick the Bucket and Not Decompose: Analyzability and Idiom Processing. *Journal of Memory and Language*, 1989(28).

[3] Glucksberg, S. Idiom Meanings and Allusional Content. Cacciari, C. & Tabossi, P. (eds.) *Idioms: Processing, Structure, and Interpretation*, 1993(103).

[4] Titone, D. A. & Connine, C. M. On the Compositional and Noncompositional Nature of Idiomatic Expressions. *Journal of Pragmatics*, 1999(31).

持。[①]Schmitt & Meara 也通过对母语为日语的英语学习者长达一年的跟踪研究提出，学习者目的语心理词库内部的不稳定性会导致语块的加工方式有所不同。[②] 值得关注的是，除了以上列举的多词结构加工实验外，一些独词加工实验也提供了与整体加工说相反的证据。Marslen-Wilson & Tyler 在汇报英语派生词形态加工的影响因素时发现：当表层频率即结构整体频率相同时，词干频率即一个词的核心成分频率是影响加工该词的决定因素。[③] 这一发现说明，即使证明语块具有跟词一样的整体获得、整体储存的性质，也未必一定发生整体加工。

上述研究多集中在英语作为母语和二语的研究上，国外文献对汉语语块加工的研究还比较少见。国内对汉语语块的研究在理论方面取得了一定的成果。易维、鹿士义提出汉语语块跟词一样是整体存储加工的，具有心理现实性。[④] 在实证方面，对汉语语块加工的研究尚处于探索阶段，研究成果也主要集中在对比二语者和母语者对语块的识别和运用的差异上。丁洁以口语习用语为测验材料，利用调查问卷、被动输出测试与主动输出调查等方法，调查了二语者对口语习用语含义的理解和使用

[①] Tabossi, P. & Fanari, R. & Wolf, K. Spoken Idiom Recognition: Meaning Retrieval and Word Expectancy. *Journal of Psycholinguistic Research*, 2005(34); Sprenger, S. A. & Levelt, W. J. M. & Kempen, G. Lexical Access During the Production of Idiomatic Phrases. *Journal of Memory and Language*, 2006(54).

[②] Schmitt, N. & Meara, P. Researching Vocabulary Through a Word Knowledge Framework. *Studies in Second Language Acquisition*, 1997(19).

[③] Marslen-Wilson, W. D. & Tyler, L. K. Morphology, Language and the Brain: The De-compositional Substrate for Language Comprehension. *Philosophical Transactions of the Royal Society of London, Series B: Biological Sciences*, 2007(362).

[④] 易维、鹿士义《语块的心理现实性》，《心理科学进展》2013 年第 12 期。

情况;[1]孔令跃、史静儿使用限制性语境下的自由作答任务,考察高级汉语学习者的汉语口语语块的运用情况。[2]上述研究都证实了二语者和母语者对汉语语块的识别运用呈现出显著差异,但并未在心理语言学加工实验的研究范式下对自然语言运用中的语块进行考察。

此外,无论英语还是汉语,关于语块心理现实性的结论大多是通过对孤立呈现语块的识别和加工实验得来的。孤立呈现语块将考察对象严格限制在实验室条件下,得出的对比性结论(如"与匹配的松散词组相比,语块具有加工优势")也有很强的说服力。但能否将这一结论直接推论到自然语言的加工中还有待商榷。原因在于,该实验方法屏蔽了语块在自然使用中不可避免的干扰因素——语境。将非惯用语语块,如英文的"as soon as"、中文的"不得不",孤立呈现与在语境中呈现,语言使用者的反应或有不同。但无论相同还是不同,都有待于进一步的实验去验证。这也是本研究试图探索的问题和要弥补的空缺之一。

本研究首先选取非惯用语类语块,采用 Jiang & Nekrasova 实验 I 的词汇判断任务,将其作为前测先后在母语者和中级二语学习者中进行测试,以确认所选语块在无语境条件下具有加工优势。[3]前测成功后,将所选语块植入语境,通过自控步速阅读任务,考察 L1 和 L2 两组被试对有语境条件下语块的加工情况,探

---

[1] 丁洁《留学生汉语口语习用语块习得研究》,暨南大学 2006 年硕士学位论文。

[2] 孔令跃、史静儿《高级汉语学习者汉语口语语块提取运用研究》,《云南师范大学学报》(对外汉语教学与研究版)2013 年第 3 期。

[3] Jiang, N. & Nekrasova, T. M. The Processing of Formulaic Sequences by Second Language Speakers. *The Modern Language Journal*, 2010(91).

讨语境以及其他可能因素对语境中语块加工的影响。本研究在实验材料和实验方法上与前人研究有以下两点不同：第一，将非惯用语类语块植入语境，还原语块在自然语言中的使用情况。前人对自然语言的识别研究早已发现"语境效应"，即对句中的词语的识别与加工依赖于词语所在语境所提供的语法和语义信息（参见 Cervera & Rosell 的综述[①]）。对于语境中词语的加工与识别，McDonald & Shillcock 发现，一个词若被植入典型语境句则会被更快地识别，若被植入不典型语境句中，读者的反应速度则会变慢。[②]Baayen 发现，当名词出现在不常与其共现的介词或副词之后时，其识别速度要远远慢于该名词出现在与其共现频率高的介词或副词之后的速度。[③] 那么，语境效应是否也存在于句中多词结构的加工？若存在，在语境效应干扰下语块是否还具有加工优势？这些正是本文要探讨的问题。第二，选取同一批语块作为词汇判断任务和自控步速阅读任务两个实验的实验材料，对比无语境和有语境条件下这些语块的加工情况，其结果或能呈现一些单纯的词汇判断任务或自控步速阅读任务观察不到的现象。两个测试任务中语块的不同呈现方式（孤立呈现 vs 语境中呈现）也间接对应两种不同的语块教学方式，测试结果可以直接为二语教师提

[①] Cervera, T. & Rosell, V. The Effects of Linguistic Context on Word Recognition in Noise by Elderly Listeners Using Spanish Sentence Lists (SSL). *Journal of Psycholinguistic Research*, 2015(44).

[②] McDonald, S. A. & Shillcock, R. C. Rethinking the Word Frequency Effect: The Neglected Role of Distributional Information in Lexical Processing. *Language and Speech*, 2001(44).

[③] Baayen, R. H. An Amorphous Model for Morphological Processing in Visual Comprehension Based on Naive Discriminative Learning. *Psychological Review*, 2011(18).

供教学法上的参考。

二 词汇判断实验（前测）

（一）实验目标和设计

本节的主要研究问题是考察母语者和中级二语学习者在加工语境中语块时，语块是否仍然具有加工优势。这一研究问题的前提是：在无语境条件下，语块具有加工优势。本实验的词汇判断任务作为自控步速任务的前测，其主要目标就是确认在无语境条件下，所选汉语语块在两个被试组都具有加工优势。这一目标将通过三个步骤实现：

第一步是确保研究在规范的心理语言学范式下进行。为此，实验设计采用 Jiang & Nekrasova 考察英语语块的词汇判断实验[1]的设计，让被试判断孤立呈现的多词结构的合法性，并通过对被试反应时和判断准确率的对比来探讨语块加工方式。用汉语复制英语实验的关键是找到适合汉语的实验材料。由于中级汉语学习者的词汇知识有限，实验根据研究限制和需要自行选取和编写了测试材料。

第二步是确认母语者的语块加工优势。实验首先需在母语者中进行测试的理由是：根据 Wray 的定义，语块是在语言使用者心理词库中预制的语言单位；[2]而一种语言的使用者主体

---

[1] Jiang, N. & Nekrasova, T. M. The Processing of Formulaic Sequences by Second Language Speakers. *The Modern Language Journal*, 2010(91).

[2] Wray, A. Formulaic Language in Computer-supported Communication: Theory Meets Reality. *Language Awareness*, 2002(11).

是母语者,所以确认所选语块在母语者心理词库中的现实性是考察二语者心理现实性的前提。为此,词汇判断实验首先对比母语组对两类结构(语块和非语块)的反应时(RT),若母语组语块反应时明显快于匹配的非语块,即语块呈现加工优势,那么再用相同的实验材料在二语者中进行测试;若母语组未见语块加工优势,则对所选材料进行替换和调整,并在另一组母语者中进行再测试,直到母语组呈现语块加工优势为止。

第三步是确认中级汉语学习者的语块加工优势——只有确认了在无语境条件下,母语组和二语组均呈现语块加工优势后,进一步对比有语境条件下的语块加工才有意义。在这一步骤中,若二语组未呈现语块加工优势,则对所选语块进行替换和调整,然后重复第二步和第三步,直到两组均呈现语块加工优势为止。

按照以上步骤来遴选实验材料需要不止一轮前测,由于篇幅限制,本节仅汇报成功的前测[1]。如无特殊说明,实验数据均通过 SPSS 23 数据包使用一般线性模型进行分析。

(二)实验材料

本次前测选取二语被试所用过的汉语教材[2] 词汇表和《汉语

---

[1] 本次前测之前的一轮前测选用《汉语国际教育用音节汉字词汇等级划分》普及化等级中所收录的未标注词性的 24 组多词成分。在母语组测试中,语块/非语块 RT 的项目分析未见显著差异,$t(23)=-0.832$,$p=0.414$,其中很多非语块平均 RT 要快于语块,如"买电话"(317.1ms)和"打电话"(350.72ms),这些慢速语块均被排除。根据匿名评审专家的建议,为提高前测成功率,从二语被试所用汉语教材中补充实验材料。

[2] 汉语教材只包括二语被试学习过的汉语综合课教材,分别为《尔雅中文——初级汉语综合教程》(上、下)(北京语言大学出版社 2013、2014 年版)各两册及《尔雅中文——中级汉语综合教程》(上)(北京语言大学出版社 2013 年版)。

国际教育用音节汉字词汇等级划分》（以下简称《等级划分》）普及化等级中收录的 16 个非惯用语类多词结构作为目标语块[①]，并通过词语测试，以确保中级学习者已经习得所有目标语块。与语块成对匹配的非语块[②]是通过替换语块中的 1 个成分词，并匹配替换词的笔画数、句法性质和频次[③]得来，如"开玩笑"和"开窗户"，玩笑$_{[频次]}$=2523，窗户$_{[频次]}$=2218；玩笑$_{[笔画]}$=18，窗户$_{[笔画]}$=16。由于替换词也须从二语被试所用初、中级教材中选取，这就缩小了备选范围，从而限制了匹配度。因此，我们在尽量实现替换词的频次和笔画数匹配的情况下，保证 15 对[④]语块/非语块替换词的笔画和频次实现组间无显著差异，$F_{频次(1, 28)}$=0.044，p=0.836；$F_{笔画(1, 28)}$=0.022，p=0.883。（全部替换词匹配情况详见附录 1）此外，实验材料还包括 30 个不相关的词组作为干扰项。

由于语块和匹配非语块最大程度上达到用词一致，被试会对在短时间内复现的相似结构有清晰的记忆，这一记忆产生的启动效应（prime effect）会提高加工速度，导致测试结果受到干扰。为避免重复，15 对测试词语被分配在 A、B 两个抵消型测试表中。

[①] 所选语块不包括框式语块，如"越……越……"，原因在于框式语块不是连续的词串，难以收集其反应时。在匹配语块"越来越"时，选取通过框式语块生成的半自由词组"越上越"。

[②] 本节的"非语块"以汉语教材词汇表未收录的自由词组为准。即使有的非语块使用频率也很高，如"没问题"，但由于没被词汇表收录，故假设其并未进行整体教学，因此也被归为"非语块"。前测排除了反应时异常快的非语块。

[③] 频次指特定语料库中目标单位的观测次数。本研究涉及不同语料库，如无特殊说明，"语料库"或"母语者语料库"均指"中国传媒大学有声媒体文本语料库"。

[④] 语块"看上去"笔者未能找到与其频次、笔画均匹配的非语块，故将其排除，剩余 15 个语块。

表 A 包括 7 个语块、8 个非语块和 30 个干扰项，表 B 包括 8 个语块、7 个非语块和 30 个干扰项。语块和匹配非语块不出现在同一表中。随机的一半被试使用表 A 测试，另一半使用表 B 测试。

（三）被试和程序

实验母语组被试是美国伊利诺伊大学东亚系的中国研究生共 10 人（5 男 5 女），年龄在 25～29 岁之间，在母语国生活时间平均为 24.6 年。二语组被试是北京语言大学汉语学院 2015 秋季学期二年级上的 10 名汉语学习者（5 男 5 女），年龄在 18～26 岁之间，分别来自 4 个母语国：韩国、日本、泰国、白俄罗斯。10 名被试的汉语综合课期中考试成绩都在 90 分以上。实验首先于 2015 年 11 月在美国伊利诺伊大学对中国研究生进行测试。在得到有效的结果（语块呈现加工优势）后，于 2015 年 12 月在北京语言大学对中级学习者进行测试。

词汇判断任务要求被试在看到所呈现的词语后迅速判断它的合法性，具体操作步骤如下：被试按空格键开始实验，电脑屏幕上将呈现一个多词结构；被试被要求在尽可能短的时间内判断所见结构是否合法；在被试做出判断后间隔 300ms，屏幕上出现下一个多词结构；在测试过程中，被试不会知道自己的判断正确与否。实验编程由软件 Paradigm 2.4 设计而成。被试单独在 Dell 个人电脑上进行实验。实验开始前，二语被试均通过了汉字小测试，确保了被试对测试项汉字的识解没有障碍。在完全了解实验流程后，被试先进行了含有 5 个短语的练习实验。实验全长不超过 30 分钟。

（四）结果与分析

如无特殊说明，本节对所收集的数据均做如下处理：剔除所有错误判断的无效数据，反应时若超出该被试平均反应时3个标准差的数据也被剔除（干扰项不参与计算）。

实验首先收集10位中国研究生的反应时数据，剔除8%的错误数据和1名异常被试数据后，用反应时的平均值和正确率做单因素重复测量方差分析（one-way repeated measures ANOVA）。结果显示，母语者对语块的反应时平均值比非语块短160ms（毫秒），被试分析和项目分析结果均显示了成对语块/非语块的显著差异，$F_{1(1,8)}=6.349$，$p=0.036$；$F_{2(1,14)}=6.919$，$p=0.02$。此外，母语者对语块的判断正确率也明显高于对非语块的判断：被试分析和项目分析结果也都反映了这一显著差异，$F_{1(1,8)}=160.479$，$p<0.000$；$F_{2(1,14)}=246.724$，$p<0.000$。尽管有两对语块/非语块（"不耐烦"vs"不顺心"，"有意思"vs"有经验"）的反应时平均值出现了非语块大于语块的情况，但我们认为在不影响所选材料总体表现的情况下出现个别差异在所难免，因此决定15个语块和非语块全部保留，继续对二语组进行测试。

在剔除19.3%的数据之后，对二语组数据进行单因素重复测量方差分析。结果显示，二语者语块的反应时平均值比非语块短406ms，被试分析和项目分析均呈现了这一显著差异，$F_{1(1,9)}=6.735$，$p=0.029$；$F_{2(1,14)}=8.395$，$p=0.012$。在判断正确率上，二语者对语块的判断也具有明显的优势，$F_{1(1,9)}=76.867$，$p<0.000$；$F_{2(1,14)}=398.216$，$p<0.000$。此外，组间对比也显示了母语组和二语组的显著差异，$F_{1(1,18)}=22.841$，$p<0.000$；$F_{2(1,28)}=73.182$，$p<0.000$。图5-1综合反映了词汇判断实验两组被试的反应时、正确率对比。

综上所述，汉语词汇判断实验显示了与英语实验一致的结果：母语者和中级汉语学习者都对所选语块做出了更快的反应；对合法性判断，语块的正确率也明显高于非语块。根据"整体加工说"的假设，这一结果可以被诠释为母语者和中级学习者都对语块进行整体存储、整体提取。词汇判断任务作为前测，确认了所选语块在无语境条件下加工的绝对优势，下一步我们将15对语块/非语块植入完全相同的语境，对比在语境干扰下母语者和中级二语者对语块的加工情况，然后再对两组实验结果进行综合对比分析。

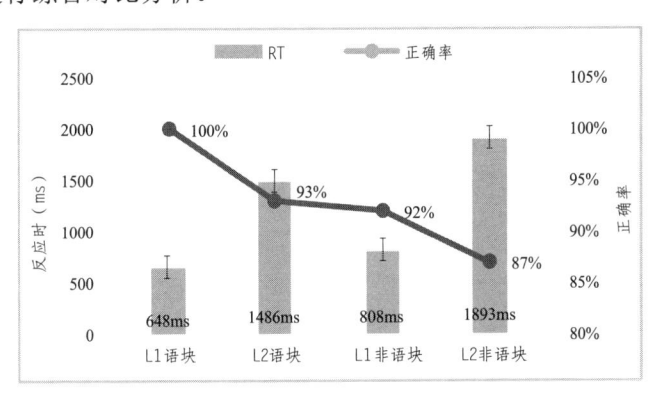

图 5-1 词汇判断任务反应时（RT）平均值、正确率对比

三 自控步速实验（主实验）

（一）研究目标

本实验旨在考察在词汇判断任务中呈现加工优势的15个语块被植入句子时，其加工优势是否仍然存在。在这一研究目标下，我们提出四个具体研究问题：第一，相同语境中成对语块/非语

块的反应时有无显著差异？第二，语块/非语块所处的语境对其加工速度有无影响？第三，影响语境中多词结构（语块/非语块）加工的主要因素是什么？第四，影响母语者和二语者语境中多词结构加工的主要因素有何异同？

（二）实验材料与设计

1. 语境句的编写

研究问题一要对比的是相同语境中成对语块/非语块的反应时，因此实验首先要选取或编写在语法上（合法性、植入位置）和语义上同时适合成对语块/非语块植入的语境句。语境句除了满足上述要求外，还要尽可能使目标单位（语块/非语块）植入靠近句尾的位置，确保出现在目标单位之前的语段（下文简称"前位语段"）不至于太短，从而能提供一定的语境信息（在线性展开的自控步速阅读任务中，后位语段不会影响到目标单位的加工）。此外，由于中级二语被试的汉语知识储备有限，语境句所用词汇、语法也须保证二语者在阅读时没有障碍。[①] 在上述三个条件的制约下，从母语语料库中直接提取到适合的语境句可能性不大。因此，笔者以二语被试的汉语教材为材料，编写了15个语境句。对于同一个语境句，植入语块的句子叫作"语块句"，植入非语块的句子叫作"非语块句"（见表5-4举例，15组语境句见附录2）。

[①] Schmitt 认为在阅读中只有实现98%的词汇覆盖率才能实现无障碍阅读。

表 5-4　语境句举例

	例 1	例 2
语境句	朋友一定要坐火车回去，我_____跟她一起。	她觉得不结婚也_____，一个人挺好的。
语块句	朋友一定要坐火车回去，我<u>不得不</u>跟她一起。	她觉得不结婚也<u>没关系</u>，一个人挺好的。
非语块句	朋友一定要坐火车回去，我<u>不好不</u>跟她一起。	她觉得不结婚也<u>没孩子</u>，一个人挺好的。

由表 5-4 例句可知，语块句和非语块句在用词上实现完全一致，如果被试在短时间内同时读到两个相同语境的句子，前句就会对后句产生启动作用，从而影响读者的反应速度。为避免启动效应，15 个语块句和 15 个非语块句被分配在 A、B 两个抵消型测试表中。表 A 包含 7 个语块句、8 个非语块句和 15 个干扰句；表 B 包含 8 个语块句、7 个非语块句和 15 个干扰句。成对的语块和非语块句不出现在同一测试表中。随机的一半被试使用表 A 测试，另一半使用表 B 测试。

2. 语境效应的量化

研究问题二要考察语境对两类目标单位的加工有无显著影响。尽管语境句为成对语块/非语块提供了字面上完全一致的语境，但却不能保证该语境对语块和非语块来说是同样典型的语境，即具有同等的语境可能性。Kalikow 通过语音识别实验发现，语境效应尤其明显地体现在前位语段累计叠加形成的语境信息对句尾词语的预测上。[①]Spehar 的例子"I saw elephants at the zoo"

---

① Kalikow, D. N. & Stevens, K. N. & Elliott, L. L. Development of a Test of Speech Intelligibility in Noise Using Sentence Materials with Controlled Word Predictability. *The Journal of the Acoustical Society of America*, 1997(6).

（我在动物园看了大象）很好地诠释了这一现象。[①] 句首短语"I saw"（我看了）后面可以有无数种词语选择，但当其后出现了名词"elephants"（大象），句尾的地点名词的选择就相当受限，而"zoo"（动物园）的出现就很容易被预测到了。换言之，"zoo"很可能出现在"I saw elephants at the _____"这一语境中，即对"zoo"而言，"I saw elephants at the _____"的语境可能性大。而同一语境"I saw elephants at the _____"，对另一个地点名词"pool"（游泳池）而言就不是典型语境，即语境可能性小。总之，语境可能性是前位语境对后位词语而言的相对典型性。

在阅读任务中，读者会根据前位语段的语境预测后面将要出现的词语。当出现的词语符合读者之前的预测时（语境可能性大），他们对词语的反应就会变快；反之，若出现的词语不符合读者预测时（语境可能性小），读者的反应就会减慢。在编写语境句时，成对语块句/非语块句虽然实现了字面完全匹配，但其语境可能性对语块/非语块来说却有大小之分。在语境可能性不匹配的情况下，即使观察到语块/非语块的反应时差异，也无法说清楚到底是什么原因造成了差异。理想的情况是，找到一个与语块/非语块具有同等语境可能性的句子。然而根据上文可知，语境句的编写极其受限，要实现语境可能性的对等几乎是不可能的。通常的解决办法是将无法控制的变量（语境可能性）作为协变量，与固定因素（目标单位类型："语块"或"非语块"）做重复样本协方差分析（repeated measure ANCOVA）。把语境可能性作为协

[①] Spehar, B. & Goebel, S. & Tye-Murray, N. Effects of Context Type on Lipreading and Listening Performance and Implications for Sentence Processing. *Journal of Speech, Language, and Hearing Research*, 2015(58).

变量的前提是将其量化成一个连续变量。

传统的量化方法是通过问卷的方式请母语者为每个目标单位所处语境的典型性打分，依靠母语者的语感来量化跟语义有关的信息。母语者打分虽具有一定的说服力，但也具有一定的主观性。本研究采用数据库语言学的量化方法，根据马尔可夫条件概率运算，通过"中文互联网 5-gram 数据库"[1]对语境句进行编程检索和量化分析。Lieberman 的实验发现，语言使用者对语言串中某个语言单位的认知加工并不是在看到目标单位的瞬间才开始的，而是一个马尔可夫决策过程，即听话人对第 n 个语言单位的感知依靠前 n-1 个语言单位之间的链式条件概率来推测，即计算语言学中的 n-gram 运算。[2]下面转引 Lieberman 图解（有调整）来说明这一链式加工过程。

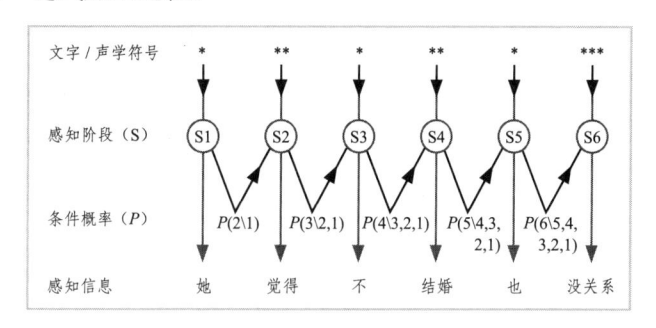

图 5-2　马尔可夫链式条件概率图示

如图 5-2 所示，Lieberman 认为听话人首先通过对声波或图

---

[1]　该数据库由 Google 研究所研制，"gram"指一个可以是任意大小的语言单位。数据产生于 Google 截至 2008 年在互联网所有可公开访问的文档，总共大约包括 8830 亿词。该数据库是不可通过网络检索型语料库，而需购买原始数据文本（有标注），根据个人研究需要通过自主编程进行检索。

[2]　Lieberman, P. Some Effects of Semantic and Grammatical Context on the Production and Perception of Speech. *Language and Speech*, 1963(6).

文的处理来感知所听到的第一个语言单位,但对第二个语言单位的感知则不单依靠声波/文字信号,还依靠第一个语言单位与第二个语言单位共现的条件概率 P(2/1)来预测接下来可能听到的语言信号。以此类推,对第六个单位的感知则需要根据前五个单位(5-gram)与第六个单位之间的条件概率进行预测,以图5-2的语块句为例,即需要运算在5-gram"她觉得不结婚也"的条件下出现"没关系"这个单位的概率是多少,运算公式如下(P表示概率probability;C表示频次count)。

公式1:

$$P(没关系)|(她觉得不结婚也) = \frac{P(没关系 \cap 她觉得不结婚也)}{P(她觉得不结婚也)}$$

$$= \frac{C(她觉得不结婚也没关系)}{C(她觉得不结婚也)}$$

由公式1所计算出的"没关系"出现在"她觉得不结婚也"之后的可能性,就相当于语言使用者在阅读到该位置时预测到"没关系"出现的可能性有多大,也就是语境可能性。根据公式1,计算语境可能性只需在数据库中找出语串"她觉得不结婚也没关系"和"她觉得不结婚也"的频次即可。然而由于本研究例句是笔者根据二语被试的词汇知识水平自造的句子,在现有数据库中找到完全相同的语串的可能性几乎为零。根据条件概率的链式法则,我们通过计算语串中相邻两个单位条件概率的乘积,来逼近公式1中的运算。具体来说,先计算出"她觉得""觉得不""不结婚""结婚也"和"也没关系"的条件概率,再用5组条件概率的乘积来逼近"没关系"出现在"她觉得不结婚也"之后的概率。[①]具体运算如下：

公式2：

{没关系}语境可能性 =P（没关系 | 她觉得不结婚也）

$$= \frac{C（她觉得不结婚也没关系）}{C（觉得不结婚也）}$$

$$\approx P（觉得|她）\times P（不|觉得）\times P（结婚|不）$$

$$\times P（也|结婚）\times P（没关系|也）$$

$$= \frac{C（她觉得）}{C（她）} \times \frac{C（觉得不）}{C（觉得）} \times \frac{C（不结婚）}{C（不）}$$

$$\times \frac{C（结婚也）}{C（结婚）} \times \frac{C（也没关系）}{C（也）}$$

观察公式2可知，运算中的各分子都是两词共现频次，分母都是单词频次，由此可知，各分母的乘积很可能远远大于各分子的乘积，导致运算结果很小。因此我们对运算结果取Log值，用Log（5-gram）来代表语境可能性。表5–5列举了"没关系"和"没孩子"的语境量化结果（语境句及语境可能性总表见附录2）。

[①] 由公式1、2可知，本研究的运算无须一定选用"中文互联网5-gram数据库"，但仍选用该库的理由是：第一，它的数据庞大，更可能准确反映语言使用情况；第二，它可以通过编程批量检索原始数据，为研究节省了宝贵时间。实际上，本研究检索量比较大，在直接获取5词（语）语段失败后，我们分别尝试了通过4词（语）、3词（语）和2词（语）概率去逼近5词（语）概率的方案，最终确定2词（语）是更可行的方案。在"5-gram数据库"中观测不到的2词（语）语段（14个），我们改用BCC语料库（150亿字≈60亿词）进行检索，再把BCC频次乘以两语料库收词数量之比，以逼近同等大小数据库下可能的观测频次。对于两库中检索频次都为0的3个语段（"我不好马上""工作不为了""合适大多了"）直接赋值0.1进行近似运算（0.1作为观测频次无意义，且赋非"0"值才可以进行Log运算）。

表 5-5　语境可能性举例

语境句	她觉得不结婚也_____，一个人挺好的。	Log（5-gram）
语块句	她觉得不结婚也没关系，一个人挺好的。	-12.27
非语块句	她觉得不结婚也没孩子，一个人挺好的。	-15.62

由表 5-5 可知，同一语境句对语块的语境可能性（-12.27）和对非语块的语境可能性（-15.62）并不对等，因此，将量化后的语境可能性作为协变量与语块/非语块反应时做单因变量多因素方差分析。

3. 其他影响因素

研究问题三、四是考察语境中多词结构加工速度的主要影响因素，实际上仍是要对比前人在无语境条件下所发现的影响因素——书写复杂度（字符数和汉字笔画数）[1]、结构整体频次、结构成分搭配频率（t 值[2]，参见 Hunston[3]；互信息值，参见 Ellis & Simpson-Vlach[4]）——在语境的干扰下是否仍然是影响加工的主要因素。此外，由于受到二语教材中词语复现率的影响，二语者在读写时会表现出与母语者不同的用词习惯，因此在考察

---

[1]　Balota, D. A. & Yap, M. J. & Cortese, M. J. Visual Word Recognition: The Journey from Features to Meaning (a travel update). Matthew, J. T. & Morton, A. G. (eds.) *Handbook of Psycholinguistics*. Academic Press, 2006.

[2]　语料库语言学中，t 值常被用来预测特定语料库中两个词共现可能性的大小。与另一常用搭配频率的运算值——互信息值（MI-score）相比，t 值被认为更适用于考察非惯用语词组的搭配。t-值计算公式：$t=(fAB-fA fB/N)/(\sqrt{fAB})$，其中，$fA$=A 词频率；$fB$=B 词频率；$fAB$=AB 两词共现频率；$N$= 语料库收词总数。

[3]　Hunston, S. *Corpora in Applied Linguistics*. Cambridge University Press, 2002.

[4]　Ellis, N. C. & Simpson-Vlach, R. Formulaic Language in Native Speakers: Triangulating Psycho-linguistics, Corpus Linguistics, and Education. *Corpus Linguistics and Linguistic Theory*, 2009(5).

二语组多词结构的加工时，还应将多词结构在二语者语料库中出现的频次作为可能影响因素。[1]本研究选择的二语者语料库是由北京语言大学研发的"HSK 动态作文语料库 1.1"[2]。其次，将量化后的语境因素与上述几个已知因素一起作为自变量，将 30 个多词结构的反应时作因变量，进行两组多元线性回归分析，对比语境与其他因素在多词结构加工中的作用大小。

（三）实验被试与程序

1. 被试

实验母语组被试是北京语言大学研究生共 20 人（9 男 11 女），年龄在 23～31 岁之间。二语组被试从北京语言大学汉语学院 2015 秋季学期二年级上两个平行班里召集的不同于词汇判断实验的 20 名汉语学习者（10 男 10 女），年龄在 20～28 岁之间，分别来自 7 个不同的母语国：韩国、日本、马来西亚、印尼、美国、巴西、罗马尼亚。20 名被试的综合课期中考试成绩都在 85 分以上。两组实验都于 2015 年 12 月～2016 年 1 月在北京语言大学进行。

2. 程序

实验主体是二语者和母语者独立完成自控步速阅读任务，实验采用软件 Paradigm 2.4 设计而成。被试单独在 Dell 个人电脑上进行实验。具体操作如下：按空格键开始实验后，屏幕中间会出现一串光标"—"，覆盖一个句子；按空格键，第一个光标处出

---

[1] Granger, S. The International Corpus of Learner English: A New Resource for Foreign Language Learning and Teaching and Second Language Acquisition Research. *TESOL Quarterly*, 2003(37).

[2] "HSK 动态作文语料库"是母语为非汉语的外国人参加高等汉语水平考试（HSK 高等）作文考试的答卷语料库，收集了 1992~2005 年的部分外国考生的作文答卷。语料库 1.1 版语料总数 11569 篇，共计 424 万字。

现句子的第一个词语,再按空格键,第二个光标处出现第二个词语,前一词语随之消失,以此类推直到全句逐词呈现完毕;全句不再回放。句子呈现方式模拟从左到右的线性阅读顺序。被试通过控制按键速度来控制阅读速度。全句播放完毕间隔300ms,屏幕上会出现一个针对测试句中的目标词语设计的双项选择题,被试根据对句子的理解答题,选 A 按鼠标左键,选 B 按右键。选择完毕后,根据屏幕提示,按空格键开始阅读第二个句子。同时,被试被简要地告知测试目的,即在理解句子的前提下尽可能快地阅读和答题。

测试前,二语被试均通过了汉字测试,以确保被试对测试项所含的汉字的识解没有障碍。在完全了解了实验步骤后,被试先进行了一个含有 10 个句子的练习。测试过程不超过 30 分钟。

四 结果与讨论

实验收集了母语组 20 名被试的共 300 个数据和二语组 20 名被试的共 300 个数据。剔除了所有错误判断的无效数据,[①] 反应时若超出该被试平均反应时 3 个标准差的数据也被剔除。母语组剔除了 5.67% 的数据,二语组剔除了 19.33% 的数据。所有统计使用 SAS 数据包进行运算。在单因素重复测量方差分析中使用反应时的平均值运算;其他运算均使用原始数据进行,剔除数据在录入后自定义为缺失数据。下文将汇报数据统计结果及对结果的

[①] 本实验中正确率依据被试对每个测试句后单选题的答案决定。单选题的设计是针对语块或非语块的特定语义,因此成对语块/非语块句未必有一样的问题,因此,不对正确率进行成对的对比。

对比分析。

（一）语境效应的出现和语块加工优势的消失

首先提取两组被试语块/非语块反应时的平均值分别进行单因素方差分析，以单纯地对比组内语块/非语块差异。母语者语块的反应时平均值比非语块短 50ms，被试分析和项目分析结果均反映了语块/非语块的显著差异，$F_{1(1,19)}$=5.625, p=0.028; $F_{2(1,14)}$=15.079, p=0.002。可见，单纯对比自控步速任务中母语者对语块/非语块的反应时差异，其结果与词汇判断任务结果一致。二语者语块反应时平均值比非语块短 222ms，被试分析和项目分析结果也都反映了两类结构的显著差异，$F_{1(1,19)}$=21.218, $p<0.000$; $F_{2(1,14)}$=9.352, p=0.009。同样，单纯对比自控步速任务中二语组对语块/非语块的反应时差异，结果也与词汇判断任务结果一致。然而，单因素方差分析只是孤立地观察目标单位的反应时，没有把语境可能性不匹配对加工速度造成的影响考虑进去，结论就有两种解释：一是语块具有加工优势；二是语块句恰好语境可能性大，语境可能性大促使加工速度快。为了同时考察语境因素和语块因素的影响，将语境可能性作为协变量，将目标单位类型（"语块"或"非语块"）作为固定因素与反应时进行协方差分析。协方差分析相当于在控制协变量的条件下首先做固定因素（结构类型）与因变量（反应时）的单因素方差分析，然后再做协变量（语境可能性）与因变量的相关性分析。图 5-3 分别展示了两组协方差分析结果的分布情况。[①]

[①] 语境可能性在-35～-40之间的三个语段未在图 5-3 分布中展示，但这些数据悉数包含在统计分析的运算中。

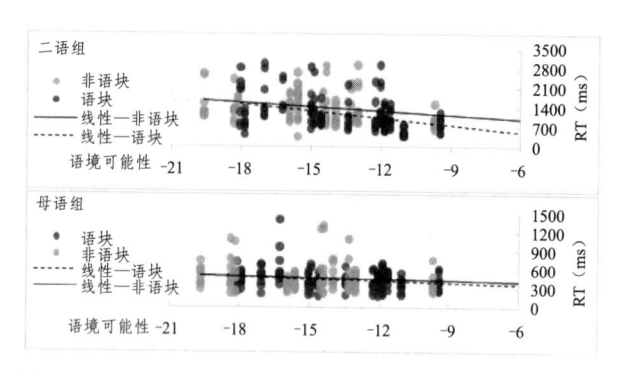

图 5-3　反应时、语境可能性与结构类型的相关性分布

第一，结构类型：当语境因素作为协变量得到控制后，语块和非语块的反应时只在二语组呈现显著差异，$F_{(1, 27)}=10.26$，$p=0.0035$；图 5-3 "二语组"两圆点分布显示，语块（灰色，整体靠下）的加工比非语块（黑色，整体靠上）加工速度快。而两类结构间的差异在母语组则不显著，$F_{(1, 27)}=1.15$，$p=0.293$，也就是说当成对语块/非语块的语境可能性差异被排除时，母语者对语块和非语块的加工速度也几近相同；图 5-3（母语组）中两色圆点的分布范围也几乎重合。

第二，语境可能性（协变量）：语境可能性作为连续变量与反应时的相关性分析结果显示，语境效应同时出现在母语组 $F_{(1, 252)}=6.55$，$p=0.011$ 和二语组 $F_{(1, 206)}=10.87$，$p=0.0012$。由图 5-3 中两组的回归线倾斜方向可知，语境与反应时呈负相关，即语境可能性越大，反应时越小。其中，二语组回归线斜率更大，说明语境与二语者反应时的相关性更明显。

第三，语境与类型相关性：二语组中，语境与两类结构的相关性呈显著差异，$F_{(1, 206)}=8.08$，$p=0.005$，其中，语境对语块的促进作用比对非语块的促进作用明显；图 5-3（二语组）的两条回归线间距离相对较大。而对母语组来说，语境与两类结构的相关性则未见明显差异，$F_{(1, 252)}=0.87$，$p=0.353$，也就是说语境对于语块和非语块具有同等的促进作用；图5-3"母语组"的两条回归线几乎重合。

由上述分析可知，语境可能性对母语者和二语者多词结构的加工都有显著影响，而母语组对两类结构加工的速度差异在语境的影响下则变得不再显著。下面通过对比两实验——语境中加工语块/非语块与孤立加工语块/非语块——来观察语境效应的显著作用。

（二）语境效应的凸显

1. 有/无语境条件对比

本研究前测是考察无语境语块的加工，主实验是考察有语境语块的加工，表5-6综合展示了两实验方法和结果上的主要差异。

表5-6 有/无语境条件下语块加工优势对比

呈现方式	词汇判断任务		自控步速任务	
	无语境		有语境	
主效应	语块优势	语境效应	语块优势	语境效应
母语组	*	/	——	**
二语组	**	/	*	*

注：*：$p<0.005$；**：$p<0.05$；——：$p>0.05$；/：不适用。

先看词汇判断任务：在无语境的条件下，语块加工优势在两个被试组都有明显体现，这或可解释为语块是"整体存储、整体提取"的单位。再看自控步速任务：在有语境的条件下，母语组未见语块加工优势，而二语组仍呈现语块加工优势，但优势的显著度却有所下降。这一对比回答了研究问题二：植入语境后语块加工优势是否仍然存在。在有语境的条件下，语境因素呈现主效应,但语块加工优势却减弱或消失。不过值得注意的是,这一现象却不能推翻"整体加工说"。前文研究综述显示,单词的识别速度依赖语境可能性大小。若语块加工速度快也与语境直接相关,则只能说明语块与单词具有类似的性质。若单词在语境中被整体存储、整体提取,那么语块也应该被认为具有同样的性质。

其次,母语组语境效应出现的同时语块加工优势消失,这或可说明母语者的句子加工更依赖语境信息。相比之下,在语境的影响下,二语组的语块加工优势仍然显著。这一现象或与实验材料的选取有关。由于所选语块均取材于二语教材,并且都进行了整体教授,二语者对这些结构具有很高的熟悉度和敏感度。与其将二语组的现象诠释为语块"具有加工优势",不如说语块实现了"整体教授、整体获得"。但同时也不能忽视,当这些整体获得的语块出现在语境中时,语境是否典型对二语者还是有很大影响的。尽管语境效应对二语组的影响不如对母语组的影响大,但也可以说明中级汉语学习者已经建立了一定的汉语语感。

2. 有语境条件下的多因素对比

语境效应的凸显还体现在多元回归分析的结果上。上文总结了诸多可能影响句中多词结构加工的内部因素:笔画数、字符数、母语库频次(表5-7简称"母语库")、多词结构在 HSK 动态作文语料库中的出现频次(表5-7简称"HSK")、t-值、互信息值(表5-7简称"MI 值")。将语境可能性与这些因素放在一起做多元回归分析发现,语境仍然是影响两组被试加工速度的突出因素。

由表5-7中的 p 值可知,对母语者反应时贡献最显著的因素是语境可能性。与二语者反应时最显著相关的是多词结构在 HSK 动态作文语料库中的频次,其次就是语境可能性。两组结果说明,影响母语者和中级汉语学习者多词结构加工的因素具有很高的一致性,共同的最显著因素是语境可能性。这就是说在有语境条件下,词语所处环境的语义信息对多词结构加工有很大的影响。本研究中语境可能性的凸显至少可以说明,汉语使用者在阅读中识别或读取一个多词结构时,很大程度上依赖于该结构所处语境是否是该结构的典型语境,且语感越好的读者(如母语者),前位语境对后位词语的促进作用越大。二语组也呈现对语境的高度依赖,这反映出在目的语环境中学习的二语者已经具备了与母语者相似的渐进性的阅读加工模式,即对语言信息接收和处理过程都是随着句子的展开、从开始到最后的累积性整合。[1]而二语组多词结构加工呈现语境效应说明,在这一整合过程中,二语者实现了通过前位语段提供的信息预测随后出现的词语,从而提高了阅读理解速度。

表 5-7 多元回归分析相关系数

	母语组 $F_{(6, 276)}$=4.786, $p<0.000$ (R=0.307, R^2=0.094)					二语组[2] $F_{(7, 229)}$=4.348, $p<0.000$ (R=0.342, R^2=0.117)				
	B	SD	Beta	t	p	B	SD	Beta	t	p
语境	-4.28	1.86	-0.16	-2.3	0.02	-17.15	6.74	-0.21	-2.54	0.01
笔画	-5.42	2.82	-0.15	-1.92	0.05	-11.46	9.52	-0.11	-1.20	0.23

---

[1] Kamide, Y. & Altmann, G. T. M. & Haywood, S. L. The Time-course of Prediction in Incremental Sentence Processing: Evidence from Anticipatory Eye Movements. *Journal of Memory and Language*, 2003(49).

[2] 与二语组 RT 相关性最显著的因素是多词结构在 HSK 动态作文语料库中的出现频次,说明中级学习者的语言加工和产出具有显著关联。此外,二语者 RT 也与母语库频次显著相关,母语者 RT 反而与母语库频次不相关。这一有趣的现象提示我们,二语者的词语加工更依赖心理词库中存储项的提取;而母语者的词语加工则可依靠更多的信息来源。

(续表)

	母语组 $F_{(6, 276)}$=4.786，$p < 0.000$ (R=0.307，R^2=0.094)					二语组 $F_{(7, 229)}$=4.348，$p < 0.000$ (R=0.342，R^2=0.117)				
	B	SD	Beta	t	p	B	SD	Beta	t	p
t-值	0.65	0.38	0.19	1.71	0.09	3.04	1.52	0.31	2.00	0.05
母语库	-0.01	0.00	-0.13	-1.66	0.10	-0.04	0.02	-0.22	-2.45	0.02
MI 值	-7.79	6.31	-0.14	-1.24	0.22	-15.49	20.02	-0.09	-0.77	0.44
字符	39.63	34.17	0.07	1.16	0.25	-180.34	115.13	-0.1	-1.57	0.12
HSK	/	/	/	/	/	-0.36	0.12	-0.28	-3.03	0.00

五 结语

本研究通过无语境和有语境两种呈现方式考察了母语者和中级二语学习者对语块/非语块的加工情况。首先，词汇判断实验仿照英语语块加工实验方法，证实了汉语语块加工优势的假设；此外，不同于前人选用高级汉语学习者为研究对象，本研究的考察对象为中级汉语学习者，结果显示中级汉语学习者也具有与母语者类似的语块意识。其次，自控步速阅读实验发现了语块加工的新现象：第一，当语块在语境中出现时，其加工速度受到所处语境的影响，且这一影响对母语者和中级二语学习者都很显著；第二，在语境效应的作用下，语块的加工优势有所减弱或消失，且母语者和二语者对句中多词结构的加工很大程度上受到其前位语段所提供的语境信息的影响。这一研究发现从另一角度为二语教学中的词语教学提出了更多的参考依据。

Erman 从学习者的角度研究语块时提出，保证二语学习者运用目的语产出顺畅篇章的几个条件分别是：语法正确性、逻辑连贯性以及多词结构的相互关联和相互作用。[1] 本研究从语言加工角度得出的结论与 Erman 从语言产出角度得出的结论相吻合。无论是单词还是语块，它们的使用都不能脱离语境。[2] 二者对于语境的依赖程度也不同：单词结构相对自由；语块虽然被认为具有与单词结构一样整体存储并提取的性质，但对语境的选择相对受限。对于语境最受限的惯用语语块，二语教材或者二语教师常会直接展示其最典型的使用环境。而对于语境比较受限的非惯用语语块，当二语教材给出的典型语境不足时，就需要教师将语料库和教材结合起来，为学生提供丰富恰当的语境信息。Breyer 发现，运用语料库提取大量相似例句直接展示给学生，使学生通过阅读这些含相同词语的句子自行抽象归纳出该词语的典型语境。[3] 这一方法对语块教学来说有一个特殊的优势，即当语块具有超越字面的语用义时，归纳典型语境可以帮助学生感知语用信息，往往比显性教学更能使学生准确掌握语块的意义和用法。由于篇幅所限，有关二语者语块的产出和面向中级学习者的汉语语块教学等问题，笔者将另文详述。

自控步速阅读实验所发现的不同于前人的研究结果提示我们：在研究真实语言加工时，将研究材料提纯到"实验室"环境

---

[1] Erman, B. Formulaic Language from a Learner Perspective. Corrigan, R. & Moraucsik, E. A. & Quali, H. & Wheatley, K. M. (eds.) *Formulaic Language*. John Benjamins, 2009.

[2] 对于可以独立使用的惯用语类语块，如"您慢走"，语境可以是更大的篇章。

[3] Breyer, Y. A. *Corpora in Language Teaching and Learning: Potential, Evaluation, Challenges*. Peter Lang, 2011.

所得出的结论,往往需要进一步在"自然环境"中进行检验。

附录1 替换词匹配表

频次:Mean-语块=281088;Mean-非语块=250425
笔画数:Mean-语块=11.5;Mean-非语块=11.3

语块	替换词	频次	笔画数	非语块	替换词	频次	笔画数
开玩笑	玩笑	2523	18	开窗户	窗户	2218	16
怎么办	办	164886	4	怎么做	做	235460	11
没关系	关系	97957	13	没孩子	孩子	76300	12
有意思	意思	18682	22	有经验	经验	18639	18
没什么	什么	231637	7	没问题	问题	238349	21
不好意思	意思	18682	22	不好马上	马上	18867	6
不得不	得	492295	11	不好不	好	450927	6
接下来	下	564322	3	接过来	过	563601	6
越来越	来	1052923	7	越上越	上	1027769	3
不一定	一定	61394	9	不为了	为了	65759	6
事实上	事实	21184	16	报纸上	报纸	18474	14
不一会儿	不	1467834	4	就一会儿	就	1021797	12
不耐烦	耐烦	173	19	不顺心	顺心	104	13
大不了	不了	19779	6	大多了	多了	15674	8
不景气	景气	2057	16	不可靠	可靠	2445	20

附录2 语境句及语境可能性表

a 为语块句；b 为非语块句；Log（5-gram）为语境可能性	
语境句	Log（5-gram）
1 a. 已经上课了，你别［开玩笑］，老师会不高兴的！	-11.881
b. 已经上课了，你别［开窗户］，老师会不高兴的！	-13.316
2 a. 今天的作业我们都不会，不知道［怎么办］，只好给老师打电话。	-9.454
b. 今天的作业我们都不会，不知道［怎么做］，只好给老师打电话。	-9.704
3 a. 她觉得不结婚也［没关系］，一个人挺好的。	-12.271
b. 她觉得不结婚也［没孩子］，一个人挺好的。	-15.615
4 a. 听说这位老师上课很［有意思］，我们都选了她的课。	-11.057
b. 听说这位老师上课很［有经验］，我们都选了她的课。	-13.038
5 a. 这篇课文老师没讲大家也觉得［没什么］，因为很简单。	-12.071
b. 这篇课文老师没讲大家也觉得［没问题］，因为很简单。	-13.998
6 a. 他的病刚好，我［不好意思］去找他帮忙。	-13.455
b. 他的病刚好，我［不好马上］去找他帮忙。	-36.169
7 a. 朋友一定要坐火车回去，我［不得不］跟她一起。	-11.639
b. 朋友一定要坐火车回去，我［不好不］跟她一起。	-14.529
8 a. 她把作业给了老师，老师［接下来］就要改。	-14.942
b. 她把作业给了老师，老师［接过来］就要改。	-15.641
9 a. 进入高年级以后，汉语课［越来越］难。	-17.887
b. 进入高年级以后，汉语课［越上越］难。	-18.364
10 a. 他在这个公司工作［不一定］赚很多钱，只为了能开心。	-17.053
b. 他在这个公司工作［不为了］赚很多钱，只为了能开心。	-38.433
11 a. 听说油价要上涨，可［事实上］并没有这样的新闻。	-15.062

（续表）

	a 为语块句；b 为非语块句；Log（5-gram）为语境可能性	
	语境句	Log（5-gram）
	b. 听说油价要上涨，可［报纸上］并没有这样的新闻。	-18.173
12	a. 他等了［不一会儿］车就来了。	-11.879
	b. 他等了［就一会儿］车就来了。	-14.407
13	a. 他跟女朋友约会总是［不耐烦］，想早点儿回家。	-14.614
	b. 他跟女朋友约会总是［不顺心］，想早点儿回家。	-15.964
14	a. 你试试这件衣服合不合适，［大不了］就退回去。	-16.279
	b. 你试试这件衣服合不合适，［大多了］就退回去。	-37.525
15	a. 他觉得汽车行业现在［不景气］，不适合投资。	-18.069
	b. 他觉得汽车行业现在［不可靠］，不适合投资。	-19.639

第六章

汉字认知研究

第一节 汉字频率和构词数对非汉字圈学生汉字学习的影响[①]

一 引言

近十年来,在第二语言习得(SLA)领域,语言习得中的频率效应成为引人关注的热门研究课题。[②] 多数研究者认为,语言学习者对其所接触的目的语的语言材料(所谓"输入")的频率分布是非常敏感的。某个语言形式在学习者接触的目的语材料中出现的频率(所谓"输入频率"),是影响学习者获得该语言形式的一个重要因素,输入频率越高,习得该形式越快、效果越好。关于语言习得过程的这种"基于频率的解释",得到了不少研究证据的支持。例如,已有研究发现,不同年龄和不同母语背景的学习者对英语语素的习得有着共同的顺序,语素习得的顺序,与它们在母语者言语中出现的频率高低是一致的,例如,习得不规

[①] 本节作者:江新,原载《心理学报》2006 年第 4 期。
[②] Ellis, N. C. Frequency Effects in Language Processing: A Review with Implications for Theories of Implicit and Explicit Language Acquisition. *Studies in Second Language Acquisition*, 2002(24).

则过去式比规则过去式早，一个重要的原因是不规则过去式在学习者语言环境中出现的频率高于规则过去式。[1] 同时，研究者也认为，语言输入频率对于语言习得的影响是比较复杂的，语言习得中的频率效应受到语言形式的其他特征、学习者特征等因素的制约。[2]

在汉语作为第二语言的习得中是否存在频率效应？研究该问题的途径之一是探讨汉字频率对于汉字习得的影响。

（一）汉语作为第二语言加工和习得中字频效应的研究

字频，即汉字在汉语书面材料中出现的次数，是一种客观的统计指标，它常常被研究者用来代表汉语读者对汉字的实际接触频率和熟悉程度。已有研究表明，汉字的认知加工存在频率效应，但这个结果主要是从第一语言加工的研究中得到的。频率效应在汉语为第二语言的学习者中是否存在？这是一个尚未解决的问题。这方面的研究比较缺乏，其中一个主要原因在于，已有的对母语者研究采用的字频，是以汉语熟练的母语读者的阅读材料为基础进行统计的，不能很好地代表第二语言学习者对汉字的接触频率，研究者必须根据学习者实际接触的书面材料来统计，没有现成的频率统计资料可供查询使用。由于汉语为第二语言的学习者接触的阅读材料并不固定，所以相关的字频统计工作很难进行。

自20世纪90年代始，有研究者开始探讨第二语言学习者实际接触的汉字的频率对汉字加工的影响。研究者以汉字在学习

---

[1] GoldSchneider, J. M. & Dekeyser, R. M. Explaining the "Natural Order of L2 Morpheme Acquisition" in English: A Meta-analysis of Multiple Determinants. *Language Learning*, 2010(51).

[2] Gass, S. M. & Mackey, A. Frequency Effects and Second Language Acquisition. A Complex Picture. *Studies in Second Language Acquisition*, 2002(24).

者已学过的教材中出现的频率,作为学习者实际接触汉字的频率。有的研究者采用汉字识别任务(命名反应时实验[1]或纸笔测验[2]),有的采用计算机模拟的方法[3],他们都一致发现了汉字在教材中实际出现的频率影响汉字识别的正确率。

但是值得注意的是,汉字的出现频率是一种累计频率,例如,"生"的出现频率不但包括"生"作为单字词出现的频率,也包括含有该字的所有词出现的频率。因此某个汉字的出现频率与该字的构词数之间有密切关系,出现频率高的字,可能是构词数多的汉字。例如,"生"字的出现频率很高,与由"生"字构词数很多、构词能力很强有关。在学习者接触的语言材料中,某个汉字在同一个词中反复出现与该字在不同词中反复出现,是否对汉字学习产生类似的影响?汉字构词能力的高低是否影响汉字学习效果?迄今为止,已有的关于汉字频率的研究,都没有同时探讨构词数的问题。

(二)汉语作为第二语言加工的构词数效应的研究

Harington & Dennis 认为,学习者会凭直觉来计算语言输入中特定分布特征,这些特征既包括某个语言形式单独出现的频率,也包括它与其他语言形式共同出现的频率。[4] 如果汉语学习者对

---

[1] Sergent, W. K. & Everson, M. E. The Effects of Frequency and Density on Character Recognition Speed and Accuracy by Elementary and Advanced L2 Readers of Chinese. *Journal of the Chinese Language Teachers Association*, 1992(27).

[2] 江新《汉字复现率对拼音文字背景的外国学生汉字学习的影响》,《北京地区第三届对外汉语教学学术研讨会论文选》,北京大学出版社 2004 年版。

[3] 王建勤《外国学生汉字构形意识发展的模拟研究——基于自组织特征映射网络的汉字习得模型》,北京语言大学 2005 年博士学位论文。

[4] Harrington, M. & Dennis, S. Input-driven Language Learning. *Studies in Second Language Acquisition*, 2002(24).

汉语书面材料的分布特征是敏感的，那么不但某个汉字单独出现的频率（累计频率）会影响其学习的效果，且它与其他字共现的频率，也会起影响作用。后者主要取决于汉字参与构词的数量（构词能力）以及所构成的词出现的频率。

汉字的构词能力是对外汉字教学研究非常关心的因素，研究者在考虑选择哪些汉字作为基础汉字教给外国学生时，除了要考虑汉字的出现频率外，还要考虑汉字的构词能力。[1] 某个汉字的构词能力常常用该字参与构词的数量来衡量。那么汉字构词数的多少是否影响汉字的认知加工或学习效果？

关于汉字构词能力在汉字加工中的作用的研究，在第一语言加工的研究中还没有看到。在第二语言加工的研究中，已经有研究者对此问题进行了研究，但是不同研究得到的结果并不一致。赵果、江新等人发现欧美学生汉字学习中存在构词数效应，即汉字在学生已学过的生词词表中的构词数影响汉字认读的正确率，构词数越多，汉字认读成绩越好。[2] 但是冯丽萍等人的研究发现，汉字构词能力对汉字加工效果的影响，受到汉字所记录的语素的特点（是黏着的还是自由的）的制约，也受到外国学生的母语背景的影响。[3] 对韩国学生来说，语素构词能力的高低影响黏着语

---

[1] 赵金铭《外国人基础汉语用字表》（草创），南开大学对外汉语教学中心《汉语研究》（第二辑），南开大学出版社1986年版。
[2] 赵果《初级阶段欧美留学生识字量与字的构词数》，《语言文字应用》2003年第2期；江新、赵果、黄慧英、柳燕梅、王又民《外国学生汉语字词学习的影响因素——兼论〈汉语水平大纲〉字词的选择与分级》，《语言教学与研究》2006年第2期。
[3] 冯丽萍、宋志明《词素性质与构词能力对留学生中文词素识别的影响》，《云南师范大学学报》2004年第6期。

素的识别但不影响自由语素的识别,对欧美学生来说,语素构词能力的高低对于语素的识别没有表现出显著的影响。

这些研究结果不一致,与不同研究在构词数和频率的计算方法上不同有关。赵果、江新等的研究计算汉字的字频和构词数时都以学生实际接触的书面材料(课本)为基础,反映了学生接触汉字的频率和构词数,但冯丽萍等人研究中的字频采用的是母语者的字频数据,构词数是指汉字在汉语教学大纲词汇表中参与构词的数量,并不是学生实际接触的语言材料的特征。① 此外,支持构词数对欧美学习者有影响的两个研究,在方法上也存在局限性,一个研究在不控制字频的情况下考察构词数的影响,② 另一个研究计算构词数与汉字成绩之间的相关系数,因此这两个研究都没有把字频与构词数的影响分离开。③

因此,本节在上述研究的基础上进一步研究汉字频率、构词数对外国人汉字学习的影响。实验一探讨汉字频率和笔画数的影响,实验二研究构词数的影响。本研究采用的汉字频率和构词数,主要是以汉语学习者在学校课堂学习中使用的统一课本为基础进行统计得到的。这样做的主要依据是,留学生使用的汉语课本是

---

① 赵果《初级阶段欧美留学生识字量与字的构词数》,《语言文字应用》2003年第2期;江新、赵果、黄慧英、柳燕梅、王又民《外国学生汉语字词学习的影响因素——兼论〈汉语水平大纲〉字词的选择与分级》,《语言教学与研究》2006年第2期;冯丽萍、宋志明《词素性质与构词能力对留学生中文词素识别的影响》,《云南师范大学学报》2004年第6期。

② 赵果《初级阶段欧美留学生识字量与字的构词数》,《语言文字应用》2003年第3期。

③ 江新、赵果、黄慧英、柳燕梅、王又民《外国学生汉语字词学习的影响因素——兼论〈汉语水平大纲〉字词的选择与分级》,《语言教学与研究》2006年第2期。

他们接触最多的最重要的阅读材料,而且对汉字在已学过的课文中出现的频率和构词数进行统计,在实际操作上也是可行的。同时,本研究的被试为非汉字文化圈的外国学生,不包括汉字文化圈学生。汉字文化圈指日本、韩国以及印尼、泰国等东南亚国家,这些国家或多或少受汉字文化的影响。而汉字文化圈以外的国家,主要包括欧美、非洲、中西亚国家等。来自非汉字文化圈的学生,其母语的文字主要是拼音文字,在汉语学习中汉字是最大的障碍。因此研究非汉字文化圈学生汉字学习的影响因素,具有特别重要的意义。还有,本研究采用的任务是纸笔测验而不是反应时测量,因为以往的研究表明[①],汉字不熟练的初学者很难做到对计算机屏幕上呈现的汉字刺激做出又快又准的反应,他们做出判断的反应时往往较长且错误率较高,反应时数据缺乏可靠性,而纸笔测验是学生比较熟悉的自然的任务,学生在纸笔测验中完成任务的正确率也能反映学生汉字学习的效果。

二 实验一

实验一采用 5×2 的完全被试内设计,自变量分别为汉字频率(5 个水平:1、3、5、7、9 次)和笔画数(2 个水平:多笔画、少笔画),因变量为汉字识别测验的正确率。

(一)方法

1. 被试

北京语言大学汉语进修学院一年级(第一学期)的非汉字圈

[①] 江新《初学汉语的美国学生汉字正字法意识的实验研究》,赵金铭《对外汉语研究的跨学科探索》,北京语言大学出版社 2003 年版。

第一节 汉字频率和构词数对非汉字圈学生汉字学习的影响

国家留学生55人参加了本实验,他们的母语为英语、法语或俄语等使用拼音文字的语言,其母语类型及人数分别为:英语16人,尼泊尔语9人,俄语、法语、葡萄牙语、僧加罗语各4人,蒙古语、西班牙语各3人,波兰语2人,阿拉伯语、阿姆哈拉语、波斯语、罗马尼亚语、斯瓦希里语、赞比亚语各1人。他们学习的教材为《汉语教程》[①],每周24学时,进行测验时学习汉语的时间为4个月,近400个学时,学完了第1课至第33课。

2. 实验材料

从《汉语教程》第一册的前33课课文和生词表中出现的汉字中选择100个汉字。选择这100个汉字的方法是,首先统计汉字在前33课的课文和生词表中的出现频率,然后从出现频率为1、3、5、7、9次的汉字中分别选择20个汉字,使每组的20个汉字包含笔画数多和笔画数少的汉字各10个[②],并且保证笔画数的多少在频率高低不同的5个组之间匹配(如表6-1所示)。出现9次的少笔画组与出现7次的少笔画组的笔画数差异不显著,$t_{(18)}$=1.65,p=0.116。

表6-1 实验一测验字的分组和笔画数平均数(括号为笔画数范围)

笔画数	出现频率				
	1次	3次	5次	7次	9次
多	10.4(9~14)	10.4(9~14)	10.4(9~14)	10.3(8~14)	10.1(8~13)
少	5.9(3~7)	5.9(3~7)	5.9(4~7)	6(3~8)	4.8(2~7)

---

① 杨寄洲《汉语教程》,北京语言学院出版社1999年版。
② 多笔画字为8画以上(含8画),少笔画字为8画以下,但是出现7次的少笔画字有1个是例外,即"妮"(8画),这是因为在有限的汉字范围中再也无法找到符合条件的字,这个例外字也没有导致该组字的笔画数与其他少笔画组的显著差异。当然这并不理想。

3. 施测和记分

将所测的100个汉字按随机顺序排列并打印在一页A4纸上，字体为4号宋体字。要求被试根据每个汉字的字形写出汉字的拼音并组成词或短语。拼音计分时，考虑到留学生学习汉语声调困难的实际，对某个字发音的声调不准并不等于他不认识该字，因此声母和韵母正确就计为拼音正确，忽略声调；意义计分时，考虑到组词（或短语）任务的目的是判断被试是否知道汉字的意义，因此只要组词（或短语）意义表达正确，就计为意义正确，忽略被试所组的词（或短语）中出现的汉字书写错误（即错别字）。例如，用"商"组词时，把"商店"写成"商店"，也计为意义正确。拼音和意义都正确就计为音义皆知。

（二）结果

计算被试在不同出现频率和不同笔画数的汉字上的拼音正确率、意义正确率和音义皆知正确率的平均数（见表6-2）。

表6-2 实验一被试在不同出现频率和不同笔画数的汉字上的正确率平均数

笔画数		出现频率				
		1次	3次	5次	7次	9次
拼音	多	0.198	0.513	0.613	0.611	0.705
	少	0.193	0.482	0.675	0.764	0.787
意义	多	0.171	0.451	0.518	0.538	0.616
	少	0.158	0.386	0.555	0.680	0.682
音义皆知	多	0.147	0.418	0.498	0.513	0.595
	少	0.136	0.358	0.535	0.667	0.642

对拼音正确率进行方差分析，结果显示，频率的主效应显著，$F_{(4, 216)}=207.387$，$p=0.000$，笔画数的主效应显著，$F_{(1, 54)}=33.619$，

第一节　汉字频率和构词数对非汉字圈学生汉字学习的影响

$p=0.000$。出现频率与笔画数之间的交互作用显著，$F_{(4, 216)}=11.850$，$p=0.000$。对交互作用进行简单效应检验，结果显示，对于多笔画字，频率的效应显著，$F_{(4, 216)}=107.667$，$p=0.000$。多重比较结果显示，出现频率高的汉字拼音成绩显著好于出现频率低的汉字（p 值在 0.000 至 0.021 之间），但出现 5 次和 7 次的除外（$p=1.000$）。对于少笔画的汉字，频率的效应显著，$F_{(4, 216)}=183.025$，$p=0.000$。多重比较结果显示，出现频率高的汉字拼音成绩显著好于出现频率低的汉字（p 值在 0.00 和 0.009 之间），但出现 7 次和 9 次的除外（$p=1.000$）。

对意义正确率进行方差分析，结果显示，频率的主效应显著，$F_{(4, 216)}=156.373$，$p=0.000$；笔画数的主效应显著，$F_{(1, 54)}=9.214$，$p=0.004$；频率与笔画数之间的交互作用显著，$F_{(4, 216)}=10.743$，$p=0.000$。对交互作用进行简单效应的检验，结果显示，对于多笔画字，频率的效应显著，$F_{(4, 216)}=75.4$，$p=0.000$。多重比较结果显示，出现 9 次的汉字意义成绩显著好于出现 7 次、5 次、3 次的汉字（p 值在 0.000 至 0.014 之间），出现 7 次、5 次、3 次的汉字的意义成绩显著好于 1 次（$p=0.000$），但出现 7 次、5 次和 3 次的汉字意义成绩之间无显著差异（p 值在 0.082 至 1.000 之间）。对于少笔画的汉字，频率的效应也显著（$F_{(4, 216)}=129.521$，$p=0.000$）。进一步的多重比较结果显示，出现频率高的汉字意义成绩显著好于出现频率低的汉字（$p=0.000$），但出现 7 次和 9 次的除外（$p=1.000$）。也就是说，对于少笔画字，频率每提高 2 次，汉字意义成绩都有显著的提高（7 次到 9 次除外）；对于多笔画字，除了 1 次到 3 次、7 次到 9 次外，频率的提高并没有对汉字意义成绩产生显著的影响。此外，从效应大小可以看到，多笔画字的频率效应小于少笔画字的频率效应。这些结果显示，频率对于汉字意义成绩的影响受汉字笔画数的制约，多笔画字受频率的影响小于少笔画字。

音义皆知正确率的结果与意义正确率的结果一致。

实验一的结果综合表明，外国学生汉字学习效果受汉字的出现频率的影响，且这种影响受汉字笔画数的制约。

当汉字的出现频率相同而构词数不同，汉字学习效果是否有差别？实验二要研究在控制汉字出现频率的条件下，汉字构词数对汉字学习成绩的影响。

三　实验二

（一）方法

实验二采用单因素被试内设计，自变量为构词数（4个水平：1、2、3、4），控制变量为汉字频率和笔画数。因变量为汉字识别测验的正确率。

1. 被试

在北京语言大学汉语进修学院一年级（第一学期）的非汉字圈国家留学生35人，他们的母语是英语、法语或阿拉伯语等采用拼音文字的语言，其母语类型和人数分别为：英语7人，阿拉伯语6人，法语6人，蒙古语2人，缅甸语2人，西班牙语2人，汤加语2人，阿姆哈拉语、保加利亚语、俄语、孟加拉语、葡萄牙语、索托语、西班牙语、印地语各1人。其他情况与实验一的被试相同。他们没有参加过实验一。

2. 实验材料

从《汉语教程》[①]的前33课课文和生词表中出现的汉字中选取64个汉字。选择这64个汉字的方法是，首先统计所学汉字在前33课的课文和生词表中的出现频率，以及每个汉字在前33课双音节词中的构词数，然后从构词数为1、2、3、4次的汉字中分别选择16个汉字，并且保证汉字频率和笔画数的多少在构词数不同的4个组之间匹配（如表6-3所示）。分别对四组汉字的频率、笔画数进行单因素方差分析，结果显示频率、笔画数的主效应都不显著（$F_{(3, 60)}=0.058$，$p=0.981$；$F_{(3, 60)}=0.373$，$p=0.773$）。

表6-3 实验二中构词数不同的4组汉字的频率、笔画数平均数（括号为范围）

构词数	1次	2次	3次	4次
频率	17.69（10～38）	17.56（10～38）	16.63（7～40）	17.75（10～38）
笔画数	7.25（4～11）	6.38（2～10）	6.81（4～14）	7.15（3～13）

施测和计分方法同实验一。

（二）结果

计算被试在构词数不同的汉字上的正确率平均数（见表6-4）。

表6-4 实验二构词数不同的4组汉字上的拼音、意义和音义皆知正确率平均数

构词数	1次	2次	3次	4次
拼音正确率	0.853	0.843	0.847	0.845
意义正确率	0.805	0.822	0.807	0.820
音义皆知正确率	0.780	0.798	0.796	0.814

---

① 杨寄洲《汉语教程》，北京语言学院出版社1999年版。

对拼音正确率的方差分析的结果显示，构词数的主效应不显著，$F_{(3, 102)}=0.112$，$p=0.953$。构词数为 1、2、3、4 次的汉字的拼音成绩之间没有显著差异。

对意义正确率、音义皆知正确率的方差分析，结果显示，构词数的主效应也不显著，$F_{(3, 102)}=0.378$，$p=0.769$；$F_{(3, 102)}=0.951$，$p=0.419$。

总之，实验二没有发现构词数对汉字学习效果的影响。

四 讨论

语言输入对语言习得有非常重要的意义。Krashen 的语言输入理论认为：语言习得是通过语言输入来完成的，教师的主要精力应放在为学生提供最理想的语言输入上，从而促进语言习得。[1]

在语言输入的各种特征中，输入的频率是影响第二语言习得的重要因素。本研究探讨了汉字出现频率对汉字习得的影响，研究结果显示，欧美等非汉字圈的学习者的汉字学习效果受汉字频率的影响。汉字频率越高、汉字学习效果越好。这个结果与已有的第一语言的汉字加工研究结果是一致的，但以前研究中的频率效应是在高低频字的频率差异很大的情况下发现的，而本研究的频率效应是在汉字出现频次差别很小（少至 2 次）的情况下、以第二语言学习者为研究对象得到的，因此本研究的结果为频率效应的研究提供了新的信息。当然，本研究采用纸笔测验，而大多

---

[1] Krashen, S. D. The Input Hypothesis. Alatis, J. (ed.) *Current Issues in Bilingual Education*. George Town University Press, 1980.

汉字频率研究采用反应时实验，二者所反映的汉字内部加工过程有很大差别，后者能反映汉字的自动化加工过程而前者不能。

在西方的单词识别理论中，频率是一个非常重要的因素。对于频率效应的解释，最初的理论或者认为高频词的识别阈限比较低，其在心理词典中的表征比较容易通达[1]，或者认为单词在心理词典中按照频率的顺序排列，高频词在心理词典中首先得到搜索[2]，或者认为低频词的识别需要经过语音中介，高频词的识别可以由词形直接到达词义、不需要通过语音的中介；[3]后来，平行分布加工模型提出，高频词的形、音、义之间的联结比较强，而低频词的形、音、义之间的联结比较弱，因此高频词的识别比较快。[4]在国内，有学者提出，高频字的识别之所以比低频字快，是因为高频字的识别是整字加工占优势。[5]近些年来，在第二语言习得领域，频率效应引起了学者的极大的关注。一些学者认为频率可以解释许多语言习得现象，而且不少学者倾向于采用内隐学习的概念来解释频率效应。[6]Kirsner 认为，

---

[1] Morton, J. Interaction of Information in Word Recognition. *Psychological Review*, 1969(76).

[2] Forster, K. I. Accessing the Mental Lexicon. Wales, R. J. & Walker, E. C. T. (eds.) *New Approaches to Language Mechanisms*. North Holland, 1976.

[3] Gough, P. B. Word Recognition. Pearson, P. D. (eds.) *Handbook of Reading Research*. Longman, 1984.

[4] McLelland, J. L. & Rumelhart, D. E. & Hinton, G. E. The Appeal of Parallel Distributed Processing. Rumelhart, D. E. & McLelland, J. L. (eds.) *Parallel Distributed Processing: Exploration in the Microstructure of Cognition*. MIT Press, 1986.

[5] 喻柏林、曹河圻《汉字识别中的笔画数效应新探——兼论字频效应》，《心理学报》1992 年第 2 期。

[6] Ellis, N. C. Frequency Effects in Language Processing: A Review with Implications for Theories of Implicit and Explicit Language Acquisition. *Studies in Second Language Acquisition*, 2002(24).

输入频率对语言习得的影响是自动产生的、不需要有意识加工。[1]虽然人们在听说读写时不去有意识地计算某个单词出现、使用的次数，但是每接触一次，加工时间就会减少一点。也就是说，频率效应是基于无意识的记忆效果，即内隐记忆的结果。我们认为，汉字频率对于汉字学习效果的影响，同样也可以用内隐学习的概念来解释。换句话说，学习者每接触一次汉字，即使没有对汉字进行有意识的加工，也能产生对该字的记忆，等到下次再出现该字时，先前预存的表征就比较容易得到激活，对该字的识别就得到促进。

本研究还发现，汉字出现频率对汉字学习效果的影响受汉字笔画数的制约。多笔画字的频率效应小于少笔画字的频率效应。这个结果看起来有点出人意料。对此，一个可能的解释是，笔画数多的汉字，由于其可供分辨的线索、信息冗余度高、字形不易混淆、识别单元为部件等原因，其认读并不难，在这种比较容易的情况下，频率的微小差别并不能对汉字认读效果产生显著的影响，因此频率效应比较小。相反笔画数少的汉字，由于信息冗余度低、字形容易混淆，识别它并不容易，在这种相对困难的情况下，频率的微小差异就会对汉字认读产生较大影响。已有大多数研究[2]表明，在自然的非速示条件下，初学者（儿童和第二语言学习者）对多笔画字的识别并不比少笔画字困难（尽管多笔画字

---

[1] Kirsner, K. Implicit Processes in Second Language Learning. Ellis, N. C. (ed.) *Implicit and Explicit Learning of Language*. Academic press, 1994.

[2] 江新《针对西方学习者的汉字教学：认写分流、多认少写》，《对外汉语教学的全方位探索》，商务印书馆2005年版。

的书写比少笔画字困难），[1]但是对于认读多笔画字比少笔画字还容易，目前只得到一个研究[2]的支持，因此这个解释目前还缺乏足够的证据支持。另一种可能的解释是，由于多笔画字和少笔画字的知觉加工不同（前者倾向于整字和部件的整体知觉，不进行笔画分析，后者倾向于同时知觉整字和笔画），[3]因此频率对于多笔画字和少笔画字的影响机制也不同。第三个可能与实验任务有关，本研究采用的是纸笔测验，无法测量被试加工汉字的时间，如果采用反应时实验，也许会有不同的结果。总之，关于汉字频率与笔画数之间的交互作用，有待进一步研究。

本研究没有发现构词数对汉字学习效果的影响。我们认为有以下几种可能：一是实验二选择的汉字，在教材中出现的频率相对比较高（平均 17 次左右），构词数的影响对出现频率较高的字可能不明显。即构词数对汉字学习效果的影响可能受汉字频率的制约，构词数对高频字的学习无显著影响（因此在实验二的条件下没有发现构词数的作用），但对低频字可能有显著影响。二是实验字的构词数变化范围不够大，构词数的差异仅相差 1～3 次，所以未能发现构词数的显著作用。如果选择构词数差异较大的汉字，可能有显著的构词数效应。三是实验选择的被试是学习

---

[1] Hayes, E. B. The Relationship Between Chinese Character Complexity and Character Recognition. *Journal of Chinese Language Teacher Association*, 1987(22); 佟乐泉、李文馥、冯申禁、宋均《笔画繁简和词性差别对初识字儿童识记汉字的影响》，《心理学报》1979 年第 2 期。

[2] 沈烈敏、朱晓平《汉字识别中笔画数与字频效应的研究》，《心理科学》1994 年第 4 期。

[3] 王惠萍、张积家、张厚粲《汉字整体和笔画频率对笔画认知的影响》，《心理学报》2003 年第 1 期。

汉语半年的初学者,对初学者而言构词数可能没有显著影响,但对于高级学习者可能有影响。四是构词数可能不影响汉字学习的效果,在汉字出现频率相同、笔画数相同的情况下,汉字构词数的高低不会造成汉字学习效果的差异。只要汉字经常反复出现,无论是在语言环境相同(例如同一个词、同一个句子)还是不同,汉字学习(这里指认读)效果没有显著差异。最后,如果实验任务不是纸笔测验而是反应时实验,也可能得到不同的结果。总之,对于构词数的影响还需要进一步的研究。

综合实验一和实验二的结果,我们对频率和构词数相对作用的大小也有初步认识。从实验一的结果看,在1～9次这个低频范围内,出现频率差别为2次就可以导致汉字学习效果有显著的差别。但是在出现频率相同的情况下,构词数差别达3次(例如1次与4次)也没有发现显著的学习效果差异。因此我们认为,学习者对汉字的出现频率可能比汉字的构词能力敏感,当汉字出现频率出现较小的差异,汉字学习效果就会出现较显著的差异,但是当汉字构词数出现较小差异时,并不会导致汉字学习效果的显著差异。当然,这种认识是初步的,因为比较是在低频字(1～9次)和高频字(平均17次)之间进行的。由于本研究采用的被试学习汉语的时间较短(半年左右),他们所学过的汉字比较有限,而且所学汉字的频率和构词数变化范围有限,因此本研究在设计实验时,无法在同一个实验中同时把频率和构词数都作为自变量来进行操纵。在将来的实验中,可选择学习汉语时间较长的被试(例如近一年),同时选择出现频率较低(例如1～9次)和较高的汉字为实验材料,来进一步研究构词数的影响。但是这可能只是一种难以实现的理想实验,因为低频字的构词能力大都很低、构词数变化范围很小，实验选字存在客观困难。因此进一步的研究需在研究设计上做较大的改变。

总之，本研究的结果表明，语言材料的频率是影响汉语作为第二语言学习的重要因素。汉字在学习者接触的材料中出现的频率，对于汉字学习效果有重要的影响。在我们的研究中，虽然汉字频率变化不大（只有 2 次之差），但也对汉字学习效果产生了显著的影响，表明学习者对汉字频率非常敏感。这个结果提示我们，在对外汉语教材编写中，首先应当重视提高生字在课文中的出现频率（即所谓的"复现率"或"重现率"），以此来提高汉字的学习效果。要避免生字出现过多过快且复现率过低。特别是汉字学习的初始阶段，生字出现过多且复现率过低，会导致学习效果较差、学生自信心受挫等后果。当然，由于汉字出现频率与构词数之间有密切关系，因此在实际教学上常常要把这两个因素综合起来考虑，应该在学生识字范围内提高汉字的构词数量，这样既能提高汉字的频率，又能扩大学生的词汇量。

值得注意的是，实验一对不同出现频率汉字的笔画数的控制还不够理想，而且选择汉字时未能考虑汉字结构、部件数等因素。因此未来的研究在实验材料的选择上还要进一步改进和完善。

五 结论

对于非汉字文化圈学生的汉字学习，我们可以得到以下初步结论：

第一，汉字学习效果受汉字输入频率的影响。汉字输入频率越高，学习效果越好。

第二,汉字输入频率对汉字学习效果的影响受汉字笔画数的制约。笔画数越多,频率的影响越小。

第三,实验没有发现构词数对初学者汉字学习的影响。

第二节 留学生汉字形误识别能力发展的实验研究[①]

汉字形、音、义的学习中字形最难。汉字形体复杂,整字、部件、笔画、结构方式等结合为一体对大脑记忆形成挑战。字形错误是欧美留学生的常见现象,是汉字学习中的难点。孙清顺、张朋朋统计欧美留学生听写中的错误,发现形错字高达83%,比音别字多得多(17%)。[②] 江新、柳燕梅统计欧美留学生自然写作中的错别字,也发现形误率高达72.4%,远高于音似错误和形、音似错误(13.67%、10.89%)。[③] 施正宇分析留学生形符的书写错误,发现常出现的错误类型有形似形符替代、意近形符替代、相关形符替代、形符类推几种。[④] 施家炜发现留学生的汉字偏误可以归

---

① 本节作者:徐彩华、刘芳、冯丽萍,原载《语言教学与研究》2007年第4期。
② 孙清顺、张朋朋《初级阶段留学生错别字统计分析》,《北京语言学院第三届科学报告会论文选》,北京语言学院出版社1985年版。
③ 江新、柳燕梅《拼音文字背景的外国学生汉字书写错误研究》,《世界汉语教学》2004年第1期。
④ 施正宇《外国留学生形符书写偏误分析》,《第六届国际汉语教学讨论会论文选》,北京大学出版社2000年版。

第二节 留学生汉字形误识别能力发展的实验研究

纳为笔画偏误、部件偏误、其他偏误三类。[1] 肖奚强发现留学生的汉字偏误大多与部件有关，有部件替换、部件增损、部件的变形和镜像变位三大类型。[2] 从这些偏误分析看，留学生的字形错误是有规律的，常常在笔画、部件层次产生增加、减少、替换、方向性错误。

规律性偏误的背后一定有认知原因。汉字正字法意识的不完善，特别是缺乏对字形错误的监控能力可能是原因之一。书写是对汉字表征要求最高的一种任务。表征的细节（部件、笔画）都要被按照顺序依次提取，表征细节的含混会导致书写变形和错误。成熟母语者表征强壮而清晰，整字激活时亚字部件和笔画也得到激活，[3] 部件的激活中包含着位置信息，不会过分泛化，[4] 整体和部分同时激活所产生的和谐共振起到了实时监控的作用。因此，母语者写错了字会产生异样的感觉，能及时纠正，减少字形错误的发生。留学生则相反，一般对自己书写中的错误全无知觉，说明他们可能缺乏实时监控能力。书写错误主要产生于汉字表征分解后提取笔画、部件的过程，因此我们对形误识别的考察也设计在汉字分解的过程中进行。通过"整字呈现→分解→进行判断"的过程模拟人脑中汉字分解提取的自然状态，考察此过程中对字

---

[1] 施家炜《来华欧美留学生汉字习得研究教学实验报告》，《中国对外汉语教学学会北京分会第二届学术年会论文集》，北京语言文化大学出版社2001年版。

[2] 肖奚强《外国学生汉字偏误分析》，《世界汉语教学》2002年第2期。

[3] Feldman, L. B. & Siok, W. W. T. The Role of Component Function in Visual Recognition of Chinese Characters. *Journal of Experimental Psychology: Learning, Memoru, and Cognition*, 1997(23).

[4] Taft, M. & Zhu, X. & Peng, D. Positional Specificity of Radicals in Chinese Character Recognition. *Journal of Memory and Language*, 1999(40).

形错误的识别和监控能力。拟通过三个实验考察：第一，在汉字分解过程中，留学生对字形错误能否快速识别，相对于母语者有何特点？第二，字形错误的识别能力是否受母语背景影响？是怎样发展的？与汉语水平有什么关系？

一 实验一：成熟母语者的实验

（一）实验设计

单因素被试内设计，自变量为错误类型，有方向逆反、笔画增减、部件替换、部件缺失四种水平。因变量为反应时和错误率。

（二）被试

北京师范大学二年级本科生 18 名。其中文科系 9 名，理科系 9 名。男女各半。

（三）实验材料

为了进行母语读者和留学生的直接对比，母语读者使用和留学生相同的实验材料，从零起点班读写教材选取前 20 课中出现的高频字 150 个，由 6 名留学生进行认读，选取正确率达到 100% 的汉字 32 个。以这些字为原形，按照 4 类错误构造 32 个错字。方向逆反、笔画增减、部件替换、部件缺失各 8 个，其中方向逆反包括笔画方向逆反 4 个（如 "刂、钅" 中提的方向逆反）、左右结构方向逆反 4 个（如 "吾讠" "口禾"），考察对笔画和结构方向的敏感度；笔画增减包括多笔（如："忙" 中的 "亡" 的最后一笔加了一点）或者少一笔（如 "们" 少一点），考察对精细笔画变化的敏感度；部件替换指某个部件被别的部件替代，如 "妹" 变成 "休"，考察对部件形状的精细识别能力；部件缺失指少了某个部件,如"哪"变成了"那",考察对整字和部件关系的敏感度。每组内各含左右结构字6个、上下结构字2个。另选32个正确率也在100%以上的同频率段汉字作为填充的肯定反应材料。

(四)实验方法

采用空间割裂的方法表现汉字的分解。左右结构的字进行左右空间的割裂,如"听"分解为"口斤"。上下结构的字进行上下空间的割裂。所有字分解后成分的体积大小与原字保持一致,不发生大小变化,只进行位置上的移动。实验在计算机上用DMDX程序进行。屏幕先呈现一个注视点"+",168毫秒,然后在注视点位置出现336毫秒单字如"听",随后出现该字的空间分解体。该分解体可能是对的,如"口斤",也可能是错的,如"妹"分解为"亻未",要求被试对分解体进行正误判断。

(五)结果与分析

表6-5 母语者汉字形误判断的反应时和错误率(括号内为方差)

N=18	方向逆反	笔画增减	部件替换	部件缺失
反应时	935(190)	989(198)	924(143)	930(168)
错误率	0.09(0.11)	0.20(0.15)	0.07(0.08)	0.06(0.11)

重复测量检验,4种错误类型反应时的主效应不显著 $F_{(3, 15)}$=1.55,p=0.21,各类形误识别的反应时差别不显著。错误率检验,类型主效应显著 $F_{(3, 15)}$=6.70,$p < 0.001$,笔画增减的错误率显著高于其余三类 $F_{(1, 17)}$=6.54,$p < 0.05$;$F_{(1, 17)}$=8.12,$p < 0.05$;$F_{(1, 17)}$=12.75,$p < 0.01$;其余三类间的错误率差异不显著。综合反应时和错误率,成熟母语者对各类错误的识别速度差异不大,

但识别笔画增减的错误率比较高。

笔画增减错误考察的是对精细笔画的识别。错误率比较高说明母语者容易混淆笔画的细节。这与前人的研究结果是一致的。汉族人笔误的特点之一就是形似字易混淆,出现多点少点、多撇少撇的错误。艾伟发现字的一部分与另一已识字的一部分类似时易出现笔误(转引自彭聃龄等)。[①] 本研究也发现汉字分解过程中,母语者能敏感地觉察方向、部件的变化,但识别笔画增减错误时错误率上升。笔画和结构的方向变化会导致整字轮廓的改变,部件丢失也会造成整字轮廓的改变,部件替换时部件的形状也改变了。识别这三类错误没有困难说明母语者对整字轮廓、部件形状的知觉比较敏锐。笔画增减属于比较细小的局部精细改变,母语者错误率比较高说明他们容易在局部精细地方犯错误。

二 实验二:零起点留学生的实验

(一)实验设计

双因素被试内设计,被试内变量为错误类型,四种水平。被试间因素为留学生母语背景,汉字圈和非汉字圈背景两个水平。

(二)被试

北京师范大学 2003 年秋季零起点班学生 18 名。其中非汉字圈被试 9 名,汉字圈被试 9 名。实验时间为 11 月下旬,被试在华学习 3 个月。

[①] 彭聃龄、舒华、陈烜之《汉语认知研究的历史和研究方法》,《汉语认知研究》,山东教育出版社 1997 年版。

（三）实验材料

同实验一。

（四）实验方法

过程同实验一。另选汉字圈和非汉字圈学生各两名进行预实验，发现汉字圈被试能使用与母语者一致的汉字呈现时间336毫秒，总错误率低于30%。2名非汉字圈被试接受336毫秒有困难，错误率过高，840毫秒时错误率显著下降。因此正式实验中汉字圈、非汉字圈被试采用了不同的汉字呈现时间，非汉字圈学生840毫秒，汉字圈学生336毫秒。

（五）结果与分析

表6-6　汉字圈和非汉字圈被试的反应时和错误率（括号内为方差）

	方向逆反	笔画增减	部件替换	部件缺失
非汉字圈被试 N=9（840ms）	1627（476） 0.44（0.24）	1455（298） 0.21（0.23）	1390（289） 0.19（0.17）	1339（339） 0.06（0.11）
汉字圈被试 N=9（336ms）	1604（818） 0.50（0.20）	1262（422） 0.31（0.30）	1279（628） 0.23（0.21）	1253（432） 0.21（0.23）

2×4反应时分析，4种错误类型的主效应显著$F_{(3, 15)}=3.35$，$p<0.05$；交互作用不显著；组间差异不显著。主效应中方向逆反慢于部件缺失，$F_{(1, 17)}=4.77$，$p<0.05$；慢于笔画增减和部件替换，差异接近显著（$p=0.09$；$p=0.06$）。笔画增减、部件替换、部件缺失三类之间差异不显著。错误率主效应显著$F_{(3, 15)}=17.35$，$p<0.001$；交互作用、组间效应不显著。方向逆反的错误率高于其余三类，$F_{(1, 17)}=13.42$，$p<0.01$；$F_{(1, 17)}=19.91$，$p<0.001$；$F_{(1, 17)}=37.41$，$p<0.001$。笔画增减和部件替换的错误率高于部件缺失，$F_{(1, 17)}=6.97$，$p<0.05$；$F_{(1, 17)}=6.76$，$p<0.05$；笔

画增减和部件替换的差异不显著。四类错误率从高到低依次为：方向逆反、笔画增减、部件替换、部件缺失。

值得注意的是，实验中非汉字圈学生汉字呈现时间比汉字圈学生的长得多，但两组被试的反应时和错误率却没有显著差异，说明汉字圈学生能更快地完成任务，在汉字表征分解加工上有一定优势。但四种错误类型上没有组间差异，也没有交互作用，说明留学生四类错误识别的特点是一致的。因此，汉字圈和非汉字圈学生既有区别也有共性：区别是汉字圈学生汉字分解的速度快一些，共性是两组学生汉字形误识别的特点一致。

合并两组留学生数据，四种形误识别的平均反应时和错误率分别为：1619（0.45）、1390（0.24）、1353（0.20）、1311（0.11）。方向逆反的错误率达到45%，接近50%的随机错误率，说明留学生对方向错误几乎不能识别。

进一步比较留学生与母语者的差异，把留学生的数据与母语者数据合并进行2×4分析。反应时主效应显著，$F_{(3, 33)}=3.10$，$p < 0.05$；交互作用、组间差异也显著，$F_{(3, 33)}=3.46$，$p < 0.05$，$F_{(1, 35)}=28.07$，$p < 0.001$。有交互作用说明母语者四种类型的反应模式与留学生不同。组间比较发现，母语者四个类型的反应时都显著快于留学生，$F_{(1, 35)}=22.21$，$p < 0.001$；$F_{(1, 35)}=18.41$，$p < 0.001$；$F_{(1, 35)}=16.33$，$p < 0.001$；$F_{(1, 35)}=15.86$，$p < 0.001$。错误率主效应显著$F_{(3, 33)}=27.15$，$p < 0.001$；交互作用、年级间的差异也显著$F_{(3, 33)}=10.45$，$p < 0.001$；$F_{(1, 35)}=9.66$，$p < 0.001$。简单效应分析发现，母语者只有笔画增减的错误率比较高，留学生除了部件丢失，其余三类的错误率都比较高。组间比较发现，留学生方向逆反和部件替换的错误率显著高于母语

者 $F_{(1, 35)}=37.05$，$p < 0.001$；$F_{(1, 35)}=7.62$，$p < 0.01$。

三 实验三：留学生形误识别能力的发展

（一）实验设计

两因素被试内设计，被试内因素为形误类型，4个水平。被试间因素为学习汉语的时间。

（二）被试

2003年秋季101、102、202班学生各18名；留学研究生9名。由于实验二发现汉字圈和非汉字圈被试的形误类型特点一致，因此从101开始不再对背景进行分组。101、102、202各组非汉字圈被试3名，汉字圈被试15名。实验在期末考试结束后进行，101组约学习汉语1年。102组1年半、202组2年半。研究生中汉字圈学生7名，非汉字圈2名。平均学习汉语8年。

（三）实验材料

同实验一。

（四）实验方法

步骤同实验一。101组预实验中非汉字圈被试能接受与母语者相同的汉字呈现时间，总错误率低于30%，因此从101组开始所有被试均采用与母语组相同的呈现时间。

（五）结果与分析

表6-7 各水平留学生的反应时和错误率（括号内为方差）

	方向逆反	笔画增减	部件替换	部件缺失
101组（1年） （N=18）	1093（262） 0.30（0.20）	1149（303） 0.21（0.19）	1078（311） 0.15（0.14）	1072（329） 0.10（0.13）

（续表）

	方向逆反	笔画增减	部件替换	部件缺失
102组（1年半）（N=18）	1110（218）0.18（0.14）	1155（294）0.22（0.21）	1133（320）0.11（0.16）	1150（375）0.09（0.14）
202组（2年半）（N=18）	1124（245）0.20（0.16）	1120（281）0.15（0.17）	1104（270）0.12（0.11）	1028（206）0.05（0.11）
研究生（N=9）	965（171）0.18（0.16）	1150（330）0.14（0.17）	1005（300）0.07（0.11）	935（113）0.08（0.11）

1. 各年级总的发展趋势

4×4反应时分析，类型主效应显著 $F_{(3, 60)}$=3.03，$p < 0.05$，交互作用不显著、年级间差异不显著。无交互作用说明几个年级的类型效应基本一致。主效应中最慢的是笔画增减，慢于部件替换、部件缺失，差异显著。$F_{(1, 62)}$=4.55，$p < 0.05$；$F_{(1, 62)}$=6.35，$p < 0.05$；慢于方向逆反，差异接近显著。$F_{(1, 62)}$=3.76，p=0.06。方向逆反、部件替换、部件丢失三类差异不显著。比较有意思的是单独检验各年级内的主效应时差异并不显著，四类形误判断的速度没有差别，但各年级类型反应的方向一致，都是笔画增减稍慢一些，作为一个总体产生了主效应。

错误率分析，类型主效应显著。$F_{(3, 60)}$=39.17，$p < 0.001$，交互作用不显著，年级间差异不显著。错误率最高的是方向逆反和笔画增减，两者没有显著差异。方向逆反的错误率高于部件替换和部件缺失。$F_{(1, 62)}$=19.40，$p < 0.001$；$F_{(1, 62)}$=33.61，$p < 0.001$。笔画增减的错误率也高于部件替换、部件缺失 $F_{(1, 62)}$=8.35，$p < 0.01$；$F_{(1, 62)}$=19.10，$p < 0.001$；部件替换的错误率高于部件缺失，差异接近显著 $F_{(1, 62)}$=3.23，p=0.08。错误率由高到低依次为：方向逆反/笔画增减＞部件替换＞部件缺失。各年级错

误率的主效应都显著且与此一致。

综合反应时和错误率,各年级都没有组间差异也没有交互作用,说明年级间的总体特点一致。总的趋势是笔画增减的识别慢一些,其余三类反应时没有差异;错误率上方向逆反和笔画增减的错误率比较高,其次是部件替换,最低的是部件缺失。显然,反应时的类型特点和母语者已经比较接近了,但错误率的特点还不太一样。为了进一步比较他们与母语者及零起点留学生的异同,把这四个年级的数据分别与零起点学生和母语者进行比较,进行两次5×4方差分析。大被试量的分组数据对组内因素的方向变动非常敏感,如果组内方向不一致就会出现交互作用,能找到发展中的转折点。

结果反应时的分析中,四组留学生与零起点留学生的交互作用接近显著。$F_{(3, 78)}=1.77$,$p=0.053$,与母语者没有交互作用,说明四组留学生与零起点留学生不同,与母语者比较接近。零起点到一年级末(101组)之间可能有显著的变化,是一个转折点。进一步进行零起点和101组的2×4方差分析,发现确实有显著的交互作用以及组间差异,$F_{(3, 33)}=3.28$,$p<0.05$;$F_{(1, 35)}=9.95$,$p<0.01$,说明从零起点到一年级末之间有显著进步。组间比较发现,四个形误识别的反应速度都有显著进步。各组留学生与母语者的比较发现,除零起点组以外,101、102、202组也显著慢于母语。研究生差异不显著,达到了母语者水平。

错误率分别进行各组与母语者的比较,结果发现零起点、101两组与母语者的交互作用和组间差异都显著,101组:$F_{(3, 33)}=5.42$,$p<0.01$,$F_{(1, 35)}=6.43$,$p<0.05$(100组见实验二)。从102组开始,各组与母语者的交互作用和组间差异不显

著了,说明错误率向母语者接近的转折点可能发生在102组,即学习一年半以后。另外,零起点至101组之间,101至102组之间交互作用和进步不显著,但零起点至102组之间交互作用和组间进步非常显著,$F_{(3, 33)}$=6,$p < 0.01$,$F_{(1, 35)}$=4.33,$p < 0.05$。说明错误率历经一年半进步才显著,开始接近母语者。其实零起点组的平均错误率为0.25,至101组为0.19,也有进步,但没有达到显著水平,102(0.15)组时,才达到显著水平。此后进步就比较小了。

2. 四类形误识别的发展特点

最难识别的是方向逆反,三个月时错误率高达45%,基本还不能识别。一年级末反应时有进步、错误率也下降至30%。随后错误率进一步下降,一年半时达到18%,进步显著。但此后又徘徊不前,直到研究生阶段还保持18%的错误率,与母语者(9%)有接近显著的差异(p=0.10)。其次,部件替换的识别也比较难,三个月时错误率为20%。此后进步非常缓慢,直到研究生阶段才相对零起点水平有接近显著的进步(p=0.06)。笔画增减的识别比较早,三个月时平均错误率为24%,与母语者接近,但此后除了速度上有进步,错误率几乎没有进步。四类字形错误中比较容易识别的是部件缺失,三个月时虽然速度慢一些但平均错误率只有11%,与母语者持平,基本已经能识别,一年级末时速度上还有提高。

综上:第一,与留学生的形误识别特点不同,母语者对精细笔画增减的识别错误率比较高,对方向逆反、部件替换、部件缺失错误识别没有困难。留学生在方向逆反、部件替换识别上有比较大的困难。方向逆反识别的困难尤其明显。第二,三个月时,汉字圈和非汉字圈留学生既有共性也有区别。留学生形误识别的特点一致，但非汉字圈学生需要更长的注视时间才能达到汉字圈学生的水平，这种差异在一年级末期消失。第三，留学生汉字形误识别经历了不同于母语者→接近母语者的类型特点→接近母语者水平的发展过程，其中三个月→一年级末识别速度有显著进步，一年半时识别的精确性（错误率）也有显著提高。第四，四类形误识别的难度和发展速度不同。方向逆反识别最难，发展得比较晚，到高水平阶段仍与母语者有一些差距。部件替换的识别也有一定难度，进步比较缓慢。部件缺失的识别比较容易，发展得比较早。

四　讨论

（一）留学生汉字偏误的认知原因

书写汉字时，心理词典既要提取整字表征也要提取成分表征，有一个分解提取过程。此过程中对错误的识别体现了正字法意识对字形的监控，它是部件意识、部件位置意识、整字形状意识等多个侧面的复合，是汉字正字法意识的重要表现。我们发现分解过程中留学生和母语者形误识别的特点不同，留学生对方向逆反、部件替换的识别比较困难，证实前人发现的部件镜像换位、笔画方向错误、部件替换等偏误现象确实有认知原因；[1] 留学生汉字

---

[1] 施正宇《外国留学生形符书写偏误分析》，《第六届国际汉语教学讨论会论文选》，北京大学出版社 2000 年版；施家炜《来华欧美留学生汉字习得研究教学实验报告》，《中国对外汉语教学学会北京分会第二届学术年会论文集》，北京语言文化大学出版社 2001 年版；肖奚强《外国学生汉字偏误分析》，《世界汉语教学》2003 年第 2 期。

分解过程中的监控能力比较差，容易产生错误。

刘鸣发现汉语儿童语言水平影响汉字表征分解提取水平。[1]一年级低水平儿童的问题是汉字的空间配置、顺序搭配关系比较混乱，容易出现错误，高水平儿童的问题是表象细节的清晰度不够。我们的研究也发现母语者的错误主要是细节的，他们对方向和部件形状非常敏感，低水平留学生则对方向很不敏感。一年级儿童发生方向性错误，主要是由于空间视觉能力还不成熟、文字经验不够丰富，但这种错误持续的时间不长，二年级就迅速减少，[2]说明随着空间能力的成熟和文字经验的增长，汉语儿童能迅速进步。

成年留学生的空间能力已很完善，但分解的范式却还不能识别方向错误且持续时间很长。因此留学生对汉字方向不敏感的原因与儿童的有些不同，不应该是空间能力的缺乏，而是由心理词典中汉字的表征特点决定的，例如，部件的位置是否得到了表征，以及表征分解时是否有足够的监控等。母语者的汉字表征，强壮而清晰，部件激活中含有位置信息，例如"呆"中"口"的激活局限于上位置，不会对"杏"的下位置的"口"产生泛化。[3]精确的部件激活和整字激活一起共振，起到了实时

---

[1] 刘鸣《汉字分解组合的表象操作与汉字字形学习的关系》，《心理学报》1993年第3期。

[2] 曹传咏、沈晔《小学儿童分析概括和辨认汉字字形能力的发展研究Ⅲ：精细辨认的发展》，《心理学报》1965年第2期；朱作仁《小学语文教学心理学和教学法问题》，辽宁少年儿童出版社1984年版。

[3] Taft, M. & Zhu, X. & Peng, D. Positional Specificity of Radicals in Chinese Character Recognition. Journal of Memory and Language, 1999(40); 徐彩华《汉字认知研究的新进展与汉字教学》，《北京师范大学学报》（人文社会科学版）2000年第6期。

监控的作用，因而母语者能敏感地识别方向逆反和部件替换错误。成年留学生虽然空间能力完善，但分解状态下对部件方向的混淆说明对部件位置的限制不够。其实我们在后继的研究中用相同的实验材料采取整字识别的任务，发现留学生对方向性的错误是能识别的，因此留学生的汉字方向性困难不是发生于整字识别中，而是产生于汉字分解提取过程中，源于分解过程中对部件位置的监控不够。

（二）留学生形误识别能力的发展

最初，留学生的汉字形误识别特点与母语者很不相同，一年半后接近母语者。其中三个月至一年级末，反应时有显著进步，四种形误反应时的类型特点也接近母语者。一年半时，错误率也开始接近母语者。此后反应时和错误率缓慢进步。留学生汉字形误识别经历了从不同于母语者到接近母语者的发展过程。学习汉语的前一年半是形误识别发展的"敏感期"，进步比较大，此后进步比较缓慢。留学生与母语者差别最大的是方向逆反和部件替换识别，如前所述，方向性困难主要发生在分解提取过程中，而且持续时间很长，甚至到研究生阶段仍与母语者有一定差距，有可能成为"顽固"型错误。部件替换识别也是如此，发展周期特别长，进步非常缓慢。这会造成留学生在比较长的时期里出现系统性偏误。

（三）关于母语背景的影响

母语背景对二语学习的影响是个重要的理论问题，特别是在汉字教学中，汉字圈学生有汉字经验，非汉字圈学生没有。这种差异究竟意味着什么，在多大程度上影响汉字加工水平？本研究发现不同母语背景的留学生既有区别也有共性。分解识别范式下，非汉字圈被试在三个月时需要更长的注视时间才能达到汉字圈被试的水平，但同时母语背景对具体形误识别特点的影响却不大。区别和共性共存的原因何在？

　　首先，注视时间反映的是唤起字形表征并进行分解的能力。汉字圈学生有一定汉字的视觉经验，更容易唤起字形表征，因而在初学阶段有一定优势，但随着非汉字圈学生汉字经验的增多，这种优势会逐渐消失。其次，形误识别中起决定作用的是心理词典中汉字的加工方式。韩语、日语中的汉字比汉语少得多，而且和现代汉字在字形上有简繁体、异体等诸多差异。心理词典对字形差异非常敏感，要进行修正甚至重新建构，因此原有的汉字经验是有限的。第三，如前所述，只有清晰强壮、类似母语者的汉字心理词典才能敏感地识别方向逆反、部件替换错误。汉字圈学生虽然有一定汉字经验，但要一下子达到这么高的水平是不可能的，还会在早期呈现二语者的特点。实验三中101组被试中汉字圈学生已经占主体（15人），但方向错误率仍然达到30%，说明实验二中零起点汉字圈被试的表现是可信、稳定的，是由其汉字加工特点决定的。最后，留学生汉日同形词加工的研究结果也能部分支持我们的分析。汉语和日语中有不少同形词，初级水平学习者对这些同形词的通达方式是词汇联结模型式的。[1] 无论汉语词在语义上与日语是否相同，都会先激活母语心理词典的词汇表征，然后才传输到汉语心理词典的词汇表征上，即字形虽然完全相同却先经由母语系统通达词义，

---

　　[1] 高立群、黎静《日本留学生汉日同形词词汇通达的实验研究》，《世界汉语教学》2005年第3期。

呈现二语加工的特点。既然汉字圈学生的汉字加工是二语式的，那么自然也会呈现二语者的特点。徐彩华发现，三个月非汉字圈留学生注视时间足够时，汉字分解过程中左右、上下、综合、包围结构字的类型特点与汉字圈学生一样。[①] 在不同方面的考察中表现出相同的趋势，表明汉字圈与非汉字圈学生的共性与区别性的问题有可能具有广泛性，值得进一步深入研究。值得指出的是，840 毫秒是非汉字圈留学生感觉比较舒服、没有困难的呈现时间。

（四）本研究对汉字教学的意义

本研究发现，汉字分解过程中留学生对方向逆反和部件替换的识别有一定困难，表明汉字偏误现象是有认知原因的。我们应认识到字形错误不以人的意志为转移，是初级阶段汉字学习的特点，并非粗心大意、不努力，应该给学生营造一个宽松、愉快的学习氛围。其次应该设计有针对性的训练提高汉字分解能力、加强分解过程中的准确性和对字形错误的监控能力。

学习汉语的前一年半是留学生汉字形误识别发展的"敏感期"，应有针对性地进行形误识别训练。另外，方向逆反和部件替换识别，容易成为教学中的难点。教学中可以对"钩、提、竖弯钩"等笔画方向，部件的组合方向等进行练习，对部件的位置特点进行介绍。

[①] 徐彩华《外国留学生汉字分解水平的发展》，《世界汉语教学》2007 年第 1 期。

第三节　印尼华裔留学生汉字正字法意识的形成与发展[①]

一　引言

正字法是使文字的拼写合于标准的方法。任何一种文字都有自己的正字法规则，用于规范文字的书写和使用。[②] 拼音文字（如英语、印尼语）正字法规则主要表现为字母的线性组合与排列方式。汉语的汉字是由不同功能的部件和笔画组合而成的二维结构，汉字的部件与笔画的组字功能与分布规律构成汉字正字法的重要内容。汉字属于表意文字，与拼音文字相比，其正字法深度更深。[③]

汉字正字法意识是学习者对汉字组合规则的意识，是在学习汉字的过程中逐渐发展起来的。汉字正字法意识在儿童字词识别和汉语阅读中发挥重要作用，因此研究正字法意识的发展对促进儿童汉语识字、阅读具有重要意义。[④] 心理学界主要采用对真字、假字和非字的词汇判断任务对中国儿童汉字正字法意识的发展进行了大量的研究，结果表明，中国儿童汉字正字法意识是一个由

[①] 本节作者：张金桥，原载《语言文字应用》2008 年第 2 期。
[②] 彭聃龄、谭力海《语言心理学》，北京师范大学出版社 1991 年版。
[③] 张积家、王惠萍《汉字词的正字法深度与阅读时间的研究》，《心理学报》1996 年第 4 期。
[④] 彭聃龄《汉语认知研究》，山东教育出版社 1997 年版；李娟、傅小兰、林仲贤《学龄儿童汉语正字法意识发展的研究》，《心理学报》2000 年第 2 期；李虹、彭虹、舒华《汉语儿童正字法意识的萌芽与发展》，《心理发展与教育》2006 年第 1 期。

低级到高级逐渐发展的过程，小学低年级具备了一定的正字法意识，小学高年级基本达到了成人的正字法意识水平，汉字正字法意识萌发后，左右结构的汉字正字法意识优于上下结构，这种优势作用随着年龄的增加一直保持着。①

那么，汉语作为第二语言的外国留学生的汉字正字法意识发展有何特点？二语习得界对此进行了为数不多的研究，主要集中在母语为拼音文字的外国留学生的汉字正字法意识方面。如鹿士义考察了母语为拼音文字的汉语学习者低、中、高三个年级的汉字正字法意识的发展情况。② 低年级和中年级均没有形成正字法意识，直到高年级才形成汉字正字法意识，汉字正字法意识萌发时间需要两年左右；高年级留学生汉字正字法意识形成后，左右结构汉字的正字法意识要优于上下结构。Wang 以 76 名美国学生为被试，考察了美国学生在汉语学习中汉字正字法意识的形成与

---

① 彭聃龄《汉语认知研究》，山东教育出版社 1997 年版；李娟、傅小兰、林仲贤《学龄儿童汉语正字法意识发展的研究》，《心理学报》2000 年第 2 期；李虹、彭虹、舒华《汉语儿童正字法意识的萌芽与发展》，《心理发展与教育》2006 年第 1 期；Peng, D.-L. & Li, Y.-P. *Orthographic Information in the Identification of Chinese Character*. Paper presented at the 7th International Conference on the Cognitive Processing of Chinese and Other Asian Languages. The Chinese University of Hong Kong, 1995; Chen, C.-H. & Huang, H.-W. *The Acquisition of General Lexical Knowledge of Chinese Characters in School Children*. Paper presented at the 7th International Conference on the Cognitive Processing of Chinese and Other Asian Languages. The Chinese University of Hong Kong, 1995; Shu, H. & Anderson, R. C. Learning to Read Chinese: The Development of Meta-linguistic Awareness. Wang, B. J. & Inhoff, J. A. W. & Chen, H.-C. (eds.) *Reading Chinese Script: A Cognitive Analysis*. Routledge, 1999.

② 鹿士义《母语为拼音文字的学习者汉字正字法意识发展的研究》，《语言教学与研究》2002 年第 3 期。

发展情况，得到了与鹿士义类似的结果。[①] 王建勤的研究则表明，零起点的欧美留学生经过三个月的正式课堂学习并没有形成汉字正字法意识。[②] 综合上述研究结果，与汉字正字法差异较大的母语为拼音文字的外国留学生，其形成正字法意识较晚且较难。

印尼华裔留学生是一个特殊的群体，他们的母语印尼语属于拼音文字；同时他们是华裔，他们与家人及在华人圈常常用汉语普通话或方言交流。他们的汉字正字法意识发展有何特点？他们和拼音文字的外国留学生具有相同的发展特点？抑或表现出自己独特的规律？这是一个很有意义的问题，然而目前没有相关的研究报告。本研究准备探讨这一问题。

本研究主要关注两个问题：

第一，印尼华裔留学生正字法意识何时形成？不同结构的汉字正字法意识何时出现？

第二，印尼华裔留学生正字法意识的发展有何特点？不同结构类型汉字的正字法意识是否表现出优势效应？这种优势效应在不同的年级阶段表现出什么特点？

二 研究方法

（一）被试

暨南大学华文学院的54名印尼华裔留学生参加了本次实验。

[①] Wang, M. & Perfetti, C. A. & Liu, Y. Alphabetic Readers Quickly Acquire Orthographic Structure in Learning to Read Chinese. *Scientific Studies of Reading*, 2003(7).

[②] 王建勤《欧美学生汉字部件认知效应的实验研究》，《汉语研究与应用》，中国社会科学出版社2005年版。

按照鹿士义关于被试年级的划分标准,其中低年级22名(男9名,女13名),正式课堂学习年限为0.5～1年,中年级18名(男8名,女10名),正式课堂学习年限为1～1.5年,高年级14名(男6名,女8名),正式课堂学习年限为1.5～2.5年。[①]

（二）实验材料

本研究选取了左右、上下两种最常见的汉字结构。依据《信息交换用汉字编码字符集·基本集》（GB 2312-80）和《汉语水平词汇与汉字等级大纲》，从目前所使用的对外汉语教材中选取双部件合体字24个（左右、上下各12个），笔画在5～12画范围内,平均笔画为8.125画。这些汉字均为最常用字和常用字（且部件也为最常见的）,平均频率为1.094‰。经检验,两种结构类型字的笔画和平均频率均无显著差异。

将所选汉字依照实验目的各造假字、非字24个。具体做法是:将真字（如"往"）部件调换其相对位置得到非字（如"彳"）,非字不但失掉了音、义,而且也不具备形的完整性,即不符合正字法规则。将真字某个部件代之以其他部件组成假字（如"彳"）。所有字调换后部件与原部件笔画数相等,频率相当,组字位置一致。假字虽无音、义,但具备形的完整性,即符合正字法规则。另外,为了让被试Yes和No反应数量平衡,增加24个合体字,与24个真字一起作为填充材料,其判断成绩均不作为计分用,这样共得实验用字96个（48个判断为正确,48个判断为错误）。同时,练习用字10个,用于被试熟悉实验程序。

---

① 鹿士义《母语为拼音文字的学习者汉字正字法意识发展的研究》,《语言教学与研究》2002年第3期。

（三）实验设计

根据本研究目的，并结合李娟等人[①]和鹿士义的实验研究，本研究采用了两种实验设计分别探讨印尼华裔留学生汉字正字法意识的形成和发展问题。

首先，以被试正确反应的平均反应时（以下简称反应时）和平均错误率（以下简称错误率）为因变量指标，以考察正字法意识的形成情况。采用的是 3×2×2 混合设计。年级为组间变量，包括低年级、中年级、高年级三种水平。字的种类和结构类型为组内变量。字的种类包括假字、非字两种水平，结构类型包括左右、上下两种水平。

其次，以被试假字与非字的反应时之差和被试假字与非字的错误率之差作为正字法意识大小的因变量指标，考察正字法意识的发展变化情况。采用的是 3×2 混合设计。年级为组间变量，包括初年级、中年级、高年级三种水平；结构类型为组内变量，包括左右、上下两种水平。

（四）程序

运用 E-Prime 实验程序在专用的语言认知实验室完成，所有实验软件及外周设备均与清华同方电脑相连。采用真假字判断的实验任务。将刺激材料以黑色宋体依次呈现在屏幕上，被试的任务是尽可能快速、准确地分别用左右手按键对所看到的刺激做出真假字的是否判断，J 键为"是汉字"，F 键为"不是汉字"。被试按键反应后下一个项目自动呈现，若被试没有反应，3000ms

---

① 李娟、傅小兰、林仲贤《学龄儿童汉语正字法意识发展的研究》，《心理学报》2000 年第 2 期。

后该项目自动消失。呈现和计时精确率达到 1ms。被试使用何种刺激材料是随机的。

三 结果与分析

本研究只记录假字和非字的反应时和错误率,结果见表 6-8。采用 SPSS11.0 处理数据。

表 6-8 各年级印尼华裔留学生在各种条件下的反应时(ms)与错误率(%)

条件		低年级		中年级		高年级	
		反应时	错误率	反应时	错误率	反应时	错误率
左右	假字	1394（129）	52.75（10.8）	1266（119）	58.27（11.69）	1103（120）	67.64（16.32）
	非字	1285（110）	32.66（11.3）	1032（134）	13.05（7.22）	793（125）	6.49（4.38）
	假字非字之差	109（41）	20.09（14.4）	234（80）	45.22（12.71）	310（94）	61.15（15.75）
上下	假字	1375（106）	37.50（17.9）	1235（110）	38.87（11.69）	1045（112）	35.76（13.54）
	非字	1368（116）	30.77（10.8）	1091（115）	20.36（10.40）	809（153）	4.99（3.58）
	假字非字之差	7（10）	6.73（7.15）	143（48）	18.51（11.46）	236（68）	30.77（14.31）

注:表中括号外为平均数,括号内为标准差。

（一）印尼华裔留学生正字法意识形成的统计检验

以反应时和错误率为因变量指标,分别对三个年级进行系统的统计检验。

首先,对低年级进行 2（字的种类）×2（结构类型）重复测量方差分析。以反应时为因变量指标,字的种类的主效应显著,$F_{(1, 21)}$=6.22,$p < 0.05$,假字的反应时(1385ms)要慢于非字(1327ms),这表明印尼华裔留学生在低年级时已经具有了正字法意识。结构类型主效应不显著,$F_{(1, 21)}$=2.12,$p > 0.05$。字的种类与结构类型的交互作用显著,$F_{(1, 21)}$=4.97,$p=0.037 < 0.05$。简单效应检验表明,左右结构汉字的假字与非字的反应时差异显著,$F_{(1, 21)}$=7.22,$p < 0.05$,假字的反应时(1394ms)要慢于非字(1285ms);上下结构汉字的假字与非字差异不显著,$F_{(1, 21)}$=0.087,$p > 0.05$。以正确率为因变量指标,字的种类的主效应显著,$F_{(1, 21)}$=69.19,$p=0.000$,假字的错误率(45.12%)要远远高于非字(31.71%),这也表明印尼华裔留学生在低年级时已经具有了正字法意识。结构类型主效应显著,$F_{(1, 21)}$=27.183,$p=0.000$。字的种类与结构类型的交互作用显著,$F_{(1, 21)}$=6.742,$p < 0.05$。简单效应检验表明,左右结构汉字的假字与非字的错误率差异显著,$F_{(1, 21)}$=43.09,$p=0.000$,假字的错误率(52.75%)要高于非字(32.76%);上下结构汉字的假字与非字差异达边缘性显著水平,$F_{(1, 21)}$=4.023,$p=0.052$,假字的错误率(37.50%)要略高于非字(30.77%)。综合上述统计结果,印尼华裔留学生在低年级时已经具有了清晰的汉字正字法意识;这种汉字正字法意识主要是关于左右结构汉字的正字法意识。

其次,对中年级和高年级也进行2×2重复测量方差分析。结果发现,无论是反应时指标还是错误率指标,字的种类的主效应十分显著,并且左右结构和上下结构的假字与非字差异也十分显著。综合上述统计结果,中年级和高年级印尼华裔留学生不仅具备清晰的正字法意识,而且汉字正字法意识在左右结构和上下结构的汉字中均有体现。

（二）印尼华裔留学生正字法意识发展的统计检验

首先，以被试假字与非字的反应时之差作为正字法意识大小的因变量指标，考察正字法意识发展变化情况。对表6-8相关数据进行3×2方差分析。结果发现，年级的主效应显著，$F_{(2, 51)}$=136.83，p=0.000。利用Pairwise Comparisons进一步进行两两比较，发现高年级与中年级（$p < 0.01$）、高年级与低年级（$p < 0.001$）、中年级与低年级（$p < 0.01$）差异均显著。结构类型的主效应显著，$F_{(2, 51)}$=51.76，p=0.000。左右结构的正字法意识程度（218ms）要大于上下结构（129ms）。年级与结构类型的交互作用不显著，$F_{(2, 51)}$=0.433，$p > 0.05$。低、中、高年级时均表现了左右结构汉字正字法意识程度好于上下结构，p值分别为0.001、0.01、0.05。

接着，以被试假字与非字的错误率之差作为正字法意识大小的因变量指标，考察正字法意识发展变化情况。对表6-8相关数据进行3×2方差分析。结果发现，年级的主效应显著，$F_{(2, 51)}$=42.53，p=0.000。利用Pairwise Comparisons进一步进行两两比较，发现高年级与中年级（$p < 0.01$）、高年级与低年级（$p < 0.001$）、中年级与低年级（$p < 0.001$）差异均显著。结构类型的主效应显著，$F_{(2, 51)}$=148.59，p=0.000。左右结构的正字法意识程度（42.15%）要大于上下结构（18.67%）。年级与结构类型的交互作用显著，$F_{(2, 51)}$=6.487，$p < 0.05$。低、中、高年级时均表现了左右结构汉字正字法意识程度好于上下结构，p值分别为0.001、0.000、0.000。

综合上述反应时差和错误率差的统计结果，印尼华裔留学生正字法意识大小随着年级逐步发展，左右结构汉字的正字法意识要优于上下结构汉字的正字法意识，这种优势作用在三个年级中均有表现。

图 6-1 和图 6-2 分别以反应时之差和错误率之差为指标，反映了印尼华裔留学生汉字正字法意识的发展情况。

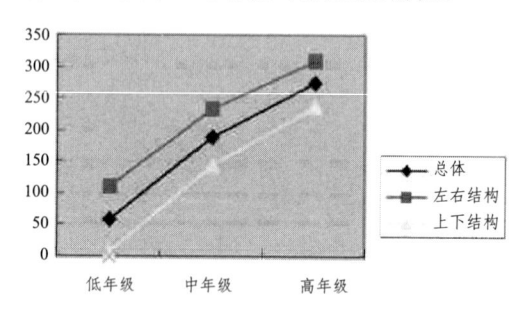

图 6-1　反应时之差指标条件下印尼华裔留学生汉字正字法意识的年级发展趋势

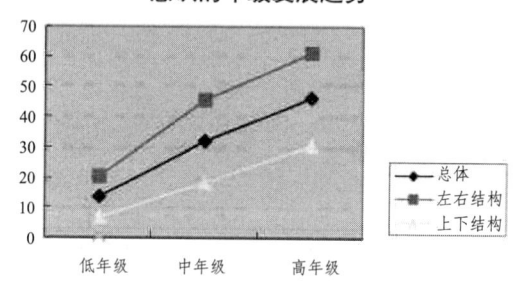

图 6-2　错误率之差指标条件下印尼华裔留学生汉字正字法意识的年级发展趋势

四　讨论

（一）印尼华裔留学生汉字正字法意识的形成

作为由部件和笔画组合成的平面结构的表意符号系统，汉字

第三节 印尼华裔留学生汉字正字法意识的形成与发展

蕴含着丰富的信息内容,它包括汉字及其构成部件的形体特征,重要的是,还包括构成汉字的部件位置信息及部件组合特点。学习者只有经过一段时间的汉语学习,才可能抽取关于汉字的部件位置信息及组合规律,从而形成汉字正字法意识,表现为在汉字识别中对位置合法的部件组合的拒绝比较慢且错误率高。

低年级的印尼华裔留学生,也就是经过 0.5～1 年的汉语正式课堂学习,已经形成了汉字正字法意识。这与鹿士义和 Wang 的研究结论不一致,他们的研究表明,母语为拼音文字的外国留学生至少需要两年的正式课堂学习才形成汉字正字法意识。[1] 但与李娟等人的研究结论基本一致,他们的研究表明,中国儿童低年级时形成了汉字正字法意识。[2]

为什么母语同样是拼音文字,印尼华裔留学生汉字正字法意识形成得要早一些呢?为什么印尼华裔留学生与中国儿童汉字正字法意识形成时间都在低年级呢?实验后对参加本次实验的印尼华裔留学生进行了调查,结果表明,他们在正式学习汉语之前均有不同程度的非正式汉语学习的经历,如他们生活在国外,在家庭或同乡或华人圈中常用方言(如潮州话、客家话、闽南话)或普通话交流与沟通;父母也会教他们一些常见的汉字和词汇。对母语为拼音文字的非华裔外国留学生,调查结果则表明,他们在正式学习汉语前几乎没有任何学习汉语的经历。另外,中国儿童

---

[1] 鹿士义《母语为拼音文字的学习者汉字正字法意识发展的研究》,《语言教学与研究》2002 年第 3 期;Wang, M. & Perfetti, C. A. & Liu, Y. Alphabetic Readers Quickly Acquire Orthographic Structure in Learning to Read Chinese. *Scientific Studies of Reading*, 2003(7).

[2] 李娟、傅小兰、林仲贤《学龄儿童汉语正字法意识发展的研究》,《心理学报》2000 年第 2 期。

在小学低年级正式学习汉语之前,也有大量汉语学习的经历,如幼儿园阶段的语言训练以及在生活中的汉语口语交流。结合上述分析,印尼华裔留学生汉字正字法意识形成得较早的原因,可能与其有非正式的汉语学习经历有关,这些汉语学习经历对其正字法意识的形成具有促进作用。

低年级印尼华裔留学生已形成汉字正字法意识,但这种正字法意识主要体现在左右结构的汉字中,而在上下结构汉字中体现不明显。这可能与不同结构类型的汉字在汉语中的频率分布特点和印尼华裔留学生汉语学习的阶段有关。据《汉字信息字典》的统计,现代汉字中左右结构占64.93%,上下结构占21.12%。[①] 由于汉语学习的材料中左右结构汉字的数量相对较多,印尼华裔留学生对这类汉字具有相对较高的熟悉度,虽然处于低年级的学习阶段,但仍然能形成左右结构汉字的正字法意识;汉语学习材料中上下结构汉字的数量相对较少,同时又处于低年级的学习阶段,他们对这类汉字处于相对不熟悉的状况,这些都不足以使他们形成上下结构汉字的正字法意识。当然,随着学习时间的增加,这种情况发生了变化。比如,在中高年级学习阶段,虽然与左右结构汉字相比,上下结构汉字数量相对较少,但与低年级学习阶段相比,汉语学习材料中上下结构汉字的绝对数量增多,这或许能促使印尼华裔留学生在中高年级时形成清晰的上下结构汉字的正字法意识。

(二)印尼华裔留学生汉字正字法意识的发展

印尼华裔留学生的汉字正字法意识随着年级逐步发展。随着汉语学习时间的增加,输入的汉语语料越来越多,印尼华裔留学

---

① 李公宜、刘如水《汉字信息字典》,科学出版社1988年版。

第三节　印尼华裔留学生汉字正字法意识的形成与发展　355

生归纳出汉字的部件位置信息及组合特点的可能性越来越大，相应地，汉字正字法意识也就越来越强。因此，学习时间可能是印尼华裔留学生汉字正字法意识发展的重要条件。

印尼华裔留学生左右结构汉字的正字法意识要优于上下结构的汉字，这种优势作用在三个年级中均有表现。这主要与学习者汉字认知心理加工特点及留学生汉语学习材料中左右结构汉字与上下结构汉字分布频率有关。

当代认知心理学认为，汉字学习或习得是一个学习者与客体刺激（汉字）相互作用从而形成有关汉字各种信息的心理表征的过程。[1] 不同类型汉字结构的频率分布特点就是其中的一种重要信息。同时，在所形成的心理表征中的汉字信息与作为客体刺激的语言材料中的汉字信息具有一定的"同构性"和"等值性"。印尼华裔留学生学习汉字后在每一学习阶段所形成的心理表征中汉字的各种信息应与该学习阶段的汉语语料中汉字信息大体一致。由于低、中、高年级的汉语学习材料中左右结构汉字的出现频率均高于上下结构汉字，为了保持"同构性"和"等值性"，相应地，低、中、高年级印尼华裔留学生所形成的心理表征中左右结构汉字的频率也高于上下结构汉字。左右结构汉字由于出现频率高，学习者较熟悉，反应阈限低，因此拒绝左右结构汉字较困难，表现出反应慢，错误率高，其正字法意识相对较强；上下结构汉字由于出现频率相对较低，学习者相对不熟悉，反应阈限高，因此拒绝上下结构汉字相对来讲较容易，表现出反应快，错

---

[1] 桂诗春《新编心理语言学》，上海外语教育出版社 2000 年版；梁宁建《当代认知心理学》，上海教育出版社 2003 年版。

误率低，其正字法意识相对较弱。所以，在三个年级中，印尼华裔留学生左右结构汉字的正字法意识均优于上下结构汉字。

五　结论

本研究得出如下结论：

第一，低年级的印尼华裔留学生已经具有正字法意识，主要表现为左右结构的汉字的正字法意识；

第二，中高年级的印尼华裔留学生具有正字法意识，在左右结构和上下结构的汉字中均有体现；

第三，印尼华裔留学生正字法意识随着年级逐步发展；

第四，印尼华裔留学生左右结构汉字的正字法意识要优于上下结构的汉字，这种优势作用在三个年级中均有体现。

第四节　日、韩留学生形声字声旁一致性意识的萌芽与发展[①]

一　引言

对于外国学生，即便是母语中使用汉字的日、韩学生而言，汉字无疑也是汉语学习中的一个难点，因此，了解留学生汉字学

[①] 本节作者：吴思娜，原载《暨南大学华文学院学报》2008 年第 4 期。

习的规律,更有效地实施对外汉语教学已成为全体研究者共同的目标。研究证明,汉字的学习并不是无规律可循的。汉字的主体是形声字,占汉字总数的80%以上。王宁认为,现代形声字的声旁有效提示声音的比例占77%左右,形旁有效表意的比例占83%。① 形声字的字形、字音和字义三者之间的对应关系虽然不像拼音文字那样密切,但形旁和声旁都在一定程度上提供了字的语义和语音信息。

大量实验研究表明,中国成人和儿童对合体字的语音加工受到声旁发音与整字发音是否一致这一特性(规则性)的影响,对规则字(如"油")的命名要快于对不规则字(如"抽")的命名。② 对留学生的研究也发现了类似的规律。③ 另外,由同一声旁组成的汉字往往不止一个,同一声旁组成的所有汉字构成了一个家族。有的家族中全部的字发音相同,称为一致字,例如:以"劳"字为声旁的一系列字,"捞""崂""唠"等;也有的家族中字发音不完全相同,如以"青"字为声旁的一系列形声字,"请""清""晴""情""鲭""蜻"等字的读音为 qing,而"精""静""菁""靖"等字的读音为 jing,"倩"的读音为 qian,称为不一致字。研究表明:所有包含此声旁的汉字读音是

---

① 王宁《汉语认知研究》,山东教育出版社1997年版。
② 舒华、毕雪梅、武宁宁《声旁部分信息在儿童学习和记忆汉字中的作用》,《心理学报》2003年第1期;舒华、周晓琳、武宁宁《儿童汉字读音声旁一致性意识的发展》,《心理学报》2000年第2期。
③ 江新《外国留学生形声字表音线索意识的实验研究》,《世界汉语教学》2001年第2期;郝美玲、舒华《声旁语音信息在留学生汉字学习中的作用》,《语言教学与研究》2005年第4期。

否一致这一特性（即一致性）也会影响汉字的命名。[1] 舒华等考察了中国儿童汉字声旁一致性意识的发展，结果发现，随着年级的提高，声旁一致性意识对猜测不熟悉字读音的影响增强。[2] 小学四年级语文水平高的儿童已经开始萌发声旁的一致性意识，六年级儿童总体上已经发展了一致性意识，而初中二年级学生已得到比较充分的发展，接近成人的水平。

Ho 等发现香港一年级儿童通过短期训练就可以利用熟悉字来推测含有相同声旁的不熟悉字的读音，例如，通过"爐"的音来推测"鱸"的音，其中声旁"盧"是儿童不熟悉的。[3] 儿童通过熟悉字猜测不熟悉字读音的这种类推能力表明，他们已经开始了汉字声旁一致性意识的萌芽。

以上研究说明，以汉语作为第一语言的儿童在学习过程中，可以发现并利用声旁提供的语音信息来学习生字，并逐渐发展起声旁的一致性效应。相对于儿童的研究，留学生声旁一致性意识发展的研究还是空白。儿童和留学生同属语言学习群体，但二者又差别很大，儿童在学习过程中表现出来的形声字一致性的发展

---

[1] Peng, D. & Yang, H. & Chen, Y. Consistency and Phonetic Independency Effects in Naming Task of Chinese Phonograms. Jing, Q.-C. & Zhang, H.-C. & Peng, D.-L. (eds.) *Information Processing of Chinese Language*. Beijing Normal University Publishing Co, 1994; Fang, S.-P. & Horng, R.-Y. & Tzeng, J.-L. O. Consistency Effect and Pseudo-character Naming Task. Kao, H.-S. R. & Hoosain, R. (eds.) *Linguistics, Psychology and the Chinese Language*. University of Hong Kong Center of Asian Studies, 1986.

[2] 舒华、周晓琳、武宁宁《儿童汉字读音声旁一致性意识的发展》，《心理学报》2000 年第 2 期。

[3] Comeau, L. & Cormier, P. & Grandmaison, E. & Lacroix, D. A Longitudinal Study of Phonological Processing Skills in Children Learning to Read in a Second Language. *Journal of Educational Psychology*, 1999(91).

规律是否适用留学生呢？本研究试图回答以下三个问题：留学生是否能发展出类似儿童的汉字声旁一致性意识？留学生一致性意识是否随着年级的增高而增强？不同汉字水平的留学生汉字一致性意识发展速度是否有差异？

二 实验研究

（一）被试

北京外国语大学中文系60名日本、韩国本科留学生参加了实验，其中一年级、二年级、三年级学生各20名。按照汉字水平的差别，班主任老师将学生分成两个小组，分别为高水平组和低水平组，每组10名。这里仅选用日、韩籍学生，主要是考虑日韩学生具有一定的汉字基础，而一致性意识的建立需要以一定的汉字量作为基础。测试时间是2006年12月至2007年1月。

（二）实验设计与材料

研究采用3（年级）×2（水平）×2（字的类型）三因素混合设计，其中年级和水平是被试间因素，年级分为一、二、三年级三个水平，水平分为高、低两个水平；字的类型是被试内因素，分为一致字和不一致字两个水平。

实验材料由40对汉字组成，这40对字都是左右结构且声旁在右边的形声字。这40对字中有20对是声旁一致字，另外20对字为声旁不一致字。在20对声旁一致字中，每对第一个字均为高频熟悉字（如"妈"），第二个字是低频不熟悉字（如"码"），不熟悉字与熟悉字共用一个声旁。

(三)实验程序与假设

本研究采用团体测验形式,在测验过程中,要求被试对两个字的读音是否相同做出判断。如果可能同音,划"√";不同音,划"×"。假设被试已经发展了声旁一致性的意识,这种意识就将会影响到对不熟悉字的判断,从而影响到做强迫判断的反应:一致的声旁会使被试倾向于认为当前的熟悉字和其他包含此声旁的汉字读音一样,从而更多地做出肯定的判断;不一致的声旁会使被试意识到当前不熟悉字与其他包含此声旁的汉字读音可能不一样,从而增加做出否定判断的可能性。所以,如果被试已经发展起声旁一致性意识,他们对声旁不一致字的否定判断会高于对一致字的否定判断。反之,如果被试的声旁一致性意识尚未发展起来,他们对这两种字的否定判断比例就不会有明显的差异。

(四)研究结果

1. 不同年级之间的比较

实验结果如表 6-9 所示。通过对不同年级和字的类型(一致字/不一致字)进行的方差分析发现:字的类型主效应十分显著,$F_{(1, 57)}=28.73$,$p < 0.001$,这说明被试对声旁不一致字上的否定判断显著高于对声旁一致字的否定判断。同时,一致字的否定判断比率随着年级的增高而降低,不一致字的否定判断随着年级的增高而增高。字的类型与年级的交互效应显著,$F_{(2, 57)}=4.74$,$p < 0.05$,说明各年级表现出的效应模式并不完全相同,需要进一步分析。进一步的简单效应分析表明,一年级被试对一致字和不一致字否定判断比率的差异不显著,$t_{(19)}=1.14$,$p > 0.05$,说明他们判断的标准是随机原则,同时说明一年级的留学生还没有发展声旁的一致性意识;二年级被试的差异显著,$t_{(19)}=2.67$,

$p < 0.01$，表明二年级的留学生已经发展了一定的声旁一致性意识；三年级被试的差异极显著，$t_{(19)} = 5.31$，$p < 0.001$，说明他们的一致性意识已经充分发展起来。

表 6-9 一致字和不一致字的否定判断比率

声旁一致性	一年级	二年级	三年级
一致字	0.46	0.40	0.39
不一致字	0.50	0.52	0.61
差异	0.04	0.12	0.22

可见，随着年级的增高，学生对不一致字的否定判断与对声旁一致字的否定判断的差异逐渐增加，说明高年级的学生对声旁不一致字更倾向于认为不同音，而对声旁一致字更倾向于做出同音判断。这表明，学生声旁读音一致性意识随年级升高而逐渐增强，且这种意识被自觉地迁移到新遇到的汉字上。这种分析是基于每个年级全体学生得到的结果，在年级内部，不同水平的学生之间这种意识程度是否存在差别呢？

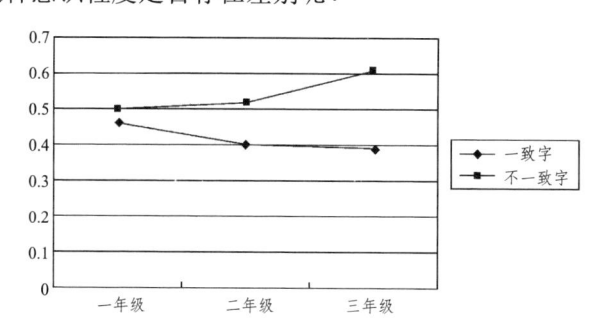

图 6-3 不同年级一致字和不一致字的否定判断比率

2. 不同汉字水平的比较

实验结果见表 6-10。对学生的不同汉字水平和字的类型（一致字/不一致字）进行的方差分析发现：一年级留学生字的类型的主效应不显著，$F_{(1, 18)}$=0.003，$p > 0.05$。这与上面的结果是一致的，说明一致字和不一致字的判断比率没有差别。水平的主效应显著，$F_{(1, 18)}$=9.68，$p < 0.01$，水平高的学生的判断比率和水平低的学生不同。水平和字的类型交互作用显著，$F_{(1, 18)}$=5.75，$p < 0.05$，说明不同水平的学生在对一致字和不一致字的判断中模式不同。Pair-t检验结果表明，高水平组在字的类型上差异显著，$t_{(9)}$=-2.64，$p < 0.05$，说明高水平组的学生在不一致字上的否定明显多于一致字，已开始表现了一致性意识的萌芽。而低水平组在字的类型上差异不显著，$t_{(9)}$=1.32，$p > 0.05$，显然，他们还没有表现出一致性意识。

表 6-10　不同水平学生的否定判断比率

字的类型	一年级		二年级		三年级	
	高	低	高	低	高	低
一致字	0.49	0.45	0.38	0.42	0.38	0.40
不一致字	0.60	0.40	0.64	0.41	0.74	0.49

二年级学生字的类型的主效应显著，$F_{(1, 18)}$=12.88，$p < 0.01$，说明一致字和不一致字的判断比率有差别。水平的主效应不显著，$F_{(1, 18)}$=3.51，$p > 0.05$，水平高的学生和水平低的学生总体的判断比率没有差别。关键是，水平和字的类型交互作用显著，$F_{(1, 18)}$=16.30，$p < 0.01$，说明不同水平的学生在一致字和不一致字的判断中模式不同。Pair-t检验结果表明，高水平组在字的类型上差异显著，$t_{(9)}$=-4.23，$p < 0.01$，说明高水平组的学生在不一致字上的否定明显多于一致字，并且差异比一年级时更大，表明一致性意识开始发展。而低水平组在字的类型上差异不显著，$t_{(9)}$=0.52，$p > 0.05$，显然，到二年级时，汉字水平差的学生仍

然没有表现出一致性意识。

三年级学生字的类型的主效应显著，$F_{(1, 18)}$=61.62，$p < 0.01$，说明一致字和不一致字的判断比率有差别，不一致字的否定判断比率多于一致字。水平的主效应显著，$F_{(1, 18)}$=10.74，$p < 0.01$，水平高的学生的判断比率和水平低的学生不同。同样，水平和字的类型交互作用显著，$F_{(1, 18)}$=23.53，$p < 0.01$，说明不同水平的学生在一致字和不一致字的判断中模式不同。Pair-t 检验结果表明，高水平组在字的类型上差异显著，$t_{(9)}$=-7.66，$p < 0.01$，说明高水平组的学生在不一致字上的否定明显多于一致字，而且差异进一步加大，表现了一致性意识的持续发展。低水平组在字的类型上差异显著，$t_{(9)}$=-2.68，$p < 0.05$，表明到了三年级时，汉字水平差的学生才开始发展出一致性意识。

三 结果讨论

（一）一致性意识的发展过程

本研究通过要求被试判断一对字是否同音的方法，观察到了日、韩留学生汉字读音中的声旁一致性效应及其发展。

徐丽华在分析日、韩留学生汉字学习特点时指出，对属汉字文化圈的日、韩学生来说，学习汉字不像欧美学生那样感觉茫然和无助，汉字本身就是记录他们母语的书写符号的重要组成部分，如 1981 年日本政府公布的《常用汉字表》就收有汉字 1945 个。[①]

---

① 徐丽华《对外汉语教学难点分析及对策》，《浙江师范大学学报》（社会科学版）2003 年第 5 期。

韩国教育部公布的常用汉字略少于日本,但韩国的中学普遍开设汉文必修课,许多父母愿意利用课余时间把孩子送到汉文补习班学习,所以韩国学生来华之前早已熟知汉字的形体,学习汉字最需解决的问题是对应简体汉字与繁体汉字的联系,掌握简体汉字的书写规范以及加大汉字的数量。

虽然日、韩学生的母语中存在大量的汉字,但是这些汉字和汉语中汉字的发音基本完全不同,而声旁一致性意识的产生和发展依赖于对某一声旁以及包含这一声旁在内的所有汉字读音的认识,在这一点上,日、韩学生虽然因其母语中的汉字的存在而使书写过程更容易,但是汉字在不同语言中的读音差异并没有帮助他们形成关于一组汉字读音规则的意识。因此,一年级的日、韩留学生对一致字、不一致字所做的否定判断就接近随机概率,这也正说明一年级留学生尚未建立声旁一致性意识。一年级学生对声旁一致字做否定判断的比率高于二年级学生,二年级学生高于三年级学生;而对不一致字做否定判断的比率三年级学生高于二年级学生,二年级学生高于一年级学生,这两种不同的趋势反映了声旁一致性意识的存在和发展情况。

综合本研究的结果可以得出,一年级学生没有发展起声旁一致性意识,二年级学生已经基本有了对声旁一致性的认识,并自觉运用到不熟悉的汉字上;三年级学生已经建立了声旁一致性意识,但是这种意识的发展还没有达到顶峰。上述结果是针对不同年级学生总体分析得到的,在每个年级内部,学生之间仍然存在很大的差别。

(二)不同水平留学生发展速度的差别

从研究结果可以看到,不同汉字水平的留学生在一致性意识发展的时间进程上是不同的,一年级水平高的学生已经开始了一致性意识的萌芽,他们初步建立了声旁家族的概念,对不一致字的否定判断比率明显高于对一致字的判断,而水平低的学生则没有发展这种意识。到了二年级时,水平高的学生进一步发展了一致性意识,表现出这种判断的差异增大,而水平低的学生仍然没有发展起一致性意识。三年级时,水平高的学生的一致性效应继续增大,而水平低的学生则开始表现一致性意识。从不同水平的学生所表现的一致性意识的早晚可以看出,一致性意识的发展和汉字的水平有关,只有在掌握一定数量汉字的基础上才有可能发展起一致性意识。这种发展的过程是学生在学习过程中自觉形成的,所以对于水平低的学生而言,可能需要比较长的时间。如果在教学过程中教师能有意识地把一些同声旁的字结合在一起讲授,对学生汉字一致性意识的发展将起到促进作用。

(三)研究结果对对外汉语教学的启示

1. 充分重视形声字的教学

张熙昌发现,在 2500 个常用字中,形声字有 1644 个,占常用字的 65.76%,其中声、韵、调都相同的有 490 个,占形声字的 29.81%,占常用字的 19.60%。[①] 因此我们应当给形声字教学以足够的重视,充分利用形声字自身所具有的音义理据来降低学习难度、提高汉字学习效率。对初级阶段留学生汉语课本中生字类型进行的统计分析发现,《汉语教程》(第一册)出现的生字中形声字与非形声字数量相当,而且三分之二的形声字的声旁是学生

[①] 张熙昌《论形声字声旁在汉字教学中的作用》,《语言教学与研究》2007 年第 2 期。

未学过的,这就无法明确提示声旁与整字之间的语音关系。

2. 口语词汇和书面语词汇分开教学

现行课本的编排顺序大多按照语言交际的功能,以口语表达为主线编排。这种编排顺序有利于学生尽快适应目的语交际的需要,但是汉字学习和记忆的问题也就突显出来。由于一些汉字在口语中的使用频率远远高于在书面语中的使用频率,比如"谢谢"一词,学生在刚学习汉语时就能说出这个词,但这个字的写法比较复杂,而且在书面语中使用的频率并不高。因此,在对外汉语教学过程中,有必要将口语词汇的教学和汉字的教学分开进行。在汉字教学时,可以让学生从书写形式最简单的独体字开始学习。对独体字的掌握还有另一个好处,即独体字一般都具有极强的构字能力,基本上都能成为形声字的声旁,并且由同一独体字形成的形声字很容易使学生形成一个"声旁家族"的概念,有利于一致性意识的发展。

3. 声旁的直接教学

郝美玲等发现,在学完 800 多个汉字以后,留学生可以自觉建立起部件的概念,但是这些部件往往是比较小的单位,例如"请"字的部件"月"对留学生来说很熟悉,声旁"青"却没学过,因此,在他们的意识里,"月"会有清晰的表征而"青"的表征却比较模糊。[1] 事实上,在留学生的学习中,较大单位的部件(主要是形旁和声旁)比起较小单位的部件(例如"请"字中的部件"月")所发挥的作用更大。因此建议在课堂教学中,教师在教授笔画和

---

[1] 郝美玲、舒华《声旁语音信息在留学生汉字学习中的作用》,《语言教学与研究》2005 年第 4 期。

常用的组字频率很高的部件后,可以适当引入形旁和声旁的概念。教一个形声字时,不仅要教该字的读音,也要给学生出示该字声旁的读音,并提示声旁和整字的读音关系,以指导学生有意识地运用声旁所提供的语音线索。

4. 帮助学生总结和发现汉字的规律

如何提高汉字学习的效率呢?建议通过归纳总结的办法来帮助学生发现汉字的规律。在汉字学习的过程中,由于具有成熟的认知推理水平,留学生比较容易建立起部件意识,但在部件与功能没有真正结合起来以前,部件在汉字学习中的作用非常有限,只有将部件与其表音(声旁)表意(形旁)的功能结合起来,才能提高学习者的学习效率。

第五节 汉语作为第二语言的越南大学生汉字部件意识的发展[①]

一 引言

汉字作为现今世界上仅存的古老表意文字,[②]具有其独特的视觉复杂性,因此汉字学习一直是对外汉语教学的瓶颈。江新、

---

① 本节作者:阮氏芳、李虹、伍新春、孙鹏,原载《心理与行为研究》2016年第1期。

② 李梵《汉字简史》,中国友谊出版公司2005年版。

赵果[①]调查了初学汉语的外国留学生的汉字学习策略,结果发现学生最常用的策略是记忆整体字形,即想象某个汉字看起来像什么,并试图根据其整体形状赋予其一定意义,如把"商"字看成一张悲伤的脸。这种方法虽然在某种程度上有利于记忆个别汉字,也能提高学习者的学习兴趣,但随着学习者要掌握的汉字越来越多,他们不可能采取这一策略来记忆所有汉字;并且这种整体字形的想象记忆法具有很强的任意性,使得学习者对字形的表征难以达到精细程度,从而影响其汉字识别和书写。因此,在汉字学习过程中,学习者需要逐渐了解汉字本身的结构特点,掌握汉字正字法规则,进而采取更有效的汉字学习策略。

汉字的基本组成单元是笔画和部件。笔画是构成汉字楷书字形的最小书写单位,部件是由笔画组成的具有组配汉字功能的构字单位。[②]汉字有横、竖、点、捺、撇、折等六种基本笔画,加上后期形成的提画和钩画共八种。[③]与之相比,汉字部件的数量众多。据《语言文字规范》中的《现代汉语常用字部件表》记录,现代汉字部件共 514 个,包括不独立成字部件(如"氵""扌")和独立成字部件(如"马""女")两种。[④]但是,

---

[①] 江新、赵果《初级阶段外国留学生汉字学习策略的调查研究》,《语言教学与研究》2001 年第 4 期。

[②] GB/T 12200.2.《汉语信息处理词汇 02 部分:汉语和汉字》,中国标准出版社 1995 年版。

[③] 王贵元《汉字笔画系统形成的过程与机制》,《语言科学》2014 年第 5 期;李梵《汉字简史》,中国友谊出版公司 2005 年版。

[④] GF 0014-2009.《现代常用字部件及部件名称规范》,语文出版社 2009 年版;GF 3001-1997.《信息处理用 GB 13000.1 字符集汉字部件规范》,语文出版社 1997 年版。

第五节　汉语作为第二语言的越南大学生汉字部件意识的发展

成千上万的汉字，并非由笔画和部件无序堆积而成，[①] 构成汉字的部件必须按照通常所说的"正字法"规则结合起来，才能形成人们能接受的一个真正汉字。[②] 虽然部件和笔画均为汉字的基本组成单元，并且笔画数量常被当作视觉复杂性的指标，但汉字中大约有95%为合体字，部件在阅读学习过程中被反复认读，其整体的表征更符合认知简约原则，[③] 因此，熟练的汉语使用者是以部件而不是笔画作为基本的心理加工单元。不过，儿童在学习中需要经历一个从笔画到部件的发展过程。

Pak *et al*.[④] 和史冰洁、李虹、张玉平、舒华[⑤] 通过延迟书写任务分别探讨了香港和北京汉语儿童的书写发展过程，结果显示，当儿童处于以笔画为基本单元的加工阶段时，记忆效率比较低；而若能根据已有的汉字知识，实现以部件为单位加工汉字时，其记忆效率大大提高。从一年级末到二年级末，儿童的书写经历了一个从笔画到部件的多水平发展过程。[⑥] Pak *et al*.[⑦] 还对汉字书写的错误类型进行了分析，发现一年级儿童所犯的随机笔画（笔画无序堆积）、部件错误（部件中的笔画减少或增加）和部件替换

[①] 梁彦民《汉字部件区别特征与对外汉字教学》，《语言教学与研究》2004年第4期。
[②] 李虹、彭虹、舒华《汉语儿童正字法意识的萌芽与发展》，《心理发展与教育》2006年第1期。
[③] 韩布新《汉字识别中部件的频率效应》，《心理科学》1998年第3期。
[④] Pak, A. K. H. & Cheng-Lai, A. & Tso, I. F. & Shu, H. & Li, W. & Anderson, R. C. Visual Chunking Skills of Hong Kong Children. *Reading & Writing*, 2005(18).
[⑤] 史冰洁、李虹、张玉平、舒华《部件特征和正字法意识在儿童汉字书写发展中的作用》，《心理发展与教育》2011年第3期。
[⑥] 同上。
[⑦] Pak, A. K. H. & Cheng-Lai, A. & Tso, I. F. & Shu, H. & Li, W. & Anderson, R. C. Visual Chunking Skills of Hong Kong Children. *Reading & Writing*, 2005(18).

(以一个正确部件代替目标部件）三种错误比例基本相同，而二、四年级儿童的错误类型以部件替换为主，笔画乱写错误数量最少，这一结果表明随着汉字学习经验的增加，儿童逐步发展出了稳定的部件意识，将部件作为基本的汉字加工单元。Anderson 等人同样使用延迟书写任务，也发现汉语儿童在一年级第二学期已经在一定程度上能将汉字分解成熟悉的组块（部件），由熟悉部件构成的熟悉合体字的成绩与熟悉独体字的成绩一样好。为了检验儿童的学习是因为部件的组块作用还是对一个个笔画的视觉记忆所致，Anderson 等人还设计了笔画任意组合项目（如"𢆢"，其笔画数与合体字相匹配）。结果发现，无论一年级、二年级还是四年级学生，此项目的正确率几乎为零。因为这类项目在短时间内难以形成稳定的视觉组块，儿童也不能对每个笔画进行精细加工和记忆，从而导致成绩的地板效应，进一步证明了延迟书写中部件的视觉组块作用。[1] 所有这些研究结果都说明，随着儿童的年龄和经验的增加，部件逐渐代替笔画成为了汉字加工的主要单元。

随着汉语母语儿童部件意识发展研究的兴起，有关汉语作为二语的学习者的部件意识发展也逐渐得到了研究者的关注。徐彩华[2]使用空间割裂任务，将四种结构汉字（左右、上下、综合、包围）分解成组成部件（如"忙"字分解成正确的"忄"和"亡"，或者是错误的"忄"和"云"），让被试观察在有限时间内呈现的

---

[1] Anderson, R. C. & Ku, Y. M. & Li, W. & Chen, X. & Wu, X. & Shu, H. Learning to See the Patterns in Chinese Characters. *Scientific Studies of Reading*, 2013(17).

[2] 徐彩华《外国留学生汉字分解水平的发展》，《世界汉语教学》2007年第 1 期。

刺激，并对分解出来的部件进行正误判断。通过分析反应时和错误率发现，初学汉语三个月的留学生能按照空间的纵横关系分解汉字，达到了"知觉分解水平"，而到一年级末时，随着多部件复杂结构合体字（如"吃""请"）的阅读经验增多，其对多层次切分和部件组合方式更为熟悉后，可对复杂合体字中的多个部件进行快速分解，达到了"结构类型分解水平"。使用相同实验范式，马殊敏发现，外国留学生的汉字字形分解能力是一个逐渐发展的过程，从萌芽、发展到成熟需要一年半到两年的时间，并且不同汉语水平的学生都对左右结构汉字分解识别最好。[1] 不过，空间割裂判断任务虽然评分简单，逻辑清晰，但所呈现的材料都是整字割裂后的构成部件，并非被试凭自己的主观经验来拆分汉字的构成单元，具有一定的猜测概率，因此判断正确率只能揭晓被试对快速呈现的汉字及其组成成分的快速识别，并不能直接揭示被试内隐的部件意识。

郝美玲通过真假非字判断任务，系统考察了不同汉语水平的外国留学生的正字法意识的萌芽与发展，发现部件位置意识始于初级阶段，而部件意识到中级阶段才能发展起来。[2] 在该研究中，部件意识发展被定义为被试能判定含有错误部件的项目为非汉字的能力，与本研究对部件意识的界定有所不同。我们认为部件意识可以分为两个水平：第一个水平为学习者将部件作为汉字加工的基本单元的能力，该能力优于个体对汉字的逐个笔画进行的加

---

[1] 马殊敏《外国留学生汉字字形分解识别能力实验研究》，上海外国语大学2009年硕士学位论文。
[2] 郝美玲《留学生汉字正字法意识的萌芽与发展》，《世界汉语教学》2007年第1期。

工,更能体现学习者对汉字结构特征的认识;第二个水平即是郝美玲所说的部件意识,体现了学习者对汉语文字系统中所存在的部件的掌握,这些部件在学习者的心理词典上形成了正确的表征。但因汉字部件数量较多,形态相似的部件不少,且分辨度较低(如"礻"和"衤"),而初级阶段留学生输入量有限,难以判断项目中的部件是否存在,导致判断难度增加,成绩偏低。因此,部件意识的这两种水平的发展历程不一样,第一个水平应该比第二个水平更早获得。郝美玲还指出,学习者在初学时就能掌握一些常见部件的合法位置(如"扌"只能居左),而判断某些部件位置是否符合知识经验的前提,是能把该部件从整字中分离出来作为一个独立的加工单元。换言之,在部件位置意识开始发展的初学阶段,部件意识的第一个水平可能已经得到发展了。[1] 在另一个研究中,郝美玲、范慧琴采取延迟书写任务,考察了汉字结构、部件频率、部件构字数等特征对在华留学生汉字书写的影响,结果发现部件频率对初学者的书写存在直接影响,而部件构字数的作用相对较弱;左右结构的汉字比上下结构的更容易分解,并且留学生对部件信息的利用程度是随着其汉字知识的增长而发展的。也就是说,留学生部件意识的发展可能会因不同学习经验而表现不同。[2]

上述研究对于人们深入认识汉语学习的普遍规律,改进实际教学具有积极意义,但从研究对象上看,主要以汉语儿童或在华

---

[1] 郝美玲《留学生汉字正字法意识的萌芽与发展》,《世界汉语教学》2007年第1期。

[2] 郝美玲、范慧琴《部件特征与结构类型对留学生汉字书写的影响》,《语言教学与研究》2008年第5期。

留学生为主，样本数量有限，并且留学生母语背景混杂。而已有研究发现，不同母语背景的外国留学生在相关的汉字加工能力上存在差异，汉字文化圈的学生一般比非汉字文化圈的同学表现得更好。[①]越南虽属于汉字文化圈，但至今越南使用的文字系统已不存在方块图形、笔画书写、部件构造等汉字特征，而是纯粹的拼音文字。另外，在越南本地学习汉语的大学生，其学习背景、语言环境也与在华留学生不同，其对汉字部件加工的特点能在一定程度上代表母语为拼音文字而将汉语作为二语的海外学习者的汉字部件意识，研究结果将对于今后的海外汉语教学具有重要意义。为此，本研究将以不同年级的越南大学生为研究对象，使用延迟书写任务，探讨以下两个问题：（1）汉语为第二语言的学习者部件意识的萌芽及其发展趋势；（2）部件特征与汉字结构对其部件意识的影响。

二 研究方法

（一）被试

越南河内某大学中文专业大学生共 226 名，其中一、二、三、四年级分别为 51、62、64、49 人。各年级平均年龄（标准差）分别为 18.49 岁（$SD=0.41$）、19.58 岁（$SD=0.74$）、20.31 岁（$SD=0.41$）和 21.34 岁（$SD=0.53$）。所有被试均以越南语为母语，均是进入大学后才开始系统学习汉语，在此之前没有汉语阅读经验，各年

---

① 徐彩华《外国留学生汉字分解水平的发展》，《世界汉语教学》2007 年第 1 期；马殊敏《外国留学生汉字字形分解识别能力实验研究》，上海外国语大学 2009 年硕士学位论文。

级学生汉语学习时间分别是 3 个月、15 个月、27 个月和 39 个月。

（二）实验材料

为了避免学习者已有的汉字知识影响研究结果，本研究采用低频独体字和假字（部件真实存在，结构符合正字法，但整字在汉语中并不存在）作为实验材料。另外，由于汉字加工过程受到整字笔画数以及单位部件笔画数的影响[①]，为了严格控制整字及部件的视觉复杂度，本研究所有项目的笔画数均为 8 或 9，分为 3 种类型：

（1）低频独体字：根据《语言文字规范——现代常用字部件及部件名称规范》（GF 0014-2009）中的附录 A《现代常用字部件构字数表》，选取"构字数"与"出现的次数"小于 4 的独立成字的低频部件 8 个，如"禹""秉"。

（2）由构字数多的部件组成的合体假字（部件熟悉假字）：选取《现代常用字部件构字数表》中"构字数"与"出现的次数"大于 32 的高频部件 16 个（如：王、目），组合成为 8 个符合正字法的假字，其中左右、上下结构各 4 个，如："玬""忈"。

（3）由构字数少的部件组成的合体假字（部件不熟悉假字）：选取《现代常用字部件构字数表》中"构字数"与"出现的次数"小于 3 的低频部件 16 个（如：彑、冉），组合成为 8 个符合正字法的假字，其中左右、上下结构各 4 个，如："牁""冕"。

---

① 喻柏林、曹河圻《汉字识别中的笔画数效应新探——兼论字频效应》，《心理学报》1992 年第 2 期；彭聃龄、王春茂《汉字加工的基本单位：来自笔画数效应和部件数效应的证据》，《心理学报》1997 年第 1 期；曾捷英、周新林、喻柏林《变形汉字的结构方式和笔画数效应》，《心理学报》2001 年第 3 期；张积家、王惠萍、张萌、张厚粲《笔画复杂性和重复性对笔画和汉字认知的影响》，《心理学报》2002 年第 5 期。

除了 24 个测试项目，实验还有 3 个练习项目，每种类型各一个。所有项目均单独打印在一张 A4 纸上，楷体，字号 500，居中对齐，字体颜色均为黑色。

（三）实验过程

主试将 24 个项目随机排列，每次呈现一个项目 2 秒钟，要求被试在项目移走之后尽可能正确地把所看到的汉字写在答题纸上。学生有 30 秒钟书写该项目，然后进入下一个项目的呈现。

研究者与不了解研究目的的另一人进行独立评分，正确记 1 分，空白记 0 分，并将错误项目进行归类及编码。两位评分者一致性信度为 0.956。

（四）分析思路

本实验要求被试在 2 秒内注视并记忆一个没有视觉经验的陌生低频字或者假字，并尽快地加工、记忆，以便稍后呈现在答题纸上。如果被试都是以汉字的笔画为加工单位，其短时记忆要加工 8～9 个笔画，即 8～9 个视觉组块，那么三个条件之间不应该存在显著差异。但如果被试以汉字的部件为加工单位，则对于合体假字而言，只需要加工 2 个视觉组块，即 2 个部件，短时记忆的工作负担会大幅度减少，而低频独体字是整体不可拆分的，被试必须以笔画为记忆和书写单元，所以合体假字的记忆效率要好于独体字。然而，对于部件不熟悉的合体假字，虽然其项目本身与部件熟悉的合体假字一样，也是由两个部件组成，但由于都是低频部件，学生心理词典中并没有相应的精确表征，他们是否能自发地对汉字进行以部件为单位的分析，是否会使用视觉组块策略，目前的相关研究还缺乏深入探讨。针对这些问题，本研究拟以学生汉字书写的正确率和错误类型作为指标来进行分析。

三 结果

(一) 不同年级越南大学生汉字部件意识测验的成绩

分别统计不同年级学生在 3 种项目类型上的书写正确率,结果见表 6-11。

表 6-11 不同年级的学习者在三种类型项目上的正确率($M\pm SD$)

项目类型	一年级 (n=51)	二年级 (n=62)	三年级 (n=64)	四年级 (n=49)	合计 (N=226)
低频 独体字	0.57±0.19	0.63±0.15	0.57±0.17	0.55±0.19	0.58±0.18
部件熟悉 假字	0.96±0.07	0.97±0.05	0.94±0.08	0.95±0.09	0.96±0.08
部件不熟 悉假字	0.39±0.21	0.39±0.16	0.39±0.23	0.37±0.18	0.38±0.19

以年级(一、二、三、四年级)为被试间因素,项目类型为被试内因素(低频独体字、部件熟悉假字、部件不熟悉假字)的 4×3 混合设计方差分析结果显示:年级的主效应不显著,$F_{(3, 222)}$=1.324,p=0.267,η^2=0.018;项目类型的主效应显著,$F_{(2, 221)}$=1045,$p<0.001$,η^2=0.904。多重比较显示,部件熟悉假字的成绩显著高于独体字,$F_{(1, 222)}$=982.93,$p<0.001$,部件不熟悉假字的成绩显著低于部件熟悉假字,$F_{(1, 222)}$=1884,$p<0.001$,而部件不熟悉假字的成绩显著低于独体字的成绩,$F_{(1, 222)}$=199.75,$p<0.001$,这表明汉字类型和部件构字能力直接影响汉字的书写成绩。此外,汉字类型与年级之间的交互作用不显著,$F_{(6, 442)}$=1.000,p=0.425,η^2=0.013。这表明,以汉语作为第二语言的越南大学生很早就具有了汉字部件意识,在学习 3 个月后即可像高年级学生

那样以部件作为汉字加工的基本单元。

（二）部件不熟悉假字的错误数量与错误类型分析

为了进一步了解部件不熟悉假字成绩偏低的原因，我们对部件不熟悉假字进行了错误类型分析。以项目为单位，分别统计学生写错一个部件和写错两个部件的错误数量及比例，结果见表6-12。

表6-12 部件不熟悉假字项目的部件错误的数量

年级	一个部件错误	两个部件错误
一年级	182（73%）	66（27%）
二年级	228（75%）	77（25%）
三年级	225（72%）	89（28%）
四年级	175（71%）	73（29%）

从表6-12可以看出，各年级学生只写错一个部件的比率都在70%以上，而同时写错两个部件的比率均不到30%。可见，虽然被试学习记忆部件不熟悉假字的成绩很低，但是在延迟抄写过程中，他们大多数能把项目中的一个部件正确地写下来，说明他们已经对项目中的单位部件进行了加工，体现了视觉组块策略的作用。此外，四个年级的数据模型类似，这表明在基本汉字分解层面上，所有学生具有相同的发展水平。

同时，研究者还发现学生在书写部件不熟悉假字的两个部件时，所犯下的错误类型有所不同。根据 Pak *et al.*[①] 对错误类型的操作定义，本研究将错误分为部件替换（把目标部件写成了另外一个真实存在的部件）、部件错误（把目标部件本身写错了）和

---

① Pak, A. K. H. & Cheng-Lai, A. & Tso, I. F. & Shu, H. & Li, W. & Anderson, R. C. Visual Chunking Skills of Hong Kong Children. *Reading & Writing*, 2005(18).

部件缺失（该位置空白）等三类（其他错误类型比例非常小，大约2.11%，故未归类）。各类错误的比率见表6-13。

表6-13 部件不熟悉假字项目的两个部件的错误类型分析

错误类型	第一部件（左或上部件）	第二部件（右或下部件）
部件替换	37（8%）	366（39%）
部件错误	419（91%）	445（48%）
部件缺失	3（1%）	120（13%）
合计	459（33%）	391（67%）

从表6-13看到，学生写错第二个部件的比例（67%）大约是写错第一个部件（33%）比例的两倍。在学生不能写对第一个部件时，学生所犯的主要错误是把部件本身写错了，即部件错误（占91%）。在不能正确写出第二个部件时，他们犯部件错误的比例仍然最高（48%），但部件替换（39%）和部件缺失（13%）这两类错误的比例远远高于第一个部件的。我们也分别统计了各个年级学生的错误类型，发现各个年级的错误类型模式比例很类似，即是：所有年级写错第一个部件的概率（32%～34%）是写错第二个部件（66%～68%）的一半，并且每个年级都是在第一部件上所犯的部件错误类型占的比例最大（84%～98%）；而在书写第二部件时，除了部件错误（42%～50%）外，还有部件替换（33%～46%）和部件缺失（11%～17%）等错误。由此可见，被试在加工第二个部件的效率远低于加工第一个部件的效率。

（三）不同年级学生书写不同结构项目的成绩

为了探讨在不同结构的汉字中单位部件的熟悉度对书写成绩的影响，我们分别统计了不同条件下的合体假字的书写正确率（表6-14）。

表 6-14 不同年级书写不同结构、不同部件
熟悉度的假字项目的正确率（$M \pm SD$）

项目 类型	一年级 （n=51）	二年级 （n=62）	三年级 （n=64）	四年级 （n=49）	合计 （N=226）
熟悉—左右	0.97±0.10	0.96±0.10	0.91±0.14	0.93±0.15	0.94±0.13
熟悉—上下	0.96±0.09	0.99±0.05	0.96±0.09	0.97±0.08	0.97±0.08
不熟悉—左右	0.49±0.27	0.38±0.22	0.40±0.29	0.36±0.23	0.40±0.26
不熟悉—上下	0.30±0.26	0.40±0.21	0.38±0.24	0.38±0.21	0.36±0.23

以四个年级（一、二、三、四年级）为被试间因素，两种部件熟悉度（部件熟悉、部件不熟悉）和两种合体字结构（左右结构、上下结构）为被试内因素，4×2×2 混合设计方差分析表明，部件熟悉度的主效应显著，$F_{(1, 222)}$=1880，$p < 0.001$，η^2=0.894；结构的主效应不显著，$F_{(1, 222)}$=0.391，p=0.532，η^2=0.002；各年级之间的差异也不显著，$F_{(3, 222)}$=0.485，p=0.693，η^2=0.007；但是结构、类型与年级之间的三重交互作用显著，$F_{(3, 222)}$=3.233，$p < 0.05$，η^2=0.042。简单效应检验结果发现，学习汉语 3 个月的一年级学生在延迟抄写部件不熟悉假字时，左右、上下两种不同结构的项目得分之间存在显著差异，$F_{(1, 50)}$=19.75，$p < 0.001$，左右结构（0.49）的项目正确率显著高于上下结构（0.30），而其他年级学生在这两种结构上没有显著差异。这表明，处于初学阶段的越南大学生更擅长分解左右结构的不熟悉部件组成的汉字，但随着学习汉语时间的增加，他们也很快学会了有效分解上下结构的不熟悉部件组成的汉字，使得合体字本身的结构对学生的汉字书写不再具有显著影响。

四 讨论

(一) 汉语为第二语言的越南大学生的部件意识很早就得到发展

本研究使用延迟书写实验任务，系统地考察了一到四年级越南大学生的汉字部件意识的发展趋势。结果发现，学习3个月的学生已经能够以部件为单元来进行汉字加工，其书写熟悉假字的成绩与学习汉语1年多到3年多的学生没有差异，正确率高达96%，说明海外汉语学习者在学习汉字时，能够很快就学会以部件为加工单位进行汉字的学习和记忆。这是前文所述的部件意识第一个水平的发展。与以往研究发现相比，本研究发现外国学习者汉字部件意识的发展与完善早于汉字分解能力，也早于郝美玲所提出的对部件本身的意识，这说明部件是拼音文字背景的外国学生汉字加工的重要单元。

本研究发现，越南大学生的汉字加工机制与汉语儿童既有相同之处，又有区别。汉语儿童的汉字书写单位是一个多水平发展过程，从一年级到二年级，儿童的延迟书写任务成绩明显提高，[①] 这说明对于汉语为母语的中国儿童而言，部件意识在上学后一年逐渐发展与完善。而外国成年人汉字部件意识在初学阶段就得以发展，并且学习3个月时间的学习者已达到了与学习3年多时间

---

① 史冰洁、李虹、张玉平、舒华《部件特征和正字法意识在儿童汉字书写发展中的作用》，《心理发展与教育》2011年第3期；Pak, A. K. H. & Cheng-Lai, A. & Tso, I. F. & Shu, H. & Li, W. & Anderson, R. C. Visual Chunking Skills of Hong Kong Children. *Reading & Writing*, 2005(18); Anderson, R. C. & Ku, Y. M. & Li, W. & Chen, X. & Wu, X. & Shu, H. Learning to See the Patterns in Chinese Characters. *Scientific Studies of Reading*, 2013(17).

的高水平学习者相同的稳定水平。这可能是由于本研究的对象都是大学生，由于成年人理性思维发达，他们比儿童更容易发现并利用汉字的构字规律来进行汉字学习。同时，汉字以形声字为主体，其在现代汉字中占的比例在 90% 以上，而形声字中的两个部件——形旁和声旁（均称偏旁）的造字素材来源主要是象形字、指事字和会意字。[①] 因此，很多偏旁本身就是完整而独立的汉字，这一特征有助于汉语学习者对汉字中的单位部件进行亚词汇加工。以往的大量研究虽没有直接探讨外国学习者部件意识的发展，但发现了非母语者在初学阶段能有效地利用形声字偏旁，特别是形旁的语义功能在汉字阅读与学习中的作用，[②] 这也在一定程度上支持了我们的发现。

（二）部件特征对越南大学生汉字加工的影响

按照汉字加工中的视觉组块理论，被试若以部件为单位来学习和记忆合体字，以笔画为单位记忆独体字，那么学生学习合体假字的成绩应该高于独体字的成绩。本研究确实发现了学生书写部件熟悉假字的成绩远远高于独体字，与预期完全一致；但同时

---

① 李梵《汉字简史》，中国友谊出版公司 2005 年版。
② Taft, M. & Chung, K. Using Radicals in Teaching Chinese Characters to Second Language Learners. *Psychologia*, 1999(42); Jin, H.-G. Empirical Evidence on Character Recognition in Multimedia Chinese Tasks. *Concentric: Studies in Linguistics*, 2003(29); Wang, M. & Liu, Y. & Perfetti, C. A. The Implicit and Explicit Learning of Orthographic Structure and Function of a New Writing System. *Scientific Studies of Reading*, 2004(8); Shen, H.-H. & Ke, C. Radical Awareness and Word Acquisition Among Nonnative Learners of Chinese. *The Modern Language Journal*, 2010(91); Tong, X. & Yip, J. H. Y. Cracking the Chinese Character: Radical Sensitivity in Learners of Chinese as a Foreign Language and Its Relationship to Chinese Word Reading. *Reading and Writing*, 2015(28).

也发现学生记忆部件不熟悉假字的成绩显著低于独体字,这说明以部件为单位进行汉字加工虽然是一种非常有效的策略,但其有效性受限于学生已有的汉字知识经验,部件本身的熟悉度等特征会在其中起到重要作用。

首先,本研究严格控制了项目的笔画数,所有项目的总笔画数均为8到9。根据对人类工作记忆的经典研究,短时记忆的容量为5到9个组块,[1]因此对于大学生而言,对独体字进行有效的整体记忆并非绝无可能,这也使得本研究独体字记忆效果远远好于已有儿童研究的类似条件。对于部件不熟悉的合体假字而言,每个部件只有3到5个笔画,所以记忆一个不熟悉部件的笔画也是可以实现的。但是,如果学生想要在短暂的2秒钟内记住两个不熟悉部件,则应该逐个部件进行加工,即先要对第一个部件的所有笔画进行学习,然后在存储第一个部件的精确表征的同时,再对第二个部件进行视觉加工,并试图记住。根据工作记忆的相关理论,认知加工和存储共享有限的认知资源,并呈现此消彼长关系。[2]由此可以推断,对第一个部件的存储占用了有限的认知资源,这必然会影响对第二个部件的加工与存储。我们对学生部件不熟悉假字的错误分析,正好证实了这一点。学生仅错误书写一个部件的比例是两个部件全错的比例的两倍,恰好说明学生已经采取了部件分解策略来对部件不熟悉假字进行加工,他们能够准确地将汉字分解为部件,并有效地对第一个部件进行加工和存

---

[1] Miller, G. A. The Magical Number Seven, Plus or Minus Two: Some Limits on Our Capacity for Processing Information. *Psychological Review*, 1956(101).

[2] Schnotz, W. & Kürschner, C. A Reconsideration of Cognitive Load Theory. *Educational Psychology Review*, 2007.

储；但对于合体假字的评分要求两个部件都正确才能得分，因此在一定程度上，部件不熟悉假字的成绩高低主要取决于第二个部件的记忆是否正确。而如前所述，对第一个部件的记忆影响了对第二个部件的加工，因此使得其总的正确率较低。

此外，对错误类型的分析结果显示，部件错误是学生最主要的错误类型，可见即使笔画数量不多，要在短时间形成一个精确的视觉表征并不容易，这可能与汉字本身立体的结构特点有关，学生不仅需要记住笔画组成，还需要记住各个笔画之间精确的位置关系，这对于习惯了拼音文字线性排列的外国学生来说并非易事。由于汉字识别是人们将大脑存储的内部信息与从感官输入的外部信息进行匹配的结果，[1]因此可以推测外国大学生会利用自己已有的知识来完成任务，在抄写部件不熟悉假字时，被试可激活大脑内存的信息来试图进行新的匹配，但其匹配的过程受到部件构字能力特征的影响。对于构字能力很弱的部件，复现率较小，学生头脑中缺乏相应的精确表征，因此在2秒钟观察和记忆之后，学生可能错误地激活头脑中已有的一个熟悉部件，导致出现部件替换的错误（如：以"无"替代"旡"，视"爿"为"片"等）。

总之，不熟悉假字的成绩偏低的原因并不是学生不能分解汉字为组成的部件，而是大脑内存没有激活或没有正确表征不熟悉部件的信息，导致视觉组块的策略受到部件熟悉度的制约。换言之，部件意识的发展能帮助学习者更顺利地进行整个汉字的加工，但并不完全决定汉字加工的精确程度。因此，学生在汉字学习中，不但要掌握汉字结构特点并意识到部件是亚字单元，还要对每一

---

[1] 彭聃龄《汉语认知研究》，山东教育出版社1997年版。

个部件尤其是构字能力较弱的低频部件进行高质量的表征,这与郝美玲等人曾提出的"实施部件教学法时,不必花很多精力来讲解汉字的结构类型,应该把更多的精力放在培养部件的精确表征上"[1]的观点一致。

(三)汉字结构对越南大学生汉字加工的影响

除了部件构字能力之外,本研究还考虑了不同汉字的结构特点对汉字加工的影响。结果表明,学习汉语 3 个月的学生在不熟悉假字条件下,左右结构正确率好于上下结构。这与已有研究发现一致,因为左右结构在视觉上为横向关系,与阅读中线性序列加工方向一致,因此分解最容易;即使在初级阶段,左右结构在汉字加工中也具有优势。在本研究中,母语为拼音文字的越南学生已习惯从左到右书写字母的顺序,所以在初学阶段,他们对于分解部件不熟悉的上下结构的方块汉字会相对陌生。另外,汉字以形声字为主,而形声字以左右结构为主,大约占 73.85%,[2] 因此左右结构对于汉语学习者而言较为熟悉,该结构的掌握应比其他结构更有优势。然而,对于部件熟悉的汉字,各个年级在左右、上下结构的汉字上的书写成绩无显著差异,可见汉字结构的作用仅仅出现在初级阶段,并且仅限于部件不熟悉的汉字。为了避免汉字初学者对上下结构汉字的记忆困难,教学应该有意识地强调部件在方块文字中的空间摆布以及各个单位部件横向、纵向的关系,同时要加强部件本身的讲解,帮助学生形成精确的表征,并

---

[1] 郝美玲、范慧琴《部件特征与结构类型对留学生汉字书写的影响》,《语言教学与研究》2008 年第 5 期。

[2] 李燕、康加深、魏励、张书岩《现代汉语形声字研究》,《语言文字应用》1992 年第 1 期。

运用到其他汉字的认识及汉字书写中。

五 结论

本研究得出如下结论：

第一，学习汉语 3 个月的一年级学生已能将部件作为汉字的加工单元，其延迟书写部件熟悉的合体假字的成绩显著优于独体字，并与二、三、四年级学生的书写成绩没有差异，表明越南大学生的部件意识很早就得到了发展。

第二，不同年级越南大学生书写由不熟悉部件构成的合体假字的成绩都显著低于由熟悉部件构成的假字，同时也低于低频独体字，表明部件构字能力是越南大学生汉字书写的重要影响因素。

第三，一年级越南大学生在书写部件不熟悉的合体假字时，左右结构假字的成绩显著高于上下结构假字，但高年级学生不存在显著差异，说明越南汉语初学者的汉字书写还受到汉字结构的影响。

第七章

内隐学习与外显学习研究

第一节　词汇刻意学习与伴随性学习的比较研究[①]

一　引言

（一）词汇的刻意学习与伴随性学习

刻意学习（intentional learning，又叫直接学习）和伴随性学习（incidental learning，又叫间接学习）最早源自20世纪初的认知心理学，两者在当时的区别就是被试是否事先被告知实验后他们会立刻接受测试。从20世纪六七十年代起，随着语言学习理论从行为主义向认知主义的转变，伴随性学习的概念也开始运用到语言学习中。这时，伴随性学习指的是一种无学习目的的学习，这种新的概念就不再涉及实验前的告知与否。

Nation 认为，刻意学习指学习者做一些能将其注意力集中在词汇上的活动和练习，包括构词练习、猜词练习、背词汇表以及词汇游戏等。[②] 跟刻意学习相比，伴随性学习指学习者的注意力

[①] 本节作者：吴门吉、陈令颖，原载《华文教学与研究》2012年第3期。
[②] Nation, I. S. P. *Teaching and Learning Vocabulary*. Newbury House Publishers, 1990.

集中在某些其他方面,尤其是语言所传递的信息上,而不需要对词汇进行专门学习。她认为在自然的语境中进行词汇的伴随性学习不仅有助于语义的确切理解,掌握单词的正确用法,而且还有助于记忆,使学习过程更为愉快。

Laufer & Hulstijn 对"伴随"一词的解释是,在任何一种不明确以词汇学习为目的的行为中,学习者获得词汇只是一种副产品。[1] 而刻意学习是指明确的以实现词汇记忆为目的的一种行为。

尽管目前的研究尚未形成关于伴随性学习的统一定义,但是对于没有专门刻意的去学习,以及没有将学习集中于特定的目的上这一"伴随性"的特征还是得到了普遍的认可。

(二)对伴随性学习与刻意学习的对比研究

语言能力被认为是人的智力能力之一,因此,对语言能力的测量也是认知心理学研究的重要内容。词语学习的语境效应,从上下文获得词义的学习理论,引起了语言学习研究者对语境的关注。因此,伴随性词汇学习一直是词汇学习研究的热点,相关研究成果颇丰。而有关伴随性学习与刻意学习这两种学习方法效果的对比研究尚不多见。我们注意到了近年来的张金桥、龚兵的两项研究,他们的研究对象分别是汉语学习者和英语学习者,而研究结果却很不相同。

张金桥比较了汉语学习者汉语词汇直接学习和间接学习方法在理解性词汇知识和产出性词汇知识学习效果上的特点。结果发现,在即时测试中,两种学习方法都有助于留学生理解性词汇知

---

[1] Laufer, B. & Hulstijn, J. Incidental Vocabulary Acquisition in a Second Language: The Construct of Task-Induced Involvement. *Applied Linguistics*, 2001(22).

识和产出性词汇知识的学习。但在延时测试中,间接学习方法能促进留学生汉语产出性词汇知识的学习,而直接学习方法对留学生汉语产出性词汇知识的学习没有促进作用。

龚兵的直接词汇学习组的两次测试成绩无论在认知水平上还是产出水平上均明显高于间接学习组。而且生词表和词典等辅助手段并不能帮助受试者间接掌握目标词。词汇量大小对词汇学习效果具有显著影响。[1]

(三)刻意学习与伴随性学习相结合的研究

不少研究者通过实验,尝试了各种刻意学习与伴随性学习相结合的学习方法,例如,阅读后加上课后词汇练习[2]、用目标词写作[3]、阅读后复述文章大意[4]。其中,用目标词写作被大多数学者认为是最为有效的学习方法。

(四)问题的提出

国内外学者通过不同的方法研究了伴随性学习的各个方面,如伴随性学习的影响因素、辅助手段、学习效果等等,硕果累累。

---

[1] 张金桥《汉语词汇刻意学习与间接学习效果比较——以词表背诵法和文本阅读法为例》,《汉语学习》2008年第3期;龚兵《间接词汇学习与直接词汇学习的对比实验研究》,《天津外国语学院学报》2008年第4期。

[2] 董燕萍《交际法教学中词汇的直接学习与间接学习》,《外语教学与研究》2001年第3期。

[3] Laufer, B. & Hulstijn, J. Incidental Vocabulary Acquisition in a Second Language: The Construct of Task-induced Involvement. *Applied Linguistics*, 2001(22); Laufer, B. Vocabulary Acquisition in a Second Language: Do Learners Really Acquire Most Vocabulary by Reading? *Canadian Modern Language Review*, 2003(59);郭亚莉、周星《二语词汇习得实证研究》,《外语界》2006年第1期;吴建设、郎建国、党群《词汇附带习得与"投入量假设"》,《外语教学与研究》2007年第5期。

[4] 盖淑华《英语专业学生词汇附带习得实证研究》,《外语教学与研究》2003年第4期。

研究者们都试图从各个角度各个方面来辨别刻意学习与伴随性学习究竟哪种学习方法更加有效，但是实验结果却并不一致。笔者认为要比较两种方法的优劣，需要了解两种方法的单词学习与记忆过程，相关实验研究在测试与学习的频次上尚有发展的空间。

从实验测试的频次来看，绝大多数实验都只限即时和延时两次测试，[1]也有三次测试的。[2]这样很难看出词汇学习与遗忘的具体情况。

不论是用何种学习方法或是何种辅助手段，目前的大多数研究都只限于一次学习后的效果测试，即每个实验中，被试者只做一次词汇学习，目前少有研究在实验中操作如何通过重复学习的方法来克服遗忘，实现词汇的记忆。

不少研究已经表明，不同的词汇学习方法有不同的作用，刻意学习和伴随性学习可以交替使用，但是如何使用更合理？笔者希望能进行一次时间上有足够宽度和频次的实验，通过跟踪测试

---

[1] 董燕萍《交际法教学中词汇的直接学习与间接学习》，《外语教学与研究》2001年第3期；盖淑华《英语专业学生词汇附带习得实证研究》，《外语教学与研究》2003年第4期；朱勇《边注和查词典等输入调整对留学生伴随性词汇学习的作用》，《世界汉语教学》2004年第4期；段士平、严辰松《多项选择注释对英语词汇附带习得的作用》，《外语教学与研究》2004年第3期；郭亚莉、周星《二语词汇习得实证研究》，《外语界》2006年第1期；龚兵《间接词汇学习与直接词汇学习的对比实验研究》，《天津外国语学院学报》2008年第4期；张金桥《汉语词汇刻意学习与间接学习效果比较——以词表背诵法和文本阅读法为例》，《汉语学习》2008年第3期。

[2] Laufer, B. & Hulstijn, J. Incidental Vocabulary Acquisition in a Second Language: The Construct of Task-induced Involvement. *Applied Linguistics*, 2001(22); 柯葳、董燕萍《上下文在二语词汇刻意学习中的效果研究》，《现代外语》2001年第4期。

每次重复学习后的记忆效果，考察刻意学习与伴随性学习的具体特点。探讨词汇学习的过程与方法。

本次实验将在较大的时间宽度和较高的学习频次下，完成对刻意学习与伴随性学习效果的对比。其中刻意学习组将采用背词表的学习方法，伴随性学习组将采用文本阅读加后附词表的学习方法。[①] 此次实验将研究以下两个问题：

第一，刻意学习法在何阶段有何优势？

第二，伴随性学习法在何阶段有何优势？

二 实验研究

（一）实验对象

由于本次研究设计注重考察词汇学习与保持的情况，需要进行前后 8 次学习与测试，需要被试多次合作，为了避免被试流失带来的问题，本次实验对象较少，选取的是在中山大学国际汉语学院初级四班就读的 6 名留学生，其中一名被试未能顺利参加全部的 8 次测试，故最终被试人数定为 5 人。对于被试我们做了国别、学能、记忆等方面的控制：

第一，5 名被试都来自东南亚国家。他们普遍被认为有较为统一的学习天分和学习态度。

第二，该 5 名留学生上学期期末考试成绩平均分相近。

第三，为了控制被试因为记忆能力的差异而造成对实验结果

---

① 很多研究都表明纯粹的伴随性词汇学习有其局限性，本节的伴随性词汇学习是在文本阅读理解的情况下，添加了词汇表，词汇表完全按词典释义，附文本后供查阅。也就是说，本节的伴随性词汇学习增加了辅助手段。

的偏差,对5位被试进行了记忆测试。5名被试该测试的平均分基本相似(7.6、8.4、8.6、7.9、7.7),符合本次实验的基本要求。

我们将5名被试分成2组,分别接受刻意学习和伴随性学习两种学习方法的学习与测试,时间为一个月。

表7-1 被试基本情况

	性别	国籍	年龄	来中国学习汉语	来中国前是否学过汉语
被试1-1	男	印尼	20	一年	否
被试1-2	女	泰国	19	一年	否
被试2-1	男	印尼	19	一年	否
被试2-2	女	越南	20	一年	否
被试2-3	女	越南	20	一年	否

(二)实验材料

1. 测试词

多数研究发现,如果用阅读的方法来习得词汇,每篇有1至5个单词被记住[1]。Dupuy & Krashen 的研究中发现了高达6个单词的记忆量[2];Cho & Krashen 让被试进行趣味阅读,不能查词典,

---

[1] Hulstijn, J. H. Retention of Inferred and Given Word Meanings: Experiments in Incidental Vocabulary Learning. Arnaud, P. & Bejoint, H. (eds.) *Vocabulary and Applied Linguistics*. Palgrave Macmilan, 1992; Knight, S. Dictionary Use While Reading: The Effects on Comprehension and Vocabulary Acquisition for Students of Different Verbal Abilities. *The Mordern Language Journal*, 1994(78); Paribakht, T. S. & Wesche, M. B. Vocabulary Enhancement Activities and Reading for Meaning in Second Language Vocabulary Development. Coady, J. & Huckin, T. (eds.) *Second Language Vocabulary Acquisition: A Rationale for Pedagogy*. Cambridge University Press, 1997.

[2] Dupuy, B. & Krashen, S. D. Incidental Vocabulary Acquisition in French as a Foreign Language. *Applied Language Learning*, 1993(4).

发现被试在约 7000 单词的小册子中习得了 7 个生词。① 因此，考虑到本次实验的总体阅读字数，笔者将测试词的数量定为 6 个。这 6 个词根据《汉语水平词汇与汉字等级大纲》都属于丁级词。② 其中名词、动词、形容词各 2 个，本次实验都只考察他们的单一义项。

所选六个词语情况如表 7-2 所示。

表 7-2　测试词及其词性、等级、词义

测试词	词性	等级	词义
趋势	名词	丁级词	事物朝着某一方向发展变化的势头
悬念	名词	丁级词	对小说、戏剧、影视等文艺作品中情节发展和人物命运的期待心情
糟蹋	动词	丁级词	任意浪费或损坏
勉励	动词	丁级词	劝勉、鼓励
卑鄙	形容词	丁级词	（品德、言行）恶劣、下流
潦草	形容词	丁级词	做事不细致、不认真

2. 刻意学习组的双语词汇表

将 6 个汉语词汇列成一个词汇表，每个词后分别给出该词的英文和中文释义以及例句，该词在词汇表中的义项与在阅读材料中的义项一致。

让 30 名与被试同班的留学生看这份词汇表，要求他们对里面的汉语词汇进行记忆，记忆完成后向我们举手示意。我们记录下他们每个人记忆需要的时间，取平均值作为使用该学习方法的

---

① Cho, K. S. & Krashen, S. Acquisition of Vocabulary from the Sweet Valley Kids Series. *Journal of Reading*, 1994(37).

② 国家汉语水平考试委员会办公室考试中心《汉语水平词汇与汉字等级大纲》，经济科学出版社 1992 年版。

学习时间。我们取出的平均值是 5 分钟。

3. 伴随性学习组的阅读材料

本组实验中，由于被试一共需要进行 8 次词汇学习，我们准备了 4 篇不同的阅读材料，从第 5 次词汇测试起再重复使用之前那四篇阅读材料。每篇阅读材料包含两段小文章，总字数在 100～150 字之间，6 个测试词都将随意编入这 2 段小文章中，每篇阅读材料后都附上刻意学习组所用的双语词汇表，供被试查阅。

我们对阅读材料进行了两方面的控制：

第一，对阅读材料主题及内容难度的评定。Nation 指出，语境的生词率低于 5% 对伴随性学习有益。[1] 因此，本实验中所使用的阅读材料都通过了北京语言大学出版的"中文助教"软件的词汇难度统计。除了 6 个测试词，4 篇阅读材料大都由甲级和乙级词汇组成，除测试词以外，没有丁级或以上的词汇。丙级词汇在这四篇阅读材料中分别只占了全文的 0.7%、1.3%、0.8% 和 0.7%。保证了所有阅读材料的难度不高，而且难度相当。

第二，为了使留学生在文本阅读过程中将注意力集中于阅读理解上而非词汇记忆上，我们在每段小文章后编写了 2 个阅读理解题，它们与所阅读文本的内容有关而与 6 个测试词无直接关系。即使从第 5 次测试起，阅读材料会与之前相同，但是阅读理解题不会相同。

让 30 名与被试同班的留学生完成这 4 篇阅读。要求他们每篇阅读只看一遍，完成了文章后的阅读理解题就向我们示意。记

---

[1] Nation, I. S. P. *Teaching and Learning Vocabulary*. Newbury House Publishers, 1990.

录他们每个人阅读需要的时间，取平均值 8 分钟作为使用该学习方法的学习时间。

（三）实验时间与步骤

本实验考察了两种学习方法，刻意学习法和伴随性学习法。测试时段参考了 Ebbinghaus 的遗忘曲线和 Pimsleur 的记忆方案[①]。词语学习共 8 次（第一次，十分钟后，一小时后，一天后，两天后，三天后，一周后，两周后），词语测试共 8 次（即时，一小时后，一天后，两天后，三天后，一周后，两周后，三周后），除了第一次即时测试在词汇学习后，其他 7 次词汇测试都在这一轮词汇学习前，这样才能考察出词汇记忆的保持率。测试结果是被试在词语理解和词语输出两个方面的成绩。

实验分组进行：组 1 为刻意学习组（两名被试分别被命名为被试 1-1 和 1-2）。要求留学生用 5 分钟背诵双语词汇表。组 2 为伴随性学习组（三名被试分别被命名为被试 2-1、2-2、2-3）。要求留学生用 8 分钟阅读小短文后完成阅读理解题。

（四）实验的词汇测试与评定

测试以口头报告的形式完成，共分为两个部分：一是要求被试说出测试词的中文意思。二是要求被试分别用测试词造句，考察其对测试词的使用情况。两个部分都由一位中山大学对外汉语教师与被试对话完成，笔者只负责在一旁录音。

释义和造句这两个方面的评分都按 0～2 三级计分规则：0 表示完全错误，1 表示部分正确，2 表示完全正确。每个测试词

---

① Ebbinghaus, H. *Memory: A Contribution to Experimental Psychology*. Teachers College, Columbia University, 1885; Pimsleur, P. A Memory Schedule. *Modern Language Journal*, 1967(51).

的满分为释义的 2 分加上造句的 2 分,一共是 4 分。所有 6 个测试词的整体满分为 24 分。3 名对外汉语教师对实验结果进行评定。三人意见相同,则认为此计分有效;不一致时进行协商,达成一致意见。

（五）实验结果

近一个月的实验后,统计了 5 名被试的词语测试分数。结果如下:

两名被试成绩的曲线基本一致。虽然两名被试第一次的测试成绩有较大差距,但是从第二次测试起(一小时后的再次学习后),两名被试的测试成绩几乎不分上下,都维持在 16 分左右,词汇的习得情况相当不错。该组的成绩在头两次学习后有突飞猛进的势头,从第四次学习起（两天后）,成绩上升的势头转为稳定的保持。虽然此后两名被试的成绩都维持在 16 分的高分,但作为满分为 24 的词汇测试,他们的成绩没有更大的突破。

图 7-1 和图 7-2 以曲线形式分别描述了刻意学习组和伴随性学习组的词汇测试成绩。

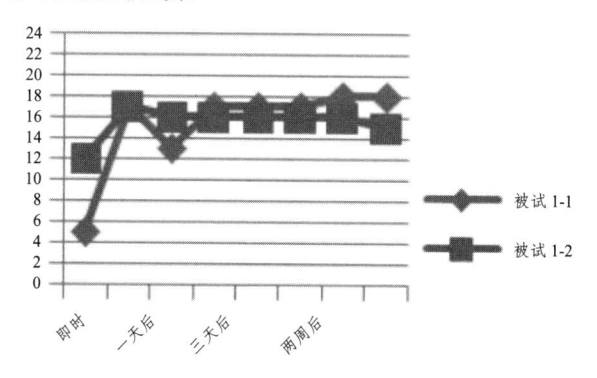

图 7-1 刻意学习组的测试成绩

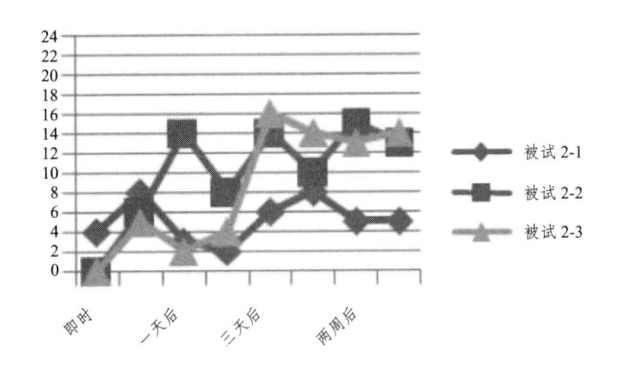

图 7-2 伴随性学习组的测试成绩

三名被试成绩的曲线比较凌乱,测试成绩相当不稳定,但是能辨别出成绩其实在波动中有着逐步上升的趋势(被试 2-1 的趋势不太明显,下文会为此做出解释)。伴随性学习组的成绩普遍低于刻意学习组。伴随性学习组的三个被试在第一次词汇测试时,成绩都不佳,其中有两个是 0 分。伴随性学习组在实验过程中得到的最高分是 16 分,而这个分数刻意学习组的两名被试在第二次学习中就已经达到。

经过实验后的数据分析,得出如下结果:

第一,刻意学习法的成绩普遍高于伴随性学习法的成绩,而且刻意学习法在学习的开始阶段(即头两天)优势明显。

第二,刻意学习法的成绩普遍比伴随性学习法的成绩稳定。

刻意学习法基本上在第二次词汇学习后就能稳定地保持自己的词汇成绩,但是伴随性学习法的成绩却是在波动中进步。

第三,刻意学习法在 3 天后出现学习瓶颈,伴随性学习法却在波动中有所突破。

刻意学习法虽然在第二次词汇习得后就能达到较高的记忆成

绩，四五次词汇习得后（三天后），词汇的记忆状态也趋于稳定，但是此后的记忆效果都只是在原地踏步，其中被试1-2的成绩反而有稍许下降。但伴随性学习法虽然起点成绩低，但是在重复的习得行为中，记忆能越来越完整。到实验的尾声，伴随性学习的成绩达到了14～16分之前，与刻意学习的16～18分之间，差距缩小了很多。

三 口头报告语料分析

以上的数据分析可以看出两种学习方法的大体趋势。笔者希望通过对口头语料的定性分析，进一步探讨两种方法学习过程的特点，以及在不同类别词语上的具体表现。

由于初级班的汉语学习者书面表达能力有限，同时也为了更全面更清楚地搜集到被试对测试词意义和用法的揣摩与理解过程，笔者以录音的方法记录了被试在词汇测试中口头报告的语料，本次实验的口头报告语料主要是词汇测试中被试释义与造句的语料，也包括了在词汇测试的对话中，被试自我评价中对于该学习方法的主观看法，如兴趣的强弱和他们希望提出的建议与意见。

（一）词汇保持率

通过重复学习，刻意学习法的词汇保持率更稳定。相反，伴随性学习虽然经过重复学习，但词汇保持率并不稳定。

从深水平加工学说来看，伴随性学习法由于不能确保词汇信息的高强度写入，信息的加工程度十分浅，词汇的保持率比较差。尽管学习者进行了重复学习，但由于词汇记忆的基础没有打牢，以及阅读材料中上下文的变化，学习者的词汇成绩总是忽高忽低。

（二）抽象名词的学习

伴随性词语学习有机会掌握意义抽象的词语。

被试 2-3 是本次实验 5 名被试中唯一一个能正确使用"悬念"这个抽象名词的被试。阅读材料中写道：

> 在爱情片里你总会知道下一秒会发生什么，没有一点悬念。

被试 2-3 造句：

> 你写的这个故事一点儿悬念都没有。
> 我们喜欢看有悬念的电影。

伴随性词语学习的该优势与刻意学习法在学习词义具体的词汇的优势相得益彰。如果说刻意学习法能帮助学习者在较短的时间内高效地学习词义简单且具体的词语，那么伴随性学习法能帮助学习者成功地学习词义复杂且抽象的词语。

相反，意义抽象的词语就成了刻意学习组的最大难点。该组的两名被试之所以一直保持着 16～18 分的成绩而始终无法冲到 20 分以上，就是因为他们没能通过词汇表学习到"悬念"和"趋势"这两个意义较为抽象的词语。

例如：被试 1-1 把"悬念"理解成形容词，解释为"猜不了的"，于是造句：

> *悬念的小说

被试 1-2 错把"悬念"理解成动词，解释为"担心，一直等"，于是造句：

＊妈妈悬念孩子去很远的地方。

　　关于两种方法对抽象意义词语的学习的这个特点，是在我们多次测试中发现的。实验设计之初并没有估计到这个特点，因此，以后还可以通过更大的词语样本来考察这个问题。

（三）词语的创造性输出

　　不论主试多努力地试图让刻意学习组多造一些不同的句子，但他们还是只能造出原有的句子。例如，在8次词汇测试中，用"潦草"造的句都是：潦草地工作。用"浪费"造的句都是：不要浪费饮料/米饭。用"趋势"造的句都是：世界的趋势。

　　被试1-2错误理解了个别测试词，主试曾建议其再多造几个句子，但她还是不能造出新的句子。例如，用"悬念"造的句都是："＊孩子在外面，妈妈悬念孩子。"用"趋势"造的句都是："＊趋势的经济的中国可能越来越高。"用"卑鄙"造的句都是："＊他打他的孩子，他很卑鄙。"

　　伴随性词语学习能更准确地捕捉词语的语义和语用特征，在造句上更具有创造性。例如，被试2-3阅读的材料中是这么使用"卑鄙"的：

　　　　大卫很高很有力，大卫打了一个小男孩，同学都说大卫是一个卑鄙的人。

　　于是被试2-3在对"卑鄙"进行造句时，就说：

　　　　如果打一个人，但是我有很多人，那么我就很卑鄙。

　　可见，因为伴随性学习法将测试词放在了一个较大的语境中，能让学习者准确地认识到目标词的语法、语义与语用，所以，当学习者需要造句时，只要换一个类似的语境，就能完成对目标词举一反三的学习了。

张金桥认为伴随性学习方法能促进留学生汉语产出性词汇知识的学习，[①]本研究结果支持这一观点。

（四）学习兴趣的保持

刻意学习者逐渐对该学习方法感到厌烦，失去学习兴趣。

被试1-1在第5次实验（三天后）对背词汇表的方法开始表示厌烦，不愿意再学习。即使被告知还有词汇未能正确习得，被试1-1还是不愿意仔细学习。被试说，使用词汇表学习，他的学习深度到此为止。经过几番劝解，被试1-1也只学习了不到2分钟。而之后的3次实验也只学习了2至3分钟。同样，被试1-2也在第6次实验（一周后）出现了同样的状况。

相反，伴随性学习组学习的积极性较高。

在开始阶段，伴随性学习的效果并不太乐观，但是中期阶段的效果明显增加，而且伴随性学习能让学习者从不同的情景了解词语，发挥自己的创造性去输出词语，从而更加"主动"去学习词语。当伴随性学习法的三名被试被告知实验的目的是词汇学习，并询问是否乐意继续这样的词汇学习时，三名被试均回答道：如果阅读材料仍然有趣，并且学习的时间同样是十来分钟的话，他们都十分乐意继续这样的学习。

[①] 张金桥《汉语词汇刻意学习与间接学习效果比较——以词表背诵法和文本阅读法为例》，《汉语学习》2008年第3期。

四 结语

与以往相关研究不同的是，本研究在设计上增加了重复学习的因素。笔者通过实验将词汇学习的时间拉长，词汇重复学习的频次加密，尝试性地揭示出两种词汇学习方法的记忆过程，即学习者是如何通过重复学习来克服遗忘规律，并实现记忆。研究发现，当将刻意学习和伴随性学习放在反复学习的长时间段里，两种学习方法在不同时段显示出各自不同的特点。而且有意思的是，这两种学习方法刚好互补。

刻意学习在学习过程的开始阶段学习效果明显高于伴随性学习，经过两三次重复学习后，保持率良好。但是刻意学习难以掌握词义抽象复杂的词语，而且词语的输入缺乏创造性，从而出现学习的瓶颈。由于学习难以再有突破，学习者的学习兴趣大减，出现放弃该学习的倾向。

伴随性学习在开始阶段受到"伴随性"影响，容易忽略测试词，词汇学习成绩较差。由于学习开始阶段的基础没有打牢，学习者容易将词语混淆。但是伴随性学习是一个循序渐进的过程，其优势在之后慢慢显现出来。不但使学习者有机会认识词义较抽象的词语，还能帮助学习者创造性地输出词语。伴随性学习能保证学习者良好的学习兴趣，使得词汇学习后劲十足。

根据本研究的结果，我们对词汇学习提出如下建议：

词义明确、具体的词用刻意学习法比较好。

词义抽象、复杂的词采用二者相结合的方式好。先刻意学习，了解词语的形音义，然后通过有语境的伴随性词汇学习更准确地理解词义，掌握其语义、语用特点。

本研究在设计上还存在一些局限。首先，研究的结果虽然在更大的时间跨度上考察了记忆的全过程，但是实验样本只有汉语初级水平的 5 个东南亚学生。该研究结果是否能推广至广大的学习者包括其他母语背景的学习者、中高级汉语学习者或者其他二语学习者等还有待更进一步的研究。其次，本研究的多次测试在重复学习之前进行，尽管我们也测试了一些无关词，但到后期，学习者仍有可能猜测到个别测试词。虽然，我们认为这对初级水平的学习者影响不大，但仍然是一个不足。此外，本研究发现伴随性词语学习法对词义抽象、用法复杂的词语的学习有帮助，这是在研究开始没有预计到的结果，以后的研究还可以就这个问题进行更深入细致的考察。

第二节　汉语作为第二语言实证研究纵观：显性与隐性学习、知识、教学[①]

近年来，第二语言研究领域逐渐认识到认知因素对语言发展的重要作用。第一是因为，如同其他信息一样，语言也是一种信息。第二语言（后文称"二语"）研究理应包括了解、遵循、探索人类认知系统处理语言信息的规律。与此同时，二语研究领域的实证实验也开始系统调查二语学习者的认知系统如何影响其二语习得。其中，重要的研究领域有：选择性注意、意识、输入处理、

---

① 本节作者：靳洪刚、侯晓明，原载《世界汉语教学》2016 年第 3 期。

第二节　汉语作为第二语言实证研究纵观：显性与隐性学习、知识、教学

输出处理及调整、语言组块、显性与隐性学习等。本节将集中讨论其中一个因素：显性与隐性学习。

选择这个主题有两个动机：第一是因为事实上，现有的认知心理学及二语习得研究已经证实，显性与隐性研究包括三个方面：显性与隐性的学习过程、显性与隐性的知识结构、显性与隐性的教学方法。但在汉语的习得研究中，对此界定还不清楚。本节旨在分析、反思二语和汉语习得领域近十五年来对这三个相关认知概念的研究结果，以便进一步了解该领域的发展需求、现存问题、教学启示以及今后的研究方向。第二是因为作为二语研究的分支领域，汉语的习得研究真正起步的时间并不长，尤其是汉语习得的认知研究，最多也就是近十五年。该领域还处在与时共进、赶超主流领域的阶段。近几年，有关认知的实证研究在汉语习得领域不断涌现，这些研究用汉语的数据来证实二语学习过程中认知因素的作用。但就显性与隐性的认知研究来看，该领域还存在不少有待改进的问题：首先，这类研究为数不多，在该领域内没有系统的理论架构；其次，研究的核心概念区分不够清楚，没有从显性与隐性学习、知识、教学三个角度分别探讨；再次，显性与隐性的概念没有与其他认知因素，如注意、意识、学习目的、认知处理过程及认知控制等，结合起来进行语言习得的探究；最后，汉语显性与隐性的实证研究需要与二语研究领域直接接轨，一方面应利用汉语的实证数据证实二语的研究成果；另一方面要利用二语的研究结果进一步充实、完善汉语领域对显性与隐性概念的界定，推动汉语习得更深层次的研究。

本节将从四个方面综述目前二语及汉语领域对显性与隐性认

知概念的理论及实证研究：第一，显性与隐性认知研究的历史背景；第二，显性与隐性认知研究的核心问题；第三，显性与隐性认知研究的二语及汉语实证结果；第四，今后的研究方向。

一 显性与隐性认知研究的历史背景

从 20 世纪 60 年代起，认知心理学领域就开始关注显性、隐性学习和显性、隐性知识，并进行了一系列研究。最早的研究要从 Reber 在 1967 年的一篇力作算起。① 此后，心理学界、脑神经科学界、二语习得领域就开始对人类的认知系统展开了一场争执不下的辩论。辩论的焦点之一是人类的认知学习系统到底是由单一系统还是双重系统组成。有的学者使用人为创造的序列规则让被试学习，以便证实系统的存在。在实验第一阶段记忆学习后，如学习字母序列 XXRTRXV 与 QQWMWQP，实验第二阶段要求被试从中总结出规则，并判断新的序列是否符合规则。结果发现，被试可以对序列正确归类，错误率在 50% 以下。有的研究使用专门的技术测量被试总结序列规则所用的反应时。这类反应时的测量一般在两种条件下进行：一种是测量可预测性序列的反应时，另一种是测量突然中断序列的反应时。有研究者利用反应时之差来证明：在突然中断之前的序列判断是一种隐性学习，其他则是显性学习。但在当时也有研究者认为：这种多重或双重学习系统的提法没有可靠的科学依据，也无法为隐性学习和显性学习在功

---

① Reber, A. Implicit Learning of Artificial Grammars. *Journal of Verbal Learning and Verbal Behavior*, 1967(6).

能上和神经元区域上的区分提供相应证据。到本世纪初，学界对这个问题的争执仍然僵持不下。

在心理学界，以 Shanks 等为代表的研究者认为：不同的学习结果源自一个单一学习系统。[1] 他指出，坚持多重系统（显性＋隐性）的研究者并没有拿出令人信服的科学证据来证实不同系统的存在。实验中过半以上的正确序列判断不一定等于非意识行为，因为测试的方法仅来自单一的辨识测试，并无其他测试结果相佐。

与此同时，其他一些心理学家，如 Baars、Wallach & Lebiere 等，利用不同的研究结果来为双重系统辩护。[2] 例如：Wallach & Lebiere 利用 Anderson & Lebiere 的 ACT-R[3] 认知模型提出，双重系统的内容包括两种记忆和知识：陈述性和程序性记忆系统。陈述性记忆系统保存事实性知识，保存方式往往以组块形式，用大单位图表或事物脉络建立记忆框架，如：故事的开头、情节发展、结尾，事件的时间、地点、人物等。陈述性记忆系统是一种有意识、可控制的认知加工过程，而程序性记忆系统则是一种条件反射系

---

[1] Shanks, D. R. Attention and Awareness in "Implicit" Sequence Learning. Jiménez, L. (ed.) *Attention and Implicit Learning*. John Benjamins, 2003.

[2] Baars, B. Introduction: Treating Consciousness as a Variable: The Fading Taboo. Baars, B. & Newman, J. (eds.) *Essential Sources in the Scientific Study of Consciousness*. MIT Press, 2003; Wallach, D. & Lebiere, C. Implicit and Explicit Learning in a Unified Architecture of Cognition. Jiménez, L. (ed.) *Attention and Implicit Learning*. John Benjamins, 2003.

[3] Anderson & Lebiere 的 ACT-R 是一种解释人类认知行为的理论。该理论假设：知识由陈述性知识和程序性知识两部分构成，并由此探讨大脑知识的组织形式与人类行为的认知过程。参见 Anderson, J. R. & Lebiere, C. *The Atomic Components of Thoughts*. Erlbaum, 1998.

统。这种系统的条件一旦满足，行为就可以发生。因此，以上研究者认为，陈述性与程序性知识系统可以用来解释显性与隐性认知/学习的过程及区别。

在脑神经学界，也有诸如 Hazeltine & Ivry 利用脑神经心理学证据来支持双重系统理论。他们发现，在不同条件下完成任务时，不同的大脑神经区域得到激活。[1] 如：当任务条件是单一任务时，脑前区运动皮层被激活；当任务条件是双重要求时，脑中区的后部运动肌、脑后区、基底核等区同时被激活，这些区域通常都与隐性学习相关。

在二语习得领域，相同辩论也激烈展开，焦点主要集中在 Krashen 提出的两个二语习得概念上："习得"与"学习"。[2] Krashen 认为，前者为下意识的行为，后者为有意识、有目的的行为。许多学者对 Krashen 的两个系统的分类提出质疑，主要原因是无法用科学数据证实该系统的存在。例如，McLaughlin 曾指出，现有的研究很难证实二语学习过程是"习得"还是"学习"过程，因为很难确定某一过程是无意识还是有意识的过程。[3] 但另

---

[1] Hazeltine. E. & Ivry, R. B. Neural Structures that Support Implicit Sequence Learning. Jiménez, L. (ed.) *Attention and Implicit Learning*. John Benjamins, 2003.

[2] Krashen, S. Some Issues Related to the Monitor Model. Brown, H. D. & Yorio, C. A. & Crymes, R. H. (eds.) *TESOL 77: Teaching and Learning English as a Second Language: Trends in Research and Practice*. TESOL, 1977; Krashen, S. The Theoretical and Practical Relevance of Simple Codes in Second Language Acquisition. Scarcella, C. & Krashen, S. (eds.) *Research in Second Language Acquisition*. Newbury House, 1980; Krashen, S. *Second Language Acquisition and Second Language Learning*. Pergamon Press, 1981.

[3] McLaughlin, B. The Monitor Model: Some Methodological Considerations. *Language Learning*, 1978(28).

第二节 汉语作为第二语言实证研究纵观：显性与隐性学习、知识、教学

一方面，Schmidt 从 90 年代起就开始据理证实，学习的有意识性对于研究学习过程是有价值的，而且可以细分为几个独立的子系统，如意图/目的性、意识性、注意、控制性等。例如，意图性这一子系统，还可进一步分为顺便学习与有意/有目的学习，注意可分为投入注意与非投入注意学习，控制性可分为机械化与自动化控制。[①] Baars 也指出，意识过程可以转换为可区分、可操作的测量单位。[②] 这一单位具有四个特点：一是可以观察行为或可以使用语言表达，二是有一定的测量准确度，三是有一定语言陈述的框架/条件，四是陈述须为有意识的过程。以上的新"意识"界定及新测量单位为研究二语与汉语的习得提供了一种全新的思路及方法，极大地影响了近几十年来理论研究的框架、范围及实验方法的革新。在此基础上，N. Ellis 提出了区分界限清晰的显性与隐性认知界定（详见下文）。[③] 此后，二语与汉语界的专业学者开始对显性与隐性两个处理系统进行科学探究，涉及问题包括：哪些因素影响两个认知系统，不同的学习过程如何交叉、接轨，如何对这两个系统进行外部教学调控等。这些核心问题将在下面详细讨论。

---

① Schmidt, R. W. The Role of Consciousness in Second Language Learning. *Applied Linguistics,* 1990(11); Schmidt, R. Deconstructing Consciousness in Search of Useful Definitions for Applied Linguistics. *AILA Review,* 1994(11); Schmidt, R. Attention. Peter, R. (ed.) *Cognition and Second Language Instruction.* Cambridge University Press, 2001.

② Baars, B. Introduction: Treating Consciousness as a Variable: The Fading Taboo. Baars, B. & Newman, J. (eds.) *Essential Sources in the Scientific Study of Consciousness.* MIT Press, 2003.

③ Ellis, N. (ed.) *Implicit and Explicit Language Learning.* Academic Press, 1994.

二 显性与隐性认知研究的核心问题：学习、知识、教学三个层面

如前所述，在认知心理学和二语习得领域，显性与隐性的概念早已为学者接受，学者认为显性与隐性概念包括三个方面：学习、知识、教学。本部分将从理论的角度讨论显性与隐性认知概念涉及的核心问题，即显性与隐性的学习过程、显性与隐性的知识结构、显性与隐性的教学方法。

（一）显性与隐性学习

显性与隐性学习这一概念最早出自认知心理学。早在 20 世纪 60 年代到 70 年代，两者的区分已经开始为学界关注。学界认为，显性与隐性学习是重要的、有价值的、有助于了解二语学习过程的概念。根据 R. Ellis 的观点，显性与隐性学习的区别与心理学的"注意""意识"直接相关。[1] 隐性学习是一种无意图/目标、无意识的过程，而显性学习则通常是学习者有意识的、对新的信息建立假设及验证假设的过程。由于学习者对语言信息的规律性组合十分敏感，多次频繁联系的语言信息就可建立神经元之间的通路，最终习得语言。就学习过程而言，隐性学习无须使用大脑中央系统的注意资源。例如，阅读娱乐性书籍时可以顺便学习一些词汇。此时，学习者并没有刻意学习，但在后测时可以辨识或认读文章中的生词，正确率达到一定标准，这就成为顺便学习的

---

[1] Ellis, R. Measuring Implicit and Explicit Knowledge of a Second Language. Ellis, R. & Loewen, S. & Elder, C. & Erlam, R. & Philp, J. & Reinders, H. (eds.) *Implicit and Explicit Knowledge in Second Language Learning, Testing and Teaching*. Multilingual Matters, 2009.

证据。这种学习反映了学习者对阅读材料中的成分及出现频率有一种下意识的敏感度，进而可界定为隐性学习。而显性学习则是一种学习者有意识的学习过程，要求学习者使用注意资源，将信息在短暂的工作记忆系统中进行加工处理。例如，学习者在课堂上与教师一起学习语法规则，其结果是获得一种未经应用的陈述性、形式性知识。研究者通常利用意识在学习中存在与否来区分两种不同的学习系统。也就是说，如何判断学习者的学习属于哪一种类型，可以通过量化"意识"完成。常用的量化方法有"文字陈述法""出声思维法"（或"随想随说法"）。这些方法通过学习者对规则的文字陈述／解释能力或对规则应用的敏感度来决定学习者从事的学习属于哪一种类型。一般来说，隐性学习者无法陈述所学规则／知识，是一种下意识行为；而显性学习者可以陈述所学规则而且知道自己在学什么，是一种有意识行为。

（二）显性与隐性知识

显性与隐性知识，同样可以从两个层次进行区分：一是意识程度；二是处理过程。就意识而言，隐性知识是一种下意识的、本能的知识，只能通过观察学习者行为而得知其是否存在；而显性知识则是有意识、可陈述、也可观察的知识。就认知处理过程而言，隐性知识一般是一种已经自动化、可以随时提取的程序性知识；而显性知识则是须通过大脑中央系统控制性处理、有意提取的陈述性知识。[1]二语的显性知识具有中介语特点，有些表达

---

[1] Ellis, R. Measuring Implicit and Explicit Knowledge of a Second Language. Ellis, R. & Loewen, S. & Elder, C. & Erlam, R. & Philp, J. & Reinders, H. (eds.) *Implicit and Explicit Knowledge in Second Language Learning, Testing and Teaching.* Multilingual Matters, 2009.

不够地道，与母语表达有一定的差距。例如，二语英文学习者学会说"cooked"，但遇到另一类动词，却又说成"*eated"。中文学习也有类似的情况，例如：学习者能够说"他不跑步"（he does not run），但到了另一种场合，却又说错为"*他不跑得很快"（he does not run fast）。在二语学习过程中，学习者所掌握的规则，也就是显性知识，在不断发生变化，有时会出现规则泛化而导致错误，有时会太保守而避免使用。随着语言水平的提升，这种显性知识开始从模糊、不够准确向清晰、准确发展，最后为学习者自如使用。很显然，二语学习者利用显性与隐性两种知识学习第二语言。此外，显性与隐性学习、显性与隐性知识有其重合之处，但重要区分在于显性与隐性学习是一种过程，而显性与隐性知识则是一种结果。第二语言的学习是显性与隐性知识的结合、发展过程。

（三）显性与隐性教学

显性与隐性教学是指指导二语学习的不同教学方法。同样，意识与感知在这一过程中起重要的区分作用。例如，就语言形式的教学而言，Housen & Pierrard 曾将两种教学方法总结为表 7-3。[1]

表 7-3　显性与隐性教学的区别

显性教学	隐性教学
有目的地将注意资源引导到目标结构	尽量将注意资源吸引到目标结构的应用
有事先策划、有计划、有目标进行的专门教学活动	与语言交际同时进行的随机性教学活动

---

[1] Housen, A. & Pierrard, M. *Investigating Instructed Second Language Acquisition*. Mouton de Gruyter, 2005.

(续表)

显性教学	隐性教学
以教学目标结构为重,必要时可以随时调整、干预	以不打断交流为原则,对意义交际的干预为最小限度
教学活动的重点是目标结构;结构使用为重,交际场合为辅	交际活动包含目标结构但不突出;交际场合为重,结构使用为辅
使用元语言解释,如规则讲解等	不使用任何元语言解释,如规则讲解等
对目标结构进行有重点、有目标、可控制性练习	鼓励目标结构的自由使用

根据 Ellis 的解释,隐性教学设计的关键是尽量吸引学习者将注意资源投入到目标成分上,辅助二语学习者顺便、随机学习。[①]方法是注意导向主要集中在语言意义交际的同时,将某些注意资源间或引导到语言结构或规则上。其目的是让学习者在自然交际中(如阅读或写作),在无规则讲解的情况下,通过大量的交际实例,注意到并推导出语言规则。其结果是帮助学习者通过范例、语言的规律性、出现频率等下意识地习得语言规则。这里值得注意的是,教师的隐性教学不等于学习者的隐性学习,也不一定能保证所教内容都可直接转换为学习者的隐性知识。隐性教学在方法上包括:语义为中心的课堂教学或泛读中对一些事先选定的句式、词汇的随机记忆。例如输入加强中常用的文字性加强包括两种方法,一种是大剂量输入,即在教学或阅读中使用大剂量的目标结构,通过高频重复和大量范例来引起学习者的注意和学习;

---

① Ellis, R. Form-focused Instruction and the Measurement of Implicit and Explicit L2 Knowledge. Rebuschat, P. (ed.) *Implicit and Explicit Learning of Languages*. John Benjamins, 2015.

另一种是结构凸显,即对出现的目标结构用特殊视觉或听觉方式凸显出来,如加黑、上色、画底线、提升声调、放慢语速、清楚吐字等手段凸显目标结构。两种教学方法的同一目标是将学习者的"选择性注意",也就是一种刻意性注意,[1]引导到事先选择好的目标结构或目标结构的关键部分上。在教学方法上,研究者们也常将交际性语言结构练习和任务教学作为两种典型的隐性教学法。

显性教学的形式非常多样化,关键是如何有目的地将学习者的注意资源引导到目标成分上,让学习者在有意识的情况下学习二语规则。在不同理论流派的影响下,多数显性教学都涉及两个问题:显性信息的作用及练习的不同形式。可以归为显性教学的方法很多,本节重点介绍三个相关的教学法。第一种是3P教学法(Presentation-Practice-Production:PPP),即呈现、练习、表达三段论教学程序,其理论基础是DeKeyser提出的技能学习模型,倡导二语学习是显性知识与隐性知识相结合的过程。[2]DeKeyser指出,这种教学法有其使用价值,因为可以引起学习者对规则的注意。虽然学习者所获知识未必是真正的隐性知识,但也可以是一种加速获得的陈述性知识。[3] 第二种是综合显性教学法,

---

[1] 本节将选择性注意与有意注意等同起来。
[2] DeKeyser, R. Beyond Focus on Form: Cognitive Perspectives on Learning and Practicing Second Language Grammar. Doughty, C. E. & Williams, J. (eds.) *Focus on Form in Classroom Second Language Acquisition*. Cambridge University Press, 1998.
[3] DeKeyser, R. Implicit and Explicit Learning. Doughty, C. J. & Long, M. H. (eds.) *The Handbook of Second Language Acquisition*. Blackwell, 2003.

主要由Lightbown等倡导。[1]这种方法强调使用一种快速规则讲解，将显性教学穿插于交际练习活动中。倡导者认为，这种方法让学习者在学习时把信息认知处理过程变得更为主动、活跃，并在提取及记忆阶段仍然维持同样程度的活跃性，以便有效记忆学过的信息。第三种是系统功能教学法，是由Gal'perin倡导的一种三步显性教学方法。[2] 系统功能教学法的三步教学强调：第一，语言教学要在一个主题相关的单元中系统组织、呈现语言规则；第二，在教学中教师要提供大量与目标结构相关的范例；第三，要求学习者能够对目标结构进行文字陈述及解释。由此可见，显性教学的关键在于如何帮助学习者从语言规律着手，利用显性、陈述性知识学习第二语言。到目前为止，在显性与隐性教学的区分上，学者的意见仍然不统一。有的学者认为，文字性加强是显性加强，因为关键结构非常突出。但也有学者认为，没有规则讲解的教学活动都不算显性教学。在分析、比较不同教学法时，这一因素应考虑在内。

毋庸置疑，纠错反馈是与显性、隐性教学相关的另一个课上环节，也是显性、隐性教学最重要的组成部分。这是因为纠错反馈有三个重要作用：一是能够促使学习者对语言形式投入注意；二是辅助他们对错误表达及母语的正确形式进行认知比较；三是推动学习者不断调整对二语的假设，使用正确表达形式。纠错反

---

[1] Lightbown, P. M. Transfer Appropriate Processing as a Model for Classroom Second Language Acquisition. Han, Z. & Park, E. S. (eds.) *Understanding Second Language Process*. Multilingual Matters, 2008.

[2] Gal'perin, P. Y. Organization of Mental Activity and the Effectiveness of Learning. *Journal of Russian & East European Psychology*, 1989(27).

馈的讨论通常包括纠错技巧和纠错过程。就技巧而言，Lyster 分为两大类：一类是在输入上做文章的"输入提供性"反馈，另一类是控制输出的"输出提示性"反馈。两种技巧都有显性和隐性方式。例如，输入提供包括隐性的对话重述，即在对话中重复错误部分的澄清性提问（见例1）；显性纠错反馈技巧包括：具有教学提示作用的重述（见例2）、直接纠错、直接纠错加规则解释（见例2）。[1]

（1）学生：*我的父母不明白我的想法。
　　教师：你的父母不理解你的想法吗？
（2）学生：*我的父母不明白我的想法。
　　教师：你的父母是不理解还是不明白你的想法？（突出强调关键词）这里不能说"明白"，要说"理解你的想法"。

输出提示性纠错反馈也有显性和隐性两种。隐性包括要求重复、要求说明等，显性包括规则性提示（见例2后半部分）、引导性要求（如"什么意思？""是……还是……？"等）、非语言动作提示（如摇头、手势提示、板书提示等）。表7-4是对两种反馈的总结。

表7-4　不同类型的纠错反馈技巧

种类	显性	隐性
输入提供	教学式重述 直接纠错 直接纠错 + 规则解释	对话重述

---

[1] Lyster, R. & Saito, K. & Sato, M. Oral Corrective Feedback in Second Language Classrooms. *Language Teaching*, 2013(46).

(续表)

种类	显性	隐性
输出提示	规则性提示 引导性要求 非语言提示	要求重复 要求说明

总之,显性与隐性的认知研究包括学习过程、知识结构以及教学方法。这三个方面都对二语、汉语的实证研究及课堂教学意义重大,我们将在下一部分继续讨论。

三 显性与隐性认知的二语及汉语实证研究

这一部分的内容主要是围绕以上提出的三个核心问题,回顾、反思二语及汉语领域对显性与隐性学习、知识、教学的实证研究,其中包括研究重点、实验结果及对二语学习的启示。每一小节都将从二语这一大的领域出发讨论、总结实证研究的成果,然后由此回顾汉语习得领域的研究课题及成果。有必要指出,本部分讨论的显性、隐性的学习与知识是从学习者的角度出发考量,而显性与隐性教学则是从二语教学者、学习者学习的外在因素这两个角度考量。

(一)二语和汉语领域显性与隐性学习的实证研究

二语和汉语领域对显性与隐性学习的实证研究主要围绕两个核心认知概念展开,即前面提到的学习者意识程度和学习意图/目的。研究主要集中在比较顺便学习与有意学习及其在二语学习中的有效性方面。其中,Ellis、Rosa & O'Neil、Gass *et al.* 的实证研究对这一领域做出了重要贡献。[1] 这些研究者发现，尽管无意识的顺便学习是有可能的，尤其是简短的词汇学习，但是有清楚目标的显性学习一般较顺便学习更为有效。此外，Doughty 与 Shook 的实验研究还表明，或许学习目标是一个因素，但是在何为中心（即意义为中心还是形式为中心）的学习上，这两种学习的结果并没有差别。[2] Robinson 在他的实验研究中发现，尽管显性学习习得简单规则（如主谓倒装）的成绩可以超过隐性学习，但是在复杂结构（如假性嵌套句）的学习上并没有优势。[3] 该实验为二语教学提供了一个证据，即显性学习的有效性并不是万般皆准，而是有其择选性，对有的二语学习较为有效，有的则不然。同样，Gass 发现，目的性、显性不一定是学习唯一的决定性因素，对目标结构的注意导向也可以影响显性学习的效果。[4] 在实验中，注意组（有规则解释的输入加强）的学习成绩超过非注意组。

在汉语习得领域，相关的显性与隐性学习研究大多数集中在

---

[1] Ellis, N. Rules and Instances in Foreign Language Learning: Interactions of Explicit and Implicit Knowledge. *European Journal of Cognitive Psychology*, 1993(5); Rosa, E. & O'Neill, M. D. Explicitness, Intake, and the Issue of Awareness: Another Piece to the Puzzle. *Studies in Second Language Acquisition*, 1999(21); Gass, S. & Svetics, I. & Lemelin, S. Differential Effects of Attention. *Language Learning*, 2010(53).

[2] Doughty, C. Second Language Instruction Does Make a Difference. *Studies in Second Language Acquisition*, 2008(13); Shook, D. J. FL/L2 Reading, Grammatical Information, and the Input-to-Intake Phenomenon. *Applied Language Learning*, 1994(5).

[3] Robinson, P. Learning Simple and Complex Second Language Rules Under Implicit, Incidental, Rule-search, and Instructed Conditions. *Studies in Second Language Acquisition*, 1996(18).

[4] Gass, S. & Svetics, I. & Lemelin, S. Differential Effects of Attention. *Language Learning*, 2010(53).

第二节　汉语作为第二语言实证研究纵观：显性与隐性学习、知识、教学

随机顺便学习上。我们知道，顺便学习是一种隐性学习。汉语的隐性学习实证研究又都集中在汉字及词汇的习得上。

汉字习得层次的研究主要考察学习者在没有正式学习过汉字部件的情况下，是否能从随机汉字的辨识中提取部件规则信息。Wang 通过两个实验对这一问题进行考察。[1] 研究者要求 15 名汉语初级学习者辨识 80 个汉字和 80 个非字。对真字控制汉字频率（高频或低频字）和字形结构（独体或合体字）；对非字控制部件形式和位置的规范性（共四类：正确部件 + 正确位置；正确部件 + 不正确位置；不正确部件；符号）。结果显示，汉语初级学习者在没有接受汉字教学的情况下，可正确判断超过 90% 的真字；在对非字的判断中，由"正确部件 + 不正确位置""不正确部件""符号"组成的非字，判断正确率也均超过了 90%，只有由"正确部件 + 正确位置"组成的非字，正确率为 50%。这些数据显示出汉语初级学习者具备检测部件规范性和位置构成的能力，说明学习者对汉字的结构特征进行了概率与联系学习，这些都是人类本能的隐性学习过程。这一结果与 Wang 的结果一致。[2]

为进一步考察学习者对汉字部件功能的习得情况，研究者要求同样的学习者根据部件的意义线索推导 18 个陌生合体字的意义。研究者假设，由于学习者接触的汉字、部件规则十分有限，不一定能成功推导出汉字的意义。实验结果与预期一致，对汉语

---

[1] Wang, M. & Liu, Y. & Perfetti, C. A. The Implicit and Explicit Learning of Orthographic Structure and Function of a New Writing System. *Scientific Studies of Reading*, 2004(8).

[2] Wang, M. & Perfetti, C. A. & Liu, Y. Alphabetic Readers Quickly Acquire Orthographic Structure in Learning to Read Chinese. *Scientific Studies of Reading*, 2003(7).

初级学习者而言,利用部件线索推导汉字意义十分困难,表现为不做意义推导、直接放弃(选择放弃回答"no answer"),这包括83%的低频部件汉字及86%的高频部件汉字,其余少量进行尝试的也不成功。这说明,单纯的概率学习、联系学习只能帮助初级学习者推导汉字结构位置规则,并不能有效推导意义。郝美玲采用类似的实验方法对三个阶段的学习者(初级上、初级下、中级)进行比较,进一步证实并扩展了 Wang 的结论,即学习者在初级阶段可通过概率和联系性隐性学习推导出部件的位置概率,进而应用于辨识汉字,但意义推导的能力也许需要较长时间的隐性学习逐渐形成。①

汉语词汇习得层次的研究主要考察学习者阅读时顺便词汇学习的效果,以此论证隐性学习的有效性。钱旭菁将 20 个目标生词中的 10 个编入文章中,每个词在文章中的出现频率为 1 到 3 次不等。28 名学习者阅读文章后,在未被提前告知的情况下,参加了两次词汇测试,要求写出 20 个目标生词的意义。结果显示,10 个随机出现在文章中的词汇在两次测试中的正确率分别是 19.29% 与 6.07%,而其余 10 个未出现在文章中的词汇的学习效果为 1.43% 与 0%。研究者声称,学习者通过阅读确实能够顺便学习部分生词,虽然成功率不高,但有一定的后续效应,反映在后续测有 6% 以上的正确率。② 朱勇、崔华山以 19 名汉语中级学

---

① 郝美玲《留学生汉字正字法意识的萌芽与发展》,《世界汉语教学》2007 年第 1 期; Wang, M. & Liu, Y. & Perfetti, C. A. The Implicit and Explicit Learning of Orthographic Structure and Function of a New Writing System. *Scientific Studies of Reading*, 2004(8).

② 钱旭菁《汉语阅读中的伴随性词汇学习研究》,《北京大学学报》(哲学社会科学版)2003 年第 4 期。

习者为研究对象,重复了钱旭菁的实验,并以词汇为单位,对学习者的词汇测试结果进行了统计。研究发现,出现在文章中的10个生词的掌握度在5.88%到58.33%之间。[①]这进一步说明,词汇顺便学习的效果因学习者或学习内容的不同而有差异,但总体而言,在一定程度上可以辅助汉语词汇学习,并且是有效的。

靳洪刚的实验扩展了词汇顺便学习的实验操作方法。在此实验中,学习者除了阅读文章以外,还通过理解诠释、信息交换、自由表达等方式多次、多形式地进行词汇顺便学习。其具体程序如下:研究者把800字的故事阅读材料一分为二,在每一部分加入6个非熟悉词汇和1个非熟悉结构,分别发给20名学习者。其中十名阅读故事的前一半,其余十名阅读后一半。之后两名阅读内容不同的学习者组成一组,进行信息交换,并在未听懂时,进行语义协商。最后,所有学习者将所听到的故事写成文字。三周以后,研究者在未预先通知的情况下进行词汇测试,让学习者在规定时间内写出14个非熟悉成分的汉字、英文意义及一个相应例句。结果显示,通过听故事和写故事,学习者顺便学习到60%的不熟悉成分,而通过讲述故事学习到的新成分可达到81%。文章认为,通过理解、表达、语义协商等重复方式可以让学习者在信息交换的任务中顺便学习新的语言成分,其中通过表达完成的顺便词汇学习似乎较其他方式效果更为突出。[②]以上实验虽然可以证实词汇顺便学习,但是这种顺便学习是否可以归为

---

① 朱勇、崔华山《汉语阅读中的伴随性词汇学习再探》,《华文教学与研究》2005年第2期。

② 靳洪刚《任务复杂度及其互动、输出效应》,*Journal of the Chinese Language Teachers Association*, 2010(45).

隐性学习还有待进一步实验证实。

吴门吉、陈令颖对词汇的有意学习与顺便学习的效果进行了比较研究。五名来自东南亚的汉语初级学习者分八次对六个词语进行学习，其中两名进行显性有意学习，即背诵词汇表，其余三位进行隐性学习，即以理解文章内容为主要目标的顺便词汇学习。其后八次的测试成绩显示，有意学习组的成绩普遍高于顺便学习组，以最后三次测验为例，前者成绩在 16～18 分之间，后者在 14～16 分之间。有意学习组在开始阶段优势明显，经过两次学习，取得了 16 分的成绩；而顺便学习组的成绩仅介于 4～8 分之间。另外，比较两组的成绩曲线发现，有意学习组的成绩符合练习的幂定律（power law of practice），三天后达到稳定阶段，而顺便学习组成绩均呈波浪状上升趋势。以学习者 2-2 为例，其八次成绩为 0、6、16、8、16、12、17、13 分。[①] 这项研究的结果须小心引证，因为被试取样实在太小。

从以上二语和汉语的实证研究来看，隐性、顺便学习是可能的，尤其是在简短的汉字和词汇层次上的学习。但是有更多的证据证实，有意的、显性学习的效果似乎更为显著。到目前为止，很少有实验研究可以证实隐性或顺便学习较显性学习更为有效。汉语习得领域在学习过程方面的控制性实验室实验还为数不多，需要在数量及质量上进一步提升，特别是汉语语法或篇章层次的研究，亟待研究者填补空缺。

---

① 吴门吉、陈令颖《词汇刻意学习与伴随性学习的比较研究——以初级水平东南亚汉语学习者为例》，《华文教学与研究》2012 年第 3 期。

（二）二语和汉语领域显性与隐性知识的实证研究

对于显性与隐性知识的研究，主要基于一个假设，即学习者大脑中的显性知识可以通过测量学习者对某一语言规则的文字陈述能力而确定，而隐性知识则可通过观察、评估学习者在书写或口语表达过程中的语言行为而确定其使用能力。因此，研究者在实验中往往使用改错法与之前提到的文字陈述法来研究两种知识。例如，Green & Hecht 在实验中让 300 个以德语为母语的英语学习者改正句中语法错误，并用文字说明语法错误违背了什么规则。结果发现，尽管二语学习者可以改正 78% 的语法错误，但能够用文字说明错误违背规则的只有 46%。[①] 这一研究表明，改错能力并不能反映学习者具备陈述目标结构的所谓显性知识。Hu 调查了 64 个以汉语为母语的英语学习者在自然写作中对六种语法规则的使用正确率，以及学习者是否具有陈述六项规则的显性英语知识。结果发现，要求学习者用文字陈述语法规则，可提高目标规则使用的正确率，特别是在第二轮写作任务中，语言规则使用正确率达到最高。[②] 很显然，学习者的二语改错或使用能力超过其元语言陈述规则的能力。当引导学习者注意语言形式时，他们似乎可以更好地利用已有元语言知识。这里值得提出的问题是，是否元语言规则陈述能力就是语言学习中所表现的显性知识，而改错能力是否能够反映隐性知识？这些理论问题仍无定论，还

[①] Green, P. S. & Hecht, K. Implicit and Explicit Grammar: An Empirical Study. *Applied Linguistics*, 1992(13).

[②] Hu, G.-W. Psychological Constraints on the Utility of Metalinguistic Knowledge in Second Language Production. *Studies in Second Language Acquisition*, 2002(24).

需进一步探究。

在汉语习得领域，到目前为止，少数研究者使用文字陈述法探索汉语学习者大脑中的显性与隐性知识，多数研究者仍然采用语言行为测试考察汉语学习者学习汉字及语法的知识。

就汉字习得而言，研究主要集中在学习者对汉语书写系统的知识及意识的发展上，考察标准是学习者能否对汉字部件进行辨识、提取或组合。研究假设，如果学习者能够成功完成汉字部件辨识任务，则表明学习者已经具备一定的汉语书写系统的规则/知识。除了上文提到的 Wang et al. 和郝美玲、江新、鹿士义、张金桥、刘婷雁等也从不同角度考察了汉语学习者汉字书写系统知识的发展过程。[1] 江新的实验证实，初学汉语的美国大学学习者对汉字书写系统的结构规则性有一定的敏感度，但只限于上下结构的汉字。[2] 而在张金桥的一项类似研究中，印尼华裔学习者主要表现出对左右结构的书写系统规则更为敏感。[3] 两个实验说明，

---

[1] Wang, M. & Liu, Y. & Perfetti, C. A. The Implicit and Explicit Learning of Orthographic Structure and Function of a New Writing System. *Scientific Studies of Reading*, 2004(8); 郝美玲《留学生汉字正字法意识的萌芽与发展》，《世界汉语教学》2007年第1期；江新《初学汉语的美国学生汉字正字法意识的实验研究》，赵金铭（主编）《对外汉语研究的跨学科探索——汉语学习与认知国际学术研讨会论文集》，北京语言大学出版社2003年版；鹿士义《母语为拼音文字的学习者汉字正字法意识发展的研究》，《语言教学与研究》2002年第3期；张金桥《印尼华裔留学生汉字正字法意识的形成与发展》，《语言文字应用》2008年第2期；刘婷雁《汉语学习者汉字构形意识的发展研究》，《云南师范大学学报》（对外汉语教学与研究版）2013年第6期。

[2] 江新《初学汉语的美国学生汉字正字法意识的实验研究》，赵金铭（主编）《对外汉语研究的跨学科探索——汉语学习与认知国际学术研讨会论文集》，北京语言大学出版社2003年版。

[3] 张金桥《印尼华裔留学生汉字正字法意识的形成与发展》，《语言文字应用》2008年第2期。

二语学习者对汉字的书写结构有一定的敏感性，这些知识均来自学习者对汉字部首规律性及出现频率的观察和归纳。但是对不同学习者来说，即使母语和目的语同属拼音文字，对汉字结构的敏感取向也有所不同（上下或左右结构），而且需要更多的实验来证实这一结果。鹿士义以83名以学习年限划分的初、中、高级学习者为研究对象，考察了汉语书写系统知识与意识的发展与汉语语言水平的关系。[①] 考察方法是，让学习者判断三种常见汉字结构的真、假、非字。结果显示，只有高级学习者才表现出根据部件的音义线索来猜测陌生汉字的意义和发音的能力，说明汉语书写系统知识与意识的发展是一个长期的过程。刘婷雁的研究考察了学习者汉字的识别与书写能力。[②] 汉字识别包括判断部件形式和位置是否规范，汉字书写包括使用部件组合汉字及补全汉字缺失部分。实验结果充实和发展了郝美玲的结论，即学习者部件位置知识/意识的发展早于部件功能知识/意识。[③] 该研究还发现，对非汉字圈的学习者而言，汉字识别早于汉字书写；而对汉字圈的学习者而言，两者发展无显著差别。此结论在李利、李璇和奥烈霞的实验中再次得到证实。[④]

从以上实验可知，学习者汉字书写系统知识的发展与汉字结

[①] 鹿士义《母语为拼音文字的学习者汉字正字法意识发展的研究》，《语言教学与研究》2002年第3期。

[②] 刘婷雁《汉语学习者汉字构形意识的发展研究》，《云南师范大学学报》（对外汉语教学与研究版）2013年第6期。

[③] 郝美玲《留学生汉字正字法意识的萌芽与发展》，《世界汉语教学》2007年第1期。

[④] 李利、李璇、奥烈霞《汉语水平与母语背景对留学生汉字正字法意识的影响》，《心理研究》2014年第6期。

构特点、汉字频率、语言背景（汉字圈与非汉字圈，拼音文字与表意文字）、语言水平等因素相关。此外，学习者汉字结构知识的发展似乎早于语义知识。值得注意的是，这些实证研究仅是对汉语学习者汉字书写系统知识/意识的发展过程进行描述，都没有明确区别这些知识属于隐性还是显性知识，因为大多实验对所谓的汉字书写系统或部件知识都没有采用"文字陈述法"或其他实验方法进行检验。因此，我们认为，无论何种结论，在没有经过文字陈述法或其他方法检验以前，都不能确定这类知识为显性还是隐性。

就语法知识而言，汉语研究者主要以学习者是否能够解释具体的语法规则为标准，来区别学习者获得的是显性还是隐性语法知识，并通过获得学习者显性与隐性语法知识的数据，讨论语法知识与学习效果的关系。从这一点出发，可以说汉语研究者开始尝试使用接近"文字陈述"的实验方法探索显性与隐性知识。Elder & Manwaring 调查了学习者汉语元语言知识与学习效果的关系。[①]根据学习者的学习经验，将91名汉语中级学习者分为两组：A组57人，虽曾学过四至六年的汉语，但没有接受过正式、系统的语法规则讲解，水平为中级；B组34人，语言水平与A组相当，不同在于其汉语学习始于大学，且每周六分之一的汉语课由教师进行显性语法知识介绍和练习。实验采用两种测试，学期初进行元语言知识测试，学期末进行口试和笔试，以检测学习结果。其中，汉语元语言知识测试包括两部分，第一部分的第一题

[①] Elder, C. & Manwaring, D. The Relationship Between Metalinguistic Knowledge and Learning Outcomes Among Undergraduate Students of Chinese. *Language Awareness*, 2004(13).

第二节 汉语作为第二语言实证研究纵观：显性与隐性学习、知识、教学 425

要求学习者对两个长句进行句法描述。比方"手机坏了"中"手机"是名词，"坏"是形容词/状态动词，"了"是助词；第二题要求学习者识别一组短句中哪些成分是主语、谓语、宾语、话题、评论。第二部分要求学习者修改错句并用英文解释语法规则。测试结果如下：第一，元语言知识测试显示，所有参与实验的学习者的平均正确率只为 34.7%，且学习者个体差异明显。表现为：305 分的总分，最高分 271 分，最低分仅 5 分。分项比较发现，改错的正确率最高，为 43.9%，比规则解释高出了 13 个百分点。这一结果与 Green & Hecht 的实验结果[①]相似，两项研究的结果均显示，学习者语法的改错能力往往优于元语言规则陈述能力；第二，比较两组元语言测试成绩与期末学习成绩发现，B 组学习者显性语法知识测试成绩与学习成绩呈正相关，而 A 组学习者两个测试之间的关系不明确。从这一实验可以看出，汉语语法的元语言显性知识似乎与显性教学有一定的关系，也与汉语学习效果有一定的正相关度。但以上实验方法是否确实测量了学习者的元语言知识仍有待商榷，需要重复实验或采取其他实验方法进一步证明、检验。

靳洪刚、章吟比较了 39 名中级和高级汉语学习者纠错辨识及对错误的分类及文字描述能力。实验让学习者观看 30 分钟教学录像，其中包括 76 例纠错片段。学习者一边看录像一边辨识教师的纠错片段，其后使用文字对录像中学习者的错误陈述错误原因或语言规则。结果发现，参与实验的学习者能够使用文字叙述的错误不到 30%。这项实验证实，学习者的纠错辨识能力不一

---

① Green, P. S. & Hecht, K. Implicit and Explicit Grammar: An Empirical Study. *Applied Linguistics*, 1992(13).

定代表获得规则的显性知识。[①] 这项实验也是汉语领域少数几个使用"文字陈述法"对显性知识进行调查的研究,其结果为二语研究领域提供了汉语方面的证据。

不难发现,汉语研究者已经开始尝试探究汉语学习者的显性和隐性语言知识。从以上研究来看,在汉字和句法层次上,显性与隐性知识的区别仅直接或间接地从元语言层面探讨。迄今为止,元语言知识如何确定,是否表现为所谓的显性知识,证据仍显薄弱。此外,在方法论上,许多实验还没有采用测量显性知识的科学方法,如"文字陈述法"或现代科技,如眼动仪、脑成像技术等不同测量方法。显性和隐性知识作为一种学习结果,是连接显性、隐性学习与教学的桥梁。然而,三者的关系究竟如何,还需要大量的研究。

(三) 二语和汉语领域显性与隐性教学的实证研究

显性与隐性教学的实证研究主要来自三个方面,一是调查、比较不同的显性与隐性教学方法及其有效性;二是通过超实验集合分析找到显性与隐性教学的效果量,三是分析课堂中不同显性和隐性反馈纠错方法的有效性。下面我们分别对这三个方面的研究进行综合讨论。

1. 显性与隐性教学的比较研究

在探索二语教学的有效性方面,Harley 调查了 319 名法语为二语的加拿大 6 年级学习者,通过 3P 教学法学习法语动词时态。[②]

[①] 靳洪刚、章吟《对外汉语纠错反馈研究的单位界定及过程分解分析》,*Journal of the Chinese Language Teachers Association*, 2014(49).

[②] Harley, B. Functional Grammar in French Immersion: A Classroom Experiment. *Applied Linguistics*, 1989(10).

实验组不但在呈现阶段接受显性语法解释，而且在练习阶段进行交际练习；控制组不提供前两段教学，只接受表达练习。结果显示，实验组测试成绩的各个方面都超过控制组。实验证实了 Dekeyser 提出的技能学习理论，即呈现阶段的显性语法知识与交际练习相结合能引起学习者对规则的注意，让学习者获得一种陈述性的知识。Spada *et al*. 通过观察学习者的被动语态习得，对综合显性教学法的有效性进行了调查。[①] 学习者分为两组，A 组的显性语法解释放在交际练习之前，B 组的显性语法解释放在交际练习当中完成。测试采用改错及口语表达，检验学习者被动语态的习得情况。测试结果显示，两种教学方法似乎都有效。A 组的改错成绩好于 B 组，即显性语法解释在先、交际练习在后的改错效果好于将显性语法解释放在交际练习当中完成。但是口语表达的成绩则恰恰相反，B 组好于 A 组，说明自由表达中的随机语法解释对口语表达更为有效。这类实验仍需进行多次重复实验方能得出定论。

从汉语习得领域看，近年亦有一些与二语实验类似的实验设计，来比较隐性与显性教学方法的效果。研究重点是考察不同教学方法在汉字、词汇、语法及篇章习得中的有效性。以下是这四种实验的文献总结。

就汉语的汉字教学来看，Taft & Chung 考察了部件显性教学的作用、时机和效果。40 位汉语初级学习者随机分为 4 组，学习由 16 个部件组成的 24 个左右结构的汉字，所有生词都以"汉字＋英文"的形式出现三次。其中三个实验组采用部件显

[①] Spada, N. & Jessop, L. & Tomita, Y. & Suzuki, W. & Valeo, A. Isolated and Integrated Form-focused Instruction: Effects on Different Types of L2 Knowledge. *Language Teaching Research*, 2014(18).

性教学，不同在于教授部件知识的时间分别为：先于汉字学习、与汉字学习同时、晚于汉字学习。对照组不单独教授部件相关知识。之后进行的即时后测与一周后的后续测要求学习者写出汉字的英文意思。两次测试结果均显示，部件教学与汉字学习同时进行的学习者成绩最高，对照组成绩最低。值得注意的是，部件学习晚于汉字学习的学习者在即时后测中的成绩远低于其他两个实验组，但从后续测的成绩来看，其保持汉字信息的能力与其他两个实验组相当，均高于对照组。研究者认为，使用显性教学手段培养学习者部件意识可促进汉字的形义匹配，但是教学时机同样非常重要，尤其是将部件教学安排在与汉字学习同时进行，效果最佳。[1]Kuo采用在线教学技术，比较了隐性和显性教学对成人及儿童初级汉语学习者教学的效果。实验结果显示，从37个汉字的学习效果来看，显性教学组都好于隐性教学组，与学习者年龄无关。[2] 此外，无论什么教学，成人的成绩都好于儿童。这一结果部分支持了 Spada et al. 的研究结论。[3]

  Dunlap 的研究则将部件的表义信息引入了实验，用于比较显性和隐性教学的效果。研究者利用在线软件，设计了以28个合体字为教学目标的显性与隐性教学实验。实验根据目标汉字的形

---

[1] Taft, M. & Chung, K. Using Radicals in Teaching Chinese Characters to Second Language Learners. *Psychologia*, 1999(42).

[2] Kuo, L. H. *Improving Implicit Learning and Explicit Instruction of Adult and Child Learners of Chinese*. Unpublished doctoral dissertation. Brigham Young University, 2013.

[3] Spada, N. & Jessop, L. & Tomita, Y. & Suzuki, W. & Valeo, A. Isolated and Integrated Form-focused Instruction: Effects on Different Types of L2 Knowledge. *Language Teaching Research*, 2014(18).

旁与汉字意义的相关性将目标汉字分为相关组与无关组。例如，目标汉字"明""晚""早"均与形旁"日"意义相关，故为相关组，而由"辶"构成的汉字均与形旁意义无关，故为无关组。实验设计采用抵消平衡法，让两组学习者在目标汉字学习中，一半接受显性教学，即在教学中对形旁进行凸显和解释，一半接受隐性教学，即只有汉字音形义的展示。结果显示，从即时效果看，隐性教学效果似乎好于显性教学；但就延时效果而言，显性教学的优势较为明显。同时，部件意义与汉字的相关度越高，学习效果越好。研究者认为，部件意义线索不一定容易被学习者注意到，特别对于母语是拼音文字的学习者，他们需要首先注意到部件与汉字的组合关系及其表义作用，其后方可用于解码汉字。因此，在教学中凸显部件及其与汉字的联系，学习者也许可以利用这类显性教学学习汉字，并推导至其他汉字的学习上。[1]

就汉语的词汇教学来看，洪炜采用前测、教学处理、后测及后续测的实验设计，比较了教师在近义词辨析时所使用的不同程度的显性教学及教学效果。63名学习者被随机分为两个实验组和一个对照组，在前测成绩无显著差异的情况下开始接受教学处理。实验组采用两种不同程度的显性教学手段：实验一组为直接教学，即教师为学习者直接解释10组近义词的异同，并配以相应例句；实验二组为启发式教学，即在学习者完成选词填空的练习后，由教师公布答案，并引导学习者比较例句，自我发现差异点，加以

---

[1] Dunlap, S. & Perfetti, C. A. & Liu, Y. & Wu, S.-M. *Learning Vocabulary in Chinese as a Foreign Language: Effects of Explicit Instruction and Semantic Cue Reliability*. Avaiable at http://www.pitt.edu/~perfetti/PDF/Dunlap Learning Vocabulary.pdf. 2011.

概括。对照组对近义词差异不做任何显性教学处理，但为学习者提供含有目标近义词的例句。后测结果显示，实验一组、二组的正确率分别为 81.18% 和 85.73%，远高于对照组（56.75%）；同样，后续测结果显示，实验一组、二组的正确率为 72.86% 和 79.56%，高于对照组（60.18%）。对比两个实验组也发现，较为隐性的发现式教学效果优于显性的直接教学。研究者认为，汉语近义词的显性辨析在教学中必不可少。启发式教学效果更佳，也许因为这种显性教学法引导学习者进行一种"显性学习+深加工处理"的过程。[①] 孙晓明比较了三种显性教学手段对学习者词汇学习的影响。这三种手段分别是用目标词回答问题、宣布词汇测试和词汇练习。词汇测试结果显示，三种手段均有助于词汇学习，其中使用目标词回答问题的效果最好（M=6.27/10），词汇作业与宣布词汇测试成绩均值分别为 4.47 与 3.6，远高于无显性教学处理组的 2.53。这一实验表明，以上三种显性教学手段都可将学习者的注意引导到目标词汇上，但由于使用目标词回答问题这一手段在引导学习者注意力的同时，让学习者有目的地使用语言进行词汇形式与意义的匹配，因此效果最佳。[②] 以上两个针对显性教学的实验都说明，显性程度不同、意图性不同均可以影响学习的结果。

就汉语的语法教学来看，Wang 从形式与意义两个角度确定汉语初学者的习得难点，并比较了显性和隐性教学的不同教学

[①] 洪炜《汉语作为第二语言的近义词教学实验研究》，《世界汉语教学》2013 年第 3 期。

[②] 孙晓明《任务为导向的留学生伴随性词汇学习研究》，《汉语学习》2012 年第 4 期。

效果。34位汉语初级学习者分为两组，学习形式复杂度较高的"定语从句"及意义复杂度较高的两种否定形式"不/没有"。教学使用两种方法：一种是提供语法解释的显性教学，另一种是提供高频输入的隐性教学。测试包括考察理解能力的翻译和考察表达能力的填空与回答问题。对比两种教学效果发现，显性及隐性教学对否定形式"不/没有"的理解和表达都有效，表现为所有学习者翻译和填空部分的正确率均增长了25%以上；显性教学对定语从句的表达能力有帮助，表现为学习者翻译部分的正确率从前测的62%增长到84.1%；而隐性教学似乎对定语从句的理解和表达均帮助不大，表现为：理解正确率前测为85%，后测为87.5%，输出正确率前测为75.7%，后测为82.4%。两种不同的实验结果证实，两个目标语法点的复杂度不尽相同，显性、隐性教学法的教学效果与语法复杂度及复杂度类型有关系。[1] 这一实验结果与Robinson的研究结果一致，即显性教学对复杂语言结构的习得尤其有效，[2] 而显性或隐性教学则都对意义复杂但结构不复杂的学习有效。[3] Peng采用了相似的实验，比较了课堂中显性与隐性教学法对初级阶段学习者习得简单语法结构（是非问句）和

---

[1] Wang, J. *The Effect of Implicit vs. Explicit Instruction on Learning Form-based vs. Meaning-based Language Features*. Unpublished doctorial dissertation. University of Pittsburgh, 2014.

[2] Robinson, P. Learning Simple and Complex Second Language Rules Under Implicit, Incidental, Rule-search, and Instructed Conditions. *Studies in Second Language Acquisition*, 1996(18).

[3] Doughty, C. Second Language Instruction Does Make a Difference. *Studies in Second Language Acquisition*, 2008(13); Shook, D. J. FL/L2 Reading, Grammatical Information, and the Input-to-intake Phenomenon. *Applied Language Learning*, 1994(5).

复杂语法结构（助词"了"）的效果。[1] 显性教学在此实验中是指讲解语法知识、练习和直接纠错反馈；隐性教学是指语言输入、练习和重述反馈。实验发现，显性教学的即时效果优于隐性教学，且对相对复杂的语法更具优势。

在这里，有必要指出以上两个研究设计对显性与隐性的区分均不够科学化。例如，Peng 的练习是针对目标结构的集中训练，这就减弱了两种教学手段的区别。另外，研究者对难度类型不同的语法选择了不同的测试手段。如 Wang 利用填空考察否定结构的表达能力，而利用回答问题来考察定语从句的表达能力，两种测试存在明显的难度差异，因此实验信度值得推敲。[2]

就汉语的篇章教学来看，邵菁通过三个教学步骤考察显性教学对汉语"人称回指"学习效果的影响。三个显性教学步骤依次为：第一，为学习者提供大量"有效语料"，让学习者自己对比；第二，教师帮助学习者总结规则；第三，练习巩固。经过五次教学处理后进行测试，对比显性教学组和对照组的学习结果。数据显示，两组在理解方面的成绩没有统计意义的差别，但在输出表达方面，显性教学组的成绩优于对照组。这一实验说明，语篇规则的显性教学对篇章层次的一些指称关系的习得具有辅助作用，但具体哪些因素辅助"人称回指"的习得并不十分清楚。[3] Liao

---

[1] Peng, F. Y. *The Effectiveness of Explicit Instruction Versus Implicit Instruction Method on Chinese Grammar Acquisition*. Unpublished master's thesis. University of Massachusetts Amherst, 2015.

[2] Wang, J. *The Effect of Implicit vs. Explicit Instruction on Learning Form-based vs. Meaning-based Language Features*. Unpublished doctorial dissertation. University of Pittsburgh, 2014.

[3] 邵菁《"认知功能教学法"人称回指教学实验》，《世界汉语教学》2013 年第 4 期。

的实验比较了显性与隐性教学对致歉功能学习的影响。实验为两组学习者提供四次 20 分钟的教学处理。显性教学组的四次教学处理重点分别为：第一次对比讲解四种中文致歉方式，并提供范例；第二、三次使用视频等真实语料，强化不同致歉方式的特定语境，同时教师提供直接反馈，告知学习者使用特定致歉方式的原因，最后由学习者进行角色扮演；第四次教师讲授致歉策略，并与学习者共同完成模拟致歉练习。隐性教学组使用同样的教学大纲及材料，不同之处在于无元语言规则教学，所有规则讲解的部分，都由大剂量输入、讨论等形式替代。教学处理前后各有一次语篇补全测试：测试给出 20 个交际场景，要求学习者根据实际场合选择使用恰当、地道的表达方式完成交际任务。两位教师采用五度评价法对学习者的回答进行打分。结果显示，教学处理有明显效果（$F=73.61$，$p < 0.0001$），但是显性与隐性组间无统计差别（$F=0.11$，$p=0.7367$）。[①] 需要指出的是，此研究中的教学过程仅以有无明确规则讲解来区分显性与隐性教学，而对其他教学活动的隐性与显性界定不清，因此可能导致课堂教学中显性、隐性教学同时存在，最终影响实验结果。这类实验仍需进行多次重复实验方能得出定论。

以上实验表明，汉语研究者已经开始在语言的各个层次比较显性与隐性的教学效果。但是，目前的研究对两种教学的效果并未得出统一的结论，主要是因为对显性与隐性教学的区分还不够清楚。另外在研究方法上，对显性与隐性教学效果的量化测量还

[①] Liao, Y.-F. *The Effect of Explicit and Implicit Instruction and Native Language Exposure for Advanced L2 Learners in Chinese Pragmatics: Apologies*. Unpublished master's thesis. Brigham Young University, 2014.

不够科学、统一，区分方法还比较单一。

2.隐性与显性教学效果量的超实验集合分析研究

在二语习得研究领域，从21世纪初开始，出现了很多超实验集合分析研究。这种研究的特点是将某个领域内现有的独立、个体研究集合起来进行再分析，以便找到同类实验的效果量。与显性、隐性教学相关的超集合分析实验研究有三个。Norris & Ortega 在69个显性教学实验及29个隐性教学实验的基础上进行了超实验集合分析。其结果显示，显性教学的效果量为1.13，远高于隐性教学的效果量0.54。[1] 根据 Cohen 建立的效果量标准：如果效果量为0.2到0.3，其效度为低度，0.5左右为中度，0.8到无限大为高度。由此推出：隐性教学的效果量为中度，而显性教学的效果量则为高度。[2] 这一结果与前边总结的二语及汉语习得结果大致相同，除了 Dunlap 对汉字部件的即时后测结果。[3] Spada & Tomita 对30个显性与隐性教学实验的分析结果显示，显性与隐性教学均有效。[4] 与隐性教学相比，显性教学能更好地辅助学习者对特定结构进行学习，表现为对简单与复杂结构的显性教学效果量为 0.73～0.88，而隐性教学的效果量为 0.33～0.39。

---

[1] Norris, J. M. & Ortega, L. Effectiveness of L2 Instruction: A Research Synthesis and Quantitative Meta-analysis. *Language Learning*, 2010(50).

[2] Cohen, J. *Statistical Power Analysis for the Behavioral Sciences* (2nd ed.). Erlbaum, 1988.

[3] Dunlap, S. & Perfetti, C. A. & Liu, Y. & Wu, S.-M. *Learning Vocabulary in Chinese as a Foreign Language: Effects of Explicit Instruction and Semantic Cue Reliability*. Avaiable at http://www.pitt.edu/~perfetti/PDF/Dunlap Learning Vocabulary. pdf, 2011.

[4] Spada, N. & Tomita, Y. Interactions Between Type of Instruction and Type of Language Feature: A Meta-analysis. *Language Learning*, 2010(60).

Shintani 对 42 个有关输入处理教学法进行了分析，结果显示，输入处理教学法这一相对显性的教学法在理解测试中，对以表达为主的教学有优势，但在表达测试中并没有优势。分析还发现，如果两组都接受显性规则教学，以表达为主的教学优于输入教学法。这说明，显性教学提供的信息对学习者的表达尤其有帮助。[①] 但是这一类分析的缺憾是语法结构类型较少，后续效应不高，自然语料表达（如口语表达或书面写作等）几乎没有，因此，其结论有待进一步确定。

在汉语习得研究领域，超实验集合分析还是一个新概念。到目前为止，还没有类似的有关研究，更不用说是关于隐性或显性学习、知识及教学的研究。在这一方面，汉语习得研究领域亟待发展。一方面需要利用汉语现有的数据及研究去评估理论模型，另一方面需要找出不同实验在方法论及实验设计上的可以改进之处，最后，还可以为我们指出并扩展今后的研究方向。相信在不久的将来，这样的研究会大量涌现。

3. 显性与隐性纠错反馈的研究

纠错反馈与显性、隐性教学息息相关。在二语习得领域，研究者们对这一主题的研究可以概括为两种：描述性研究及实证性研究。重点一般集中在反馈纠错的种类以及学习者对纠错反馈的反应两个方面。

在纠错反馈的分类上，二语研究者们不但对不同反馈类型进行描述，而且对不同类型纠错的有效性进行了分析。纠错反馈类

---

① Shintani, N. The Effectiveness of Processing Instruction and Production-based Instruction on L2 Grammar Acquisition: A Meta-analysis. *Applied Linguistics*, 2015(36).

型包括以上提到的规则解释、直接纠错、重复、引导性要求解释、澄清事实/语义要求、确定理解、自我修正、重述等。但在有效性上，实验结果并不统一。例如，Chaudron 的实验指出，如果教师的重述锁定在学习者的部分错误，而不是全部，二语学习者容易将教师的纠正部分融入自己的表达中。[1]Brock et al. 发现，利用重述可以让学习者对语法错误做出反应或调整。[2]Lyster & Ranta 的研究显示，重述不易引起学习者的注意。相反，显性引导性反馈较易引起学习者的注意，例如，教师故意表示不明白，而让学习者进行语义澄清，即解释语义，或提出显性引导性要求："我不太明白你的意思。"[3]这些实验结果告诉我们，二语学习者可以利用反馈中的一些信息调整自己的语言。

在对纠错反馈的反应的研究中，研究者们把研究重点放在学习者对纠错反馈的意识及反应两个方面。Oliver 的实验证实，二语学习者能够将 35% 的隐性反馈融入下一步的表达中使用。[4]Mackey et al. 发现，实验中的成人及儿童均可对 25%～45% 的纠错反馈信息做出反应或语言调整。[5]Roberts 的实验证实，

---

[1] Chaudron, C. A Descriptive Model of Discourse in the Corrective Treatment of Learners' Errors. *Language Learning*, 2010(27).

[2] Brock, C. & Crookes, G. & Day, R. & Long, M. The Differential Effects of Corrective Feedback in Native Speaker-nonnative Speaker Conversation. Day, R. (ed.) *Talking to Learn: Conversation in Second Language Aquisition*. Newbury House, 1986.

[3] Lyster, R. & Ranta, L. Corrective Feedback and Learner Uptake. *Studies in Second Language Acquisition*, 1997(19).

[4] Oliver, R. Negative Feedback in Child NS-NNS Conversation. *Studies in Second Language Acquisition*, 1995(17).

[5] Mackey, A. & Oliver, R. & Leeman, J. Interactional Input and the Incorporation of Feedback: An Exploration of NS-NNS and NNS-NNS Adult and Child Dyads. *Language Learning*, 2010(53).

该实验的学习者可以从 94 个显性或隐性纠错反馈片段中辨识出 24%～46% 的教师纠错行为。[1] 但在 Mackey et al. 的实验室研究中，学习者却可以辨识 85% 的显性或隐性纠错反馈。该实验研究者认为，这一数据是根据实验中纠错反馈行为计算的，虽然学习者没有报告，但在其表达中做出了调整，所以实验将此类反应也算为纠错反馈的例证，因此百分比较其他实验高得多。[2] 很显然，这类实验的结论还无法统一，还需更多的实验及重复实验来确定。

在汉语习得领域，研究者对显性与隐性纠错反馈的研究采取了类似二语研究的描述性及实证性研究方法，集中探讨了两个问题：一是讨论不同类型的纠错反馈在课堂上的使用情况，并比较其教学效果；二是考察学习者对纠错反馈的意识及反应。

在纠错反馈的分类上，汉语研究者借鉴了二语研究的反馈类型，进而比较不同反馈的有效性。靳洪刚等使用分组实验的方法，比较了规则解释、自我修正和重述这三种纠错反馈的课堂效果。实验将 33 名汉语初级学习者随机分为三组，学习汉语方式补语。具体做法是，将学习者随机分为三组，每名学习者与一名教师进行一对一教学。在学习者使用方式补语出现错误时，教师按分组提供不同方式的纠错反馈。三次教学处理结束后进行后测，四周后进行后续测。实验结果显示，就方式补语的理解来看，所有学习者在后测、后续测中的成绩均优于前测，

---

[1] Roberts, M. Awareness and the Efficacy of Error Correction. Schmidt, R. (ed.) *Attention and Awareness in Foreign Language Learning*. University of Hawaii, Second Language Teaching and Curriculum Center, 1995.

[2] Mackey, A. & Gass, S. & McDonough, K. How Do Learners Perceive Interactional Feedback? *Studies in Second Language Acquisition*, 2000(22).

且三组之间并未呈现统计意义的差别。这说明,三种反馈方式都显示出一定的教学效果。然而,三组输出练习的成绩具有统计意义的差别,其中自我修正组的成绩最高,重述组其次,最后是规则讲解组。这说明,就汉语方式补语的学习而言,似乎自我修正是一种有效的显性纠错方法,而且具有延时效应。[1] 这也许是因为这种反馈方法引导学习者注意语言形式,并要求学习者主动进行语言调整。

曹贤文、牟蕾的实证性研究比较了重述和自我修正两种纠错反馈的教学效果。实验要求 15 名汉语中级水平学习者观看 4 分钟的短片之后,完成课堂写作。之后,每名学习者参照写作内容即刻进行口头表述。教师对表述中出现的错误分别提供以上两种纠错反馈。后测与后续测内容相同,即要求学习者对自己的课堂写作进行改错。实验结果显示,重述与自我修正这两种纠错方式的短期效果没有统计意义的差别,但自我修正的延时效果似乎好于重述。[2] 这一结果与靳洪刚等的结果部分相符。

陆熙文、高立群考察了实验室条件下,教师对汉语声调错误的重述纠错是否有助于学习者学习声调。实验中,教师分别对四名学习者进行四次辅导,并根据实验设计,对学习者的声调错误提供重述反馈或不提供反馈。实验结果显示,针对声调错误的重述纠错对学习者而言属于显性反馈,表现为:学习者对声调重述纠错非常敏感。另外,凡是接受重述纠错的学习者,在后

---

[1] 靳洪刚、徐明德、侯晓明、高瑛《显性与隐性纠错的教学作用:以方式补语的习得为例》,Paper presented at ACTFL-CLTA annual conference, 2012.

[2] 曹贤文、牟蕾《重铸和诱导反馈条件下语言修正与形式学习的关系研究》,《世界汉语教学》2013 年第 1 期。

测中的成绩明显好于未接受者。[1] 这一研究用汉语的数据支持了 Chaudron 的结论,即针对学习错误部分的重述有利于学习者将纠正部分融入之后的表达中。[2] 需要注意的是,由于参与此实验的学习者实在太少,其结论还需更多实验重复证实。

在对纠错反馈的反应的研究中,汉语研究者同样借鉴二语研究者的方法,重点探讨了学习者对纠错反馈的意识及反应。这类研究的设计为:首先,转写课堂录音或录像;其次,确定反馈片段,进行系统编码、分类;最后,比较纠错实施的不同阶段学习者的反应,并进行统计分析。洪芸的实验结果显示,教师在课堂中会使用多种显性、隐性纠错方式。学习者对教师纠错的理解回应率达到 80%,但是进行了输出调整的只有 54%。其中,学习者更容易注意到直接的显性反馈,而间接的隐性反馈引起的理解回应率相对较低,尤其是重述。[3] 张洋、潘登攀的研究得出了相似的结论,即作为课堂上使用最多的纠错方式,重述的教学效果似乎并不理想,表现为实验中学习者的有效输出调整仅占反馈数的 46.8%。[4] 这两项研究用汉语数据证实,多数情况下,学习者能够意识到教师的纠错行为,但这并不能保证其能够利用反馈中的信息进行输出调整,特别是间接的隐性纠错对错误的针对性不强,不利于学习者定位错误,从而影响纠错效果。

---

[1] 陆熙雯、高立群《对外汉语课堂互动中纠正性反馈对习得的影响》,《世界汉语教学》2015 年第 1 期。

[2] Chaudron, C. A Descriptive Model of Discourse in the Corrective Treatment of Learners' Errors. *Language Learning*, 2010(27).

[3] 洪芸《纠错反馈与理解回应的实证研究》,《汉语学习》2013 年第 6 期。

[4] 张洋、潘登攀《初级汉语课堂教师更正性反馈与学生理解回应有效互动研究》,《华文教学与研究》2015 年第 2 期。

此外，也有少数研究者对学习者的纠错反馈意识及纠错辨识能力进行了考察。靳洪刚、章吟以问卷形式调查了86名不同语言水平的汉语学习者对待纠错反馈的态度，并要求其中39名中、高级学习者观看30分钟的教学录像，之后对录像中出现的71例纠错片段进行辨识。[1] 结果显示，尽管90%的学习者在问卷调查中同意纠错反馈在课堂中的重要性，但参与实验的学习者只能辨识教学录像中56%的纠错片段，且辨识能力与学习者的语言水平无关。这一数据与Roberts的实验结果大致相同。[2] 此外，研究者的数据还证实，纠错中的显性特点并不是唯一引导学习者注意错误以及激活大脑语言知识的因素，认知凸显及对比等其他因素在纠错中同样十分重要，诸如纠错时直接点错（不是……，而是……；应该说……）、锁定错误点（在错误点上加重语气、使用手势、利用板书等）、使用要求改正的明确指导语（你的意思是……？请再说一次！）等。

最后，对于纠错反馈，也有不少学者从不同的领域出发进行超实验集合分析。在教育领域，Hattie完成了23个基于800个研究的集合分析。此项研究结果表明，凡是进行纠错反馈就有0.73的效果量，是各种反馈类型（包括正面反馈、负面反馈、纠错反馈等）中对学习者最有效的一种。[3] Hattie & Timperley还发现，

---

[1] 靳洪刚、章吟《对外汉语纠错反馈研究的单位界定及过程分解分析》，*Journal of the Chinese Language Teachers Association*, 2014(49).

[2] Michael, R. Awareness and the Efficacy of Error Correction. Schmidt, R. (ed.) *Attention and Awareness in Foreign Language Learning*. University of Hawaii, Second Language Teaching and Curriculum Center, 1995.

[3] Hattie, J. *Visible Learning: A Synthesis of 800 + Meta-analyses Relating to Achievement*. Routledge, 2009.

在一个纠错反馈单位中,各个环节、因素的效果量也有不同。如提示的效果量最高:1.10(基于89个研究),反馈其次:0.95(基于4157个研究),加强也不错:0.94(基于19个研究)。[1] 在二语习得领域,Lyster & Saito 基于19个纠错反馈研究的超集合分析证实,提供纠错反馈的效果量为0.75,而不提供纠错反馈的效果量则为0.39。两个研究者还对三种纠错反馈(显性直接纠错、输出引导、重述)的效果量做了进一步分析,结果显示,显性直接纠错的效果量最高,为0.84;其次是输出引导,如要求说明或检测理解等,为0.83;重述为0.53。[2] 值得注意的是:在二语习得领域,大多数的集合分析结果都证实纠错反馈对语法学习的肯定作用。[3] 但是在方法论及实验控制上,许多研究仍有待提高。如教学处理时间过短,控制因素不严格等,因此数据的可靠性有待商榷。

在汉语习得领域,虽然纠错反馈的实验研究已经积累不少,但还没有超实验集合分析来综合汉语的实验结果,这一方面的研究亟待在汉语习得领域开展。此外,教育及二语习得领域的大量

---

[1] Hattie, J. & Timperley, H. The Power of Feedback. *Review of Educational Research*, 2007(77).

[2] Lyster, R. & Saito, K. Oral Feedback in Classroom SLA: A Meta-analysis. *Studies in Second Language Acquisition*, 2010(32).

[3] Russell, J. & Spada, N. The Effectiveness of Corrective Feedback for the Acquisition of L2 Grammar: A Meta-analysis of the Research. Norris, J. M. & Ortega, L. (eds.) *Synthesizing Research on Language Learning and Teaching*. John Benjamins, 2006; Mackey, A. & Goo, J. Interaction Research in SLA: A Meta-analysis and Research synthesis. Mackey, A. (ed.) *Conversational Interaction in Second Language Acquisition: A Collection of Empirical Studies*. Oxford University Press, 2007; Li, S.-F. The Effectiveness of Corrective Feedback in SLA: A Meta-analysis. *Language Learning*, 2010(60).

研究结果应准确、清楚、及时地介绍到汉语习得领域来,从理论、方法、实验设计、研究方向等方面帮助本领域与其他领域接轨,并利用本领域的数据进一步丰富、扩展二语习得领域的研究成果。

总之,从文献回顾可以得知,汉语习得领域在显性与隐性的学习、知识、教学研究方面已经取得了一些可喜的进展。特别是近几年来,越来越多的汉语习得研究者认识到认知研究的价值,开始从事与认知相关的汉语习得研究,以上提到的显性与隐性的学习、知识、教学的实验研究就是很好的例子。但是我们的领域在许多方面刚刚起步,需要与国际接轨。

四 今后的研究方向

我们知道,显性与隐性学习、知识、教学的研究是二语及汉语习得领域的一个不断发展的重要研究分支。本节讨论的许多实证研究问题都还在探索发展中,将来许多研究可能很快超越目前的研究。但将来这个分支领域向哪个方向发展,仍然值得我们思考。下面是我们提出的一些研究方向,供汉语习得研究领域参考,以期推动本领域的不断深入发展。

在本领域的发展方向上,以汉语习得数据为出发点的实证研究及重复研究极为迫切,而且亟待系统发展。这是因为汉语习得领域开始进行显性与隐性认知研究为时甚短,还处在起步阶段,专门研究为数不多。在现有的汉语习得研究中,虽然有一些认知研究或多或少带有一定的显性与隐性认知成分,但是多数还是从传统的语言结构习得角度进行研究,如汉字、词汇、语法,以及对其过程的规律性、描述性总结,而不是从认知处理或学习的角度进行认知测量分析。因此，大脑内在机制的作用，如注意导向、意识程度、工作记忆、信息提取、信息处理、长时记忆等因素并没有考虑在内。为此，本节提出，首先，汉语习得领域需要深度了解显性与隐性系统中三个认知概念（学习、知识、教学）在汉语习得中的表现，例如，显性与隐性的汉语学习过程，特别是具有汉语特点的声调、汉字学习过程，与学习者的语言背景以及与其他语言处理系统之间有什么关系，汉语作为二语的显性与隐性知识结构有什么特点，与其他语言系统有什么相同与不同之处；汉语的显性与隐性教学应在哪些方面与二语研究领域接轨，同时在哪些方面需要摸索自己的新路。其次，汉语习得领域还需要根据汉语习得数据系统界定、区分不同的显性与隐性汉语学习过程、知识结构以及学习条件。在本领域进行统一的界定对下一步的实证研究十分重要。最后，汉语习得领域应开始进行显性与隐性学习、知识、教学的比较研究，将其他语言的数据与汉语数据进行比较、分析，从而更清楚地了解汉语习得过程中显性与隐性系统的发展过程。

在方法论上，汉语习得领域还需要大量借助二语习得领域已经建立的理论框架及实验设计方法，在此基础上进一步探索、发展适合汉语特点的、可操作的测量方法以及新的数据分析方法。例如，如何量化显性或隐性程度，如何测量汉语学习者的"意识""意图"等，如何将这些认知概念转换为可操作、可测量的语言行为测试、文字叙述标准甚至超实验集合分析数据等，如何利用不同测试将认知因素与语言行为联系起来。也就是说，从语言单位的界定到测量单位的确定，都需要汉语习得领域的研究者进行合作，从整体宏观的角度探索研究显性与隐性认知因素的最佳方法论。

在研究质量上，汉语习得领域须借鉴使用二语习得领域的研究设计，不断完善、科学化汉语习得的实证研究。在此基础上，探索新的研究方法，如建立系统的汉语文字叙述标准、汉语超实验集合分析标准、汉语眼动实验研究程序等。此外，在汉语习得界还要提倡、鼓励本领域的研究者从事更多以认知研究为核心的实验研究，进行多种重复实验，以便确定现有的研究结果，并向汉语教学界提供有确凿科学证据的教学启示。

第八章

汉语第二语言学习者语言技能习得研究

第一节 词边界对第二语言学习者汉语阅读的影响[①]

一 引言

阅读理解是以字词识别为基础、包含一系列复杂认知活动的过程。阅读理解的第一步是对视觉信息进行知觉分析，这涉及词汇识别问题。词汇识别是对句子进行句法、语义分析的前提，也是心理语言学研究中关注的核心问题之一。严格意义上的词汇识别应该分为两种：一种是指阅读过程中从视觉信息的接收到心理词典中意义表征的激活、语义的通达；另一种指从书面文本中切分出单个的词来，又称为词切分。在汉语阅读中这二者谁先谁后，抑或同时完成，还有待进一步研究考证。[②]

在拼音文字系统中，单词内的字母紧密排列，不同单词之间存在明显的空格，清楚地标示出词边界，读者完成词切分任务是毫不费力的。而对于汉语文本阅读来说，无论水平方向还是垂直

---

① 本节作者：高珊、江新，原载《语言教学与研究》2015年第4期。
② 李兴珊、刘萍萍、马国杰《中文阅读中词切分的认知机理述评》，《心理科学进展》2011年第4期。

方向的排列，都是以字为单位的，只有字和字之间自然存在的空间，词和词之间并没有任何明显的标示，没有词边界。从信息处理的角度看，如果一个句子包含十个汉字，那么就有九个字边界。因为每个字边界也是一个潜在的词边界，十个汉字的句子从排列组合上可以产生许多个不同的词串，而大部分情况下只有一个词串切分是正确的。词切分的不确定性随着句子长度的增加呈几何倍数增长。词切分看起来十分困难，但实际上汉语读者在阅读没有词边界标注的汉语文本时并没有遇到很大的挑战。以每分钟阅读单词的数量来测量阅读速度，汉语读者和英语读者的阅读速度一样快。[1] 而且，汉语读者和英语读者的回视比率也是相似的。[2] 眼睛回视通常反映了加工的困难，汉语阅读中的眼动也没有表现出额外的困难。[3]

词切分是汉语阅读中的一个必经过程。[4] 汉语母语者阅读时很少遇到词切分的挑战，但汉语第二语言学习者在阅读时常常遇到词切分的困难。研究者和汉语教师关心的一个问题是：通过添加空格标示出明显的词边界，是否会对汉语阅读起到促进作用呢？

---

[1] Sun, F.-C. & Morita, M. & Stark, L. W. Comparative Patterns of Reading Eye Movement in Chinese and English. *Perception and Psychophysics*, 1985(37).

[2] Yang, H.-M. & McConkie, G. W. Reading Chinese: Some Basic Eye-movement Characteristics. Wang, J. & Inhoff, A. W. & Chen, H.-C. (eds.) *Reading Chinese Script: A Cognitive Analysis*. Lawrence Erlbaum Associates, 1999.

[3] Tsai, C.-H. *Word Identification and Eye Movements in Reading Chinese: A Modeling Approach*. Doctoral dissertation, University of Illinois at Urbana-Champaign, 2001.

[4] 李兴珊、刘萍萍、马国杰《中文阅读中词切分的认知机理述评》，《心理科学进展》2011年第4期。

第一节 词边界对第二语言学习者汉语阅读的影响

刘英茂等最早对此问题进行了研究。该研究的结果显示,以汉语为母语的被试在阅读词间插入空格的汉语文本时速度变慢,研究者认为阅读速度变慢是因为插入空格的方式改变了阅读的视觉环境,破坏了原有的阅读习惯。[1]Inhoff等的研究没有发现词切分的作用。他们在研究中设置了三种视觉空间条件,即标准、词切分和随机切分三个条件。结果表明,三种条件下的阅读速度和注视时间没有显著差异。[2]

但是,有的研究发现了词边界对于阅读的促进作用。Hsu & Huang的研究也设置了三种视觉空间条件,即词间无空格(传统文本)、词间插入半字空格和词间插入整字空格。[3]结果表明,和传统文本阅读相比,在词间插入半字和整字空格的阅读时间更少,且文本的难度对阅读速度有显著影响,并与词空间水平存在交互作用。研究者的结论是,使用词作为呈现单位比传统没有词边界信息的文本更有利于阅读,词边界可以帮助读者阅读难度较大或者是不熟悉的材料,在阅读歧义句时作用更大。沈德立等的眼动研究也发现,当三年级小学生阅读四种呈现条件(无空格、字间空格、词间空格和非词空格)的句子时,小学生阅读有词间空格的句子和阅读正常无空格的句子一样容

---

[1] 刘英茂、叶重新、王联慧、张迎桂《词单位对阅读效率的影响》,《中华心理学刊》1974年第16期,转引自彭聃龄《汉语认知研究》,山东教育出版社1997年版。

[2] Albrecht Werrner Inhoff、刘伟民、王坚、符德江《汉语句子阅读中的眼动与空间信息的运用》,彭聃龄《汉语认知研究》,山东教育出版社1997年版。

[3] Hsu, S.-H. & Huang, K.-C. Effects of Word Spacing on Reading Chinese Text from a Video Display Terminal. *Perceptual and Motor Skills*, 2000(90).

易。[1] 但是,他们也发现,非词空格呈现条件对阅读技能低的小学生产生了更大的干扰,阅读技能低的小学生在阅读中更依赖于低水平的视觉线索。

对于汉语作为外语或第二语言的学习者来说,标示词边界的词切分方式会有什么影响呢?高珊考察了日韩学习者汉语阅读中词边界的影响,结果表明,无论初级、中级学习者还是汉语母语者,词间插入空格的条件对句子的阅读速度均没有显著的促进作用,任意插入空格则明显减慢了句子的阅读速度。[2] 白学军等的眼动研究发现了类似的结果,他们发现日汉双语者在阅读词间插入空格文本和正常文本一样容易,在阅读速度上没有显著差异。[3] 但是,以美国汉语学习者为对象的研究,所得到的结论不尽相同。Everson 的研究最早考察了词边界对美国汉语学习者的影响。[4] 该研究发现,与低水平汉语学习者和母语者相比,高水平汉语学习者受到人为词边界的影响最大,高水平组的阅读受到了干扰。白学军等的研究采用难度适当(在 1~5 难度等级上居中)的句子作为实验材料,发现词间空格条件下的阅读速度显著快于无空格和字间空格条件,认为词切分可以促进美国学习者的汉语阅读

---

[1] 沈德立、白学军、臧传丽、闫国利、冯本才、范晓红《词切分对初学者句子阅读影响的眼动研究》,《心理学报》2010 年第 2 期。
[2] 高珊《不同视觉空间条件下的汉语阅读》,《现代语文》(语言研究版) 2008 年第 9 期。
[3] 白学军、郭志英、顾俊娟、曹玉肖、闫国利《词切分对日—汉双语者汉语阅读影响的眼动研究》,《心理学报》2011 年第 11 期。
[4] Everson, M. E. *The Effect of Word-unit Spacing upon the Reading Strategies of Native and Non-native Readers of Chinese: An Eye Tracking Study*. Doctoral dissertation, Ohio State University, 1986.

速度。[1]

综上所述，首先，关于词边界对于汉语阅读的作用问题，以汉语母语者为被试进行的研究所得结果并不一致，有的研究发现了词切分对阅读有阻碍作用，有的研究发现有促进作用，有的研究则没有发现词切分的影响。同时，以汉语第二语言学习者为对象的研究，所得结果也不一致。因此，关于词边界对于汉语阅读的作用，值得进一步研究。

其次，以往研究也探讨了可能影响词边界作用的因素，包括文本难度或熟悉度、读者阅读技能的高低等，所得结果也不一致。这些因素是否影响词边界的作用，也需进一步考察。

第三，以往研究没有考察句子长度对于词边界作用的影响。有实验表明，句子的长度和难度都会对阅读速度产生影响。[2] 因此有必要将句子的长度和难度这两个因素分开考虑。

本节以拼音文字背景的汉语学习者为研究对象，通过两个实验研究四个问题：第一，词边界对于第二语言学习者汉语阅读是否有促进作用？第二，词边界的作用是否受句子长度的影响？第三，词边界的作用是否受句子难度的影响？第四，词边界的作用是否受学习者汉语水平的影响？

---

[1] 白学军、张涛、田丽娟、梁菲菲、王天林《词切分对美国留学生汉语阅读影响的眼动研究》，《心理研究》2010 年第 5 期。

[2] 沈模卫、李忠平、张光强《词切分与字间距对引导式汉语文本阅读功效的影响》，《心理学报》2001 年第 5 期；Hsu, S.-H. & Huang, K.-C. Effects of Word Spacing on Reading Chinese Text from a Video Display Terminal. *Perceptual and Motor Skills*, 2000(90); Wu, X.-Z. *The Specification of Word Boundaries in Chinese: An Aid for the Learning of Introductory Level College Chinese*. CLTA Annual Meeting, 2000.

二 实验一

（一）实验目的
考察词边界条件、句子长度和难度对汉语句子阅读的影响。

（二）方法
1. 实验设计

实验为 2×2×2 三因素完全被试内设计，自变量为词边界条件、句子长度和句子难度。词边界条件为词切分和不进行词切分两个水平；句子长度为长句和短句两个水平；句子难度为困难和简单两个水平。

2. 被试

被试为哈佛北京书院二年级的美国学生 19 名，来北京之前已经在大学学习汉语一年，每周 5 小时，属于中级水平的汉语学习者。

3. 实验材料

实验共包括 4 组不同难度和长度的句子，每组 12 个。选择句子时，首先从汉语教材《捷径》[①] 中选出结构简单、句中不包含标点符号的句子 80 个，其中长句和短句各 40 个。长句的字数为 17 到 19 个，平均 17.5 个汉字；短句的字数为 8 到 10 个，平均 9.1 个汉字。

请哈佛北京书院二年级的 10 名学生（不参加正式实验）对 80 个句子的难度进行 6 等级评定（1 代表非常简单，6 代表非常难）。根据每个句子的平均难度得分，分别从长句、短句中选出平均难

---

① 朱子仪主编，北京语言大学出版社 2008、2009 年版。

度低于 2.7 的 12 个句子作为简单句（长句的平均难度为 2.26，短句的平均难度为 1.98），选出平均难度高于 4.3 的 12 个句子作为困难句（长句的平均难度为 4.78，短句的平均难度为 4.76）。

每个实验句子都有两种呈现条件：词切分和不切分。词切分条件即在词与词之间插入相当于 1/2 字长的一个空格。进行词切分时主要参考了《现代汉语频率词典》[①]对词的划分原则和《现代汉语词典》（第 3 版）[②]。将所有实验句子分成两部分，分别赋予其词切分条件和不切分条件，形成两套实验材料。将所有被试分成两组，每组被试完成其中一套实验句子的测试。

4. 仪器与设备

IBM 笔记本电脑一台，使用 E-Prime 实验系统控制实验材料的呈现和被试反应时的记录。刺激呈现与计时精度为 1 毫秒。

5. 程序

实验采取个别测试的方法进行。实验开始，屏幕中央出现注视点"+"，500 毫秒后在屏幕中央出现实验句子（整句呈现），被试阅读句子完毕立即按空格键，电脑记录下被试的反应时间。在阅读过若干句子后，由主试针对刚刚阅读过的句子进行提问。正式实验前进行包含 20 个句子的练习，让被试熟悉反应方式和键盘操作。

（三）结果

在参加实验的 19 名被试中，有 5 名被试在回答与所读句子相关问题时错误率超过 25%，表明被试并未完全理解所读句子，

---

① 北京语言学院语言教学研究所编，北京语言学院出版社 1986 年版。
② 中国社会科学院语言研究所词典编辑室编，商务印书馆 1996 年版。

其反应时不参加统计分析。实验中每个句子的呈现时间最长为 10 秒，有 2 名被试在规定时间内未做反应的句子超过总数的 25%，也将其结果视为无效。各种条件下句子的反应时平均值及标准差如表 8-1 所示。

表 8-1 各种条件下句子的反应时平均值（毫秒）及标准差（在括号中）

		词边界条件	
		不切分	词切分
短句	简单句	4901.6（1049）	4488.8（852）
	困难句	5189.7（583）	5058.2（1083）
长句	简单句	7043.7（867）	7130.6（1067）
	困难句	7982.2（1045）	7488.8（1153）

反应时实验结果的方差分析显示：

词边界条件的主效应显著（$F_{(1, 11)}$=6.428，p=0.028），词切分条件下句子的阅读时间（均值为 6041.6 毫秒）小于不切分句子的阅读时间（均值为 6279.3 毫秒），表明词边界对于阅读速度有促进作用。

句子长度的主效应非常显著（$F_{(1, 11)}$=680.248，p=0.000），长句的阅读时间（均值为 7411.3 毫秒）大于短句的阅读时间（均值为 4909.6 毫秒）。

句子难度的主效应显著（$F_{(1, 11)}$=23.917，p=0.000），简单句的阅读时间（均值为 5891.2 毫秒）小于困难句的阅读时间（均值为 6329.7 毫秒）。

词边界条件和句子长度的交互作用不显著（$F_{(1, 11)}$=0.104，p=0.753）；词边界条件和句子难度的交互作用不显著（$F_{(1, 11)}$=0.685，p=0.426）。

其他二维交互作用和三维交互作用不显著。

可见，实验一的结果表明，在句子阅读中，词边界对中级水平学习者的阅读速度有促进作用，这种促进作用不受句子长度和难度的影响。

实验一采用反应时实验的方法考察词边界对于句子阅读速度的影响。词边界对于文章阅读理解的影响如何？实验二要研究这个问题。

三　实验二

在以往探究词边界对汉语第二语言学习者阅读影响的研究中，Everson 的研究发现，词切分条件并没有加快被试的阅读速度。该研究所采用的阅读材料是一篇约 160 字长度的短文。也许在文章阅读中，词切分条件对阅读速度的影响变得不敏感，但是对阅读理解的影响如何？对此还没有更多的研究。而且，有研究表明，不同水平汉语学习者对词切分的态度并不完全一致，那么词边界条件对不同水平的汉语学习者是否有影响，有什么样的影响？这也是值得研究的问题。实验二采用纸笔测验的方式考察词边界对不同水平的汉语学习者汉语文章阅读理解的影响。

（一）实验目的

考察词边界、文章长度和汉语水平对汉语短文阅读理解的影响。

（二）方法

1. 实验设计

实验为 2×2×2 三因素混合设计。其中词边界条件和文章长度为被试内因素，词边界条件为词切分和不切分两个水平；文章长度为短篇和长篇两个水平。学生的汉语水平为被试间因素，包括初级和中级两个水平。

2. 被试

在北京的大学学习汉语的留学生 29 名。初级水平组 15 人，学习汉语时间平均 8.7 个月。初级水平组被试就读于北京语言大学，分别来自加拿大、澳大利亚、意大利、瑞典、美国等，平均年龄 27.2 岁。中级水平组 14 人，学习汉语时间平均 24 个月。中级水平组被试就读于北京外国语大学和北京交通大学，分别来自意大利、俄罗斯、德国和加拿大等，平均年龄 22 岁。

3. 实验材料

根据多本对外汉语阅读和听力教材，我们编写了汉语阅读材料 6 篇，其中包括约 80 字的短篇 3 篇、约 160 字的长篇 3 篇。每篇文章都有两种词切分条件：不进行词切分和进行人为词切分，切分标准和方式同实验一。在实验操作中，一半被试读到的是（短篇 2 篇+长篇 1 篇）3 篇切分，（短篇 1 篇+长篇 2 篇）3 篇不切分；另一半被试读到的是（短篇 1 篇+长篇 2 篇）3 篇切分，（短篇 2 篇+长篇 1 篇）3 篇不切分。这样，每名被试读到 6 篇不同的文章，每种切分条件各 3 篇。每篇文章打印在 1/2 张 A4 纸上，背面有 4 道阅读理解题目，被试可以用汉字或者拼音回答问题。

4. 实验程序

实验开始时，主试把 6 篇文章发给学生，要求其阅读并回答问题。每篇文章只允许阅读一遍。每名被试独立完成阅读理解任务，不允许查字典、讨论等。所有问题在 30 分钟内完成。

（三）结果

不同水平的被试在两种条件下阅读理解错误数如表8-2所示。

表8-2 不同水平的被试阅读理解平均错误数

汉语水平	篇幅	词切分	不切分
初级 （N=15）	短篇	1.27	1.27
	长篇	1.73	2.53
中级 （N=14）	短篇	0.93	1.00
	长篇	1.07	1.93

方差分析结果显示：

词边界条件的主效应不显著（$F_{(1, 27)}$=3.761，p=0.063），进行了词切分的文章阅读理解错误数（均值1.375）与没有进行词切分文章的阅读理解错误数（均值1.807）无显著差异。

汉语水平主效应显著（$F_{(1, 27)}$=5.214，p=0.30），初级水平组的阅读理解错误数（均值1.700）显著大于中级水平组的阅读理解错误数（均值1.232）。

文章长度的主效应非常显著，（$F_{(1, 27)}$=20.275，p=0.000），短篇文章的阅读理解错误数（均值1.15）显著小于长篇文章的阅读理解错误数（均值1.817）。

文章长度和词边界条件的交互作用显著（$F_{(1, 27)}$=4.24，p=0.048）。对交互作用的简单效应分析结果显示，词边界条件只在长篇文章水平上显著（$F_{(1, 27)}$=4.33，p=0.047），词切分条件的文章阅读理解错误数小于不切分文章的阅读理解错误数。

与汉语水平有关的二维交互作用和三维交互作用都不显著。

可见，实验二的结果表明，在文章阅读中，词边界对阅读理解的促进作用受到长度的影响：对于较长的文章，文本标注词边界可以促进阅读理解,但对于较短的文章,没有发现词边界的促进作用。初级和中级水平被试的结果模式是相似的。

四 讨论

(一)词边界对汉语句子阅读的影响

实验一结果显示,对中级阶段的美国汉语学习者来说,词边界条件对句子的阅读速度有影响,阅读词切分条件句子的速度显著快于不切分条件的句子。这与白学军等的研究结果一致。[1] 我们认为,使用空格标注出词的边界,在一定程度上使词切分易化,从而减少了整个句子的阅读时间。认知心理学家认为,短时记忆的容量和注意的资源是有限的,认知资源的合理分配可以提高加工的效率。[2] 句子阅读过程中,空格标注词边界的呈现方式使词识别阶段所耗费的认知资源减少,读者可以有更多资源去进行命题整合等加工,因而提高了阅读的效率。正式实验之前的练习部分可以认为是对视觉新异性的消除,使词间空格可以成为一种具有明显提示作用的视觉信息,帮助第二语言学习者在阅读时更迅速地完成词识别。

这个结果与高珊以日韩汉语学习者为被试所得到的结果并不相同。[3] 韩国和日本属于汉字文化圈,韩语和日语也都曾经受

---

[1] 白学军、张涛、田丽娟、梁菲菲、王天林《词切分对美国留学生汉语阅读影响的眼动研究》,《心理研究》2010 年第 5 期。

[2] Perfetti, C. A. *Reading Ability*. Oxford University Press, 1985.

[3] 高珊《不同视觉空间条件下的汉语阅读》,《现代语文》(语言研究版) 2008 年第 9 期。

到汉语的深刻影响,当代日、韩学生在本国中小学期间都有不同程度接触、学习汉字、汉语的经历。Koda 提出母语与第二语言的正字法距离会影响第二语言的词识别。[①] 所谓母语和第二语言的正字法距离指的是母语和第二语言正字法系统具有相同结构和表征特点的程度。结合 Koda 的实验结果[②] 可以认为,汉语、日语是两种正字法距离较小的语言。相比之下,汉语、英语则是正字法距离较大的语言。母语与第二语言正字法距离较小的学习者在第二语言词识别中更有优势,因此汉语阅读中词边界条件的作用并不显著;学习者母语和第二语言正字法距离较大,在汉语阅读中的词识别则较为困难,因而词边界对阅读速度有显著的促进作用。

以母语者为被试进行的词切分阅读实验并没有发现词边界的促进作用,研究者认为这是因为文本对母语者来说过于简单;或者是文本呈现方式的熟悉性与词边界信息产生的促进作用之间存在"权衡"。[③] 熟练母语者丰富的阅读经验帮助他们形成了迅速高效的阅读策略,词的切分、识别往往是无意识中自动完成的,所以词间添加空格与其阅读习惯相抵牾,无法达到促进阅读的目的。但对于汉语作为第二语言的美国学习者来说则相反,其母语

---

① Koda, K. L2 Word Recognition Research: A Critical Review. *The Modern Language Journal*, 1996(80).

② Koda, K. The Effects of Transferred Vocabulary Knowledge on the Development of L2 Reading Proficiency. *Foreign Language Annals*, 2010(22).

③ Albrecht Werrner Inhoff、刘伟民、王坚、符德江《汉语句子阅读中的眼动与空间信息的运用》,彭聃龄《汉语认知研究》,山东教育出版社 1997 年版;Bai, X.-J. & Yan, G.-L. & Liversedge, S. P. & Zang, C.-L. & Rayner, K. Reading Spaced and Unspaced Chinese Text: Evidence from Eye Movements. *Journal of Experimental Psychology: Human Perception and Performance*, 2008(34).

为词间标注空格的拼音文字语言，学习者熟悉的文本呈现方式是以词为单位的，标注词边界的汉语文本与其母语呈现方式更为接近。更重要的是，由于汉语水平的限制，中级阶段的美国学习者更多地还是逐字/语素阅读的，来自于词汇、语法或语境等方面的自上而下的知识还很难发挥其作用。这也可以解释为什么句子长度、难度与词边界之间没有发现交互作用，即句子本身的属性不影响视觉空间信息的作用：读者对非视觉的信息利用不足，无法实现自上而下和自下而上的交互作用。

（二）词边界对汉语文章阅读理解的影响

实验二的结果显示，在文章阅读中，词边界对阅读理解的影响并不显著。这与前人的研究结论较为一致。[①] 这提示我们，在汉语文章的阅读过程中，标注词边界也许会对阅读速度产生影响，但阅读理解水平是在多种因素共同作用下完成的，读者的语言熟练水平、阅读技巧、相关知识背景等都会产生影响。单纯添加空格标示词边界对最终的阅读理解水平的影响不是那么明显。

实验二还发现，文章长度和词边界条件的交互作用显著，即在文章阅读中，词边界对阅读理解的促进作用受到长度的影响：对于较长的文章，词边界可以促进阅读理解，但对于较短的文章，没有发现词边界的促进作用。我们知道，可读性公式是衡量文本

---

① Everson, M. E. *The Effect of Word-unit Spacing upon the Reading Strategies of Native and Non-native Readers of Chinese: An Eye Tracking Study*. Doctoral dissertation, Ohio State University, 1986; 许百华、朱海《RSVP显示方式下影响中文阅读效果的主要因素》，《心理科学》1997年第1期；Hsu, S.-H. & Huang, K.-C. Effects of Word Spacing on Reading Chinese Text from a Video Display Terminal. *Perceptual and Motor Skills*, 2000(90).

难易度的一种方式。英语和汉语的可读性公式中往往涉及句子长度，而由于工作记忆容量的限制，文章的总体长度也会影响文本的阅读理解。在长篇文章中，读者的词识别、命题整合等任务更为繁重。因此我们认为，在这种情况下标注词边界的词切分条件可以帮助读者完成词的识别，促进其阅读理解。而在较短的文章中，由于篇幅短小，词识别、命题整合等加工任务更易完成，读者对词边界信息的依赖性也大大减少。

这个结果与Wu的教学实验结果相一致。[1]在Wu的研究中，实验组采用分词的教材和试卷，对照组采用常规无词边界的教材和试卷。一个月后，两个实验组在阅读较长文章的阅读时间上与对照组差异显著，但在阅读理解水平上没有显著差异。Chang也进行了类似的词切分阅读实验，发现对于中、高等难度的文本来说，进行词切分的实验组阅读理解成绩显著好于不进行词切分的对照组；而对于低难度的文本来说，实验组与对照组的阅读理解差异并不显著。[2]这提醒我们在利用词切分材料辅助教学时，要充分考虑到材料的难度，对于学生来说，难度（长度）的大小决定了词切分模式是否对阅读理解起促进作用。

五 本研究的结果对汉语教学的启示

本研究发现，在阅读汉语句子和较长文章时，词切分的呈现

---

[1] Wu, X.-Z. *The Specification of Word Boundaries in Chinese: An Aid for the Learning of Introductory Level College Chinese*. CLTA Annual Meeting, 2000.

[2] Chang, C.-P. *Marking Text Boundaries and Learning the Chinese Language*. Doctoral dissertation, University of Southern California, 2002.

方式分别对阅读时间和阅读理解水平产生了促进作用。这启发我们，在汉语第二语言教学中，可以采用标示汉语词边界的方法降低词汇识别的难度，辅助、促进学习者的阅读理解。

实际上，Lu 和 Li 以实际的教学经验和经历为出发点，提倡利用计算机编辑显示词边界，以帮助汉语学习者进行广泛的阅读。[①]我们的实验支持这种做法。学生的泛读材料往往来自于网络，而这些文章对初级甚至中级的汉语二语学习者来说都是难度偏大的。已有研究者们设计了标注词边界的阅读材料供学生选择。Li 提出了渐进式阅读训练，其所用的教材中各个难度阶段的短文均以词切分的形式呈现。

有调查研究发现，不同汉语水平、不同学习风格的学习者对待词切分的态度并不一致，有支持也有反对，毕竟汉语真实文本的常规呈现模式是不存在词间空格的。所以，标注词边界的文章可以作为学生的一种选择，在学习的初级阶段辅助汉语的阅读。何时使用，阅读哪些材料时使用，随着计算机技术的发展，学生完全可以自由选择。

Bai *et al.* 的研究发现，词边界的作用不仅存在于词识别方面，对于留学生新词的学习效率也有非常明显、持续的促进作用。[②]他们的发现提示我们，词边界在汉语二语学习中不仅可以促进

[①] Lu, B. F. Computer-aided Training in Reading Chinese. *Journal of the Chinese Language Teachers Association*, 1997(32); Li, Y.-A. Steps Towards Reading Proficiency: Progressive Reading. *Journal of the Chinese Language Teachers Association*, 1998(33).

[②] Bai, X.-J. & Liang, F. & Blythe, H. I. & Zang, C.-L. & Yan, G.-L. & Liversedge, S. P. Interword Spacing Effects on the Acquisition of New Vocabulary for Readers of Chinese as a Second Language. *Journal of Research in Reading*, 2013(36).

阅读理解的快速高效完成，还可以更大程度上实现伴随性词汇学习，这种伴随性词汇学习是二语学习中词汇量大量增加的主要原因。

六 结论

本研究的两个实验从不同的角度考察了词边界信息对第二语言学习者汉语阅读的影响，得到的结论是：在句子阅读中，词边界对中级水平学习者的阅读速度有显著的促进作用，这种促进作用不受句子长度和难度的影响；在文章阅读中，词边界对阅读的促进作用受到长度的影响：对于较长的文章，文本标注词边界可以促进阅读理解，但对于较短的文章，没有发现词边界的促进作用。初级和中级水平被试的结果模式是相似的。这些结果表明，初、中级水平学习者汉语阅读理解过程可能主要依赖于自下而上的加工模式。这启发我们，在初、中级阶段的阅读教学中，如果对于较长文章采用词切分的形式呈现，可能有助于降低词汇识别的难度，有利于学习者逐步掌握汉语阅读理解技能。

最后，标注词边界，作为辅助汉语阅读教学的一种手段，对于它的作用及应用范围，值得我们今后通过教学干预实验进一步探讨。

第二节　汉语作为第二语言自然口语产出的复杂度、准确度和流利度研究[①]

一　引言

复杂度、准确度和流利度在应用语言学研究中用来描述母语者或第二语言学习者口语或者书面语的语言表达，也被作为衡量语言水平的指示器，以测量语言学习的进步状况。复杂度、准确度和流利度因其在评价语言表达中的实用性和可靠性，受到了研究者的一致认可。复杂度是"进行言语任务时语言产出的复杂和多样化程度"，即第二语言学习者中介语系统的语言复杂度。[②] 准确度指中介语形式跟目的语标准形式的偏差程度。[③] 流利度指说话人在停顿、犹豫以及重构方面的表现。[④]

关于复杂度、准确度、流利度之间的关系主要有两种观点：一是平衡效应假说。[⑤] 由于人类的注意机制和大脑加工能力是有限的，所以流利度会和准确度竞争注意资源，准确度会和复杂度

[①] 本节作者：陈默，原载《语言教学与研究》2015 年第 3 期。

[②] Ellis, R. *Task-based Language Learning and Teaching*. Oxford University Press, 2003.

[③] Wolfe-Quintero, K. & Inagaki, S. & Kim, H. Y. *Second Language Development in Writing: Measures of Fluency, Accuracy and Complexity*. University of Hawaii Press, 1998.

[④] 同注②。

[⑤] Skehan, P. *A Cognitive Approach to Language Learning*. Oxford University Press, 1998; Skehan, P. & Foster, P. The Influence of Task Structure and Processing Conditions on Narrative Retellings. *Language Learning*, 2010(49).

第二节 汉语作为第二语言自然口语产出的复杂度、准确度和流利度研究

竞争注意资源,即学习者会有意识或者无意识地将关注焦点投注在某一方面,而导致对其他方面的忽视。二是认知假说。[1] 学习者可以同时通达多种非竞争性注意资源,可以通过增加任务的认知要求同时改进复杂度和准确度。也就是说,复杂的任务将导致更复杂和更准确的表达。

影响复杂度、准确度和流利度的因素比较多,例如:(1)言语任务。[2] 学习者在完成叙述性任务时的复杂度、准确度和流利度比个人信息交换任务里的低。(2)计划类型。[3] 复述计划、策略计划和任务内计划有助于流利度。然而计划类型对复杂度和准确度的影响却是比较复杂的,因为对复杂度和准确度起作用的还有任务设计、实施中的变异和个人差异等外在因素。(3)记忆。[4] 工作记忆容量对书面语准确度有显著影响,对书面语的流利度和复杂度没有明显影响。

如何测量复杂度、准确度和流利度呢?复杂度的测量包括两部分:一是句法复杂度,二是词汇复杂度。测量句法复杂度最常用的指标为:单位词语个数和单位从句个数。Foster et

---

[1] Robinson, P. Task Complexity, Task Difficulty, and Task Production: Exploring Interactions in a Componential Framework. *Applied Linguistics*, 2001(22).

[2] 袁玉琳《任务复杂度对于二语口语产出流利度、复杂度、准确度的影响》,重庆大学 2012 年硕士学位论文;Skehan, P. Models of Speaking and the Assessment of Second Language Proficiency. Benati, A. G. (ed.) *Issues in Second Language Proficiency*. Continuum International Publishing Group, 2009.

[3] Ellis, R. The Differential Effects of Three Types of Task Planning on the Fluency, Complexity and Accuracy in Second Language Oral Production. *Applied Linguistics*, 2009(30);谭利思《不同口语任务、不同准备条件对口语流利度、准确度和复杂度的影响》,《南京财经大学学报》2006 年第 6 期。

[4] 易保树、罗少茜《工作记忆容量对二语学习者书面语产出的影响》,《外语教学与研究》2012 年第 4 期。

al. 认为 AS-units 比 C-units 更可靠。[①] 这是因为 AS-units 可以清楚地区分不成功的开始、重复和自我纠正。词汇复杂度包括词汇多样性和词汇复杂性，常用的测量指标有：（1）形符比，是指形符与类符的比率，形符是指言语中一切不重复出现的词语，类符是指言语中的一切词语，包括重复运用的。[②]（2）词汇频率描述。[③] 准确度常用的测量指标包括：（1）没有错误小句的比例。[④]（2）没有错误的 C-units 的比例。[⑤]（3）每个 T-unit 的错误个数。[⑥] 流利度常用的测量指标为节奏变量和犹豫标记。[⑦]

综上所述，关于第二语言的复杂度、准确度和流利度研究取得了丰硕的成果，这些研究大都是关于英语作为第二语言的研究，而且大部分研究还集中在对于复杂度、准确度和流利度

[①] AS-units（Analysis of Speech Unit）指有一个主句和任何一个附加的从句或者子句单位。C-units 指完整的交际单元，可以是合法的或者不合法的词、短语或者句子，具有指称和语用意义。参见 Foster, P. & Tonkyn, A. & Wigglesworth, G. Measuring Spoken Language: A Unit for All Reasons. *Applied Linguistics*, 2000(21).

[②] Yuan, F.-Y. & Ellis, R. The Effects of Pre-task Planning and On-line Planning on Fluency, Complexity and Accuracy in L2 Monologic Oral Production. *Applied Linguistics*, 2011(24).

[③] Lexical Frequency Profile 使用的是通用服务词表，再加上英语学术词语表（跨学科学术教科书里最常用的 550 个英语词语）。参见 Laufer, B. & Nation, P. A Vocabulary-size Test of Controlled Productive Ability. *Language Testing*, 1999(16).

[④] 同注②。

[⑤] Robinson, P. *Re-thinking-for-speaking and L2 Task Demands: The Cognition Hypothesis, Task Classification, and Sequencing.* Paper presented at the Second International Conference on Task-based Language Teaching, 2007.

[⑥] Bygate, M. & Swain, M. & Skehan, P. *Researching Pedagogic Tasks: Second Language Learning, Teaching, and Testing.* Routledge, 2015.

[⑦] 陈默《美国留学生汉语口语产出的流利性研究》，《语言教学与研究》2012 年第 2 期；翟艳《口语流利性主观标准的客观化研究》，《语言教学与研究》2011 年第 5 期。

定义的讨论上，以及对测量指标可靠性的检测上。这些研究成果可以为汉语作为第二语言的复杂度、准确度和流利度的研究提供理论上的支持和测量上的参考。但是，我们发现目前关于复杂度、准确度和流利度的动态研究和相互作用的研究尚不够深入。所以，本研究着力研究两个问题：一是考察美国留学生的汉语口语复杂度、准确度和流利度的特点，以及语言水平对复杂度、准确度和流利度的影响；二是考察复杂度、准确度和流利度之间的相互关系。对复杂度、准确度和流利度而言，目的语母语者的基线数据十分重要。因此本研究将汉语母语者的数据作为基线数据进行比较。

二 实验方法

（一）实验设计

实验设计为单因素实验设计。自变量是被试间变量，有三个水平，分别为中级汉语水平的美国留学生、高级汉语水平的美国留学生和汉语母语者。因变量是复杂度、准确度和流利度的测量指标。需要说明的是，在进行词汇难度研究时，为了考察词汇等级对词汇复杂度的影响，我们将实验设计为两因素混合实验，被试间变量为语言水平（中级、高级汉语水平和汉语母语者），被试内变量为 HSK 汉语水平词汇等级（北京语言大学汉语水平考试中心 2000）：甲级、乙级、丙级、丁级和超纲。在进行声调准确度研究时，为了考察调类的影响，我们将实验设计为两因素混合实验设计，被试间变量为语言水平（中级、高级汉语水平和汉语母语者），被试内变量为调类（阴平、阳平、上声、去声）。

（二）因变量的测量

我们根据汉语的特点细化了复杂度、准确度和流利度的测量指标。复杂度测量中的句法复杂度测量指标有四项：（1）AS-units 词语个数；（2）AS-units 小句个数；（3）AS-units 句法等级，是根据《汉语水平等级标准与语法等级大纲》测量的；①（4）连词数量。词汇复杂度测量指标有两项：（1）词汇多样性，包括不重复词语的数量和词语总量；（2）词汇难度，指甲级词、乙级词、丙级词、丁级词和超纲词的使用数量。准确度测量包括三个方面：（1）句法准确度；（2）词汇准确度；（3）语音准确度。句法准确度指 AS-units 的句法错误数量。词汇准确度指 AS-units 的词汇错误数量。语音准确度的测量指标有三项：（1）声调准确度，指 AS-units 的声调错误数量；（2）声母准确度，指 AS-units 的声母错误数量；（3）韵母准确度，指 AS-units 的韵母错误数量。流利度的测量包括三个方面：（1）平均语流长度，指每两个停顿之间的音节产出个数；（2）无声停顿频率和时长，指发音时间内达到或超过 0.2 秒的没有声音的停顿次数和时间长度；（3）充实停顿频率和时长，指"嗯、啊"这类停顿的次数和时间长度。

（三）被试

中级和高级汉语水平②的美国留学生来自香港中文大学雅礼中国语文研习所，中级被试 12 人，其中男生 6 人，女生 6 人；

---

① 刘英林（主编）《汉语水平等级标准与语法等级大纲》，高等教育出版社 1996 年版。
② 中级和高级语言水平的测量标准是根据欧洲共同语言参考标准（Common European Framework of Reference for Languages）来确定的。

高级被试 17 人,其中男生 9 人,女生 8 人。中国被试来自北京语言大学,有 15 人,其中男生 7 人,女生 8 人,普通话水平均为二级甲等。被试一共有 44 人,年龄均在 22 至 35 岁之间,受教育程度均为本科以上水平。

(四)语料收集

测试话题"比较在饭馆吃饭和在家吃饭的不同"难度适中。被试思考三分钟后进行口语产出。录音在语音室用 Praat 进行,16 位单声道,采样率 44100Hz。录音后用 Praat 进行标注和转写。为了计算单位时间内的言语产出,每位被试截取 1 分钟(从言语产出开始算起)的语料。

三 实验结果

我们对美国留学生自然口语产出的复杂度、准确度和流利度各项特征逐一进行分析,并且考察三者之间的相互作用(见表 8-3～表 8-12)。

(一)复杂度

1. 句法复杂度

表 8-3 句法复杂度的描述统计结果

语言水平	AS-units 词语个数(Std)	AS-units 小句个数(Std)	AS-units 句法等级(Std)	连词数量(Std)
中级	11.58(5.071)	1.50(0.522)	1.25(0.452)	4.833(1.992)
高级	16.94(6.656)	2.29(0.920)	1.24(0.437)	8.235(3.717)
汉语母语者	19.60(5.138)	2.47(0.915)	2.07(1.033)	14.800(4.554)

表 8-3 显示，语言水平主效应均显著（$F_{(2,43)}$=6.580，$p < 0.01$；$F_{(2,43)}$=5.019，$p < 0.01$；$F_{(2,43)}$=6.821，$p < 0.01$；$F_{(2,43)}$=26.211，$p < 0.001$）。多重比较结果显示，高级被试的 AS-units 词语个数跟汉语母语者无显著差异（$p > 0.05$），汉语母语者和高级被试的明显多于中级被试（$p < 0.001$）；高级被试的 AS-units 小句个数跟汉语母语者的无显著差异（$p > 0.05$），汉语母语者和高级被试的明显多于中级被试（$p < 0.01$）；中级被试的 AS-units 句法等级跟高级被试的无显著差异（$p > 0.05$），而中高级被试的明显低于汉语母语者（$p < 0.01$）；汉语母语者和高级被试的连词数量明显多于中级被试（$p < 0.01$），汉语母语者的明显多于高级被试（$p < 0.001$）。

2. 词汇复杂度

表 8-4　词汇多样性的描述统计结果

语言水平	不重复词语个数（Std）	词语总数（Std）
中级	13.250（4.495）	76.1667（22.55）
高级	20.765（6.933）	106.00（28.504）
汉语母语者	32.467（7.22）	153.867（18.833）

表 8-4 显示，语言水平主效应均显著著（$F_{(2,43)}$=30.566，$p < 0.001$；$F_{(2,43)}$=36.636，$p < 0.001$）。多重比较结果显示，汉语母语者和高级被试的不重复词语个数明显多于中级被试（$p < 0.01$），汉语母语者的明显多于高级被试（$p < 0.001$）；汉语母语者和高级被试的词语总数明显多于中级被试（$p < 0.01$），汉语母语者的明显多于高级被试（$p < 0.001$）。

第二节 汉语作为第二语言自然口语产出的复杂度、准确度和流利度研究

表 8-5 词汇难度的描述统计结果

语言水平	甲级词(Std)	乙级词(Std)	丙级词(Std)	丁级词(Std)	超纲词(Std)
中级	74.455 (23.466)	1.909 (1.375)	0.182 (0.405)	0.273 (0.647)	0.364 (0.924)
高级	95.000 (27.269)	6.941 (3.848)	0.941 (1.029)	1.294 (1.448)	1.765 (1.786)
汉语母语者	120.733 (17.405)	20.000 (7.111)	4.133 (2.031)	2.400 (1.882)	6.733 (2.738)

表 8-5 显示,语言水平主效应显著($F_{(2,40)}$=34.377,$p < 0.001$),词汇难度主效应显著($F_{(4,37)}$=208.531,$p < 0.001$),语言水平和词汇难度的交互作用显著($F_{(8,76)}$=7.298,$p < 0.001$)。多重比较结果显示,汉语母语者和高级被试的词语难度明显高于中级被试($p < 0.01$),汉语母语者的明显高于高级被试($p < 0.001$)。简单效应检验结果显示,汉语母语者五种等级词语的数量均明显多于中级被试($p < 0.001$);汉语母语者除了丁级词数量跟高级被试无显著差异以外($p > 0.05$),其他等级词数量均明显高于高级被试($p < 0.001$);高级被试除了甲级词数量跟中级被试无显著差异以外(p=0.05),其他等级词数量均明显高于中级被试($p < 0.05$);中高级被试的甲级词数量显著高于其他等级词($p < 0.001$),其他等级词之间无显著差异($p > 0.05$);汉语母语者的甲级词数量显著高于其他等级词($p < 0.001$),乙级词数量显著高于丙级、丁级和超纲词($p < 0.001$),丙级、丁级和超纲词之间无显著差异($p > 0.05$)。

（二）准确度

1. 句法准确度

表 8-6　句法准确度和词汇准确度的描述统计结果

语言水平	AS-units 句法错误数量（Std）	AS-units 词汇错误数量（Std）
中级	0.520（0.681）	0.208（0.439）
高级	0.384（0.566）	0.091（0.289）
汉语母语者	0.093（0.291）	0.000（0.000）

表 8-6 显示，语言水平主效应显著（$F_{(2, 283)}$=16.746, $p < 0.001$；$F_{(2, 283)}$=11.938, $p < 0.001$）。多重比较结果显示，中级被试的 AS-units 句法错误数量跟高级被试的无显著差异（$p > 0.05$），中高级被试的明显多于汉语母语者（$p < 0.001$）；中级被试的 AS-units 词汇错误数量明显多于高级被试（$p < 0.01$），中高级被试的明显多于汉语母语者（$p < 0.05$）。

2. 语音准确度

表 8-7　语音准确度的描述统计结果

语言水平	AS-units 声调错误数量（Std）	AS-units 声母错误数量（Std）	AS-units 韵母错误数量（Std）
中级	1.520（1.242）	0.040（0.257）	0.067（0.300）
高级	1.485（2.140）	0.040（0.198）	0.030（0.172）
汉语母语者	0.000（0.000）	0.000（0.000）	0.000（0.000）

表 8-7 显示，AS-units 声调准确度的语言水平主效应显著（$F_{(2, 283)}$=37.398, $p < 0.001$），AS-units 声母准确度、韵母准确度的语言水平主效应均不显著（$F_{(2, 280)}$=1.710, $p > 0.05$；$F_{(2, 280)}$=2.852, $p > 0.05$）。多重比较结果显示，中级被试的

AS-units 声调错误数量跟高级被试的无显著差异（$p > 0.05$），而中高级被试的明显高于汉语母语者（$p < 0.001$）；中高级被试、汉语母语者之间的 AS-units 声母错误数量均无显著差异（$p > 0.05$）；中级被试的 AS-units 韵母错误数量明显高于汉语母语者（$p < 0.05$），但是中级跟高级被试以及高级跟汉语母语者之间无显著差异（$p > 0.05$）。

表 8-8 不同调类声调准确度的描述统计结果

语言水平	阴平（Std）	阳平（Std）	上声（Std）	去声（Std）
中级	1.250（1.712）	1.583（1.505）	1.667（1.826）	4.750（3.223）
高级	1.588（1.839）	1.647（2.344）	1.706（1.896）	3.412（5.050）
汉语母语者	0.000（0.000）	0.000（0.000）	0.000（0.000）	0.000（0.000）

表 8-8 显示，语言水平主效应显著（$F_{(2, 41)}=11.091, p < 0.001$），调类主效应显著（$F_{(2, 40)}=7.209, p < 0.001$），语言水平和调类的交互作用显著（$F_{(8, 78)}=2.200, p < 0.05$）。多重比较结果显示，中级和高级被试之间的声调错误差异不显著（$p > 0.05$），中高级被试的明显多于汉语母语者（$p < 0.001$）。简单效应检验结果显示，中高级被试不同调类的声调错误均无显著差异（$p > 0.05$）；中高级被试不同调类的错误明显高于汉语母语者（$p < 0.01; p < 0.05$）。中级被试的去声错误明显高于其他调类（$p < 0.001$），阴平、阳平、上声之间均无显著差异（$p > 0.05$）；高级被试四类声调之间的错误数量无显著差异（$p > 0.05$）。汉语母语者四类声调错误数量均为 0。

（三）流利度

表 8-9 流利度的描述统计结果

语言水平	平均语流长度（Std）	无声停顿频率（Std）	无声停顿时长（Std）	充实停顿频率（Std）	充实停顿时长（Std）
中级	4.485 (3.706)	28.67 (4.924)	0.691 (0.531)	14.583 (7.597)	0.494 (0.213)
高级	5.925 (4.665)	26.24 (7.233)	0.599 (0.471)	9.882 (6.382)	0.491 (0.213)
汉语母语者	12.268 (7.774)	18.93 (4.605)	0.429 (0.173)	7.000 (3.117)	0.427 (0.188)

表 8-9 显示，流利度特征语言水平主效应均显著（$F_{(2, 1089)}=180.849$，$p < 0.001$；$F_{(2, 43)}=10.596$，$p < 0.001$；$F_{(2, 1071)}=28.530$，$p < 0.001$；$F_{(2, 43)}=5.56$，$p < 0.01$；$F_{(2, 444)}=3.994$，$p < 0.05$）。多重比较发现，中级被试的平均语流长度明显少于高级被试和汉语母语者（$p < 0.001$），高级被试的明显少于汉语母语者（$p > 0.001$）；中级被试无声停顿频率和高级被试没有显著差异（$p > 0.05$），中高级被试的明显多于汉语母语者（$p < 0.001$）；中级被试无声停顿时长明显长于高级被试（$p < 0.01$），中高级被试的明显长于汉语母语者（$p < 0.001$）；高级被试充实停顿频率和汉语母语者没有显著差异（$p > 0.05$），中级被试的明显多于高级被试和汉语母语者（$p < 0.05$）；中级被试充实停顿时长跟高级被试无显著差异（$p > 0.05$），中高级被试的明显长于汉语母语者（$p < 0.01$）。

（四）复杂度、准确度和流利度的相关性

通过统计复杂度、准确度和流利度之间的 Pearson 相关系数

第二节　汉语作为第二语言自然口语产出的复杂度、准确度和流利度研究

来分析三者之间的相互作用。

1. 中级被试的复杂度、准确度和流利度之间的相关性

通过表 8-10 可以看出，中级被试的准确度和流利度之间不存在显著的相关关系，而复杂度跟准确度、流利度之间存在着一定的相关性。复杂度中的 AS-units 词语个数跟准确度中的句法错误数量呈强正相关，跟声调错误数量呈正相关。复杂度中的连词数量跟流利度中的无声停顿时长呈强负相关。

表 8-10　中级被试复杂度、准确度和流利度间的相关性

语言能力		复杂度	
		AS-units 词语个数	连词数量
复杂度	AS-units 词语个数		
	连词数量		
准确度	句法错误	0.306**	
	声调错误	0.251*	
流利度	无声停顿时长		-0.664**

注：** 表示强相关，显著性水平在 0.01；* 表示相关，显著性水平在 0.05；空白表示不相关。下同。

2. 高级被试的复杂度、准确度和流利度之间的相关性

表 8-11　高级被试复杂度、准确度和流利度间的相关性

语言能力		准确度			流利度
		声调错误	声母错误	韵母错误	充实停顿频率
复杂度	AS-units 词语个数	0.449**			
	AS-units 小句个数	0.290**			
	AS-units 句法等级			0.234*	
	连词数量				-0.499*

(续表)

语言能力		准确度			流利度
		声调错误	声母错误	韵母错误	充实停顿频率
流利度	无声停顿频率		0.526*		
	充实停顿频率	0.638**		0.610**	

通过表 8-11 可以看出，高级被试的复杂度、准确度和流利度三者之间具有一定的相关性。复杂度中的 AS-units 词语个数跟准确度中的声调错误数量呈强正相关，AS-units 小句个数跟声调错误数量呈强正相关，AS-units 句法等级跟韵母错误数量呈正相关，连词数量跟流利度中的充实停顿频率呈负相关。准确度中的声调和韵母错误数量跟流利度中的充实停顿频率呈强正相关，声母错误数量和无声停顿频率呈正相关。

3. 汉语母语者的复杂度、准确度和流利度之间的相关性

表 8-12　汉语母语者复杂度、准确度和流利度间的相关性

语言能力		流利度
		充实停顿频率
复杂度	AS-units 句法等级	0.533*
	词语总数	-0.559*

通过表 8-12 可以看出，汉语母语者的准确度和复杂度以及准确度和流利度之间不存在显著的相关关系，而复杂度跟流利度之间存在着一定的相关性。复杂度中的 AS-units 句法等级跟流利度中的充实停顿频率呈正相关，词语总数跟充实停顿频率呈负相关。

四 讨论

通过对上述结果的分析，我们发现中级和高级汉语水平的美国留学生口语的复杂度、准确度和流利度有各自的发展特点，而且三者之间存在着一定的相关性。

（一）美国留学生口语复杂度的发展

句法复杂度里的 AS-units 词语个数、AS-units 小句个数、连词数量的发展受到语言水平的显著影响，高级被试进步显著，明显好于中级被试，尤其是 AS-units 词语和小句个数已经接近汉语母语者水平。而语言水平对中高级被试 AS-units 句法等级的影响较小，中高级被试大多使用甲级句法，汉语母语者大多使用乙级以上的句法。所以我们可以说，AS-units 词语个数和 AS-units 小句个数这两项指标发展得最快最好，其次是连词数量，而 AS-units 句法等级则发展得最慢。词汇复杂度里的不重复词语个数、词语总数和词汇难度的发展受到了语言水平的影响，高级被试进步显著，明显好于中级被试，但是均未达到汉语母语者水平。词汇等级对词汇产出影响显著，高级被试的乙级、丙级、丁级和超纲词的产出数量跟中级相比，进步显著。其中，丁级词产出数量接近于汉语母语者水平，而甲级词产出数量进步不明显。另外，中高级被试主要使用甲级词，而汉语母语者则主要使用甲级和乙级词。上述现象表明，高级汉语水平美国留学生的句法和词汇复杂度进步显著，但是句子、词汇本身的难度在一定程度上制约了口语复杂度的发展。因为一个结构上复杂的句子或者一个难度更高的词汇在被产出时，需要运用更多的认知资源，所以导致这些特征较晚被习得。

（二）美国留学生口语准确度的发展

词汇准确度的发展受到语言水平的显著影响，高级被试进步显著，明显好于中级被试。而句法和声调准确度受语言水平的影响比较小，高级被试无显著进步。声母、韵母准确度受语言水平的影响不显著，中高级被试接近于汉语母语者水平。从调类的影响来看，中级被试的去声错误数量明显高于其他调类，其他调类之间的错误数量均无显著差异。高级被试四类声调之间的错误数量无显著差异，但是去声错误数量也是最高的。汉语母语者的声调错误数量不受调类的影响，错误数量均为0。所以可以认为，中高级汉语水平的美国留学生语流中的去声发展得最差。上述现象表明，美国留学生不同准确度特征的发展程度是不同的，声母、韵母准确度发展得最快最好，其次是词汇准确度，而句法和声调准确度则发展得比较慢。造成这种现象的原因在于，不同语言层面习得的难度、速度不同。对美国留学生来说，声母、韵母可以接近汉语母语者水平，声调很难达到汉语母语者水平。词汇的使用也很难达到汉语母语者水平。

（三）美国留学生口语流利度的发展

平均语流长度、无声停顿时长、充实停顿频率的发展受语言水平的影响较为显著，高级被试进步显著，明显好于中级被试，高级被试的充实停顿频率已经接近汉语母语者水平。而无声停顿频率和充实停顿时长受语言水平影响比较小，高级被试无显著进步。所以，可以认为美国留学生的充实停顿频率发展得最好，其次是平均语流长度和无声停顿时长，而无声停顿频率和充实停顿时长则发展较慢。以上现象表明，不同流利度特征的发展程度是不同的，体现出不同的言语加工水平。利用 Levelt 的言语产出模型[1]来解释这一结果，由于到了高级汉语水平阶段，学习者话语边界处概念化的难度降低了（这主要发生在概念器阶段），这一概念化的过程可能是最受学习者关注的，因此充实停顿频率[2]到了高级阶段，接近于母语者水平。概念器阶段工作难度的降低，使语形器阶段的程序化知识显著增加，学习者在发音器阶段可以一次产出更多的音节，平均语流长度显著增加。同时，学习者减少了词语搜索的时间，可以使用自动化或者半自动化的语块，于是不需要较长的无声停顿时长来提取词句，表现在发音器阶段就是无声停顿时长变短。而学习者在无声停顿频率、充实停顿时长上发展上的缓慢，则符合 Skehan 的语言能力平衡假说，学习者会有意识或者无意识地在某个发展阶段将关注焦点投注在某一方面，而导致对其他方面的忽视。[3]无声停顿频率、充实停顿时长可能就是学习者所忽视的方面。

（四）复杂度、准确度和流利度之间的相互作用

首先看中级汉语水平的被试。中级被试的准确度和流利度之间不存在显著相关关系，复杂度跟准确度之间存在着负相关关系，复杂度和流利度之间存在着一定程度的正相关关系。一个有趣的现象是，复杂度的提高似乎在某种程度上能提高流利度，即连词的使用会使无声停顿的时长变短。我们认为这是因为连词在言语

---

[1] Levelt, W. J. M. *Speaking: From Intention to Articulation*. MIT Press, 1989.
[2] 充实停顿频率被认为跟话语主要边界处的概念化的困难有关。见 Wallace, L. C. *The Pear Stories: Cognitive, Cultural and Linguistic Aspects of Narrative Production*. Ablex, 1980.
[3] Skehan, P. *A Cognitive Approach to Language Learning*. Oxford University Press, 1998.

产出时常常充当话语标记的作用,在语篇中起着停顿、过渡等作用[1],中级被试较少使用连词,导致其需要更长的无声停顿时间来进行语篇过渡。

其次看高级汉语水平被试。跟中级被试不同的是,高级被试的流利度和语音准确度之间是正相关关系。跟中级被试相似的是,复杂度跟语音准确度之间是负相关关系,而且复杂度和流利度之间也存在着一定的负相关关系。有趣的是,连词的使用会降低充实停顿频率。高级被试可能是利用充实停顿作为话语标记来进行语篇的过渡,[2] 从而使自己的言语显得更流利。

最后看汉语母语者。汉语母语者的准确度跟复杂度不存在显著相关关系,准确度跟流利度之间也不存在显著相关关系,而复杂度跟流利度之间存在着一定相关性,而这种相关性比较复杂,表现在复杂度中的 AS-units 句法等级跟流利度中的充实停顿频率呈正相关,词语总数跟充实停顿频率呈负相关。也就是说,不同复杂度和不同流利度特征之间的相关性是不同的。句法等级的提高会使充实停顿频率增加,这是因为当汉语母语者使用较难的句法时,可能需要较多的充实停顿来进行句法结构的搜索,[3] 于是导致流利度的降低,这一点跟中高级被试相似。而词汇多样性的增加使充实停顿频率降低,这是因为词汇使用数量的增加,起到了替代充实停顿功能的作用,于是导致流利

---

[1] Schiffrin, D. *Discourse Markers*. Cambridge University Press, 1988.
[2] 其他语言的研究表明,充实停顿确实充当了话语标记的作用。见 Schiffrin, D. *Discourse Markers*. Cambridge University Press, 1988.
[3] 充实停顿也肩负着词句搜索的任务。见 Eisler, F. G. *Psycholinguistics: Experiments in Spontaneous Speech*. Academic Press, 1968.

度的提高。

以上现象表明，语言水平不同，复杂度、准确度和流利度间的相互作用模式存在着差异性，但是也存在着类似之处，例如复杂度跟语音准确度之间的负相关关系，以及复杂度和流利度之间的负相关关系。另外，不同维度跟其他维度特征的相关程度是不同的，它们之间不是简单的线性关系。例如，汉语母语者的复杂度和流利度之间既存在着负相关关系，又存在着正相关关系。所以，我们认为平衡效应假说[1]和认知假说[2]实际上讨论的是不同言语发展条件下的情况。也就是说，在一定条件下，学习者有时可以同时关注不同语言能力维度，呈现出一种合作的态势，但有时只能关注一个维度或者两个维度，呈现出一种竞争的态势。

五 结论

复杂度、准确度和流利度特征三个维度的发展有各自的特点，同一维度下不同特征的发展程度也存在差异。于复杂度而言，AS-units 句法等级没有显著进步，而其他复杂度特征均进步明显。于准确度而言，句法和声调准确度发展较慢，而其他

---

[1] Skehan, P. *A Cognitive Approach to Language Learning*. Oxford University Press, 1998; Skehan, P. & Foster, P. The Influence of Task Structure and Processing Conditions on Narrative Retellings. *Language Learning*, 2010(49).

[2] Robinson, P. Task Complexity, Task Difficulty, and Task Production: Exploring Interactions in a Componential Framework. *Applied Linguistics*, 2001(22); Robinson, P. *Re-thinking-for-speaking and L2 Task Demands: The Cognition Hypothesis, Task Classification, and Sequencing*. Paper presented at the Second International Conference on Task-based Language Teaching, 2007.

准确度特征的发展均进步明显。于流利度而言，无声停顿频率和充实停顿时长的发展无显著进步，而其他流利度特征的发展进步明显。

言语任务本身的认知要求在一定程度上制约了口语复杂度、准确度和流利度的发展，导致一些特征较晚才能被习得。例如美国留学生 AS-units 句法等级发展缓慢，使用的词汇等级明显低于汉语母语者，句法准确度和声调准确度较低。

复杂度、准确度和流利度之间存在着一定的相互作用，呈现出竞争和合作的关系。而且，不同语言水平的复杂度、准确度和流利度的相互作用模式既存在着共性，也存在着差异。共性表现在，复杂度跟语音准确度之间的负相关关系以及复杂度和流利度之间的负相关关系。差异性体现在，中级被试的准确度和流利度之间不存在显著相关关系，高级被试的流利度和语音准确度之间有相关性，汉语母语者的准确度跟复杂度不存在显著相关关系。

对美国留学生汉语自然口语复杂度、准确度和流利度的研究，可以为对外汉语口语教学提供一些建议：教师应全面、均衡地关注学习者口语产出的复杂度、准确度、流利度；教师应对复杂度、准确度和流利度中的难点进行有针对性的教学，如提高口语产出的句法难度、句法准确度和声调准确度，减少无声停顿频率和充实停顿时长等；教师还要根据学习者不同阶段的语言能力维度的发展情况适当调整教学重点，以全面提高口语产出的复杂度、准确度和流利度。

第三节 韩国学生汉语口语韵律短语的表征研究[①]

口语富含韵律信息,[②] 韵律是口语产出形式的一个重要方面,[③] 也是言语交际的必要手段,为听者从句法结构和语义上更清楚地理解话语提供帮助,几乎韵律的每个方面都有利于口语信息的加工。[④] 而韵律单位及由它们构成的韵律层级是美国音系学界20世纪80年代以后提出的新概念。[⑤] 一般情况下,韵律单位都省略为三个基本层级:韵律词、韵律短语和语调短语。[⑥] 韵律短语也叫音系短语,它是介乎韵律词和语调短语之间的韵律单位,虽然是一个尚未十分明确界定的概念,但却是实际语言中俯拾皆是、在自然语音处理中不可忽视的一个极其重要的韵律层次。[⑦]

[①] 本节作者:周凤玲、王建勤,原载《内蒙古师范大学学报》(教育科学版) 2015年第3期。

[②] 任桂琴、刘颖、于泽《汉语口语韵律的作用及其神经机制》,《心理科学进展》2012年第3期。

[③] Levelt, W. J. M. *Speaking: From Intention to Articulation*. MIT Press, 1989.

[④] 李卫君、杨玉芳《语言和音乐中短语边界的认知加工》,《心理科学进展》2007年第5期。

[⑤] 王洪君《汉语的韵律词与韵律短语》,《中国语文》2000年第6期。

[⑥] 曹剑芬《汉语节奏的声学语音学特性》,《现代语音学论文集——第四届现代语音学学术会议论文集》,金城出版社1999年版;曹剑芬《基于语法信息的汉语韵律结构预测》,《中文信息学报》2003年第3期;曹剑芬《韵律结构与语音的变化》,《南京师范大学文学院学报》2011年第3期。

[⑦] 曹剑芬《基于语法信息的汉语韵律结构预测》,《中文信息学报》2003年第3期。

一 实验方法

（一）实验目的

本研究以汉语母语者为参照，分别考察韩国低水平汉语学习者、韩国高水平汉语学习者汉语口语韵律短语表征的建立，通过汉语口语韵律短语心理表征的构建过程来研究韩国学生汉语口语韵律加工能力。

（二）实验设计

本实验采用 3×3 两因素混合实验设计。因素一"被试汉语水平"，被试间变量，分 3 个水平：韩国汉语低水平学生、韩国汉语高水平学生与汉语母语者。其中汉语母语者为参照组。因素二"干扰项和目标项之间是否有相关的抽象韵律结构"，被试内变量，分 3 个水平：干扰项和目标项之间音节结构不相关、韵律结构相关（以下简称韵律结构相关）；干扰项和目标项之间音节结构不相关、韵律结构不相关（以下简称韵律结构不相关）；干扰项（短语中包含假词）和目标项之间音节结构不相关、韵律结构相关（以下简称韵律结构相关，干扰项包含假词）。因变量：（1）图片命名的反应时；（2）图片命名的正确率。

（三）被试

被试为韩国学生和汉语母语者。韩国汉语低水平学生 20 名，学习汉语的时间为 1 年左右；韩国汉语高水平学生 20 名，学习汉语的时间为 3 年左右；汉语母语者 20 名。其中韩国学生为北京语言大学的在读本科生，且非华裔；汉语母语者为北京语言大学在读的非汉语言文学的本科生。

(四) 实验任务

本实验的实验任务是图片命名。按照 Costa 等人抽象韵律结构是独立表征的观点，本研究采用"词图干扰范式"，考察母语者和韩国学生汉语口语韵律短语的表征建立情况，即心理现实性。[1] 同时，根据王洪君："1+2 式述宾结构属于韵律短语"，实验材料中的目标项都是 1+2 式述宾结构的韵律短语，如打排球、弹吉他等。[2]

(五) 实验材料

本实验的材料由两大部分组成：一部分是练习材料，一部分是实验材料，数量不同，练习材料三组，实验材料十组，但组成内容相同。因此，以实验材料为例进行说明，见表 8-13。

表 8-13 命名实验材料示例

干扰项和目标项之间抽象的韵律结构是否相关	举例	
韵律结构相关	干扰项	很讨厌
	目标项	
韵律结构不相关	干扰项	春暖花开
	目标项	

---

[1] Costa, A. & Sebastian-Gallés, N. Abstract Phonological Structure in Language Production: Evidence from Spanish. *Journal of Experimental Psychology: Learning, Memory, and Cognition*, 1998(24).

[2] 王洪君《汉语的韵律词与韵律短语》，《中国语文》2000 年第 6 期。

484　第八章　汉语第二语言学习者语言技能习得研究

（续表）

干扰项和目标项之间抽象的韵律结构是否相关	举例	
韵律结构相关 （干扰项包含假词）	干扰项	很讨厌
	目标项	

（六）实验步骤

整个实验过程用电脑和实验软件 E-prime2.0 编程，用外接反应盒和麦克风以及录音笔记录命名反应时和正确率。如图 8-1。

指导语	＋	很讨厌		命名
			5000ms → 反应时 ←	
		听觉呈现　视觉呈现		

图 8-1　词图命名实验的实验示例

步骤一：呈现指导语，指导语呈现时间为无限，由被试按任意键结束。

步骤二：指导语呈现结束后，给被试提供所有的命名图片，三十张，而且图片下面标有图片名称，名称用宋体四号加粗标注。被试大约需要十分钟熟悉图片及名称，如有不认识的汉字，可以询问。待被试确定熟悉了图片及其名称后开始实验，实验时收回发放的命名图片。

步骤三：练习及实验时，首先听觉呈现一个短语；听觉呈现结束后，立刻视觉呈现一张图片，但图片下不出现图片名称，呈现时间为 5000 毫秒；图片呈现的同时，要求被试既快又准确地命名出图片。5000毫秒后，自动进入下一个程序。

反应盒自动记录听觉呈现结束到被试作出反应的时间，即反应时，同时主试记录下被试图片命名的正确率。

二 结果和分析

分别统计韩国学生和汉语母语者在"干扰项和目标项之间是否有相关的抽象韵律结构"三种情况中的平均反应时及正确率，见表8-14。

表8-14 汉语口语韵律短语表征实验研究的平均反应时（ms）和正确率

汉语水平	干扰项和目标项之间是否有相关的抽象韵律结构		
	韵律结构相关	韵律结构不相关	韵律结构相关（干扰项包含假词）
低水平	1377.95（0.950）	1490.30（0.950）	1721.40（0.800）
高水平	1145.20（0.850）	1214.00（0.900）	1312.65（0.900）
母语者	787.75（1.000）	881.10（1.000）	1002.70（1.000）

注：括号内为正确率。

使用SPSS17.00统计软件对反应时数据进行多元方差分析，结果显示：

干扰项和目标项之间是否有相关的抽象韵律结构的主效应非常显著。（$F_{(2, 114)}$=25.359，p=0.000；$p < 0.05$）。经过事后多重比较发现：韵律结构相关与韵律结构不相关之间差异显著（$F_{(1, 59)}$=9.197，p=0.004；$p < 0.05$），韵律结构相关的反应时快于韵律结构不相关的反应时，说明韩国学生汉语口语韵律短语的表征已建立，也说明韵律结构的启动效应很好。韵律结构相

关，就会产生启动效应，韩国学生对图片命名的反应时就快；韵律结构不相关，就会产生干扰作用，韩国学生对图片命名的反应时就慢，因此韵律结构相关的反应时都快于韵律结构不相关的反应时，充分说明韩国学生的大脑里已经建立了韵律短语的表征，而且韵律短语是作为独立的表征单元。韵律结构相关（干扰项包含假词）与韵律结构不相关之间差异非常显著（$F_{(1, 59)}$=13.780，p=0.000；$p < 0.05$），韵律结构不相关的反应时快于韵律结构相关（干扰项包含假词）的反应时；韵律结构相关与韵律结构相关（干扰项包含假词）之间差异显著（$F_{(1, 59)}$=56.935，p=0.000；$p < 0.05$），韵律结构相关的反应时快于韵律结构相关（干扰项包含假词）的反应时；以上两者都是因为韩国学生对由假词构成的汉语韵律短语的通达速度慢造成的。

汉语水平的主效应非常显著（$F_{(2, 57)}$=22.492，p=0.000；$p < 0.05$）。经过事后多重比较发现，韩国汉语低水平学生与韩国汉语高水平学生图片命名的反应时差异显著（p=0.002；$p < 0.05$），且韩国汉语高水平学生图片命名的反应时快于韩国汉语低水平学生，说明韩国汉语高水平学生汉语口语韵律短语表征建立的程度好于韩国汉语低水平学生。韩国汉语高水平学生与汉语母语者命名图片的反应时差异显著（p=0.001；$p < 0.05$），韩国汉语低水平学生与汉语母语者命名图片的反应时差异非常显著（p=0.000；$p < 0.05$），说明韩国学生与母语者汉语口语韵律短语表征建立的程度不同，汉语母语者汉语口语韵律短语的表征已完全建立，而韩国学生汉语口语韵律短语表征的建立程度远远不如汉语母语者。汉语母语者汉语口语韵律短语的表征已完全建立，也就是说，韵律短语的使用完全达到了自动化，而韩国汉语

低水平学生与韩国汉语高水平学生汉语口语韵律短语表征建立的程度不同，韵律短语的使用控制化加工居多，没有完全达到自动化，缺乏稳定性，因为图片命名的正确率没有达到目的100%，见表8-14。当然韩国汉语高水平学生汉语口语韵律短语表征建立的程度好于韩国汉语低水平学生，说明韩国汉语高水平学生对汉语口语韵律短语的加工能力强于韩国汉语低水平学生，也体现出韩国学生汉语口语韵律短语加工的动态变化，随着汉语水平的提高，韩国学生汉语口语韵律短语的加工能力增强，实际上也是他们汉语口语韵律加工能力不断增强的过程。

干扰项和目标项之间是否有相关的抽象的韵律结构与汉语水平之间的交互作用不显著（$F_{(4, 114)}$=1.350，p=0.256；$p > 0.05$），如图8-2与图8-3。

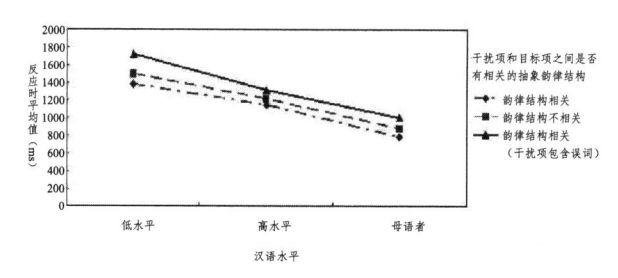

图 8-2　汉语水平与韵律结构的交互作用

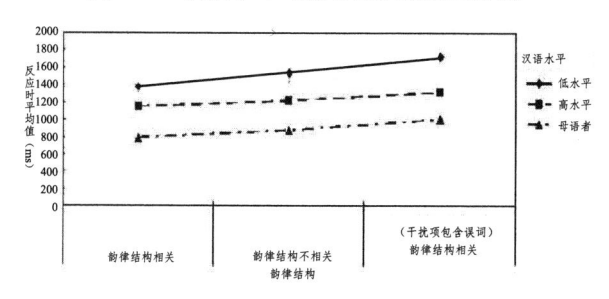

图 8-3　韵律结构与汉语水平的交互作用

三 讨论

汉语口语韵律短语表征的建立是韩国学生汉语口语韵律加工能力提高的一个关键。如果韩国学生已完全建立汉语口语韵律短语的表征，韵律短语已作为独立的表征单元，那么就意味着韩国学生在口语产出中会使用较大的汉语口语韵律加工单元——韵律短语，说明其汉语口语韵律加工能力增强，口语流利性也随之提高。

大多数汉语口语教师认为，留学生在掌握了相关语法词汇的基础上，口语课只要多说，提高开口率，汉语口语能力就会最终获得，韵律也会自然习得。其实不然，韵律习得问题在非母语教学中越来越突出，学界普遍认为，掌握目标语言的韵律结构规律是克服"洋腔洋调"顽症的关键。[1] 因此，韵律加工能力对汉语口语课堂教学来说，可以作为一种口语流利性表达训练的一种手段或策略。在口语产出过程中，韵律短语可以作为一种独立的表征单位，这就是说，口语教学不应依附书面语的字词句的训练，而应把韵律短语等单元作为口语表达教学的基本单位，这样才能够体现口语教学的特点。因此，本研究对提高留学生汉语口语韵律加工能力与汉语口语表达流利性有较大启发，在汉语口语课堂教学中有较强的实践性。

四 结论

通过实验结果的分析和讨论，得出以下三点结论：

---

[1] 曹剑芬《韵律结构与语音的变化》，《南京师范大学文学院学报》2011 年第 3 期。

第一,韩国学生汉语口语韵律短语表征建立的程度实际是其汉语口语韵律短语加工能力强弱的体现,很大程度上也是其汉语口语流利程度的体现。

第二,将韵律短语作为汉语口语教学的一个单元融入到汉语口语课堂教学中,是克服韩国学生"洋腔洋调"、提高其汉语口语流利性的一个新的教学手段。

第三,本研究仅仅是关于韵律与汉语口语教学的初步研究,后期需要同类研究以及教学实验的进一步验证;而且本文的研究对象是韩国学生,所以研究结论仅限于韩国学生,其他国家的留学生是否如此,需进一步验证。

第四节 意大利学习者初级汉语口语词汇能力发展研究[①]

一 引言

词汇习得是二语习得的中心任务,它制约着学习者整体语言水平的提高。[②]20世纪80年代以来,词汇习得成为二语习得研究的热点问题之一。Nation 将学习者二语词汇分为接受性词汇和产

---

① 本节作者:丁安琪、肖潇,原载《世界汉语教学》2016年第2期。
② Lewis, M. *The Lexical Approach: The State of ELT and a Way Forward*. Language Teaching Publication, 1993.

出性词汇,前者指在听、读等语言活动中能够理解的词汇;后者指在说、写等语言行为中能够使用的词汇。[1]此后,这一概念广为学界接受,研究者们展开了多层次、多角度的研究。

作为衡量学习者二语水平的重要标准之一,产出性词汇受到了研究者的广泛关注。国内外学者从产出性词汇能力的测量、产出性词汇与接受性词汇的关系、产出性词汇能力的石化、提高词汇产出能力的手段等不同方面进行了深入的研究。

进入21世纪以来,汉语作为第二语言产出性词汇能力的研究也逐渐引起国内汉语教学界的重视,但目前研究成果尚不多见。就笔者目前所掌握的材料而言,鹿士义、黄立和钱旭菁是较早对汉语产出性词汇进行研究的。[2]鹿士义将学习者词汇分为主动型词汇与认知型词汇,研究发现随着学习时间的增加,主动型词汇和语言技能的相关性也会增加;[3]黄立、钱旭菁对学习者生成性词汇深度知识的掌握情况进行了考察,发现经过一个学期,学习者生成性词汇复杂程度有显著提高。[4]孙晓明从习得策略、石化现象、投入水平对词汇习得的影响、跨越产出性门槛的机制等不同角度对产出性词汇进行了深入探讨,一定程度

---

[1] Nation, P. *Teaching and Learning Vocabulary*. Heinle & Heinle, 1990.
[2] 鹿士义《词汇习得与第二语言能力研究》,《世界汉语教学》2001年第3期;黄立、钱旭菁《第二语言汉语学习者的生成性词汇知识考察——基于看图作文的定量研究》,《汉语学习》2003年第1期。
[3] 鹿士义《词汇习得与第二语言能力研究》,《世界汉语教学》2001年第3期。
[4] 黄立、钱旭菁《第二语言汉语学习者的生成性词汇知识考察——基于看图作文的定量研究》,《汉语学习》2003年第1期。

上代表了目前汉语作为第二语言产出性词汇研究的水平。[①]此外，张金桥、王晓慧、任春艳、李冰、苏向丽和李如龙等也从各自的角度对产出性词汇进行了有意义的探讨。[②]这些研究成果涵盖了第二语言产出性词汇研究的多个层面，也采用了语料库、问卷调查、实验、访谈等多样化的研究方法，但均为基于笔语语料的研究。由于口语语料收集、整理与转写难度较大，目前国内汉语教学界尚鲜有涉及。笔者所掌握的材料中，只有肖媛对留学生的口语产出性词汇发展进行了探索。[③]该研究以不同年级的留学生为研究对象，采用横向研究的方法，通过分析词汇知识宽度、词汇知识深度和产出策略三个指标，探讨了在华汉语学习者口语产出性词汇发展的轨迹。迄今为止，我们尚未发现针对同一个体或群体口语词汇能力发展的纵向研究。纵向研究耗时长，花费精力大，但通过对同一个体或群体的研究，我们可以看到学习者口语词汇能力比较完整的发展过程，发现在这一发展过程中的一些关键转折点。因此，本节拟通过对13位意大利学习者一个学期的跟踪研究，尝试描述其口语词汇能力发

[①] 孙晓明《投入因素对欧美学生汉语词汇学习的影响》，《语言教学与研究》2005年第3期；孙晓明《第二语言学习者跨越产出性词汇门槛的机制研究》，北京语言大学2008年博士学位论文。

[②] 张金桥《汉语词汇直接学习与间接学习效果比较》，《汉语学习》2008年第3期；王晓慧《初级汉语学习者产出性词汇分析》，上海师范大学2010年硕士学位论文；任春艳《汉语作为第二语言的控制性产出词汇测试研究》，《语言文字应用》2011年第4期；李冰《词形影响日本学生汉语词汇习得的实证研究》，《语言教学与研究》2011年第5期；苏向丽、李如龙《词价研究与汉语词汇知识的深度习得》，《语言文字应用》2011年第2期。

[③] 肖媛《留学生口语产出性词汇发展的研究》，中央民族大学2013年硕士学位论文。

展轨迹,探寻其初级汉语口语产出性词汇发展规律。

二 研究方法

(一)研究对象

本研究对象为13名初级汉语水平的意大利来华留学生。虽然各自学习时间不同,但他们汉语水平基本相同,通过考试被分在一个班内。本文作者之一在他们来华学习期间担任其汉语综合课教师。通过课堂教学与课下交流,我们对他们进行了一个学期的跟踪研究。

(二)研究设计

参考文秋芳对中国大学生英语口语能力发展的研究,结合汉语词汇习得的特点,本研究首先决定以流利性、复杂性、多样性、准确性四个测量参数对所搜集的相关语料进行分析。[④] 其中流利性的外显测量指标为整体流利度、语速、总停顿率、非流利停顿频率、每百音节重复数、每百音节更改数;复杂性为各级词的数量和比例;多样性为词种数,即学习者所使用的不同单词的数量;准确性为词汇偏误率。

本研究拟回答以下两个问题:第一,意大利汉语学习者口语词汇能力一个学期的发展有什么特点?第二,影响意大利汉语学习者口语词汇能力发展的因素有哪些?

---

④ 文秋芳《中国大学生英语口语能力发展的规律与特点》,外语教学与研究出版社2010年版。

（三）数据的收集与分析

1. 口语语料的收集与整理

本研究的语料来源为 13 名被试入学及汉语综合课期中、期末口语测试的三次录音。剔除效果不佳的录音片段，最终进入本研究的为 7529.82 秒录音，转写并对数据进行清理后，保留文本长度为 6065 个词语。

口语语料具体处理步骤如下：

第一，将音频文件如实转写为文本文件并反复校订。同时，对每一份语料进行时间统计和字数统计：采用 Adobe Auditon 音频处理软件统计出每份语料的时间长度，以秒为单位（精确到小数点后两位）；运用 Eteste 在线字数统计软件统计出每份样本的音节数。

第二，统计口语词汇测量参数的各外显测量指标。用 Adobe Audition 音频处理软件，标记每个样本中的停顿、重复和更改现象的位置，并统计出这三个指标的数量。

（1）停顿的位置和数量。用 Adobe Audition 软件，标记出每一个 0.3 秒以上停顿的位置，统计出停顿数量的总和。接着在文本中剔除处于句子、分句、短语边界处的合理停顿以及用于构思表达内容的非流利停顿，统计出位于句法单位内部、由于词汇提取困难导致的非流利停顿的数量。

（2）重复的位置和数量。在文本中对重复现象进行标记，包括单词重复、短语重复、词内重复等，并统计出数量。

（3）更改的位置和数量。在文本中对更改现象进行标记，包括发音更改、词汇更改、句子更改等，并统计出数量。

第三，语料数据清理。在对词语的多样性、复杂性以及错误率进行的研究中,剔除口语产出中不传递信息的多余内容,如非正式句头、重复、更改以及口语中常见的填充语"啊""嗯"等。清理后的内容确认为受试有效口语表达。例如:[①]

(1)原始语句:这是一的次,这是第一次我来中国。

　　清理后语句:这是第一次我来中国。

(2)原始语句:在中国,在中国我旅行很多。

　　清理后语句:在中国我旅行很多。

第四,参照《大纲》与《现代汉语词典》,对每一份语料进行分词处理。对于汉语中特殊的离合词等,采用统一的分词标准,如"洗个澡"计为"洗澡"和"个"两个词。计算出每一份语料的有效词符数(word token)和词种数(word type)。[②]

第五,根据《大纲》对每份语料进行词频标注,分别统计出甲、乙、丙、丁级词与超纲词的数量以及每个词汇等级的词频比例。为了便于说明,我们在后文中将甲级词定为初级词,将乙丙丁级及超纲词定为中高级词。

第六,对语料进行计错处理。统计出每份语料的错误数、错误类型,判断标准如下:

(1)形式错误:

a. 听者无法辨认的模糊词,如:他去拿水,水很 *[ŋou214]。

b. 发音错误或发音混淆的词,如:很多外国人来我的家乡 *[xuan51] 观(参观)。

c. 英语或母语词,如:sometimes,你不可以进入。

[①] 如无特别说明,本节所有例句均来自本研究对象的口语表达。

[②] 词符数是话语中出现的所有词语数量,词种数则是话语中不同的单词的数量。

第四节 意大利学习者初级汉语口语词汇能力发展研究

（2）意义错误：

a. 用词与想要表达的概念不一致，如：西西里的天气更对（好）。

b. 语素相同或相关的词混淆，如：我不知道什么（怎么）说这个。

c. 关键词义缺失，如：这个小伙子（买）一个衬衫。

d. 使用生造词，如：我喜欢吃泰饭（泰国菜）。

（3）使用错误：

a. 词语多用或漏用，如：学校食堂是很好，是便宜。

b. 词语搭配不当，如：后来我散步城市。

c. 词语位置不当，如：我们都以后的天生病了。

d. 词性误用，如：现在他们不只我的同学。

第七，根据各测量指标计算公式，得出反映四个测量参数的数值，利用 Excel 2010 和 SPSS 18.0 为每个受试的数据建档，以便进行数据的分析处理。

各测量指标计算公式如下：

（1）流利性相关测量指标[1]：

整体流利度 = 有效词符数 ÷ 样本时长[2] ×60

---

[1] "流利性"各计算公式的确定参考了其他学者的研究。其中"整体流利度"参见文秋芳《英语专业学生口语词汇变化的趋势与特点》，《外语教学与研究》2006年第5期；"停顿频率"参见缪海燕《第二语言口语非流利产出的停顿研究》，《解放军外国语学院学报》2009年第4期；"语速""每百音节重复数"和"每百音节更改数"参见张文忠、吴旭东《第二语言口语流利性发展定量研究》，《现代外语》2001年第4期。

[2] 样本时长以秒为单位，×60 后得出每分钟产出的有效词符数。语速公式同理。

语速 = 总音节数÷样本时长×60

总停顿频率 = 总停顿数÷总音节数×100

词汇性非流利停顿频率[①]= 词汇性非流利停顿数÷总音节数×100

每百音节重复数 = 重复数量÷总音节数×100

每百音节更改数 = 更改数量÷总音节数×100

（2）多样性相关测量指标[②]：

词汇多样性 = 词种数^2÷词符数

（3）复杂性相关测量指标：

初级词数 = 甲级词数

中高级词数 = 乙级词数 + 丙级词数 + 丁级词数 + 超纲词数

初级词比例 = 初级词数÷总词数

中高级词比例 = 中高级词数÷总词数

（4）准确性相关测量指标：

错误率 = 错词数÷总词数

错误类型比例 = 某类错词数÷总错词数

---

① 从位置来看，停顿可以分为流利停顿和非流利停顿，流利停顿一般位于句子、分句或短语的边界或交界，是一种合理停顿；非流利停顿位于句法单位内部，是一种不合理停顿，又包括词汇性停顿、形态性停顿和计划性停顿三大类，见缪海燕（2009）。词汇性停顿指发生在单个词前面的停顿，预示着词汇提取的困难，如"我觉得在这儿我们可以（停顿）入乡随俗"；形态性停顿指因语言形态层面，即词语的产出发生困难而产生的停顿。语言形态在口语产出中表现为词语的发音，因此在初级学习者的口语表达中，形态性停顿常常预示着对词语发音的提取困难，如"我（停顿）午 *[sʰan51]，（停顿）午餐去学校食堂吃饭"；计划性停顿则预示计划言语产出内容或形式时发生困难，如"我跟中国人往来，所以我（停顿）认识了中国人生活的方式，生活的方式"。因本节研究重点为口语词汇能力，故只选取词汇性非流利停顿作为测量因素。

② 词汇多样性计算公式参考文秋芳（2006）。

2.对学习者与教师的访谈

根据数据分析结果,对13名被试及其任课教师进行深度访谈,从学习者学习背景、习惯、动机、观念与策略及其上课表现等方面对被试的口语词汇能力发展特点进行分析。

3.数据统计与分析

我们首先通过各测量指标计算公式对反映学习者词汇能力各参数的相关测量指标进行逐一计算,之后选取入学、期中、期末三个时间节点的数据对所得出各项数值进行Friedman非参数检验,以考察各指标在一个学期间是否产生显著变化。

三 结果与分析

(一)流利性

Schmidt将流利性表述为"自动化的程序性技能"。[①] 口语流利性的一个重要前提就是对语言知识提取的自动化或语音知识的程序化。我们认为,口语流利性反映在词汇能力上,就是对于词汇的自动化提取程度。它一方面表现为词汇提取的速度和组织的流畅性,[②] 另一方面表现为词汇输出的质量,即说话者能够清楚、高效地表达思想或实现交际。因此,本研究既选取了文秋芳的整体流利性(规定时间说出的词符数)和语速两个

[①] Schmidt, R. Psychological Mechanisms Underlying Second Language Fluency. *Studies in Second Language Acquisition*, 1992(14).

[②] 张文忠《第二语言口语流利性发展的理论模式》,《现代外语》1999年第2期;张文忠《第二语言口语流利性发展的定性研究》,《现代外语》2000年第3期。

指标[①]来考察词汇提取的流畅性,又选取了停顿频率、每百字重复数、每百字更改数三个指标来考察词汇输出质量。停顿和重复都会影响词汇输出的效率,更改现象能反映学习者对词汇的掌握程度和自我监控意识,这三个指标都是典型的非流利性标记。

表 8-15 意大利学习者入学、期中、期末使用汉语词汇流利性总体情况

		整体流利度	语速	停顿频率	词汇性非流利停顿频率	百音节重复数	百音节更改数
入学	平均数	37.71	59.89	28.72	19.75	5.31	1.32
	标准差	6.69	8.22	0.059	0.041	3.08	0.86
	秩均值	1.08	1.00	2.85	2.85	2.62	2.00
期中	平均数	49.07	83.64	18.30	11.99	3.41	1.60
	标准差	11.33	19.29	0.048	0.039	1.62	0.73
	秩均值	2.08	2.31	1.15	1.08	1.92	2.15
期末	平均数	54.35	90.05	20.87	13.73	2.70	1.35
	标准差	10.14	14.64	0.041	0.029	1.56	0.65
	秩均值	2.85	2.69	2.00	2.08	1.46	1.85
卡方		20.46	20.46	18.62	20.46	8.77	0.615
渐进显著性		0.000	0.000	0.000	0.000	0.012	0.735

由表 8-15 我们可以看出,经过一个学期的学习,意大利学习者口语词汇表达流利性有了显著提高,具体表现为语速显著加快;停顿频率和词汇性非流利停顿频率显著降低;百音节重复数也显著降低。但百音节更改数变化不大,说明学习者在一个学期内对语言的自我修正在数量上没有表现出明显进步。

[①] 文秋芳《中国大学生英语口语能力发展的规律与特点》,外语教学与研究出版社 2010 年版。

1. 停顿

学习者在二语口语产出中常常不恰当地停顿，从而导致言语的不自然和不流利。不恰当的停顿体现在停顿次数、时间和位置等许多方面。一般来说，停顿频率与口语流利性成反比，停顿次数越少，口语流利性越高。根据表8-15，从入学到期中测试，学习者的总停顿频率和词汇性非流利停顿频率都有较大幅度的下降；而到期末测试，这两个指标又呈现出同步上升的趋势。我们对入学到期中、期中到期末两个相邻阶段进行了Wilcoxon检验，发现这种下降和上升变化差异显著（总停顿率期中－入学 Z=-3.11，p=0.002；期末－期中 Z=3.04，p=0.002。非流利停顿频率期中－入学 Z=-3.18，p=0.001；期末－期中 Z=2.97，p=0.003）。我们推测，出现这种现象一方面是因为学习者后期口语产出的话题和表达词汇难度增加，文本长度也相应增加，学习者的水平还不足以驾驭难度高的言语任务，所以导致了停顿的相应增加；另一方面是学习者在目的语环境下经过一段时间的学习，言语组织和自我监控的意识提高，学习者使用了更多的时间进行言语计划和思考，以保证产出的质量。

对所有学习者词汇性非流利停顿进行深入分析，我们发现，整个学期内大部分学习者的词汇性非流利停顿保持在停顿总量的60%以上，且标准差维持在0.05左右。由此可见，词汇提取困难是造成停顿产生的一个普遍原因，也是导致不流利现象的重要影响因素。我们进一步对一个学期内词汇性非流利停顿占总停顿的比例变化进行了Friedman卡方检验，结果显示，一个学期内词汇性非流利停顿的比例并没有显著的变化（X^2=5.08；p=0.079）。这一方面说明词汇提取困难始终是初级学习者在表达流利性上所面临的主要问题，另一方面也说明学习者在二语口语产出停顿的合理性方面并没有显著提高，他们还没有能力监控自己停顿位置的合理性，无法通过减少不合理停顿来提高口语词汇流利性。

2. 重复

重复是语言表达中的一种延时现象，是口语表达的非流利性指标之一。表 8-15 显示，意大利学习者在一个学期内的重复次数显著下降。这体现了学习者语言处理能力的进步，说明学习者言语表现行为中拖延和冗余现象减少，对于语言表达时间的使用更加高效。

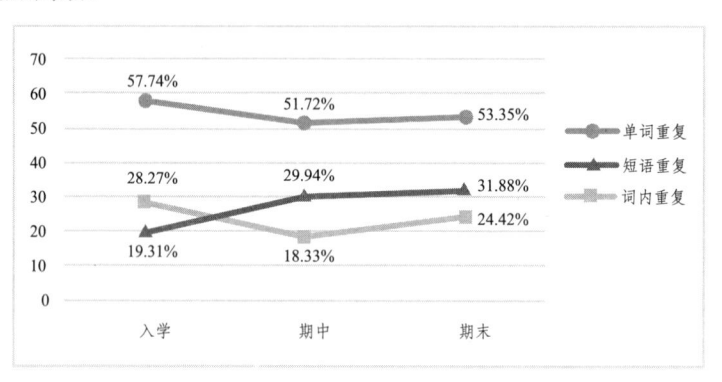

图 8-4　意大利学习者不同重复类别分布与比例变化情况

重复又可以分为单词重复（"我在这儿一个星期，星期"）、短语重复（"但是在意大利吧，在意大利吧我不找到工作"）和词内重复（"因为在北京有她最喜欢的歌，歌手"）三类。图 8-4 反映了三种类型重复在一学期内的变化：单词重复是学习者重复的主要内容，虽然比重有轻微的下降趋势，但始终保持在 50% 以上；短语重复比重较小，也呈轻微下降趋势。

短语重复比例始终低于单词重复，说明学习者口语表达还处于以词汇为中心的初级阶段，词汇加工的长度比较短。前人研究表明，口语流利性产出的关键在于程式化语言的自动产出。语块作为整体语言单位，从长时记忆中提取可以简化话语生成中词语选择、提取和按照语法组合成句的复杂心理过程，大大减轻说话人的编码负担，提高口语产出的流利性。在教学中，我们可以有意识地培养学习者的语块意识，逐步提高学习者语言表达的整体性。

与单词重复和短语重复相比，学习者词内重复的比重有明显的增加。在口语表达中，词内重复通常意味着学习者对于该词掌握不牢固。受试在一次性说出完整的单词之前，一次或多次发出该词的首个或几个音素，从而导致语言表达的不流利。对这些词内重复进一步深入分析，我们发现，它们大部分为基于对所重复语素的发音监控调整，尤其是对声调的探索，只有少部分是基于对后续语素提取困难的词内重复。基于对所重复语素发音调整的词内重复比重的增长，说明学习者在目的语环境下对于语音的意识增强了，更多地将注意力集中在语音准确性上而非仅仅集中在语言意义的传递和表达上，这有助于学习者进一步提高口语表达能力。对学习者的深度访谈显示，在"语音、词汇、语法、汉字"四个要素中，76.9%的学习者认为发音准确很重要。在与中国人的交往中，他们发现即使自己正确使用了某个词语，如果发音不准确仍会造成交流困难。交际障碍使他们非常重视语音，并且有意识地去改善，同时也希望老师能多纠正自己的发音。

3. 更改

更改，又称自我修正或自我修补，指学习者在口语产出中重复自己说过的语言单位，并在重复时根据自己的语言知识对其进行修改。更改包括改述、替代、局部修补等。[①] 通过观察和分析受试口语产出中的更改现象，我们可以发现学习者对自己所输出的不同语言单位的注意倾向以及学习者对语言知识的实际掌握情况。

一个学期中学习者的更改并没有显著的数量变化（见表8-15），一个可能的解释是语言规则知识在一定的时间段内应该是相对稳定的，一个学期的学习时间不足以使学习者产生显著进步。另一方面，学习者的言语行为表达习惯也具有长期稳定性，因此对于输出内容的更改次数也不会有太大变化。

然而我们进一步对语料进行深入分析，发现尽管更改的数量变化不明显，但学习者更改的内容和对象却有一些变化值得探讨。根据本研究的语料，我们将更改内容分为语音更改、词语更改和句子更改三类。语音更改指受试对于输出的词语发音的修改，如："这个城市不太*[tɑu^{51}]，不太[tA^{51}]（大），算是一个小的城市"；词语更改是重复说出词、词组或句子，重复时对个别词语进行替换、添加或换位，如："我觉得罗马是一个美，漂亮城，城市"；句子更改是重复说句子时完全改变句子的结构或放弃旧句子，改说新句子，如："我的朋友是……，但是我，因为我男朋友是Ben"。我们发现，词汇更改在所有更改现象中的分布比例占绝对优势（入学87.5%，期中77.2%，期末82.9%），学习者对于语音和句子的更改较少。

[①] 在张文忠和张文忠、吴旭东的研究中，更改还包括重复和犹豫现象，本节根据研究需要对其中的重复（包括犹豫）进行单独分析，将更改的范围做了相应调整。张文忠、吴旭东《第二语言口语流利性发展定量研究》，《现代外语》2001年第4期。

语音更改少，反映了学习者对于错误发音和正确发音的敏感度不强，也说明他们对语音掌握不够牢固。事实上，在学习者的口语产出中存在很多发音问题，但得到修正的却极少。

句子更改少，一方面是由于学习者尚处于初级水平，所掌握的句法结构有限，且话题内容较为简单，能进行更改的范围较小，另一方面是学习者没有更改的能力，虽然产出了很多句法结构错误的句子，但是却不能发现错误，如："我不喜欢少林寺因为人太多了，另外少林寺在北京的寺很一样的。"

词汇更改比例最大，且修改的内容变化也较为明显。学期初，学习者词语更改是为了成功传递意义，正确选取词汇整合成一个句子，完成口语表达的内容构建。这个阶段的更改主要体现在对不同意义的词语的替换和增加上，如："他是，no，罗马是，罗马人是热情。"期中阶段，学习者对于词语的更改开始出现了同义词的替换（如："我的家，我的家乡在罗马，罗马在意大利的中部。"）、书面语词和口语词的更改替换（如："我很喜欢澳大利亚，因为在澳大利亚我亲属住，我家人住。"）、虚词的更改（如："不过我想也，我也想旅游。"）等。同义词替换使词语的表意更加确切和得体；书面语词与口语词的更改，说明学习者开始关注不同词语的使用范围和语境限制，也初步显现出其语体区分的意识；对一些虚词位置、用法等的关注将使其口语表达更趋精准。期末阶段，词汇更改数量有小幅下降，但更改内容的丰富性和多样性有所增加，出现了量词更改（如："这个，这部电影获得很多奥斯卡奖。"）、副词辨析（如："我跟他们常常说汉语，也去五道口三里屯跳舞，也，还，我们还去餐厅吃饭。"）、复数名词形式修正（如："我觉得她，她们成为我的家庭。"）等，说明学习者的语言监控开始由较低级的词形监控向较高级的语法监控发展，反映了学习者语言能力的进步。

另外我们还注意到，更改虽然反映了学习者自我修正的意识，但其所做更改不一定都是有效的，有时会出现没有意义的更改（如："虽然是一个小的城市，不过,但是有很多的罗马古迹。"），或者失败的修正（如："我看,不看偷东西在这儿。"），甚至将对的改错了（如："这是第二次我来中国,第两次我来中国。"），说明学习者对词汇知识的掌握还不够准确。

（二）多样性

词汇多样性指语言使用者用词是否丰富。词汇多样性一般用词种数和词符数的比率来计算。多样性的数值越高，说明学习者的用词越广泛。

表 8-16　学习者词汇多样性表现

	均值	标准差	极小值	极大值	秩均值	卡方	渐进显著性
入学	26.21	5.47	20.25	36.76	1.62		
期中	28.62	0.89	15.07	42.11	2.00	3.85	0.146
期末	32.41	5.76	23.51	43.52	2.38		

表 8-16 反映了学习者词汇多样性在入学、期中、期末三个时段的表现，Friedman 检验发现学习者在一个学期内的词汇多样性变化并不显著（$p=0.146$）。这一结果与 Laufer 和其他研究者的结论一致。[①] 即使在目的语环境下，一个学期的时间长度也不足以促使学习者词汇多样性产生显著进步。当然，我们也不能排除本研究所收集语料的长度变化影响了数据分析结果的信效度。

---

① Laufer, B. The Development of Passive and Active Vocabulary in a Second Language: Same or Different? *Applied Linguistics*, 1998(19).

被试产出的音节总数从入学到期末有显著的增长（$p=0.004$），平均增加了约 100 个音节。这可能也是导致词种数与词符数的比例没有显著变化的原因之一。

尽管整体来看学习者词汇多样性变化不大，但不同学习者的词汇多样性表现并不相同。13 位被试中，多样性变化最大的词种数与词符数之比从入学的 20.25 增加到期末的 39.22；变化最小的从入学的 25.13 减少到期末的 23.52。我们根据三时段多样性均值对所有学习者进行排序，分别选取多样性水平最高与最低的各三位同学进行了深度访谈，结果发现，多样性表现不同，学习者在学习方法、用词策略、对目的语环境的利用意识方面都有所不同。

在学习方法上，多样性水平高的学习者喜欢使用词典，认为使用词典可以学到更多的词，帮助扩大自己的词汇量；他们还认为作文和口头表达等篇章任务的练习有助于提高自己的词汇水平。他们对于词汇的学习有较强的积极性，会根据表达和交流的需要去主动学习新词汇。相比之下，多样性水平低的学习者词汇学习方法则比较机械和被动，在被问到怎样学习新词汇时，他们的回答是：

我学习，学习，学习，写很多次。

我看书，我有一张光盘，但是很慢，也很 boring（无聊）。

我觉得是写很多词，然后 delete，……，I mean, you have to write a lot of words, a lot of times, then you have to delete and write again, to see if you remember.

这些被试的其他任课教师也在访谈中提到，在口语交际的用词策略方面，遇到不会说的词，多样性水平高的学习者通常会试图用更简单的词来迂回表达，也比较喜欢使用更高级的词语，以获得学习的成就感；多样性水平低的学习者则会选择手势、英语或借助词典来表达。

多样性水平高的学习者更愿意利用目的语环境（"下课的时候学习更多，……在外面你可以说别的，不一样的词，你可以学习真正的汉语"）；多样性水平低的学习者更看重课堂练习（"在中国上课很重要，因为我可以听老师说，我可以听我的朋友说，课下我去散散步，去聊天，但是上课更重要"）。

（三）复杂性

词种数体现了词汇的丰富程度，比输出的词符总数更能体现学习者词汇产出的质量。通过分析学习者口语产出中初级、中高级词汇的数量和比例变化，我们可以发现学习者口语词汇复杂性的变化情况。

表 8–17　复杂性各指标

		词种数	初级词数	初级词比例	中高级词数	中高级词比例
入学	平均数	51.46	45.38	88.79%	3.23	6.32%
	标准差	8.1098	7.1009	0.03543	1.4232	0.0300
	秩均值	1.58	1.88	2.92	1.04	1.08
期中	平均数	59.54	46.31	76.90%	10.31	17.55%
	标准差	17.2705	15.1294	0.0879	5.4831	0.0783
	秩均值	1.69	1.69	1.62	2.42	2.54
期末	平均数	71.23	55.31	76.99%	11.39	16.55%
	标准差	15.7699	14.9743	0.0500	3.9694	0.0650
	秩均值	2.73	2.42	1.46	2.54	2.38
卡方		10.71	3.80	16.77	19.22	16.77
渐进显著性		0.014	0.149	0.000	0.000	0.000

由表 8–17 我们可以看出，在一个学期中，学习者所使用的

词种数呈上升的趋势，平均增加了 19.77 个；中高级词的数量有显著变化，平均增加了 8.37 个，且在前期数量增加幅度较为明显；中高级词的比例整体上也上升显著，但呈现出先升后降的趋势。相比之下，初级词的数量在一个学期内并无显著变化（p=0.149），但占比显著降低。学期初，学习者刚从母语环境转到目的语环境中，目的语环境中的真实交际给他们提供了大量的词汇输入，同时也要求他们必须有大量的词汇产出才能完成真实交际。此外，刚进入目的语环境，学习者使用真实交际所需词汇的动机也非常强烈，于是前期口语词汇中符合交际需求的中高级词汇显著增加；然而到了后期，中高级词汇的发展却呈现出停滞现象，我们认为这主要是由于学习者受到了他们自身语言水平的限制。此外，学习者的词汇学习观念也会影响他们对中高级词汇的学习。在对学习者的访谈中我们了解到，一些学习者对于自己的词汇水平有着清醒的认识，他们排斥使用过难的词，更倾向于选择适合自己水平的词汇。

中高级词汇主要包括《大纲》中乙、丙、丁三级词汇[①]。表 8–18 显示了被试一个学期内对三级词汇的具体使用数量。

表 8–18　中高级词内部各级词汇数量比较

	乙级词			丙级词			丁级词		
	平均数	标准差	秩均值	平均数	标准差	秩均值	平均数	标准差	秩均值
入学	2.38	1.12	1.38	0.23	0.60	1.31	0.75	1.36	1.50
期中	5.92	4.33	2.23	1.54	1.13	2.38	0.85	1.07	1.92

---

① 由于学习者产出的超纲词数量较少，在本部分研究中不存在显著差别。因此不纳入表 4 的分析中。

(续表)

	乙级词			丙级词			丁级词		
	平均数	标准差	秩均值	平均数	标准差	秩均值	平均数	标准差	秩均值
期末	6.08	1.85	2.38	1.46	1.20	2.31	2.15	2.51	2.58
卡方	7.54			11.62			8.39		
渐进显著性	0.023			0.003			0.015		

由表 8-18 可知，乙、丙、丁各级词汇的使用大体都呈增长趋势。其中乙级词所占比例最大，变化也最为显著，前期数量显著增长（平均增长 3.54 个），后期的增长趋于平缓（平均增长 0.16 个）。丙级词变化不太稳定，学期初平均每人使用不到一个，中期数量稍微增多，但到后期又有数量减缩和比例下降的现象。丁级词期中呈轻微上升趋势，期末增长较为明显，甚至多于丙级词。由此可见，学习者并非是随着难度等级上升而依次习得各级词汇的。我们回归语料中去查证发现，学习者所使用的丁级词汇大部分都和目的语环境密切相关，如"特色、寺、注册、一辈子、舞厅、开朗、害羞、校园、导游、游客、白酒"等，这些都是与中国校园生活、旅行以及人际交往有关的词。在访谈中学习者确认了这些词大部分不是教材中所有的，而是在日常生活中学到的。我们认为，这是学习者词汇结构中只有在目的语环境下才会产生的变化。从某种程度上来说，在日常生活中而非课堂上学习汉语、了解中国文化也是学习者来华留学的重要意义所在。

尽管中高级词汇的发展变化显著，但我们同样发现学习者对初级词汇的使用比例占绝对优势（＞76%），说明初级词汇仍是学习者口语产出的基本词汇。他们在目的语环境下的日常交际仍以高频的初级词汇为主。

（四）准确性

我们可以从词汇广度和深度两个方面来考察学习者的词汇习得。词汇的多样性和复杂性反映了学习者口语词汇的广度，准确性则反映了学习者口语词汇的深度。国内外研究表明，词汇深度知识与语言水平密切相关，并随着语言水平的提高而发展；[1] 词汇知识的积累是从接受到产出的渐进发展过程，且词汇知识广度和词汇知识深度发展不平衡。[2]

词汇准确性的考察指标是词汇产出的偏误率，偏误率越高，准确性越低。

我们对学习者语料进行分析，结果显示，学习者口语词汇入学偏误率为9%，期中偏误率为5.6%，期末偏误率为6.9%。经过一个学期的学习，学习者的词语偏误率出现显著下降（$p=0.023$），但其发展趋势并不是呈直线下降，而是从开学到期中先有大幅度下降，在期末阶段又有所回升。我们推断，这可能是因为学习者词汇产出的偏误率与谈论的话题、用词的难度有关：入学到期中阶段，学习者的语言水平显著提高，词汇的偏误率随之显著下降；

---

[1] Engber, C. A. The Relationship of Lexical Proficiency to the Quality of ESL Compositions. *Journal of Second Language Writing*, 1995(4); 童淑华《中国英语学习者口语中产出性词汇发展研究》，上海外国语大学2012年博士学位论文。

[2] 吴旭东、陈晓庆《中国英语学生课堂环境下词汇能力的发展》，《现代外语》2000年第4期；刘绍龙《二语词汇深度习得及发展特征》，《外语教学与研究》2001年第6期；吕长竑《词汇量与语言综合能力、词汇深度知识之关系》，《外语教学与研究》2004年第2期；张文忠、陈水池《EFL学习者习得英语形—名搭配知识的定量研究》，《外语教学与研究》2006年第4期。

到了期末阶段，学习者产出了更加复杂的话题和更加高级的词汇，导致了偏误率的增加。

根据学习者产出词汇的实际情况，我们可以将学习者口语词汇偏误分为三类：形式偏误，即汉语词汇的声韵调偏误；[①] 意义偏误，即没能选择正确的词语来表达意义；使用偏误，即词语在语法功能、词语搭配、词语位置等方面出现的偏误。

对学习者词语偏误进行深入分析，我们发现，学习者的形式偏误基本达到了不影响表达的程度。意义偏误中，较常见的是用意义无关的错误词条来表达汉语目标词概念，如用"特别玩儿"表示"有意思"；用"做很多东西"代替"做很多事"。这些偏误产生的主要原因是被试的词汇产出很大程度上还依赖于母语的语义机制，没有建立起第二语言形式和意义的正确映射关系，母语中的词汇知识在二语中产生了负迁移。使用偏误在所有偏误中占比最高（入学44.7%，期中49.6%，期末51.7%），且类型多样，既有词语的多用或漏用（"我去在一个商店；我有2（个）姐姐"）、词语的搭配不当（"后来我散步城市"）、词性误用（"他们要照片我们"），也有副词、介词、助词等位置不当（"他是一个艺术家，也他很穷；还我们去餐厅吃饭"）。Laufer指出，对于理解性词汇，学习者只需掌握其最基本和最常用的意义即可，而产出性词汇则要求学习者具备包括语法功能、搭配条件、出现

---

① 由于本研究中的被试口语产出中的词汇发音几乎都不准确，存在着很普遍的声调问题，如果将所有不准确的声调错误都计入，将产生普遍很高的偏误率，失去了统计分析的意义。因此，本研究忽略不影响理解的声调错误，只统计了影响理解的形式错误，这些偏误主要包括：1）听者无法辨认意义的模糊词；2）发音错误或者发音混淆的单词；3）英语词或母语词。

环境等更高的语言知识的综合能力。[①] 我们在对词汇偏误的分析中发现,尽管学习者已经选择出了正确的意义概念,但是往往由于语法错误最终导致词汇产出的不准确。这说明学习者虽然掌握了词汇的理解性知识,准确地选择了词义,但是还不能正确使用、完成词汇的位置定位和语法搭配等,他们的理解性词汇知识发展到产出性词汇知识还有一段距离。

四 结论与讨论

产出性词汇是评量学习者第二语言能力的一个重要方面。本节通过对 13 名意大利汉语学习者一个学期的跟踪研究,从口语词汇产出的流利性、多样性、复杂性和准确性四个角度分析了学习者口语词汇的发展和变化。研究发现:

第一,流利性显著提高,这主要表现在停顿、重复显著减少。流利性的变化可以反映学习者内在语言习得发展的过程。学习者词汇性非流利停顿、单词重复显著减少,但自我修正比重没有显著变化,甚至还略显出先升后降的趋势,也说明学习者正在尝试使用新的词汇,其口语词汇能力正在发生变化。在日常教学中,教师需要分辨非流利现象中哪些是由于词汇掌握不牢造成的,哪些是学习者对新词语的尝试。对于词汇掌握不牢造成的非流利现象,教师可以通过为学习者提供反复训练机会、加强语块教学等提高学习者的话语生成与计划能力,减少学习者的非流利停顿、

[①] Laufer, B. The Development of Passive and Active Vocabulary in a Second Language: Same or Different? *Applied Linguistics*, 1998(19).

单词重复等,逐步提高其口语词汇的流利性;对于尝试新词语所带来的非流利现象,教师应持包容态度,鼓励学习者对新词语进行大胆尝试。

第二,多样性整体样本没有显著变化,说明学习者口语表达用词不够广泛。词汇的丰富性直接影响口语表达的水平。教师在教学中应该有意识地培养学生使用不同种类词语的习惯,鼓励学生在口语表达中自觉尝试采用不同的表达形式来表达同一种含义,如要求学生对同义词(高兴、开心)、反义词(不难、容易)交替运用;在成段表达中运用指定的词语等。教师还可以通过"说长法"来训练学生口语词汇的多样性,围绕一个主题,让学生尽量把所有相关的内容都想办法表达出来,尽力延长表达长度。

第三,复杂性显著提升,主要表现在中高级词汇数量与比重都有明显提高。目的语环境为学习者提供了大量的中高级词汇输入,而学生真实交际的实际需求也成为他们中高级词汇产出的重要动机。在目的语环境下的生活学习是学习者口语词汇能力快速发展的好时机。教师要抓住学习者口语词汇能力快速发展的这个时间段,设计符合学习者水平与交际需求的语言输出任务,促进学习者中高级词汇的习得。教师还应该培养学习者在词汇学习方面的自我责任感,鼓励他们制定词汇学习计划,多途径扩大自己的汉语词汇量,帮助他们养成在日常交际中积累词汇的好习惯,如随身携带生词本,碰到重要的生词随时记下,以便将来复习等,还要有意识地在口头表达中使用所学过的词汇,要尽量减少对初级高频词汇的依赖，不断扩大词汇范围，提高词汇多样性水平。[①]

第四，准确性提高显著，但词汇错误率呈现先大幅下降后小幅上升的趋势，且学习者对于词汇知识不同维度的习得呈现出多层次、不平衡的复杂现象，很大程度上还受到母语词汇系统的影响。我们发现，学习者对词典的使用不科学，教材中存在一些不恰当的生词注释等都可能导致学习者对母语和目的语在语义、语用及句法方面的不同了解不足。学习者往往通过简单的意义对应，将母语中的词语"生搬"到汉语表达中来，影响了口语词汇的准确性。充分利用学习者母语，并将其与汉语进行适当对比，我们可以了解学习者母语对目的语词汇影响的具体表现，并据此选择合适的词汇教学方法，尽量从源头上克服母语负迁移作用，减少学习者词语偏误的出现；引导学习者正确对待教材中的词语翻译问题，科学使用双语词典，也可以间接促进学习者口语词汇能力的发展。

本节对意大利学习者的初级汉语口语词汇能力的发展进行了探索。不同国家的学习者有不同的特点。我们在教学中应该关注不同国别学习者的差异，记录他们语言发展变化的特点，并根据学习者特点及时调节自己的教学策略，提高学习者的学习动机，培养他们的有效学习策略，使其能够充分利用目的语环境，不断提高自己口语词汇的准确性、多样性、流利度、复杂度，最终促进学习者口语词汇能力的不断发展。

---

① Laufer, B. & Meara, P. & Nation, P. Ten Best Ideas for Teaching Vocabulary. *The Language Teacher*, 2005(7).

五 结语

对于字母文字体系的学习者来说,在运用汉字进行书面表达时,往往会因为自己对某个字的写法没有把握而采取回避策略,而口语表达由于不需要汉字作为媒介,可能更接近学习者的实际词汇水平。对学习者口语词汇能力发展的研究有助于完善汉语作为第二语言产出性词汇发展的研究,对汉语词汇习得研究具有重大意义。

通过对 13 名意大利初级汉语学习者一个学期的跟踪研究,我们尝试分析了他们口语词汇能力发展流利性、多样性、复杂性及准确性的特点,并进而根据学习者特点有针对性地提出了关于词汇教学的一些建议。学习者词汇习得是个漫长而复杂的过程,一个学期的学习只是其词汇能力发展历程中的一小段。由于条件所限,我们的研究样本量较小,也无法进行更长时间的跟踪研究。不同国家的学习者在更长的时间段内口语词汇能力发展会有怎样的规律与特点,仍有待于我们进一步调查研究。

图书在版编目(CIP)数据

基于认知视角的汉语第二语言习得研究/王建勤主编.—北京:商务印书馆,2020
(商务馆对外汉语教学专题研究书系.第二辑)
ISBN 978-7-100-17952-2

Ⅰ.①基… Ⅱ.①王… Ⅲ.①汉语—对外汉语教学—教学研究 Ⅳ.①H195.3

中国版本图书馆 CIP 数据核字(2019)第 257613 号

权利保留,侵权必究。

基于认知视角的汉语第二语言习得研究
王建勤 主编

商 务 印 书 馆 出 版
(北京王府井大街36号 邮政编码100710)
商 务 印 书 馆 发 行
北京新华印刷有限公司印刷
ISBN 978-7-100-17952-2

2020年1月第1版　　开本 880×1230　1/32
2020年1月北京第1次印刷　印张 17
定价:52.00元